权威·前沿·原创

皮书系列为

“十二五”“十三五”“十四五”时期国家重点出版物出版专项规划项目

U0911312

BLUE BOOK

智库成果出版与传播平台

陕西蓝皮书
BLUE BOOK OF SHAANXI

陕西文化发展报告（2023）

REPORT ON CULTURAL DEVELOPMENT IN SHAANXI (2023)

组织编写／陕西省社会科学院
主　　编／程宁博　王　飞　王建康　王长寿

社会科学文献出版社
SOCIAL SCIENCES ACADEMIC PRESS (CHINA)

图书在版编目(CIP)数据

陕西文化发展报告.2023 / 程宁博等主编.--北京:社会科学文献出版社，2023.3
（陕西蓝皮书）
ISBN 978-7-5228-1476-6

Ⅰ.①陕… Ⅱ.①程… Ⅲ.①文化发展-研究报告-陕西-2023 Ⅳ.①G127.41

中国国家版本馆 CIP 数据核字（2023）第 036675 号

陕西蓝皮书
陕西文化发展报告（2023）

主　　编 / 程宁博　王　飞　王建康　王长寿

出 版 人 / 王利民
组稿编辑 / 邓泳红
责任编辑 / 张　超
责任印制 / 王京美

出　　版 / 社会科学文献出版社·皮书出版分社（010）59367127
　　　　　地址：北京市北三环中路甲 29 号院华龙大厦　邮编：100029
　　　　　网址：www.ssap.com.cn
发　　行 / 社会科学文献出版社（010）59367028
印　　装 / 天津千鹤文化传播有限公司

规　　格 / 开 本：787mm×1092mm　1/16
　　　　　印 张：24.5　字 数：370 千字
版　　次 / 2023 年 3 月第 1 版　2023 年 3 月第 1 次印刷
书　　号 / ISBN 978-7-5228-1476-6
定　　价 / 158.00 元

读者服务电话：4008918866

陕西蓝皮书编委会

主编简介

程宁博 陕西省社会科学院党组书记，省第十四次党代会代表，院学术委员会主任。长期从事理论研究、政策宣讲、出版管理、社科研究与管理等工作，主要研究领域为马克思主义中国化时代化、思想政治教育、宣传思想文化等，对习近平新时代中国特色社会主义思想、党的路线方针政策、新型智库建设与管理等研究深入。多次参与省党代会报告等重要书籍编写和重要文件、重要文稿起草工作，多项研究成果在中省主流媒体刊发。

王　飞 管理学博士，现任陕西省社会科学院党组副书记、院长。长期从事哲学社会科学研究工作，研究方向为应用经济学、区域经济、资源环境与可持续发展、对外开放和公共管理等，对习近平新时代中国特色社会主义思想、县城商业体系建设、生态文明保护与高质量发展、基层社会治理等领域开展专题研究。获第十二届孙冶方经济科学论文奖；获国务院研究室优秀调研成果二等奖3次、三等奖4次；获陕西党政领导干部优秀调研成果一等奖2次、二等奖1次。并先后在《人民日报》《学习时报》等期刊报纸上发表理论文章10余篇，撰写的文章多次刊登在国家发改委《中国经贸导刊》、国务院发展研究中心《经济要参》和《陕西工作交流》。其主持完成的系列送阅件《常态化疫情防控背景下促消费稳经济系列对策研究》、《谱写高质量发展新篇章保障粮食安全系列对策建议》和《2022年上半年陕西经济形势分析及稳大盘对策建议》荣获多位中央和省级领导同志肯定性批示。

王建康　陕西省社会科学院党组成员、副院长、研究员，主要从事农村发展、区域经济研究。先后主持完成国家和省级社科基金项目5项，主持完成休闲农业、应急体系建设、现代果业等6项省级规划，富平、临潼、府谷等区县20余项发展规划编制，承担国家发改委、农业农村部、国务院扶贫办等部门招标或委托的各类研究课题16项；出版著作10部，发表论文和调研报告60余篇；研究成果先后获得省哲学社会科学优秀成果奖二等奖2项、三等奖1项。兼任省决策咨询委员会委员、省青联常委、省委理论讲师团特聘专家，西安、宝鸡、榆林、长武、大荔等地政府决策咨询专家或顾问。省十二次党代会代表，省十三次党代会报告起草组成员，十二届全国青联委员，陕西青年五四奖章获得者，陕西省优秀共产党员。

王长寿　陕西省社会科学院文化与历史研究所所长，管理学博士，研究员，硕士生导师，陕西省“六个一批”人才，陕西省人大立法咨询专家，陕西省公共文化体系建设专家委员会委员，全国文化智库联盟理事，陕西省城市经济文化研究会副会长，陕西省陕甘宁革命根据地史研究会会长。主要研究方向为文化产业、公共文化、区域经济等，发表文章50余篇，出版著作10余部，主持国家课题1项、省级课题20多项，获省部级科研成果奖6项。

前　言

2022年，是党和国家历史上极为重要的一年，也是陕西发展进程中极不寻常的一年。党的二十大胜利召开，描绘了全面建设社会主义现代化国家的宏伟蓝图。在以习近平同志为核心的党中央坚强领导下，陕西省委、省政府坚持以习近平新时代中国特色社会主义思想为指导，把迎接学习宣传贯彻党的二十大作为工作主线，把习近平总书记来陕考察重要讲话重要指示作为根本遵循，认真落实疫情要防住、经济要稳住、发展要安全的要求，按照省第十四次党代会部署，统筹疫情防控和经济社会发展，统筹发展和安全，统筹发展和民生，突出“稳、进、好、安”真抓实干，经济社会发展取得新成效。

2022年，陕西聚焦“举旗帜、聚民心、育新人、兴文化、展形象”职责使命和建设社会主义文化强国目标，凝心聚力、坚定不移走高质量发展之路，文化强省建设工作稳步推进。陕西省考古博物馆、陕西省图书馆高新馆区、中国国家版本馆西安分馆陆续建成开放，成功举办了第八届丝绸之路国际艺术节、第九届丝绸之路国际电影节、“全民悦读　最美三秦”第十届陕西省阅读文化节、第十二届全国大学生红色旅游创意策划大赛等多项重大活动。咸阳茯茶制作技艺、西凤酒酿酒技艺分别入选联合国和国家非物质文化遗产代表作名录。全省文化事业日益繁荣、文化产业快速发展，各项成就有目共睹。

2022年，陕西省针对文化产业发展，出台了8条专项纾困举措、15条财税金融支持措施、7条支持西安加快恢复发展措施，安排专项资金2.377

亿元对重点文旅企业、项目和从业者给予支持补贴，积极促成10家银行与27家文旅企业达成合作贷款意向47.69亿元，为474家旅行社暂退保证金7000余万元。出台文旅惠民及优惠措施106项，发放文旅惠民卡、文化演出专用券、旅游景区专用券等6647万元。宝鸡太白山等4地入选第二批国家级夜间文旅消费集聚区，“长安十二时辰+大唐不夜城”唐文化全景展示创新实践被评为2022年度文化和旅游最佳创新成果，《陕西文旅系统多措并举推动市场企稳回暖》等4个典型案例入选全国文化和旅游领域纾困发展案例集，并在全国推广。壶口瀑布旅游区成功联创国家5A级旅游景区，陕西旅游的知名度和影响力不断扩大。根据中国旅游研究院发布的《中国国内旅游发展年度报告（2022~2023）》，陕西居全国省内旅游客流量排名第十位。

2022年，陕西文化艺术精品迭出。在第十三届中国艺术节上，话剧《主角》获得第十七届文华大奖，表演唱《歌从黄河岸边边来》、陕北道情《一条棉被》荣获第十九届“群星奖”。陕西报送和参与报送的9部作品入选中宣部“五个一工程”，分别是：电影《我和我的祖国》、电视剧《功勋》获“特别奖”，电影《柳青》《秀美人生》、电视剧《装台》、戏剧《骄杨之恋》《路遥》、广播剧《黑色沃土》、图书《国家至上》获“优秀作品奖”。秦腔《郝家桥》入选文化和旅游部“新时代现实题材创作工程”，秦腔《姚启圣》《昭君行》入选文化和旅游部“历史题材创作工程”，大型民族管弦乐组曲《领航中国》入选文化和旅游部2023年度“时代交响”创作扶持计划，21个项目入选国家艺术基金2022年度资助项目，1个课题获批国家社科基金艺术学重大项目，“长安三部曲”展览成功举办，1项展览入选《2022年全国美术馆馆藏精品展出季活动目录》，3个项目入选2020~2021年度全国美术馆优秀项目名单，充分彰显了陕西深厚的文化底蕴和强大的文艺创作实力。

2022年，陕西出台多项法规政策，推动全省文化建设。1月，《陕西省秦腔艺术保护传承发展条例》正式开始施行。2月，陕西省文旅厅、发改委、财政厅联合印发《关于推动公共文化服务高质量发展的实施意见》，陕西省人民政府办公厅印发《关于命名陕西省全域旅游示范区的通报》。4月，陕西省人民政府办公厅出台《陕西省“十四五”数字经济发展规划》，推动数字文化发展。5月，陕西省文旅厅出台《陕西省推进高质量文化旅游项目建设行动方案》。6月，陕西省委宣传部、陕西省财政厅等单位印发《支持文化和旅游企业发展财税金融政策措施》。7月，陕西省委宣传部，陕西省发改委、文旅厅和文物局等单位联合印发《陕西省关于推进博物馆改革发展的实施方案》，陕西省文物局公布《陕西省“十四五”博物馆事业发展规划》；陕西省委宣传部，陕西省工信厅、文旅厅和文物局等单位联合印发《陕西省贯彻〈推进工业文化发展实施方案（2021~2025年）〉行动计划的通知》。9月，陕西省第十三届人民代表大会通过《陕西省大数据条例》，为加快数字陕西建设提供法律保障；中共陕西省委办公厅、陕西省人民政府办公厅出台《关于加强考古工作的实施意见》，陕西省人民政府办公厅印发《陕西省基本建设工程考古工作管理办法》，为考古工作高质量发展提供了保障；陕西省委宣传部与陕西省文化和旅游厅联合印发《陕西省打造万亿级文化旅游产业实施意见（2021~2025年）》。12月，陕西省十三届人大常委会通过《陕西省革命文物保护利用条例》，大力保护革命文物，弘扬革命精神；陕西省文化和旅游厅印发《陕西省省级文化生态保护区管理办法》。

2023年，是全面贯彻落实党的二十大精神的开局之年，是实施“十四五”规划承上启下的关键之年，做好经济工作意义重大。全省各级要坚持稳中求进工作总基调，完整、准确、全面贯彻新发展理念，着力推动高质量发展，更好服务和融入新发展格局，更好统筹疫情防控和经济社会发展，更好统筹发展和安全，推动经济运行整体好转，实现质的有效提升和量的合理增长，为奋进中国式现代化新征程、谱写陕西高质量发展新篇章开好局、起好步。

《陕西文化发展报告（2023）》是陕西省社会科学院编撰的第15本文化类蓝皮书，陕西省社会科学院文化与历史研究所是该书编撰工作的具体承担者。编撰过程中，我们本着权威性、针对性、科学性及指导性原则选取研究报告。为了增强蓝皮书的可读性、原创性和资料性，我们以陕西省社会科学院的科研人员为核心，与陕西各界人士紧密合作，共同打造好这一以陕西文化的理论研究、经验总结与前景展望为主要内容的高端平台，为陕西文化强省建设而努力。

王长寿

2022年12月

摘 要

《陕西文化发展报告（2023）》是由陕西省社会科学院编撰的权威性研究报告，也是陕西省社会科学院编撰的“陕西蓝皮书”文化系列的第15本。

本书共分为五个部分：总报告、宏观视野篇、行业篇、公共文化篇和区域篇。

总报告全面总结了2022年陕西文化发展的状况及成就，重点研究了各文化行业和各地文化的发展成果与特点，分析预测了2023年陕西文化发展前景。

宏观视野篇主要在宏观层面上对陕西文化强省建设实现路径、陕西推进国家文化数字化战略、陕西文学艺术发展、“一带一路”背景下陕西文化国际传播现状与提升策略、陕西古籍保护工作现状调查及对策、陕西黄河文化发展进行了研究探讨。

行业篇对陕西文化企业竞争力、陕西文化旅游业发展、陕西电影产业发展、陕西老字号的布局调查与建设、陕西文化产业园区培育提升等进行了深入调查分析。

公共文化篇重点对陕西新时代文明实践中心建设、陕西省域博物馆数字化转型发展、陕西黄河沿线古籍存藏、长征国家文化公园（陕西段）建设、黄河国家文化公园（陕西段）建设、陕西振兴秦腔艺术进行了系统分析与调查研究。

区域篇主要从区域文化发展的视角对延安红色文化发展、汉中生态文化发展等问题进行了实地调查和深入探讨，针对存在的问题提出了具体的建议与对策。

《陕西文化发展报告（2023）》研究指出，2022年，全省文化建设工作在陕西省委、省政府的坚强领导下，增强文化自信，聚焦"举旗帜、聚民心、育新人、兴文化、展形象"职责使命和建设社会主义文化强国目标，凝心聚力、坚定不移走高质量发展之路，全年工作出新出彩、文旅强省建设稳步推进。

2023年是全面贯彻落实党的二十大精神的开局之年。根据《中国共产党陕西省第十四次代表大会报告》以及对2022年陕西省文化发展状况的综合分析，预测2023年陕西社会文明程度、文化事业发展水平将进一步提高，公共文化产品供给更加丰富，服务水平进一步提升，文化产业呈现更高水平的发展，文旅融合更加深入，优秀传统文化资源的保护和传承更加全面。

关键词： 陕西省　文化强省建设　数字文化产业　区域文化

Abstract

Report on Cultural Development in Shaanxi (*2023*) is an authoritative research report compiled by Shaanxi Academy of social sciences. It is also the 15th book of "Blue Book of Shaanxi" cultural series compiled by Shaanxi Academy of social sciences.

The book consists of five parts: General Report, Macro Vision Reports, Industry Reports, Public Culture Reports, Regional Reports.

The General Report comprehensively summarizes the status and achievements of cultural development in Shaanxi Province in 2022. It focuses on the achievements and characteristics of Shaanxi's cultural industries and analyzes and forecasts the prospect of cultural development in Shaanxi in 2023.

The Macro Vision Reports mainly analyze the realization path of the construction of Shaanxi culture strong province, the strategy of promoting culture digitalization in Shaanxi, the development of literature and art in Shaanxi, the status quo and promotion strategy of the international communication of Shaanxi culture under the Belt and Road Initiative, and the status quo and countermeasures of the protection of ancient books in Shaanxi. The development of the Yellow River culture in Shaanxi is studied and discussed.

In the Industy Reports, the competitiveness of Shaanxi cultural enterprises, the development of Shaanxi cultural tourism, the development of Shaanxi film industry, the cultivation and construction of Shaanxi time-honored characteristic blocks, and the cultivation and improvement of Shaanxi cultural industrial parks are thoroughly investigated and analyzed.

The Public Culture Reports focuse on the systematic analysis and investigation of the construction of Shaanxi Civilization Practice Center in the new era, the digital transformation and development of Shaanxi Museum the preservation of ancient books along the Yellow River in Shaanxi, the construction of the Long March National Cultural Park (Shaanxi Section), the construction of the Yellow River National Cultural Park (Shaanxi section), and the revitalization of Qinqiang Opera art in Shaanxi.

The Regional Reports mainly from the perspective of regional cultural development, carried out field investigation and in-depth discussion on the red cultural development of Yan'an, Hanzhong ecological culture development and other issues, and put forward specific suggestions and countermeasures for the existing problems.

Report on Cultural Development in Shaanxi (2023) pointed out that in 2022, under the strong leadership of Shaanxi Provincial Party Committee and provincial government, we will strengthen our cultural confidence, focus on the responsibility and mission of "holding the banner, gathering the people, educating the new people, revitalizing culture and developing image" and the goal of building a strong socialist culture country. We will gather our hearts and work together and unswervingly take the road of high-quality development. We will make new achievements throughout the year and steadily advance the construction of a strong province in culture and tourism.

2023 is the first year to fully implement the spirit of the 20th CPC National congress. According to the *Report of the 14th Congress of the Communist Party of China in Shaanxi Province* and the comprehensive analysis of the cultural development of Shaanxi Province in 2022, it is predicted that in 2023, the degree of social civilization and the development level of cultural undertakings in Shaanxi will be further improved, the supply of public cultural products will be more abundant, the service level will be further improved, and the cultural industry will show a higher level of development. The integration of culture and tourism has deepened, and the protection and inheritance of fine traditional cultural resources has become more comprehensive.

Keywords: Shaanxi Province; Construction of a Culturally Strong Province; Digital Culture Industry; Regional Culture

目 录

Ⅰ 总报告

Ⅱ 宏观视野篇

Ⅲ 行业篇

Ⅳ 公共文化篇

V 区域篇

CONTENTS

I General Report

II Macro Vision Reports

Ⅲ Industry Reports

Ⅳ Public Culture Reports

Ⅴ Regional Reports

总报告

General Report

B.1 2022年陕西省文化发展现状与趋势

陕西省社会科学院课题组*

摘　要： 本报告回顾了2022年陕西文化发展状况，重点研究了2022年陕西宣传思想文化工作、社会文明建设、文化事业发展、公共文化服务和文化产业等方面整体状况。重点阐述了2022年陕西省广播电视、戏剧演艺、新闻出版、文博事业、文学艺术等文化行业发展情况，分析了全省十个市文化发展状况与特点，并预测了陕西未来文化旅游融合发展态势。

关键词： 陕西　文化发展　地方文化

---

* 课题组组长：王长寿，课题组成员：樊为之。执笔：樊为之，陕西省社会科学院延安精神（陕甘宁革命史）研究所副所长、副研究员，主要研究方向为国际政治与历史、陕西文化。

一　陕西文化发展整体状况与成就

（一）宣传思想文化战线同心唱响时代奋进凯歌，汇聚团结奋斗磅礴力量

2022年，党的二十大胜利召开，为我们擘画了全面建成社会主义现代化强国、实现第二个百年奋斗目标，以中国式现代化全面推进中华民族伟大复兴的宏伟蓝图。[①] 陕西宣传思想文化战线全面宣传中国共产党第二十次全国代表大会，为全省深入学习宣传贯彻二十大精神做出新贡献。大会召开期间，陕西新闻工作者充分报道习近平总书记所作的报告、发表的重要讲话和大会盛况，充分展示了陕西省干部群众坚定拥护“两个确立”，坚决做到“两个维护”，忠诚履职尽责的风采，充分展现陕西人民奋进新征程的生动实践。陕西广播电视台推出“党的二十大特别节目”，设立“在习近平新时代中国特色社会主义思想指引下”等17个栏目。陕西广播电视台《陕西新闻联播》以“团结就是力量　奋斗开创未来　我省广大党员干部群众收听收看党的二十大开幕盛况”，报道陕西各地认真学习党的二十大的状况。《陕西日报》认真报道陕西全省各地各部门传达学习党的二十大精神状况。[②] 省委常委及省级领导干部带头深入机关、高校、企业、社区、镇村一线等分管部门和党建联系点，宣讲党的二十大的重大意义、主要精神、实践要求，动员大家为实现党的二十大确定的各项目标任务团结奋斗。陕西采取“1+3+N”宣讲模式，组建省委宣讲团（“1”），马院院长宣讲团、媒体总编宣讲团、新时代文明实践宣讲团三个专题宣传团（“3”）和各行业各领域宣讲团（“N”），兴起学习宣传贯彻党的二十大精神热潮。[③] 2022年11月，

① 《同心唱响时代奋进凯歌 汇聚团结奋斗磅礴力量——2022年全省宣传思想工作综述》，《陕西日报》2023年2月13日。

② 《我省各地各部门传达学习党的二十大精神》，《陕西日报》2022年10月30日。

③ 《同心唱响时代奋进凯歌 汇聚团结奋斗磅礴力量——2022年全省宣传思想工作综述》，《陕西日报》2023年2月13日。

陕西实施文明实践“十百千万”宣讲工程，通过实现省、市、县（市、区）、镇（街道）四级分别示范宣讲 10 场、100 场、1000 场、1 万场的目标，加强党的二十大精神宣讲工作。① 陕西组织党的二十大精神、省第十四次党代会精神等各类主题宣讲累计 12 万余场，带动 1420 余万人次参与。②

2022 年，习近平总书记带领新一届中央政治局常委集体瞻仰延安革命纪念地，并在延安考察，饱含深情发表重要讲话，为全党上了一堂生动深刻、直抵灵魂的党课，让我们更加坚定自觉忠诚核心、维护核心、看齐核心，更加坚定不移沿着习近平总书记指引的方向奋勇前进。③ 陕西新闻媒体大力报道习近平总书记在延安的考察。《陕西新闻联播》在《习近平在瞻仰延安革命纪念地时强调　弘扬伟大建党精神和延安精神　为实现党的二十大提出的目标任务而团结奋斗》中全面报道了习近平总书记 2022 年 10 月 27 日在延安的考察；报道陕西传达学习习近平总书记在瞻仰延安革命纪念地和主持中央政治局会议、中央政治局集体学习时的重要讲话精神，陕西党员干部群众学习习近平总书记在瞻仰延安革命纪念地时重要讲话的情况。《陕西日报》在《“向着新的奋斗目标，出发!”——记习近平总书记带领中共中央政治局常委瞻仰延安革命纪念地》等文中，详细报道了习近平总书记在延安的考察。

陕西强化理论学习，筑牢理论根基。省委常委班子学在前、作表率，围绕习近平总书记来陕考察重要讲话重要指示、党的二十大精神等重要内容，省委理论学习中心组开展集体学习和研讨交流 12 次，示范带动广大党员、干部读原著、学原文、悟原理，切实用新时代党的创新理论武装头脑、指导实践、推动工作。④

① 《我省实施文明实践“十百千万”宣讲工程》，《陕西日报》2022 年 11 月 14 日。

② 《同心唱响时代奋进凯歌 汇聚团结奋斗磅礴力量——2022 年全省宣传思想工作综述》，《陕西日报》2023 年 2 月 13 日。

③ 《同心唱响时代奋进凯歌 汇聚团结奋斗磅礴力量——2022 年全省宣传思想工作综述》，《陕西日报》2023 年 2 月 13 日。

④ 《同心唱响时代奋进凯歌 汇聚团结奋斗磅礴力量——2022 年全省宣传思想工作综述》，《陕西日报》2023 年 2 月 13 日。

陕西采取各种方式大力研究宣传革命文化。2022 年 5 月，陕西在凤县召开纪念“两当兵变”90 周年理论研讨会，研究宣传了“两当兵变”对革命斗争做出的重要贡献。5 月，陕西举办了“陕西省纪念毛泽东同志《在延安文艺座谈会上的讲话》发表 80 周年座谈会”“陕西省纪念毛泽东同志《在延安文艺座谈会上的讲话》发表 80 周年美术作品展览”。5 月，陕西省政协举办“继承弘扬延安精神　做有担当善履职的新时代政协人”读书分享会。7 月，陕西在榆林召开纪念小河会议召开 75 周年座谈会，对于弘扬中共中央转战陕北时期的革命历史具有重要意义。9 月，陕西在延安举行延安精神、南泥湾精神、张思德精神研讨会，对传承弘扬伟大建党精神和延安精神、南泥湾精神、张思德精神具有重要意义。2022 年，陕西 11 项成果荣获“十三五”期间全国党史和文献部门优秀科研成果，其中《中国共产党陕西历史》（第二卷）获著作类特别奖。①

革命圣地延安充分利用革命文化资源，从 1992 年起全市累计培养 4.7 万名“小小讲解员”，开展 10 余万场次讲解活动，大力宣传了革命文化，弘扬了延安精神。为加强革命历史研究，2022 年 7 月，陕西省社会科学院和省委老干部局联合举办“延安时期从严治党的历史经验”主题座谈会，总结了延安时期从严治党的历史经验。2022 年，陕西在高校举办“万众瞩目清凉山——延安时期的新闻出版事业”专题展，成立了陕西省延安时期体育研究会。陕西“延安精神宣讲团”“照金精神宣传团”等认真开展进校园、进机关等“六进”宣讲活动，大力宣传革命精神。②

陕西重视坚定文化自信工作，加强保护传承弘扬黄河文化。2022 年，省地方志办公室主办了陕西省第三届“坚定文化自信　讲好陕西故事”活动，对于讲好黄河故事、陕西故事，促进文明建设具有重要作用。继 2021 年 3 月省文旅厅、发改委发布《陕西省黄河文化保护传承弘扬规划》后，2022 年又印发《陕西黄河文化保护传承弘扬三年行动计划（2022～2024

① 《陕西党史和文献部门 1 集体 1 人 11 项成果获表彰》，《陕西日报》2022 年 2 月 28 日。

② 《用好红色资源　凝聚奋进力量》，《陕西日报》2022 年 11 月 28 日。

年）》，加大黄河文化的保护传承和弘扬力度。7 月，陕西历史博物馆等沿黄九省区文博单位共同在陕西历史博物馆举办了“黄土　黄河　黄帝——黄河流域生态文明与历史文化”展，展出了 13 家文博单位 180 余件文物，弘扬了黄河文化。

陕西省致力于提高全社会文明程度，重视做好宣传工作，大力推动精神文明建设。2022 年 5 月，陕西省委文明办印发了《关于深化“美丽乡村　文明家园”建设　全面推进农村精神文明建设的实施方案》，推动了各地农村精神文明建设工作。9 月，专门举办全省宣传工作培训班，进行了舆论引导、新时代新闻发布、精神文明建设等课程的讲授学习，对于推动全省宣传思想工作高质量发展有重要作用。11 月，省委文明办公布了 107 个陕西省“美丽乡村　文明家园”建设示范点。[①] 2022 年，陕西省委文明办发布季度“陕西好人榜”，分为“助人为乐”“见义勇为”“诚实守信”“敬业奉献”“孝老爱亲”部分，《陕西日报》等媒体推出“陕西好人榜”栏目对所选人员详细介绍，宣传好人故事。2022 年，西安交大西迁博物馆、西安科学家博物馆等 8 家陕西单位入选中国科协发布的 2022 年度科学家精神教育基地，有利于陕西推动科学家精神工作的深入开展。

陕西大力发展哲学社会科学。陕西高质量完成的中宣部马克思主义理论研究和建设工程项目“习近平新时代中国特色社会主义思想在陕西的生动实践”，受到中宣部充分肯定。陕西召开党的二十大精神理论研讨会；设立“深入学习贯彻党的二十大精神研究”省社科基金重大项目；专家学者在省级主流媒体“权威访谈”“党的二十大精神解读”等栏目进行全面系统深入解读工作。2022 年 7 月，陕西举办了省第十五次哲学社会科学优秀成果评审，省政府授予一等奖 84 项、二等奖 138 项、三等奖 121 项。《延安时期中国共产党局部执政研究》等获得一等奖。[②] 省文旅厅承编的《陕西省志·文

① 《关于公布陕西省“美丽乡村　文明家园”建设示范点名单的通知》，陕西文明网，http：//shx. wenming. cn/gg/202211/t20221130_ 6521905. shtml。

② 《陕西省人民政府关于表彰第十五次哲学社会科学优秀成果的通报》，陕西省人民政府，http：//www. shaanxi. gov. cn/zfxxgk/fdzdgknr/zcwj/szfwj/szz/202207/t20220726_ 2230457. html。

化艺术志（1991~2010年）》荣获志书类三等奖。[①] 9月，陕西省社会科学院主办了第三届“一带一路”长安智库论坛暨谱写陕西高质量发展新篇章论坛，中国社会科学院、商务部、中国科学院和23个省（区、市）社会科学院和省内专家学者参加论坛。论坛围绕“谱写陕西高质量发展新篇章”“‘一带一路’建设”“中国特色新型智库建设”等主题，展示了社会科学工作者相关研究成果。

新闻媒体及时报道陕西经济社会发展新成就。开展“奋进新征程 建功新时代”主题宣传和“飞跃新陕西·非凡十年”等主题采访，省级主要媒体开设“喜迎党的二十大”等专栏专题，引导广大干部群众深刻认识在习近平总书记指引下新时代10年陕西取得的历史性成就、发生的历史性变革。[②]《陕西日报》专门开辟了“疫情要防住　经济要稳住　发展要安全”专栏，报道陕西抗击新冠肺炎疫情，推动经济社会发展各项工作和成果。《陕西日报》报道陕西外贸出口同比增长状况、陕西省秦创原“科学家+工程师”队伍建设项目等，反映陕西经济发展亮点。陕西广播电视台推出“重点项目观摩进行时”“高质量发展看陕西”专栏，为谱写高质量发展新篇章营造浓厚氛围。

陕西还精心举办“中国这十年·陕西”主题新闻发布会，在北京展览馆举办“奋进新时代”主题成就展等，全面介绍了党的十八大以来陕西各项事业取得的成就，以及在新征程接续奋斗的生动实践。

（二）制定重要文化政策

陕西出台法规政策，大力保护革命文物，弘扬革命精神。2022年12月，陕西省十三届人大常委会通过《陕西省革命文物保护利用条例》，分为总则、调查认定、保护管理、传承利用、区域协同、保障措施、法律责任和附则八章，共五十四条。条例的出台对于陕西加强革命文物保护利用，弘扬

① 陕西省文化和旅游厅官网，http：//whhlyt. shaanxi. gov. cn/content/content. html？id=15301。

② 《同心唱响时代奋进凯歌 汇聚团结奋斗磅礴力量——2022年全省宣传思想工作综述》，《陕西日报》2023年2月13日。

革命文化，传承红色基因，培育和践行社会主义核心价值观具有重要意义。

陕西制定法规，推动数字文化发展。2022 年 4 月，陕西省人民政府办公厅出台了《陕西省“十四五”数字经济发展规划》，其中对“推进特色文旅产业数字化”做出规划，提出构建陕西文旅数字资源体系，推动数字文化创意产业发展，数字化助力文旅产业融合发展；加强公共文体场馆数字化改造，引导社会力量参与建设数字图书馆、博物馆、美术馆等。9 月，陕西省第十三届人民代表大会通过《陕西省大数据条例》，为促进陕西大数据应用、加快数字陕西建设提供法律保障。该条例专门提出建设文旅数字资源体系，加强数字文化创意产业，推动大数据在文化旅游领域发展应用，推进数字技术和文旅产业融合发展，支持建设公共文化云平台和智慧图书馆、博物馆、文化馆等。

陕西省出台文件支持中华优秀传统文化的保护与传承工作。2022 年 9 月，中共陕西省委办公厅、陕西省人民政府办公厅出台了《关于加强考古工作的实施意见》，包括重大意义、总体目标、主要任务、实施保障部分。明确了合理规划布局考古工作，做好考古成果的挖掘阐释，提升考古工作质量和科研水平，建立健全考古工作保障机制，促进考古能力和学科建设，加强国际交流合作等主要任务。实施意见的出台对进一步提升陕西考古工作和科学研究水平具有重要意义。9 月，陕西省人民政府办公厅印发《陕西省基本建设工程考古工作管理办法》，该办法共分总则、管理职责、管理程序、监督责任、附则五章 22 条。要求市、县级政府要落实“先考古、后出让”的考古制度。该办法的出台对于加强陕西基建考古工作，保护地下埋藏文物安全，保障建设工程开展具有重要意义。①

2022 年 7 月，陕西省委宣传部，陕西省发改委、文旅厅和文物局等单位联合印发《陕西省关于推进博物馆改革发展的实施方案》，该方案分为“总体要求”“因地制宜，优化体系布局”“固本强基，提升服务效能”“创新引领，释放发展活力”“强化保障，优化发展环境”五部分，从健全制度

① 《陕西省人民政府办公厅关于印发基本建设工程考古工作管理办法的通知》，陕西省人民政府，http：//www.shaanxi.gov.cn/zfxxgk/fdzdgknr/zcwj/szfbgtwj/szbf/202209/t20220928_ 2253755.html。

规范，构建科学合理体系，强化分级分类指导，促进差异化发展，优化征藏体系，提升保护能力，强化科技支撑，提高展陈质量，发挥教育功能，优化服务效能，推进智慧建设，加强交流互鉴等方面，就持续推进陕西博物馆事业高质量发展做出安排。① 7月，陕西省文物局公布《陕西省“十四五”博物馆事业发展规划》，规划的实施有助于优化陕西博物馆发展体系，提升博物馆现代化治理水平。②

2022年1月起实行《陕西省秦腔艺术保护传承发展条例》。该条例于2021年11月经陕西省十三届人大常委会第二十九次会议表决通过。条例共7章45条，包括对秦腔的保护传承、人才培养、创新发展和相关的保护措施、法律责任等内容。它是全国首个省级层面制定的戏曲类地方性法规。

陕西省出台文件支持工业文化发展。2022年7月，陕西省委宣传部，陕西省工信厅、文旅厅和文物局等单位联合印发《陕西省贯彻〈推进工业文化发展实施方案（2021~2025年）〉行动计划的通知》。该行动计划分为总体要求、主要任务、保障措施三部分，明确了全省传承弘扬工业文化（包括加强工业文化研究教学，提升工业精神引领作用，建立工业文化基础资源库），加强工业遗产科学保护和活化利用（包括建立工业遗产分级保护机制，科学活化利用工业遗产，加强工业遗产品牌建设），推进工业文化发展载体建设（包括建立健全工业博物馆体系，持续创建工业旅游示范基地，支持建设工业文化研学基地），推动工业文化和产业高质量融合发展（包括发挥工业文化赋能产业发展作用，加强工业文化与创意设计产业融合发展，打造工业文化与数字经济融合发展新阵地）的主要任务。③

陕西省出台法规政策支持公共文化服务高质量发展。2022年，陕西省文旅厅、发改委、财政厅联合印发《关于推动公共文化服务高质量发展的

① 《关于印发〈陕西省关于推进博物馆改革发展的实施方案〉的通知》，陕西省文物局，http：//wwj. shaanxi. gov. cn/sy/dtyw/tzgg/qtgg/202207/t20220727_ 2230591. html。

② 《陕西公布“十四五”博物馆事业发展规划》，陕西省文物局，http：//wwj. shaanxi. gov. cn/sy/dtyw/wbyw/202207/t20220720_ 2229564. html。

③ 《关于印发陕西省贯彻〈推进工业文化发展实施方案（2021~2025年）〉行动计划的通知》，陕西省工业和信息化厅，http：//gxt. shaanxi. gov. cn/tzgg/80433. jhtml。

实施意见》，支持公共文化服务高质量发展。该意见共分为总体要求、主要任务、保障措施三部分20条，明确了公共文化服务示范创建、文化志愿服务特色化发展、开展公共数字文化服务、打造公共文化服务陕西名片等工作的具体目标。

陕西省出台法规政策支持文化与旅游融合发展。2022年2月，陕西省人民政府办公厅做出了《关于命名陕西省全域旅游示范区的通报》，命名西安市雁塔区、宝鸡市金台区、铜川市印台区、渭南市临渭区、榆林市榆阳区、汉中市南郑区、扶风县、陇县、兴平市、礼泉县、宜君县、黄龙县、镇安县、宜川县、神木市、宁强县、山阳县、佛坪县、岚皋县、丹凤县等20个县（市、区）为陕西省全域旅游示范区。[①]

2022年6月，陕西省委宣传部、陕西省财政厅等单位印发《支持文化和旅游企业发展财税金融政策措施》，以强化文旅企业引领作用，建设万亿级文化旅游产业。该措施包括省级财政专项资金向文旅企业倾斜，加大对文旅企业创新绩效奖补力度，壮大文化旅游产业投资基金，支持文旅企业在多层次资本市场上市挂牌融资，加大对文旅企业的信贷投放，支持文旅企业开展债券融资，支持文旅企业提升融资能力，全面落实各项税收优惠政策，向文旅企业倾斜政府购买文化服务，为文旅企业PPP项目提供贴息补助，支持重点文旅产业园区基地发展壮大，支持做强龙头文旅企业和特色文化品牌，加大文化旅游业市场主体培育力度，支持文旅企业引进培养高层次人才，优化文化旅游市场营商环境等内容。

2022年5月，陕西省文旅厅出台了《陕西省推进高质量文化旅游项目建设行动方案》，明确了2022~2024年文化旅游项目建设的工作目标、主要任务（包括高质量做好项目谋划工作、高精准做好招商引资工作、高效率推进项目建设工作）和具体保障措施等内容。[②] 9月，陕西省制定了《陕西

---

① 《陕西省人民政府办公厅关于命名陕西省全域旅游示范区的通报》，陕西省人民政府，http：//www. shaanxi. gov. cn/zfxxgk/zfgb/2022/d19q/202211/t20221110_ 2263730. html。

② 《陕西省文化和旅游厅关于印发〈陕西省推进高质量文化旅游项目建设行动方案〉的通知》，安康市人民政府，https：//www. ankang. gov. cn/Content-2404968. html。

省打造万亿级文化旅游产业实施意见（2021～2025年）》，该实施意见中的主要任务包括构建产业发展新格局、推动市场主体提质增效、促进融合发展、丰富文化旅游产品供给、发展数字文化旅游产业、激发文化和旅游消费潜力、扩大开放水平、优化设施和服务等。

（三）认真推动文化事业发展

陕西大力发展文化事业。2022年9月17～23日，文化和旅游部、陕西省人民政府共同主办了第八届丝绸之路国际艺术节。通过陕西和有关部门的不懈努力，丝绸之路国际艺术节已经成为国家“一带一路”文化合作与交流的重要品牌。这届艺术节主题为“共谱和平之曲　高唱丝路欢歌”，由三个板块（文艺演出、美术展览、线上展播）和五项专题活动（拉美艺术季、泰国文化日、国际儿童戏剧周、2022西安国际数字互动娱乐文化周、非遗活动展演）构成，线上线下共同举办，文化艺术活动达到58场（次），参与国家达到29个，观众399万余人次。

陕西财政大力支持文化事业发展。2022年全省文化科技卫生“三下乡”集中示范活动，争取资金2.1亿元。从2012年到2021年，陕西文化旅游与传媒支出年均增长6.5%。

陕西重视支持重大文化精品项目。陕西报送的电影、电视剧、戏剧等9部作品在第十六届精神文明建设“五个一工程”评选表彰中获奖，获奖数量并列全国第二、综合排名全国第四，省委宣传部获“组织工作奖”，取得历史最好成绩。2022年4月，陕西省委宣传部公布《2022年度陕西省重大文化精品项目入选名单》，其中省重大文化精品项目58项（53个扶持项目、5个跟踪项目）、重点文艺创作资助项目23项。扶持项目包括《郝家桥》等戏剧作品、《守护者》等影视作品、《路遥别传》等文艺类图书。重点文艺创作资助项目包括长篇小说、报告文学、纪实文学等。

陕西大力发展乡村公共文化事业，取得显著成效。2022年11月，“安康市‘乡村文化理事会’建设　打通乡村公共文化服务‘最后一公里’”入选2021年度文旅部公布的文化和旅游领域改革创新十佳案例。陕西还组织“书香陕西，农家书屋”“美丽乡村 文明家园”等活动，向农家书屋捐赠图书，助推乡村开展阅读活动。

陕西大力开展公共文化活动，着力向群众提供高质量文化产品。2022年，陕西线上线下举办“我们的中国梦——文化进万家”活动近7600场，开展戏曲进乡村、农村公益电影放映等文化惠民活动23万余场次。近几年陕西持续开展“戏曲进乡村”等文化惠民活动，每年基层送演出下乡达到1万余场次。2022年春节期间，陕西共举办“乡村春节晚会”123场，观众达134.11万人次。

陕西基层文化单位工作成就显著，陕西省绥德县文化馆等10家单位被评为第九届全国服务农民、服务基层文化建设先进集体。这项活动由中央宣传部、文化和旅游部、国家广电总局组织开展。

陕西通过网络技术推动公共文化事业发展。陕西实施“公共数字文化墙”工程，建设“陕西公共文化云”等，推进基层公共数字文化服务，让数字技术助推公共文化服务，网上服务点击量以千万人次计数，云展览、云阅读、云体验成为文化产品供需新途径。陕西省的文化馆群艺馆等单位在参加由文旅部全国公共文化发展中心等组织的国家公共文化云“学才艺”活动中，多个项目名列前茅。

陕西省重视全民阅读工作，书香氛围浓厚。2022年6月24日，陕西省全民阅读联席会议召开，总结了2021年全省全民阅读工作，安排2022年工作。2022年9月28日启动了为期两个月的“全民悦读 最美三秦”第十届陕西省阅读文化节。该阅读文化节经省委省政府批准，是陕西省群众文化重要品牌活动之一。本届阅读文化节举办2600多场活动，吸引1411万人次参与。

陕西公共文化场馆工作成效显著，助力公共文化事业发展。2022年陕西省一批新建的公共文化场所开业，助推全省公共文化事业发展。2022年西安市新城区文化馆、图书馆、非遗保护中心正式开放，新建成的“两馆一中心”总投资2.8亿元，集文化艺术培训、非遗传承展示、图书阅览等于一体，总面积13600余平方米。2021年12月，文旅部公布了第五次全国文化馆评估定级上等级文化馆，陕西省文化馆等 29 个文化馆被评定为一级馆，二、三级馆分别达到了 39 个和 48 个。

2022 年陕西省通过举办多场文化节日，促进文化事业发展，提升群众的文化获得感、幸福感和满足感。陕西举办 2022 陕西省群众文化节，包括全省群众合唱展演、全省广场舞线上展演、陕北民歌展演等多项内容。2022 年 9 月，西安市文旅局主办了西安市第二届市民文化艺术季活动。这一活动围绕“全民共舞·活力西安”“全民同唱·乐响西安”等六大主题展开，包括 20 项重点活动、127 项系列主题活动，涵盖合唱、音乐戏曲、非遗展示等形式。

（四）文化产业稳步发展

陕西充分发挥现有国家级文化产业示范园区（1 个）、国家级文化产业示范基地（11 个）、国家级文化和旅游消费试点示范城市（2 个）、国家级夜间文旅消费集聚区（8 个）等各级文化产业重点单位作用，大力推动文化产业发展。

2022 年，陕西全省 1674 家规模以上文化及相关产业企业实现营业收入 1169.29 亿元，比 2021 年增长 2.9%，高于全国 2.0 个百分点。文化服务业规上企业 1110 家，实现营业收入 556.61 亿元，占全部规上文化及相关产业企业营业收入的 47.6%，比 2021 年增长 8.0%。其中，“互联网其他信息服务”行业营业收入达到 120.97 亿元，比 2021 年增长 46.0%，占文化服务业规上企业营业收入的 21.7%，拉动文化服务业增长 7.4 个百分点。文化批发和零售业规上企业 321 家，实现营业收入 215.14 亿元，比上年增长 25.8%。其中，“图书、报刊零售”行业营业收入达到 58.44 亿元，比上年增长 10.5%，拉动文化批发和零售业增长 3.2 个百分点。文化制造业规上企业共 243 家，实现营业收入 397.53 亿元，占全部规上文化及相关产业企业营业收入的 34.0%，比上年下降 11.7%。其中，“包装装潢及其他印刷”行业营业收入达到 146.95 亿元，比上年增长 13.1%。

全省规上文化及相关产业企业中共有私人控股企业 1233 家，比上年增长 7.3%，占全部规上文化及相关产业企业的 73.7%，其 2022 年实现营业收入 669.63 亿元，同比增长 14.3%。按照产业类别来看，新闻信息服务业是九大行业中增速最快的行业，2022 年实现营业收入 140.77 亿元，比上年增长 36.3%；内容创作生产全年实现营收 110.92 亿元，同比增长 0.4%；创意设计服务全年实现营收 183.57 亿元，同比增长 17.8%；文化传播渠道全年实现营收 196.91 亿元，同比增长 17.5%；文化投资运营全年实现营收 11.24 亿元，同比增长 28.4%；文化消费终端生产全年实现营收 126.06 亿元，同比增长 10.6%；文化娱乐休闲服务、文化辅助生产和中介服务、文化装备生产 3 个行业营业收入分别为 44.14 亿元、238.83 亿元、116.83 亿元，均比上年同期有所下降。

文化产业新业态是推动陕西文化产业的新力量。2022 年，陕西省规模以上文化新业态企业共 150 家，分布在 15 个行业小类，比上年增加 5 家。其实现营收 236.87 亿元，同比增长 34.7%，增速高于全国文化新业态 29.4 个百分点。文化新业态营业收入前两位分别为互联网其他信息服务（营收 120.97 亿元，同比增长 46.0%）和互联网广告服务（营收 60.96 亿元，同比增长 43.8%），它们对文化新业态增长贡献率分别达到 62.5%和 30.5%，拉动文化新业态增长分别达到 21.7 个和 10.6 个百分点。

2022 年陕西会展业蓬勃发展。2022 年 6 月，2022 西部数字经济博览会在西安举行。7 月，举办第十六届中国西安国际茶业博览会。8 月，陕西举办第六届丝绸之路博览会，大会总展示面积 7.2 万平方米，参展企业 2056 家，参展展品 20110 种，签订 2309 个合作项目，总投资额 1.53 万亿元。9 月，陕西成功举办第二十九届杨凌农高会。本届农高会主题为“创新·合作与粮食安全”，线上线下累计参观人数 294.8 万人次，交易额 4.87 亿元。

二 陕西省主要文化行业发展状况

（一）陕西新闻出版行业发展状况

2022 年，陕西认真做好《习近平谈治国理政》第四卷、《让群众过上好日子——习近平正定足迹》、《党的二十大报告辅导读本》等书籍的宣传发行和学习工作。

2022年7月，中华（文明）文化传世工程——中国国家版本馆西安分馆建成开馆。这里收藏的版本达209万册，有数字资源160TB，核心功能为典藏、展示、研究和交流。西安国家版本馆结合陕西文化特色，设置了《赓续文脉　踔厉前行——中华文化经典版本展（西部篇）》和《楮墨遗珍　万里同风——丝绸之路版本展》两个展览，前者展出中华文化经典版本1743种，彰显民族根脉、延安精神、伟大复兴中国梦；后者展出约600种展品，通过版本讲好丝路故事，展现丝绸之路文明。

陕西狠抓图书出版工作，一批优秀书刊获得各类奖项。2022年10月，陕西人民出版社出版的长篇纪实文学作品《国家至上》获得第十六届精神文明建设“五个一工程”优秀作品奖。陕西科学技术出版社出版的“中国史前遗址博物馆”丛书（23册）获得第五届中国出版政府奖图书奖提名奖，长安大学的《交通运输工程学报》获得期刊奖提名奖。

陕西严把出版质量关，一批优秀选题入选国家主题出版重点出版物。2022年陕西省3种选题入选中宣部公布的2022年主题出版重点出版物选题，分别是图书选题陕西人民出版社的“纪录小康工程”丛书和《守边》、音像电子出版物选题陕西科学技术出版社的《VR视界——红色文化体验馆》。

2022年一批陕版图书入选2022年度国家出版基金资助项目。这些图书有陕西人民出版社的红色主题出版选题《铸魂——延安时期中国共产党意识形态建设的历史经验研究》《陕甘宁边区农业农税史》、三秦出版社的中华优秀传统文化选题《丝路彩陶·河湟卷》《元稹研究文集·新编元稹考论》、未来出版社的少儿类选题《敦煌壁画中的儿童生活》、陕西科学技术出版社的生态环境保护类选题《守望家园——生物多样性保护我们在行动》、太白文艺出版社的陕西艺术选题《中国老腔艺术》、陕西师范大学出版总社的《中华茶史》《鄂尔多斯高原历史地理研究》、西北大学出版社的《海外中国哲学研究译丛》、第四军医大学出版社的医学类选题《航空医学临床与鉴定丛书》、西安出版社的秦岭生态类选题《大秦岭蝶类志（3

卷）》、西安地图出版社的《我为珠峰量身高——2020 珠峰高程测量亲历记》、西安交通大学出版社的《金属丝电爆炸物理及应用》、西北工业大学出版社的航空类选题《空天推进技术系列丛书（第一辑）》《现代制导火箭设计技术与工程》。西安交通大学出版社的《大数据驱动的机械系统智能故障诊断与预测》《代表流派》入选 2022 年度国家科学技术学术著作出版基金资助项目。①

陕西重视科普图书的出版和推介工作。2022 年 4 月，未来出版社出版的《揭秘超级工程》入选中宣部出版局等单位公布的 2022 年向全国青少年推荐百种优秀出版物名单。2022 年陕西省举办了优秀科普作品评选活动，评选出 2022 年陕西省优秀科普作品 15 册（套），其中 14 册（套）为在陕作者的原创科普作品，包括《病毒演义：人类与病毒的博弈》《种业中国》《等闲识得胡蜂面——图说胡蜂的认识和预防》《时间科学馆》《中国传统民居建筑建造技术　窑洞》《看不见的水》等，② 这一活动对推动陕西科普图书创作与出版，推进科学普及与科技创新具有显著意义。

陕西古籍整理出版工作成就显著。陕西拥有丰富的古籍资源，全省存藏的古籍大约有 6.8 万种 200 余万册，古籍存藏单位约有 90 家。陕西多年来扎实开展古籍整理出版工作，1983 年成立了陕西省古籍整理办公室，2004 年成立了陕西省古籍整理出版工作领导小组，统筹全省古籍工作。近几年，陕西整理出版了《陕西现藏古籍总目》（22 册，陕西人民出版社）、《陕西碑刻总目提要初编》（5 册，科学出版社 2018 年出版）、《陕西金文集成》、《全唐文补遗》、《陕西金石文献汇辑》、《陕西古代文献集成》、《隋唐五代墓志汇编·陕西卷（1~4）》、《新中国出土墓志·陕西卷（1~4）》等大型古籍整理丛书，多项成果获得中国出版政府奖、全国古籍整理优秀图书奖一等奖等奖项，成就显著。

陕西图书出版不断取得新成就，出版工作为讲好陕西故事、宣传陕西文

---

① 《2022 年度国家科学技术学术著作出版基金资助项目公示》，中华人民共和国科学技术部，https：//www. most. gov. cn/tztg/202208/t20220824_ 182136. html。

② 《仰望星空　遨游科学知识的海洋》，《陕西日报》2022 年 8 月 31 日。

化不断做出新贡献。2021 年，仅陕西人民出版社就出版新书 758 种，再版图书 373 种。陕西人民出版社出版的“唐诗陕西”系列丛书，用唐诗彰显陕西文化。

（二）陕西广播电视电影业发展状况

2022 年陕西出品的电影电视连续获得国内外大奖，为繁荣陕西影视创作做出新贡献。11 月，“陕西省重大文化精品项目”——电视剧《装台》，陕西联合摄制电视剧《功勋》，获得第 33 届电视剧飞天奖优秀电视剧奖。此外，电视剧《啊摇篮》《大秦赋》获飞天奖提名奖，《送你一个长安——2021 中秋晚会》（电视综艺节目）、《延安童谣》（动画片）获星光奖提名奖。同月，《装台》《功勋》分别获第 31 届中国电视金鹰奖优秀电视剧奖，陕西电视剧《啊摇篮》《大秦赋》和陕西联合摄制的《爱拼会赢》则获提名奖。陕西林业局推出的《我们的绿水青山》获评国家广播电视总局“2021 年度优秀少儿节目扶持项目优秀电视节目类十大精品节目”。陕西出品的《柳青》《秀美人生》、电视剧《装台》和陕西出品的广播剧《黑色沃土》进入第十六届精神文明建设“五个一工程”“优秀作品奖”公示名单，另一部陕西电视剧《功勋》和联合拍摄的电影《我和我的祖国》分别入选“特别奖”公示名单。[①] 陕西出品的讲述马海德来中国参加革命故事的广播剧《延安之恋》获评国家广播电视总局 2021 年度广播电视创新创优节目。另一部陕西出品的广播剧《一个人的考场》获评国家广电总局 2022 年第一季度优秀网络视听作品推选活动优秀作品。陕旅集团等打造的原创 IP 动画短片《奇迹》荣获第 12 届芝加哥独立电影奖“最佳动画奖”，传播了中国好声音。纪录片《守望秦岭》被国家广电总局评为 2022 年第二季度优秀国产纪录片。

陕西拍摄的影视作品在各地热播，备受欢迎。《鸟语人》等 26 部影片

① 《陕西 2 部电视剧和 1 部广播剧进入第十六届“五个一工程”入选作品公示名单》，陕西省广播电视局，http：//gdj. shaanxi. gov. cn/info/1585/24790. htm。

在央视六套黄金档播出，《闪亮的军号》等8部影片登陆全国院线。2022年，陕西的《山河锦绣》《爱拼会赢》《八路军东渡黄河》《我们，从延安走来》《廉鉴》《守望秦岭》《千年陕菜》等电视节目在央视热播，《沸腾人生》《盛装》等电视节目在东方卫视、北京卫视、江苏卫视等热播，这些作品有的呈现脱贫攻坚的伟大历程，有的反映我国重型卡车发展历史，向广大观众传递正能量，受到欢迎和赞赏。

多部陕西出品的广播剧在中央级媒体播出，传播了先进文化。2022年陕西制作的广播剧《啊，延安》《达西村》《杏林春暖》《曙光　曙光》《北斗闪闪》《只此青春向鲁艺》《石光银》《长征少年淬火记》《明灯》等在中央广播电视总台播出，《人大代表风采》《一个人的考场》《爱的火种》《北斗闪闪》《药王孙思邈》等在学习强国学习电台播出，这些广播剧有的传播革命历史，有的反映社会主义建设新成就，播出后取得了良好反响。2022年上半年20部陕西广播剧在中央广播电视总台、学习强国学习电台播出。11月初，弘扬延安精神的广播连续剧《明灯》在中国之声“记录中国”栏目播出。

陕西影视作品在海外媒体播出，为讲好中国故事做出新贡献。2022年，阿联酋中阿卫视正式开播“视听中国·陕西时间”栏目，该栏目系陕西省广电局、省广电集团与中阿电视台联合推出。《2022年丝路春晚》《千年陕菜》和保护朱鹮的电影《鸟语人》等节目在该栏目播出。陕西广电融媒体集团（台）出品的《2022年丝路春晚》在12家海外电视台和YouTube等网络平台播出，覆盖受众7.12亿。《西汉帝陵》等影视作品也在YouTube上播出，观众数量众多。陕西还与相关国家联合拍摄了《我们到哈萨克斯坦拍电影》《斯诺，未竟之路》《从西安到瓜达尔港》《大黄一家人》等影视作品，有助于推进广播电视“走出去”步伐。

陕西重视影视作品生产，新影视作品层出不穷。本土电影年产量达72部，居全国第一方阵。2022年，电视剧《人生·路遥》拍摄完成。该剧改编自路遥经典小说《人生》，系2022年陕西省重大文化精品工程项目。陕西还拍摄了展现“一带一路”倡议后地区新变化的电影《长安·长安》。

一批陕西影视项目得到国家支持。中宣部公布的2023年度文化产业发展专项资金推动影视产业发展项目拟支持项目中，陕西影视企业申报的《主角》（电视剧）、《K165》（电影）上榜。

为促进陕西影视业发展，省文联专门主办了陕西电视金鹰奖，2022年举办的第十六届陕西电视金鹰奖共12部作品获奖，包括《装台》等电视剧，《薪火榆林》等纪录片、专题片，《我们的绿水青山》等电视栏目、节目，《延安童谣》电视动画片。

陕西影视数字化技术水平不断提高。2022年，西影传媒（陕西西影数码传媒科技有限责任公司）的《超高清视频在胶片电影等老影像开发中的应用》入选工信部、国家广电总局公布的超高清视频典型应用案例名单。该技术致力于通过胶片电影数字化保护、修复、开发珍贵影像素材，2021年获得国家广电总局广播电视和网络视听人工智能应用创新大赛奖项。西影传媒完成了近3万本胶片的抢救性修复工作，包括《大闹天宫》《土家风情》《武夷之光》等经典动画电影、资料片、纪录片的数字化修复。

陕西重视向群众提供优质影视广播剧服务。2022年举办了由100余场艺术活动组成的第二届西影电影艺术生活季，涵盖了电影艺术生活节等三大主题。5~12月，陕西农村广播举办陕西原创广播剧惠农展播，播出《长征一家人》《永远的老腔》《壶口人家》等50部230集广播剧，大力讲好陕西故事。

陕西举办电影展推动影视事业发展。2022年8月，西部电影集团等单位在西安举办首届源点西部电影展，向群众提供了优质影片。

（三）陕西省戏剧演艺事业等领域发展状况

陕西充分发挥艺术表演团体（截至2021年底全省艺术表演团体达到531家）作用，努力向观众提供高质量节目。近几年陕西艺术表演团体年均演出6万余场次，开展各类文艺惠民活动3000余项1万余场次，提供优质服务满足群众对演艺类文化产品的需要。陕西艺术表演团体重视丰富乡村文化生活，每年“戏曲进乡村”送演出下乡1万余场次。

陕西文艺精品层出不穷，屡获国内大奖。2022 年 9 月，陕西人民艺术剧院排演的话剧《主角》在第十三届中国艺术节上摘得文华大奖，子长市文化馆、子长市文化艺术培训中心演出的陕北道情《一条棉被》荣获第十九届群星奖曲艺门类奖。同月，陕西作品《看大桥》（陕北说书）与《猴子告状》（陕西快板）荣获第十二届中国曲艺牡丹奖。2022 年，陕西作品碗碗腔《骄杨之恋》、话剧《路遥》获得第十六届精神文明建设“五个一工程”优秀作品奖。①

2022 年一批新的演艺作品登上舞台，推动了陕西舞台演艺事业发展。全省相继推出了话剧《主角》（陕西人艺）、眉户现代戏《山花》（三意社）、秦腔历史剧《昭君行》（易俗社）、舞台剧《一个人的考场》（西安儿童艺术剧院）、大型交响组歌《伟大的征程》（陕西省歌舞剧院）、现代京剧《谢葆真》（省京剧院）等新作，促进了陕西文艺发展。

陕西用戏剧宣传黄河文化，歌颂社会主义建设成果。2022 年秦腔现代剧《生命的绿洲》排演完成。该剧讲述了党领导下毛乌素沙漠从“千年沙漠”到“万里绿洲”的伟大成就。

陕西通过举办文化节形式，向群众提供高质量演艺节目。第八届丝绸之路国际艺术节展播了 40 余台国内外精品剧（节）目，包括国内剧目话剧《主角》《深海》、民族交响乐《国之当康》、“诗化越剧”《陆游与唐琬》、戏剧《五女拜寿》等。2022 年陕西举办了“第九届中国秦腔艺术节”，西北 33 个剧团 70 余台秦腔大戏在艺术节期间演出。

陕西演艺事业通过改革不断焕发新活力。2012 年成立的西安最大国有演艺企业——西安演艺集团，通过改制后的持续发展，取得了一系列成果，2021 年主营收入增长至 9520 万元，直属文化企业达到 17 家，资产规模超过 11 亿元。十年来西安演艺集团编创优秀演艺作品 130 余部，获得 47 项国家级奖项，完成近万场各类文化惠民演出，对繁荣陕西文艺做出新贡献。

---

① 《第十六届精神文明建设“五个一工程”入选作品名单》，中国共产党新闻网，http：//cpc. people. com. cn/n1/2022/1030/c64387-32554714. html。

国家资助有利于推动陕西演艺事业发展。2022 年，一批优秀演艺作品入选国家艺术基金（一般项目）2022 年度资助项目，包括《姚启圣》（秦腔）、《生命册》（话剧）、《遇见星海》（儿童剧）、《战魂：第三战队》（杂技剧）入选大型舞台剧和作品创作项目；《大秦腔》（群舞）、《装满星星的花园》（独幕剧）入选小型剧（节）目和作品创作项目；《红箭红箭》（话剧）、《火印》（儿童剧）、《二十四个奶奶》（儿童剧）入选传播交流推广项目。

陕西重视戏剧教育教学工作。2022 年，秦腔剧目《吕布试马》《失子惊疯》《太庙请罪》和曲目《结底》入选文旅部组织的第四届“梨花杯”全国青少年戏曲教育教学成果展。为鼓励培养对青少年传统戏剧的兴趣，陕西省举办了“第十四届陕西少儿戏曲小梅花荟萃”活动。

陕西戏剧研究领域不断取得新进展。2022 年 8 月，在西安易俗社成立 110 周年之际，陕西人民出版社出版的《中国戏曲典藏·百年易俗社》五卷十本系列丛书正式发布。陕西的《考古学视域下的宋代戏剧服饰研究》入选 2022 年度国家社科基金艺术学项目青年项目。

围绕着戏剧，陕西开展了其他各项工作。2022 年，中国邮政发行一套 3 枚《秦腔》特种邮票，邮票图案名称分别为火焰驹、三滴血、游西湖。由陕西省戏曲研究院演出的秦腔《锁麟囊》入选中国戏曲“像音像”工程。

（四）陕西省文博事业发展状况

陕西充分发挥文物资源丰富的优势（全省现有不可移动文物 49058 处，522 家国有文物收藏保管机构收藏可移动文物 770 余万件），大力推动文物保护工作。近年来实施大遗址保护展示项目达 50 余项，完成石窟寺专项调查 997 处，被列入国家大遗址保护“十四五”专项规划的大遗址 18 处。工作突出的文博行业，为将陕西由文物资源大省发展成文博事业强省做出了重要贡献。为宣传中华优秀传统文化，陕西省举办了 2022 年国际博物馆日陕西主会场活动、2022 年“文化和自然遗产日”陕西省主会场活动等。

1. 陕西重视革命资源的保护和利用工作，成就突出

陕西高度重视保护利用革命文物。近 3 年用于全省革命文物保护的国家

及省级财政投入文物保护专项资金累计约 3.6 亿元，完成革命文物保护维修工程 87 项，安防、技防和消防项目 41 项。陕西充分利用全省 1224 处不可移动革命文物、40703 件（套）可移动革命文物的革命文化资源优势，发挥 70 余处纪念馆和革命旧址对外免费开放的作用，大力促进革命文化宣传工作。5 年来，陕西省共举办 900 余个革命题材展览，开展 2400 余场次的革命题材活动，参观人数超 8000 万人次。

陕西采用先进科技宣传革命文化。2022 年，“陕西革命旧址云传播项目”和“红色故事微视频制播和青少年党史学习教育课程研发项目”入选第三届（2021）全国革命文物保护利用十佳案例。前者为省文物局、省委党研室合作开展，运用 5G、VR、视频云等将 100 个具有重要影响的革命旧址在互联网上展现，是全国规模最大、内容最多的革命文物云上党史学习教育空间；后者为延安革命纪念馆制作，包括 100 集红色故事微视频《延安·延安》和 13 节青少年党史教育课程。

陕西省采取各种方式保护革命档案。陕西馆藏革命历史档案达到 2.49 万卷，资料 12.5 万卷（册），其中红色资料 1 万余册、革命烈士资料 553 卷。档案部门除开展修裱加固、感光影像保护等工作外，近几年全面推动数字档案建设，以更好保护利用革命文化资源。

2. 陕西加大对文物和大遗址的保护力度

2022 年 9 月，陕西省人民政府批准《周原遗址保护总体规划（2021~2035 年）》①。7 月，陕西省人民政府批准《芦山峁遗址保护规划（2021~2035 年）》《秦咸阳城遗址保护总体规划（2021~2035 年）》。② 2021 年秦

① 《陕西省人民政府关于批准公布周原遗址保护总体规划（2021~2035 年）的通知》，陕西省人民政府，http://www.shaanxi.gov.cn/zfxxgk/fdzdgknr/zcwj/szfwj/szh/202209/t20220928_2253777.html。

② 《陕西省人民政府关于批准公布芦山峁遗址保护规划（2021~2035 年）的通知》，陕西省人民政府，http://www.shaanxi.gov.cn/zfxxgk/fdzdgknr/zcwj/szfwj/szh/202207/t20220720_2229443.html；《陕西省人民政府关于批准公布秦咸阳城遗址保护总体规划（2021~2035 年）的通知》，陕西省人民政府，http://www.shaanxi.gov.cn/zfxxgk/fdzdgknr/zcwj/szfwj/szh/202207/t20220711_2228285.html。

咸阳城遗址入选中国“百年百大考古发现”。近几年，陕西实施的大遗址保护展示项目达 50 余项，完成了 997 处石窟寺专项调查，被列入国家大遗址保护“十四五”专项规划的有 18 处 55 个大遗址。

2022 年陕西文物保护工作亮点频仍。4 月，全国首座考古学科博物馆陕西考古博物馆建成对外开放。该馆主体建筑总面积 10700 平方米，通过科学发掘、保护利用、展示阐释，更好宣传陕西考古工作。为展示陕西考古工作成就，陕西考古博物馆遴选出土文物 4218 组（5215 件）展出，其中 90%以上首次公开展出，推动了考古宣传工作。4 月，西安江村大墓入选 2021 年度全国十大考古新发现。江村大墓考古确定了其为汉文帝霸陵，解决了西汉十一陵的名位问题。9 月，国家文物局、陕西省人民政府签署《合作共建汉长安城国家大遗址保护特区协议》，推动了汉长安城保护工作。2022 年，省文物局举办了第二届“陕西重要考古新发现”，评选出太平遗址、周原先周建筑与西周城址等六大考古新发现。

为更好开展文物维护工作，根据《陕西省优秀文物保护项目评选章程》，全省开展了 2022 年度陕西省优秀文物保护项目评选活动，在参评的 33 个项目中评选出秦始皇陵内城垣及相关遗址保护展示工程、泰塔抢险加固工程等 8 个项目为陕西优秀文物保护工程。为开展好对文物的预防性保护工作，2022 年 5 月，陕西成立了我国第一个省级综合性文物预防性保护研究机构——陕西省文物预防性保护研究中心。为有效保护文物，省文物保护研究院还专门建立了“陕西省有机质文物生物病害熏蒸消杀中心”，编写了《陕西省馆藏文物藏品管理指导意见》。为加强文物修复人才培养，2022 年省文物局等举办了首届“陕西省文物行业职业技能大赛”，设置泥瓦作、木作、陶瓷、壁画彩塑、金属文物修复和考古探掘 6 个项目。①

陕西不断探索数字化保护传承等文物保护新技术。西北大学文化遗产数字化研究团队研发的文物外观快速采集建模装置具有智能化、协同化、安全

① 《陕西举办首届文物行业职业技能大赛》，陕西省文物局，http：//wwj. shaanxi. gov. cn/sy/dtyw/wbyw/202208/t20220816_ 2246241. html。

性高、精度高的特点，提高了文物信息采集的速度和精度，被应用到中国国家博物馆等机构的文保中。他们研究的颅面复原技术处于国际领先水平，对文物资源的创造性转化具有重要推动作用。另外，陕西科技大学成立了硅酸盐质文化遗产研究院，开展对文物的鉴识、保护和研究等工作。陕西现有相关国家重点科研基地 5 个，近年来开展了 100 余个文物科技保护研究项目，共有 45 个项目获奖。

陕西开展海外文物保护工作，让文保工作在加强国际交往、保护世界文明方面发挥重要作用。陕西省文物保护研究院、省文物保护工程公司联合体承担了中国援缅甸蒲甘他冰瑜佛塔修复项目具体实施工作，2022 年 1 月这一项目正式启动。[①]

陕西利用数字科技宣传中华优秀传统文化，获得广泛关注。秦始皇帝陵博物院的“平行时空：在希腊遇见兵马俑”线上展览，通过 NAM 虚拟展厅秦俑藏品展览等线上展厅介绍秦始皇陵兵马俑，国内外网友观众超 1.5 亿。

陕西文物保护和宣传工作扎实细致，2022 年西安市文物稽查队、榆林市文物考古勘探工作队获评人社部、国家文物局命名的“全国文物系统先进集体”，陕西文博系统 3 名同志获评“全国文物系统先进工作者”。2022 年，陕西举办了第二届寻找“最美陕西文物安全守护人”等活动，鼓励保护文物。

3. 陕西考古工作成就卓著，推动了中华优秀文化保护和中华文明探源工作的开展

2021~2022 年，陕西考古工作成效显著。2021 年以来，经过考古证实，位于西安的太平遗址具有以礼制为核心的早期文明特征，系夏时期大型中心性聚邑遗址。省考古研究院在泾阳蒋刘遗址发现仰韶晚期大型环壕和成人墓地。

① 《中国政府援缅甸蒲甘他冰瑜佛塔修复项目举行启动仪式》，陕西省人民政府，http://www.shaanxi.gov.cn/xw/ldx/bm/202201/t20220108_2206926.html；《陕西赴缅甸蒲甘他冰瑜寺修复项目顺利推进》，陕西省文物局，http://wwj.shaanxi.gov.cn/sy/dtyw/wbyw/202112/t20211231_2206197.html。

陕西重视丝绸之路沿线的考古工作。2022 年 6 月，西北大学承担的“天山地区古代人类遗传演化研究”项目被专家组评价为“以高水平成果达到预期目标”，顺利通过综合绩效评估。西北大学考古专业对新中国考古专业人才培养和考古事业发展做出了重要贡献，“已经培养了 6000 余名毕业生，是目前国内规模最大、培养体系最为完备、社会认可度最高的考古学专业人才培养基地”。西北大学培养了全国 40%以上的科技考古人员、50%以上的文物保护科班人员、60%以上的全国各地考古队队长。11 月，中国和乌兹别克斯坦共同建设的“中乌科技考古与文化遗产保护国际联合实验室”正式成立，该实验室由西北大学与乌兹别克斯坦“丝绸之路”国际旅游与文化遗产大学建设。5 月，西北大学博物馆举办了“丝路丹心——黄文弼与丝绸之路”特展，宣传了丝路考古。黄文弼先生被誉为“西北考古第一人”。

陕西省考古工作者在中亚开展考古工作，加强了“一带一路”地区的文化交流。2022 年 11 月在西北大学举行的“中乌丝绸之路考古”邮票邮折发行仪式，全套 13 枚邮票（分别为 7 枚乌兹别克斯坦邮政公司发行的邮票和 6 枚中国邮政公司发行的邮票）内容包括西安发掘的安伽墓围屏石榻和撒马尔罕阿弗拉西阿卜遗址彩绘壁画等，以邮票形式展现中乌联合考古成果。

4. 陕西重视文物展览等工作，利用文物宣传中华优秀传统文化

陕西发挥全省博物馆优势（全省博物馆机构 312 个、博物馆人员数 8511 人、博物馆藏品件数 438. 7 万件），有力推动展览工作。近几年年均举办各类展览近 800 个，年均接待观众 5000 余万人次。至 2021 年陕西在全国博物馆十大陈列展览精品推介中获奖的陈列展览共有 23 个。2022 年 5 月，延安革命纪念馆基本陈列“伟大历程——中共中央在延安十三年历史陈列”、秦始皇帝陵博物院“青铜之冠——秦陵彩绘铜车马”展览，获得第十九届（2021 年度）全国博物馆十大陈列展览精品推介活动“精品奖”。

陕西文物在海外展出是对世界讲好中国故事的重要组成部分。2022 年，陕西在日本京都、静冈、名古屋、东京相继举办“兵马俑与古代中国——

秦汉文明的遗产”展览。

陕西通过举办文物精品展览，宣传中华优秀传统文化。2022年，西安博物院举办了“花月醉雕鞍——大唐金乡县主展”、“丝路琉光——从地中海到长安的古代玻璃艺术”展；法门寺博物馆基本陈列提升改造项目竣工；汉景帝阳陵博物院举办了“梵相东成——陕西咸阳成任村东汉金铜佛像特展”；秦陵博物院举办了“西汉海昏侯刘贺墓出土文物展”；西安碑林博物馆举办了我国首个石刻线画专题展。

陕西认真开展全国范围文物展览活动。2022年，陕西分别在上海、青岛、东莞、宁波举办“与天无极——陕西周秦汉唐文物精华展”“大唐长安——陕西唐代文物精华展”“大唐宝藏——法门寺地宫文物精粹特展”“乐居长安——唐都长安人的生活”文物展。在台湾举办“唐代壁画文化特展”首部曲和二部曲巡展活动。

陕西有效利用传统文化资源举办传播活动，积累了丰富经验。2022年“大明宫书院考古研学活动”项目和陕西历史博物馆游客旅游体验度提升案例入选“2021全国十佳文化遗产旅游案例推介活动”，前者获评“2021全国十佳文化遗产旅游案例”，后者成为“2021全国文化遗产旅游优秀案例”。

5. 陕西大力发展非物质文化遗产事业

陕西非遗在世界范围的影响进一步扩大。2022年11月“中国传统制茶技艺及其相关习俗”列入联合国教科文组织人类非遗代表作名录，陕西非遗项目咸阳茯茶制作技艺作为联合申报项目之一，进入人类非遗代表作名录，这是陕西第4项人类非物质文化遗产（前三项为西安鼓乐、中国剪纸、中国皮影戏）。陕西利用全省87项国家级非遗项目、12个国家重点扶持非遗工坊等非遗资源优势，推动非物质文化遗产的保护宣传工作。

2022年，陕西举办“文化和自然遗产日”，通过线上线下活动大力宣传非遗，展出非遗项目520余项，举办活动360场次，参与非遗企业工坊超过430家，参加活动人员120余万人次，非遗产品销售额2000万元。5月，陕西在西安举办了“针线上的故事——秦绣艺术推广交流作品展”。

陕西重视非遗技术研究工作。陕西首个文化和旅游部重点实验室——民歌智能计算与服务技术文化和旅游部重点实验室申报的“西安鼓乐的数字化保护与沉浸式体验方法研究”项目，获评2022年度文化和旅游部重点实验室资助项目，有力推动了陕西著名非遗项目的保护与传承。

陕西文化文物创意开发研究领域不断取得新进展，陕西的《文化文物单位文化创意产品开发法律研究》入选2022年度国家社科基金艺术学项目西部项目。

2022年，陕西省级非遗传承人薛宏权获评第八届中国工艺美术大师。[①]

（五）陕西文学艺术音乐美术等领域工作

1. 陕西文学创作持续升温，新品力作大量涌现

陕西近几年每年推出各类文艺图书近3000部，近百位作家在国家级刊物和重点刊物发表的作品达到800余篇（部、首）。

陕西作家作品屡获大奖，为陕西文学增添新光彩。2022年8月，陕西作家钟法权撰写的《张富清传》和陈仓撰写的《月光不是光》分获第八届鲁迅文学奖报告文学奖、散文杂文奖。[②] 阿莹长篇小说《长安》荣获第六届长篇小说年度金榜等奖项。

陕西通过举办评奖活动促进文学发展。2022年，陕西省青年文学协会举办了第五届陕西青年文学奖评选活动，评选出贡献奖、中短篇小说奖、诗歌奖、散文奖、评论奖、影视文学奖、网络文学奖、校园文学奖等8项，鼓励陕西青年文学事业发展。

陕西出版社认真出版文学作品，推动陕西文学事业发展。2022年，太白文艺出版社出版长篇童话《去贝加尔》、中篇小说集《丫丫的城》、长篇小说《五陵原风雨》等。陕西人民出版社出版发行散文集《追影记》。陕西旅游出版社出版了《大山深处的回响》，促进了陕西儿童文学、小说、散文创作等文学事业发展，弘扬了社会主义核心价值观。西安出版

① 陕西省文化和旅游厅官网，http：//whhlyt. shaanxi. gov. cn/content/content. html？id=15435。

② 《陕西两作品获鲁迅文学奖》，群众新闻网，https：//esb. sxdaily. com. cn/pc/content/202208/26/content_ 792242. html。

社出版了全媒体图书《诗中游长安》，以数字化和全媒体方式探索出版新途径。

陕西作家作品在国家级出版社出版。2022 年，人民文学出版社出版贾平凹首部笔记体小说《秦岭记》；现代出版社出版发行了铜川市农民作家张德民长篇小说《希望的田野》。

2. 陕西通过举办美术展览，满足群众欣赏优秀美术作品的需要

陕西举办的第八届丝绸之路国际艺术节美术展览板块，展出近 500 件（套）优秀艺术品。其间举办了“第 38 届中国陕西 · 日本京都书画联展暨第 7 届中国 · 日本学生书画联展”和“美美与共——中拉艺术交流回顾展”。2022 年 10 月，陕西省美术博物馆举办“长河大道——黄河文化主题美术作品展巡展”（文旅部主办，陕西站）。7 月，陕西省美术博物馆举办“花间世界”陕西省美术博物馆藏库淑兰作品研究展，展出“民间工艺美术大师”库淑兰的《空空树》《通宵吹打》《剪花娘子施药图》等近百幅作品，涵盖自然、民间、神话和库淑兰特有的“剪花娘子”题材。该展览被文化和旅游部评选为“2022 年全国美术馆馆藏精品展出季活动入选项目”。同年，西安中国画院举办了“喜迎二十大 · 丹青谱新篇”庆祝中国共产党成立 101 周年主题展览。第九届中国秦腔艺术节期间，西安中国画院组织“美术中的秦腔”主题展。此外，陕西省美术博物馆还举办“最美劳动者——陕西省美术博物馆馆藏作品展”“出长安——陕西中国画作品巡展（西安站）”“喜迎党的二十大胜利召开电影海报展”等。

陕西用美术宣传革命文化，弘扬延安精神。2022 年 9 月，陕西在延安革命纪念馆举办了“我的延安——全国主题性美术作品展”，展览由“红星照耀”“华彩再现”“光辉时代”三个部分构成，展出 273 位艺术家的 443 件作品，作品包括国画、油画、版画、雕塑等。

陕西美术展览和相关工作突出，受到文化和旅游部肯定。陕西省美术博物馆“2020‘美谈’”活动入选文旅部 2020~2021 年度全国美术馆优秀项目评选之优秀公共教育项目。此外，西安美术学院“家乡美：乡村振兴油画作品展”入选国家艺术基金 2022 年度资助项目传播交流推广项目。

陕西美术研究领域不断取得新进展，陕西的“新中国军事题材美术图像志研究”“中国古代存疑画学文献整理与研究：画学伪书辨证”入选2022年度国家社科基金艺术学项目西部项目。

陕西青年画家茁壮成长。2022年7月，陕西有10件作品入选在浙江展览馆举办的第七届全国青年美术作品展。

3. 陕西音乐活动为群众提供高质量文化产品，效果明显

2022年7月，2022陕西省群众文化节“歌从黄河来”合唱音乐会在西安音乐厅举办，媒体进行直播的总点击量超过114万次。

西安音乐学院歌曲《托起梦想的太阳》小型剧（节）目和作品创作项目、西安交响乐团唐诗交响吟诵音乐会入选国家艺术基金2022年度资助项目传播交流推广项目。

陕西举办第八届丝绸之路国际艺术节，向群众播出世界优秀音乐节目。艺术节线上展播了以色列爱乐乐团、慕尼黑爱乐乐团演出的世界名曲。2022年陕西省文旅厅、延安市政府、榆林市政府等共同主办了陕西省第四届陕北民歌大赛。

陕西音乐演出事业蓬勃发展。2022年，西安交响乐团与中国爱乐乐团等联合上演《江山如画》系列交响音乐会。西安交响乐团在华清宫举行《江山如画》交响音乐会。陕西省歌舞剧院创作的大型交响组歌《为人民而歌》首演。

（六）陕西文化和旅游融合领域工作

2022年，陕西克服种种困难，在文旅融合方面取得新进展。2022年上半年，陕西省国内旅游人数达到2.09亿人次，国内旅游收入达到1390.45亿元。

2022年，陕西省文物局、西安地图出版社编制了《陕西红色印迹》地图，方便游客参观研学。文化和旅游部资源开发司、陕西省文旅厅、延安市政府等共同举办了第十二届全国大学生红色旅游创意策划大赛全国总决赛，以延安精神、陕西红色旅游为作品设计重点。8月，第五届西北革命红色旅

游联盟年会在延安吴起县举办，这些活动有助于推动陕西、延安红色旅游事业发展。

陕西大力促进文旅融合工作，文旅项目稳步推进。2022 年上半年，陕西省在建文旅项目完成投资 131.9 亿元，在建、拟建 449 个文旅项目，总投资规模达 2375.6 亿元，其中 2022 年新开工项目 138 个，完成投资 29.4 亿元，占这些项目总投资 328.5 亿元的 8.9%。

陕西重视推动乡村旅游。2022 年，第 15 届陕西乡村旅游展举办，宣传推广乡村旅游富民新模式。2022 年文旅部等推出的全国乡村旅游精品线路 128 条，5 条陕西线路入选。同年，陕西省文旅厅决定命名一批陕西省旅游特色名镇（9 个）和陕西省乡村旅游示范村（17 个）。

陕西合理利用其 523 家 A 级旅游景区（其中 5A 级旅游景区 12 家）资源和酒店接待能力（五星级酒店 17 家），推动文旅事业大发展，十年来累计接待游客超 40 亿人次。2022 年，西安市广仁寺文化景区、咸阳市昭陵景区、榆林市石峁遗址文化旅游区、汉中市张骞墓景区等一批旅游景区被批准为国家 4A 级旅游景区。

陕西重视省级文化旅游地方标准的颁布和实施。截至 2022 年 9 月，包括《旅游演艺从业人员服务要求》、《实景演出安全与应急规范》（第 1 部分：基础管理和第 2 部分：运营服务）在内，全省共制定实施的省级文化旅游地方标准达到 31 项。

陕西采取一系列活动促进文旅事业发展。2022 年 7 月，省文旅厅、商务厅、西安市政府联合举办了陕西省夏季文旅消费季暨“关中文旅大集”系列推广活动，推出了包括夏季精品旅游线路、夜间文旅消费新场景、精品旅游演艺等，借助文旅融合力量为全省促消费稳增长工作做贡献。

2022 年陕西文旅融合取得新成效。大唐不夜城热度不减，“长安十二时辰”主题街区等成为新热门景区。陕文投集团打造的长安十二时辰项目融合影视 IP 与商业 IP，大唐开市、霓裳舞台、长安案牍库等 12 处场景由同名电视剧原班美术设计施工团队打造，开业后受到游客追捧。

陕西多个景点和旅游线路荣登文旅部相关名单，为后续发展平添力量。

陕西2个景区入选文旅部2022年国家工业旅游示范基地名单；太白山温泉旅游度假区和3个文化街区入选文旅部第二批国家级夜间文化和旅游消费集聚区名单；3条线路入选2022年文旅部推出的全国乡村旅游精品线路。

陕西重视黄河文化、长征文化、长城文化主题建设工作。2022年，陕西镇北台长城景区、吴起镇革命旧址、榆林款贡城、钟山石窟历史博物馆等入选文旅部发布的长城主题国家级旅游线路。

陕西文化与旅游研究工作不断取得新突破。2022年省文旅厅报送的调研报告《大众旅游、智慧旅游内涵与实现路径研究》和《新时期旅游统计与大数据应用实践与研究》分别获评"全国文化和旅游系统2021年度二十佳调研报告"；报送的调研报告《陕西戏剧精品生产及发展现状调研报告》和《新时代延安红色旅游产品多主体认知评价与高质量发展路径研究》获评"全国文化和旅游系统2021年度优秀调研报告"。

陕西重视宣传推广旅游公益理念，2022年，陕西出品的《长安有礼》《遇见红色榆林》《文明旅游　处处要注意》等5件作品入选第二届全国旅游公益广告作品遴选暨展播活动。

陕西重视用新科技推动文旅融合，陕西文物保护部门加大利用科技力度。2022年9月，推出大雁塔AR夜景秀；自2021年起，西安城墙景区利用数字技术，挖掘历史文化，推出系列数字藏品，累计围观量数千万。西安博物院推出的AR导览服务等，通过沉浸式游览体验，让观众对优秀传统文化有更深认知。

陕西通过加强文化、旅游和科技融合，推动文旅工作发展。陕西在旅游演艺中，大量应用科技手段。陕西运用声光电、互动投影等科技手段打造旅游演艺70余台，使旅游演艺更具科技感、沉浸式、场景化特点。陕西大力推动文旅科技创新工作，延安红色文化旅游体验场景创新与应用示范等3个项目，入选国家文旅科技创新工程名单。陕西运用数字技术引领旅游业发展，陕文投集团云创科技开发的"游陕西"数字文旅产品矩阵，为省内外上百家涉旅企业打造智慧旅游大数据平台，提供深度服务，并以此为基础，致力于"陕西省数字文旅平台"的建设。

陕西重视旅游新业态发展。陕西露营相关企业达到3603家，全国排名第5，有力支持了“露营+自驾”“露营+景区”等旅游新业态发展。

三　陕西省各地文化发展状况

（一）西安文化发展状况

西安重视党的二十大宣传工作。西安广播电视台开设“二十大时光”专栏，设置“二十大报告金句”等板块，宣传党的二十大精神。

西安重视文化和旅游融合工作。西安重视发展乡村旅游。2022年，蓝田县汤峪镇塘子村荣获第四批全国乡村旅游重点村称号。西安将蓝田县葛牌镇葛牌村等一批村庄（10个）命名为2021年西安市乡村旅游示范村。为加大城市文旅融合力度，西安举办了文博旅游城市探访系列活动。为加大“文旅+”夜间消费业态融合发展，西安启动2022新城第三届夜游嘉年华活动，提供更好更多夜间文旅产品和服务。为促进文旅与科技相融合，西安评定华清宫景区等为2021年度西安智慧景区；评选西安博物院等为2022年度西安智慧景区，同时评选出7家智慧旅行社。

西安重视对优秀传统文化、革命文化保护传承，加大力度保护宣传开发非物质文化遗产。2022年，出台了《西安市“十四五”文物事业发展规划》，明确到2025年基本形成文物保护的“西安模式”和2035年远景目标，制定了推动大遗址保护利用、推进博物馆之城建设、加强革命文物保护传承、深化考古工作和历史研究等主要任务。2022年，举办西安市第一届（2019~2021年度）博物馆优秀陈列展览评选活动，共评出“西安唐皇城含光门遗址博物馆基本陈列”等15个展览。至2021年，西安市国有博物馆达到136座，文物保护单位达428处。2022年西安加强太平遗址等中华文明探源工程的考古调查研究。小雁塔历史文化片区、兵马俑文旅度假区等项目建设稳步推动。

非遗保护领域。2022年，西安鼓乐国家级代表性传承人何忠信成为光明日报社主办的2021年中国非遗年度提名人物。2022年，西安公布秦岭生态环境保护区非物质文化遗产项目名录，包括西安鼓乐等5个区县九大非遗门类的25项非遗项目。同年，西安市群艺馆主办了非遗项目文创研发展览；“数字化助力西安城墙文物保护和文化遗产传承”项目入选文化和旅游部发布的2022年文化和旅游数字化创新实践十佳案例；永兴坊、大唐芙蓉园入选2022年“全国非遗与旅游融合发展优选名录”的“非遗旅游景区”类。

西安重视推动图书阅读工作。2022年西安新华书店曲江书城和嘉汇汉唐书城被中国书刊发行业协会主办的“首届全民阅读大会”评为“年度最美书店”。4月，西安启动第十六届“西安读书月”，其间以“线上+线下”的方式开展主题演讲、经典诵读、知识竞赛等725项主题活动。西安致力于不断加强公共文化产品和服务供给，2022年成功举办了第九届中国秦腔艺术节，组织开展西安交响乐团演出等群众性文化活动，实施文化惠民演出。

西安演艺事业发展如火如荼。2022年成功举办了第九届中国秦腔艺术节。西安还举办了第十四届西安鼓乐云上艺术节、第七届西安国际儿童戏剧展演、2022西安“红五月音乐会”和第十一届西安戏剧节等，推动戏剧事业发展。

（二）宝鸡文化发展状况

宝鸡重视党的二十大宣传工作。宝鸡电视台开设“二十大时光”专栏，持续宣传党的二十大精神。

宝鸡举办文化节，推动文化建设工作。2022年5月宝鸡举办第十一届宝鸡市文化旅游节，该旅游节包括2022年宝鸡民间锣鼓大赛、岐山周文化旅游季、扶风文旅季、千阳县第五届西秦刺绣香包节、凤县第十五届古凤州生态民俗文化旅游节等一系列活动。

宝鸡公共文化服务持续为群众提供高质量服务。2022年8月，宝鸡市委宣传部、宝鸡文旅局等在宝鸡美术馆主办“喜迎‘二十大’·丹青颂中华”全国水彩艺术名家精品邀请展，讴歌社会主义建设事业。

宝鸡大力推动文旅融合工作，成效突出。2022年10月，宝鸡凤县双石铺镇兴隆场村荣获第四批全国乡村旅游重点村称号，至此全市全国乡村旅游重点村达到5个。

宝鸡重视文物的保护和传承工作。2022年2月，宝鸡正式开工建设麟游九成宫博物馆，该馆建设面积约1.3万平方米，是宝鸡“博物馆之城”建设重点项目。

宝鸡加大非遗保护宣传力度，非遗活化利用成为群众致富新途径。2022年6月，“文化和自然遗产日”陕西省主场活动在宝鸡市举办。活动包括颁发第五批国家级非遗项目牌匾（陕西）、宝鸡民间锣鼓大赛金奖，表彰陕西省2022年“文化进万家”先进单位、陕西省首批非遗工坊先进单位，举办全省非遗购物节线下展销等。西秦刺绣重要发祥地和传承地千阳县，全县先后举办培训班100多期，培训6000多人次，带动1.2万余名妇女从事刺绣工艺品制作，并建起了千阳县西秦刺绣文化产业园，成立21家专业刺绣合作社，6家省、市级非遗工坊，11个专业村。2022年9月，宝鸡凤翔区六营民俗村入选2022年“全国非遗与旅游融合发展优选名录”的“非遗旅游景区”类。

宝鸡旅游景区开展优惠医疗工作者活动，收到良好社会效果。法门文化景区、太白山旅游景区等宝鸡28家A级旅游景区响应市文旅局号召，2022年对全国医护工作者（持医师证、护士证）实行免门票游览政策，产生了良好效果。

宝鸡促进文艺工作发展，不断取得新成效。2022年宝鸡创排的舞剧《青铜》在多个重要场合演出，除在第八届丝绸之路国际艺术节闭幕式等国内演出外，还作为陕西舞台艺术创作方面重要成果，通过巴黎线上展播专场与广大法国网友见面。

（三）咸阳文化发展状况

咸阳重视党的二十大宣传工作。咸阳市广播电视台开办“践行嘱托谱新篇　喜迎党的二十大”“二十大时光”“二十大代表风采”专栏，持续宣传党的二十大精神。

咸阳认真保护传承弘扬中华优秀传统文化，不断取得新成效。2022年咸阳博物院建馆60年，专门举办“汉家陵阙——咸阳博物院西汉帝陵考古回顾展”，共展出91件（组）文物。同期，出版图书《泾渭映史　帝都遗珍——咸阳博物院精品集萃》，书中收录咸阳博物院文物约200件（组）。2022年6月，咸阳在乾陵博物馆举行了2022年“文化和自然遗产日”主会场宣传活动，推动文物保护成果人民共享。

咸阳采取多种措施保护传承非物质文化遗产。2022年，咸阳茯茶制作技艺成为人类非遗代表作。咸阳旬邑县文化馆编辑出版了《旬邑县非物质文化遗产名录图典》。8月，咸阳举办了2022第十六届（国际）网络红拳传承人展演交流大赛暨第八届青少年红拳大赛，推动了非遗红拳的弘扬工作。6月，咸阳文旅局和陕西非遗保护中心在咸阳礼泉举办了陕西省第五届非遗传承人绝活才艺展示。

咸阳公共文化事业发展突出。10月，在咸阳市清渭楼美术博物馆举办了“大河颂”陕西省群众美术书法摄影优秀作品展。7~9月，咸阳文旅局等单位主办了咸阳市第五届少儿艺术节。10~11月，咸阳三原县举办了2022年农村公益电影主题展映活动，活动坚持文化引领，助力乡村振兴，放映了《环保小故事》等多部优秀国产影片。

咸阳文旅融合工作稳步推进。礼泉袁家村入选首批陕西省省级夜间文化和旅游消费集聚区，彬州市水口镇被省文旅厅命名为陕西省旅游特色名镇。

咸阳举办节庆文化，丰富群众文化活动，促进经济发展。2022年9月，举办了首届咸阳马栏红苹果节。5月，永寿县举办了第十九届槐花旅游文化节。同月，彬州侍郎湖景区举办了第四届槐花节。

咸阳大力推动文艺工作，广电事业稳步发展。2022年1月，咸阳推出的原创歌曲《战士与界碑》在央视七套“军歌嘹亮”栏目播出。咸阳演艺公司推出的大型秦腔现代戏《美丽乡村》（咸阳市2021年度文化精品剧目）圆满完成结项演出。该公司演员车佳容荣获第五届中国（黄河流域）戏剧红梅大赛演奏一等奖。

咸阳认真推动文化产业发展。2022年，咸阳命名了全市首批文化产业示范园，这批示范园共包括文化制造类、文化旅游类、文化艺术类、数字文化类、文化休闲娱乐类5类10家园区。

（四）铜川文化发展状况

铜川重视党的二十大宣传工作。铜川广播电视台推出系列报道“二十大时光”，持续宣传党的二十大精神。

铜川市重视保护弘扬革命文化。2022年10月，铜川在照金召开陕甘边革命根据地创建89周年暨“弘扬照金精神　锤炼过硬作风”座谈会，大力弘扬照金精神。至2022年铜川共有25处不可移动革命文物（其中1处全国重点文保单位，5处省文保单位），近几年，铜川组织开展革命文物摸底调查、建档立案等革命文物保护利用工作，编制完成了《陕甘边革命根据地旧址保护管理规划》《王石凹煤矿工业遗址保护规划》等。

铜川加大文旅融合力度，以文化促旅游，用旅游宣传文化，形成良性互动。铜川举办的2022年“夏一站　醉铜川”文旅消费季，包括“药王养生杯”音乐美食文化节、照金牧场星空音乐节等，促进文化铜川、红色铜川、养生铜川更好发展。2022年10月，铜川王益区黄堡镇孟姜塬村荣获文旅部、国家发改委确定的第四批全国乡村旅游重点村称号。

铜川认真开展精神文明建设。近几年，铜川大力开展“美丽乡村　文明家园”建设工作，2022年11月，铜川耀州区董家河镇王家砭村等5个入选陕西省“美丽乡村　文明家园”建设示范点。铜川大力推动新时代文明实践工作，以耀州区为例，已建成新时代文明实践总队、大队、支队、特色支队四类队伍238支，中心（所、站）141个，常备志愿服务队伍9支，实名注册各类志愿者2.3万余人，建立了面积达700余平方米的耀州区新时代文明实践中心展馆和好人馆。2022年以来开展志愿服务示范项目20多个，开展文明实践活动1.2万余场次。①

① 《耀州区新时代文明实践助推乡风文明》，铜川市人民政府，http：//www.tongchuan.gov.cn/resources/site/1/html/zxzx/tcyw/202211/674455.html。

铜川重视推动公共文化事业发展，让群众享受高质量的文化成果。2022年9月，铜川耀州区董家河镇、宜君县哭泉镇入选第二批“陕西省公共文化服务高质量发展示范乡镇（街道）”。至2022年铜川文化馆、文化站分别达到5个和38个，村（社区）综合文化服务中心431个，千人占有公共文化服务设施面积达到597.3平方米。文化志愿者、群众文化团队分别达到5454人、1375支。2022年铜川文联在全市创建了10个“乡村文艺小院”，助力乡村文艺工作。

铜川大力推动影视工作不断取得新成就。2022年9月，铜川市委宣传部等摄制的红色主旋律儿童电影《闪亮的军号》在全国公映。

（五）渭南文化发展状况

渭南重视党的二十大宣传工作。渭南广播电视台开辟“践行嘱托谱新篇　喜迎党的二十大”“二十大时光”等专栏，报道二十大盛况和渭南各界的热烈反响，持续宣传党的二十大精神。

渭南市新时代文明实践中心建设顺利开展。至2022年8月，全市新时代文明实践中心、文明实践所和文明实践站分别达到13个、124个、1608个。新时代文明实践机构建设分批推进，阵地建设与政策宣传有机结合，文明实践成效显著。

为促进渭南文化和旅游融合发展，2022年7月，渭南举办了“万里黄河看渭南”渭南市2022夏季文化旅游消费季活动，促进文旅事业发展。渭南用智慧旅游支持文旅工作，其成果“渭南市华山景区实名制分时预约实践”案例入选文旅部公布的2021年智慧旅游典型案例（智慧旅游景区、度假区、乡村建设运营典型案例）。

渭南重视中华优秀传统文化的保护与传承。2022年11月，渭南市委宣传部、文旅局主办全国剪纸精品邀请展，展出全国各地剪纸精品180余幅。8月，渭南成功举办了“传承非遗　创享美好”首届国际非遗交流周（陕西·渭南）。华县皮影戏非遗传承人汪天稳获评2022年薪传奖传统工艺大展“薪传奖”。渭南广播电视台网络动画片《仓颉传奇》入选国家广电总局公布的2022年中国经典民间故事动漫创作工程（网络动画片）重点扶持项目，为传承中华优秀传统文化做出新贡献。渭南桃花源民俗文化园入选2022年“全国非遗与旅游融合发展优选名录”的“非遗旅游景区”类。6月，渭南召开“守护·瞻望——2022年中国渭南皮影戏高峰论坛”，宣传了非遗皮影艺术。

渭南高质量开展公共文化服务工作。2022年渭南市图书馆先后在市中心医院、临渭区政协文史馆等单位建立分馆，配置图书，方便了读者阅读图书。

（六）延安文化发展状况

延安重视党的二十大宣传工作。延安广播电视台推出系列报道“二十大时光”，紧跟大会进程，聚焦大会主题主线，持续宣传党的二十大精神。

延安不断加大对革命文物保护力度。延安采取抢救性和预防性保护、单点保护和集中连片保护等措施，加强对革命旧址本体与周边环境的保护工作，最大限度地保护革命文物，确保了革命遗址的历史真实性、风貌完整性和文化延续性。

延安不断加大文旅融合力度，文旅工作有新进展。2022年10月，延安宝塔区万花山镇荣获文旅部、国家发改委确定的第二批全国乡村旅游重点镇（乡）称号。为加大旅游发展力度，延安举办“中国旅游日”延安会场，启动“延安乡村旅游年”系列活动，推出的重点乡村旅游点和乡村旅游线路分别达到100余处和30条。

延安重视非物质文化遗产保护工作，为建设好陕北文化生态保护实验区，2021年起延安市设立300万元年度专项保护经费。根据文旅部通报，2022年“文化进万家——视频直播家乡年”活动中，“延安非遗”抖音账号视频播放量居全国第5位。

延安采取各种举措大力保护文物。2021年延安与敦煌研究院合作，针对清凉山万佛洞石窟、钟山石窟、万安禅院石窟、石泓寺石窟、城台石窟启动数字化保护工程。2022年5月，举办“从敦煌到延安——石窟艺术数字影像展”，对石窟艺术进行宣传。

延安大力推动群众文化事业。延安文旅局主办了第三届延安市农民工诗歌朗诵大赛，十个县区文化馆（文化文物馆）荣获优秀组织奖。

（七）榆林文化发展状况

榆林重视党的二十大宣传工作，加强革命精神宣传工作。榆林广播电视台在系列报道“二十大时光”中，反映乡村振兴发展新面貌和突出成就，宣传党的二十大精神。2022 年 9 月，榆林在定边县建成陕甘宁边区红色税史馆，具有重要的革命教育意义。

2022 年，榆阳区古塔镇赵家峁村荣获第四批全国乡村旅游重点村称号。同年，榆林于中国旅游日举办“我爱我的家乡·榆林人游榆林”文化旅游惠民活动；绥德名州古城景区被评定为国家 4A 级旅游景区，推动榆林文旅融合事业的发展。

榆林各地举办形式多样的文化节，助推旅游事业发展。为促进旅游发展，榆林举办了 2022“清爽榆林”沙地避暑旅游季，其中包括 7 月开始举办的神木市文化旅游节、吴堡县漂流文化旅游节等。此外还举办了米脂县第二届乡村文化艺术节等。

榆林高度重视文物保护，有序推进长城国家文化公园建设。榆林编制《神木长城国家文化公园高家堡核心展示区方案》等多个建设规划和设计方案，开展了红石峡长城国家文化公园等多个项目的建设工作，并致力于长城保护围网工程、长城保护数字再现工程等工作，为长城国家文化公园建设做出重要贡献。榆林重视传统村落保护，神木市沙峁镇菜园沟村等 7 个古村落拟列入《第六批中国传统村落名录》名单。

榆林重视非物质文化遗产保护工作。2022 年，榆林非遗国家级代表性传承人鲍武文（国家级非遗项目绥德石雕）、省级代表性传承人雒胜军（国家级非遗项目陕北民歌）入选 2021 年“中国非遗年度人物”30 位提名候选人名单。为建设好陕北文化生态保护实验区，2022 年起榆林市设立 3000 万元文化生态保护实验区保护经费。非遗产品成为群众致富的重要渠道，绥德县石雕从业人员1000多人，带动石料相关产业2000多人就业，年创收1.5亿元。“陕西省非物质文化遗产研究基地”在榆林学院挂牌。

榆林文艺工作亮点突出，公共文化事业稳步推进。2022年，神木市文化馆音乐类表演唱《歌从黄河岸边边来》摘得第十九届群星奖。榆林市群艺馆陕北说书《路遥著书》入围本届群星奖决赛。同年，陕北民歌博物馆举办2022年陕北民歌传习所文艺汇报演出活动。

（八）汉中文化发展状况

汉中重视党的二十大宣传工作。汉中广播电视台播出《昂首阔步新征程·汉中篇——“数”说汉中这十年　高质量发展迈上新台阶》等节目，持续宣传党的二十大精神。

汉中重视非物质文化遗产保护工作。为建设好羌族文化生态保护实验区，汉中市2022年设立100万元专项经费，为文化生态保护实验区建设提供有力资金保证。汉中市“汉风古韵”音乐类非遗项目展演，入选“国家公共文化云热力排行榜”群众文化活动直播榜第6名。

汉中挖掘整理当地中华优秀传统文化，服务社会。2022年3月，汉中市政协组织编写的《汉中文史丛书》正式出版并举行首发式。这套丛书包括《汉江航运与工商往事》《张骞与丝绸之路》《汉中三堰史话》等10册，共350万字，是汉中文史资料集成之作。

汉中党史工作成效显著。2022年，汉中市委党史研究室获评“十三五”期间全国党史和文献部门先进集体。

汉中文旅融合工作成果丰富。2022年“‘游汉中’平台促进智慧旅游服务升级”案例入选文旅部公布的2021年智慧旅游典型案例。汉中留坝县火烧店镇荣获文旅部、国家发改委确定的第二批全国乡村旅游重点镇（乡）称号，留坝县留侯镇营盘村荣获第四批全国乡村旅游重点村称号。

（九）安康文化发展状况

安康重视党的二十大宣传工作。安康广播电视台开设了“二十大时光”

专栏，新闻频道、897 新闻频率认真进行党的二十大直转播，持续宣传党的二十大精神。

安康重视发展公共文化事业。2022 年 2 月，安康市委、安康市人民政府专门对创建国家公共文化服务体系示范区工作先进集体和先进个人进行了表彰。

安康通过放映公益电影促进乡镇文化发展。安康市共建立放映队 129 个，至 2022 年 10 月，安康共放映公益电影 1 万多场，观影群众 200 余万人次，放映前开展党的理论政策等宣讲活动 7000 余场次。

安康文艺创作活跃，新作频出。2022 年安康市白河县创作编排了风情歌舞剧《水色白河》，全剧由“日照山河”“家在何方”“三苦丰碑”“水色白河”“碧珠璀璨”“一江清水　永续北上”等篇章构成，反映了绚丽多彩的白河文化和美丽风光。

安康重视节庆文化在文化建设中的重要作用。2022 年 9 月，举行了中国农民丰收节（平利）庆丰收开镰仪式，将文艺歌舞表演、旅游推介和水稻收割比赛、农副产品展销等活动融为一体，用文旅促进农业发展和新农村建设。6 月，举办第二十二届中国安康汉江龙舟节。

安康各地投入大力保护文物，取得良好成效。近几年石泉县累计投资 5 亿多元对禹王宫、江西会馆、关帝庙等古建筑进行修缮，对始建于明洪武二年的古街区加以修复，对相关市政配套设施改造提升。老街年均旅游收入约 5.1 亿元，接待游客达到 170 余万人次。2022 年 1 月，石泉县秦巴老街上榜文旅部公布的首批国家级旅游休闲街区名单，是陕西省唯一上榜街区。安康重视传统村落保护，汉滨区的茨沟镇瓦铺村等 9 个古村落拟列入《第六批中国传统村落名录》名单。

安康非遗保护工作扎实推进，不断取得新成效。安康牛王国漆油漆技艺非遗传承人袁端姣的“闭花羞月”系列作品获评 2022 年薪传奖传统工艺大展“优秀奖”。安康中坝作坊小镇入选 2022 年“全国非遗与旅游融合发展优选名录”的“非遗旅游小镇”类。

安康充分利用国家 A 级旅游景区（共 43 家，4A 级、3A 级、2A 级景区分别为14家、26家、3家）以及全国乡村旅游重点镇、村（分别为1个、4个）等旅游资源，加强文旅融合，促进旅游事业发展。岚皋县2022年前8个月乡村旅游突破300万人次，创造了近20亿元的旅游综合收入。

（十）商洛文化发展状况

商洛重视党的二十大宣传工作。商洛广播电视台推出“奋进新征程 建功新时代·喜迎党的二十大”等宣传活动，报道商洛高质量发展新成效，持续宣传党的二十大精神。

商洛市公共文化服务体系建设富有成效。2022年2月，商洛市博物馆新馆开工建设。

商洛文化旅游融合成效显著。商洛充分发挥自身拥有的A级旅游景区（44家）、国家和省级全域旅游示范区（分别为1个、4个）、全国乡村旅游重点镇和重点村（分别为1个、6个），以及省级旅游度假区、旅游特色名镇、文化旅游名镇、乡村旅游示范村（分别为4个、15个、4个、37个），聚力打造全域景区。商洛柞水县营盘镇荣获第二批全国乡村旅游重点镇（乡）称号。推出3条“22℃商洛·中国康养之都”旅游线路。商洛重点创建国家全域旅游示范区柞水县和省级全域旅游示范区商南、山阳、镇安、丹凤县。

四　陕西省“十四五”期间文化发展前景分析与预测

2022年，陕西出台了《陕西省打造万亿级文化旅游产业实施意见（2021~2025年）》。明确了至2025年陕西省文化旅游产业的发展目标。至2025年，陕西省文化旅游产业总收入将突破1万亿元，文旅产业增加值占全省生产总值将超过10%，陕西旅游业年接待国内外游客人数突破9亿人次。

（一）未来三年，陕西省文化旅游项目将再上一个新台阶，为文旅发展做出新贡献

陕西将通过进一步完善省、市、县三级联动的项目推进长效机制，促进

文旅项目的建设。2022 年 5 月，省文旅厅印发《陕西省推进高质量文化旅游项目建设行动方案》，确定了未来三年文化旅游项目建设。按照陕西相关规划，较之于 2022 年，2023 年全省“五个一批”（开工一批、推进一批、竣工一批、储备一批、谋划一批）高质量文化旅游项目数量增加不低于 7%，2024 年不低于 10%。两年的“五个一批”项目投资增速不低于全省固定资产投资增速，同期储备项目、谋划项目实际转化率均不低于 80%。8 月，陕西省委宣传部、省文旅厅印发《陕西省打造万亿级文化旅游产业实施意见》，进一步明确了发展目标。

未来三年，陕西文化产业示范园区、文旅特色小镇、文化创意街区建设将迈上新台阶，新增的国家级、省级文化产业示范园区（基地）分别达到 10 个和 50 个，文化创意街区新增 50 个，文化旅游特色小镇新增 10 个，文化旅游产业园业态更加丰富、主题更为鲜明。

未来三年，陕西万亿级文旅产业重点项目中 20 个省级重点项目的累计投资额将达到 878.15 亿元，110 个一期重点项目的累计投资额将达到 962.21 亿元，88 个二期重点项目的累计投资额将达到 699.56 亿元。陕西以项目建设带动产业发展，通过推进文化旅游项目建设，将助推千亿级、百亿级重点产业链的形成和重点产业集群的培育，有力促进文化与旅游事业的发展，构建陕西文化与旅游融合发展的新格局。

这些项目的实施将有力提升陕西县域文旅发展条件，促进乡村旅游事业发展。未来三年陕西将打造省级文化旅游名县 10 个、全域旅游示范区 40 个、乡村旅游示范村 100 个，并通过“一县一策”支持县域文旅事业发展。

陕西文旅重要项目的实施将推动全省文化产业的发展。这些重要项目包括毛绒玩具主创产业园、国家文化大数据陕西省平台、西北出版物物流配送中心、陕西数字出版基地、兴汉新区汉文化产业建设项目等，将有力提升文化产业发展。

重点项目建设将从各方面加大陕西文化强省的建设力度。“延安精神”传承研习基地、延安长征精神体验地文旅融合工程、国家级航天精神文化园等项目将有效提升革命精神弘扬效果；吴堡县国家黄河文化公园建设项目、米脂县高西沟田园综合体项目等将有效展现陕西黄河文化的风采；“一带一路”文化交流中心系列公建项目将对讲好陕西故事、中国故事，做好宣传工作做出新贡献；滨河精品酒店群项目等提升旅游配套设施的建设，将对改善陕西旅游接待能力、促进文旅融合有特殊作用。

（二）未来三年，陕西将大力促进黄河文化保护发展弘扬工作，使其成为陕西文化强省建设的新亮点

2022 年，陕西省出台了《陕西黄河文化保护传承弘扬三年行动计划（2022~2024 年）》，明确了 2022~2024 年陕西黄河文化保护传承的行动。未来几年中，陕西省将通过实施黄河文化研究工程、推出标志性研究成果、健全黄河文化研究阵地，大力开展对黄河文化的研究；通过开展黄河文化遗产资源调查、加强黄河非遗保护、推进黄河文化艺术保护传承、加大黄河古籍保护等举措有效保护黄河文化遗产。

陕西重视开展黄河文化旅游融合、黄河文化旅游廊道建设、黄河文化品牌塑造、黄河文化传播等工作。未来几年将通过实施黄河文艺精品创作、黄河流域公共文化服务提质、黄河特色文化产业体系培训、黄河文化旅游融合发展等工程，通过黄河文化国家公园建设、高质量黄河文化旅游产品培育、黄河文化精品旅游线路打造、高水平黄河旅游公共服务构建等举措，通过打造黄河文化统一品牌、培育四大黄河文化 IP、擦亮红色文化品牌、叫响关中文化品牌等行动，通过系统普及推广黄河文化、创新黄河文化推介、积极开展黄河文化海外传播等方式，将陕西黄河文化保护好传承好弘扬好。

（三）陕西文旅融合进一步发展，将推动文化资源保护工作更上一层楼

陕西将通过新建一批博物馆，推动优秀传统文化资源的保护利用工作。到 2025 年，全省博物馆将形成科学合理的体系，延安宝塔等“精神标识”守护阐释工程将顺利推进，延安、榆林、商洛等市级博物馆，洋县、麟游九

成宫等县级博物馆将建成开放，全省博物馆数量将达到360座。①

陕西通过万亿级文旅产业重点项目，将更有力保护与利用不可移动文物资源。如未央宫遗址公园提升项目、西安碑林博物馆改扩建工程、乾陵国家考古遗址公园项目、韩城古城历史文化街区建设项目等的实施，有利于保护汉长安城、西安碑林、韩城古建筑等。

陕西实施重大项目带动战略，有利于文化资源的保护传承、研究发掘、环境配套等工作。小雁塔历史文化片区综合改造项目，照金创建5A级景区基础设施及配套项目，黄帝陵文化园区、张载文化园项目、张骞文化园景区提升项目等，对小雁塔、陕甘边照金革命根据地旧址等不可移动文物周边环境的改善，对黄帝文化、关学思想、丝路文化历史等的研究发掘有积极意义。

（四）陕西省推进工业文化发展步伐将进一步加大

到2025年，“陕西制造”的文化品位和设计水平显著提升，建设20个工业文化研学基地（创意园区），20家有较强影响力和知名度的工业（企业）博物馆，50家以上工业旅游示范基地，基本完善工业文化支撑体系，形成工业文化繁荣发展、工业文化新载体新业态丰富的新格局。

届时，陕西省级工业旅游相关标准及规范将更加健全；通过对工业遗产的摸底调查，将建立较完备的全省工业遗产名录库；通过对工业文化专业人才等资源的组织梳理和挖掘，建立多品类基础资源库；陕西将加大对工业文化的研究力度，提升工业文化对工业软实力和制造强省建设的支撑作用；将更为有效统筹城市发展与工业遗产保护利用，保护利用好工业文化资源；将进一步推动工业文化品牌建设工作，产生一批工业主题鲜明、行业特色突出，兼具时代与地域特色的工业文化品牌；包括城市工业博物馆、工业档案馆、设计展示馆、行业博物馆、企业博物馆和工艺美术展览馆等的健全工业

① 《关于印发〈陕西省关于推进博物馆改革发展的实施方案〉的通知》，陕西省文物局，http：//wwj. shaanxi. gov. cn/sy/dtyw/tzgg/qtgg/202207/t20220727_ 2230591. html。

博物馆体系将初步建立；工业旅游示范基地创建工作将初见成效，一批工业旅游示范基地、特色项目、线路得以形成。①

（五）陕西公共文化服务高质量发展将得到进一步推动

到2025年，陕西公共文化服务实施标准将进一步优化，公共文化设施提档升级，公共文化服务示范创建取得新成效，公共文化服务提质增效，公共文化服务城乡均等化水平大幅度提升，公共文化服务陕西名片做得更好，群众文化活动让人民更满意，创新开展公共数字文化服务，打造新型公共文化空间，文化志愿服务特色化进一步加强，公共文化服务治理体系更为健全，公共文化服务传播能力再上一个新台阶。

到2025年，陕西省公共文化高质量发展将取得一系列新成就，乡镇（街道）综合性文化服务中心普遍达标；2025年底前建设命名30~40个省级公共文化服务高质量发展示范县（区）、80~100个示范镇（街）；城区建设15分钟公共文化便民生活圈；大乡镇（街道）增建文化馆分馆，建立“种文化”等城乡帮扶机制；2~3个作品获全国“群星奖”（“十四五”期间）；2025年文化志愿者注册人数比2020年增加一倍；全省所有县级以上文化馆对接国家和省级公共文化数字平台。通过坚持正确导向、政府主导、改革创新、融合发展，推动全省公共文化均衡发展、协同供给，增进服务效能、实现共建共享。

① 《关于印发陕西省贯彻〈推进工业文化发展实施方案（2021~2025年）〉行动计划的通知》，陕西省工业和信息化厅，http：//gxt. shaanxi. gov. cn/tzgg/80433. jhtml。

宏观视野篇

Macro Vision Reports

B.2
陕西文化强省建设研究报告*

陕西省社会科学院课题组**

摘　要： 本报告研究分析了陕西文化强省建设的六大优势与四大短板，提出以打造“文化理论高地”、形成“文化产业集群”、培育“文化特色品牌”、形成“文化开发格局”、建设“文化数字体系”为实现路径加快推进文化大省向文化强省转变，在建设中国式现代化文化强国进程中，积极贡献陕西力量。

关键词： 陕西　文化强省　文化建设

* 本文是2022年度陕西省宣传文化系统“六个一批”人才项目“陕西文化强省建设的历史进程、内涵思路与实现路径研究”、陕西省社会科学院2022年度重大课题“陕西文化强省建设路径研究”（22SXZD08）、陕西省社会科学院2022年度重点课题“保护传承弘扬关中文化研究”（22ZD11）、国家哲学社会科学基金一般项目“中华优秀传统文化融入生产生活研究”（19BKS212）的研究成果。

** 课题组组长：王长寿；课题组成员：刘泉。执笔：刘泉，陕西省社会科学院文化与历史研究所副研究员，主要研究方向为张载关学与宋明理学、文献整理与研究、文化产业与创意策划。

文化是国家、民族的血脉与灵魂，是人民的精神家园。文化安全是国家、民族安全的保障，是建设社会主义文化强国的重要保障。文化建设是社会主义现代化建设的重要组成部分，决定着社会主义现代化强国建设的成败。习近平总书记多次强调，“要坚定文化自信，推动中华优秀传统文化创造性转化、创新性发展，继承革命文化，发展社会主义先进文化，不断铸就中华文化新辉煌，建设社会主义文化强国”。[①] 陕西要利用好自身的历史文化优势，抓住共建“一带一路”、新时代推进西部大开发形成新格局、黄河流域生态保护和高质量发展等国家重大战略机遇，在“推进文化自信自强，铸就社会主义文化新辉煌”的号召下，准确谋划“文化强省建设”的总体定位和路径设计，谱写陕西高质量新篇章，发展中国特色社会主义先进文化，建设社会主义现代化强国。

一　文化强省建设的使命任务

文化强省是省域层面文化建设的目标，从属且服务于“建设社会主义文化强国”的全国性战略目标。党中央始终把文化建设放在党和国家全局工作重要战略地位。党的十八大强调“扎实推进社会主义文化强国建设”。党的十九届五中全会通过的《中共中央关于制定国民经济和社会发展第十四个五年规划和二〇三五年远景目标的建议》，首次从战略和全局上明确了建成“文化强国”的具体时间表和路线图，为我国文化建设提供了重要遵循和行动指南，吹响了努力建成社会主义文化强国的冲锋号。党的二十大报告明确指出，“全面建设社会主义现代化国家，必须坚持中国特色社会主义文化发展道路，增强文化自信，围绕举旗帜、聚民心、育新人、兴文化、展形象建设社会主义文化强国，发展面向现代化、面向世界、面向未来的，民族的科学的大众的社会主义文化，激发全民族文化创新创造活力，增强实现

① 习近平：《把文化建设摆在更加突出位置（2020 年 9 月 22 日）》，载《习近平谈治国理政》第四卷，外文出版社，2022，第 309 页。

中华民族伟大复兴的精神力量”。

“举旗帜、聚民心、育新人、兴文化、展形象”，是习近平总书记提出的新形势下宣传思想工作的五项使命任务，也是“建设社会主义文化强国”的五项使命任务。习近平总书记强调，“十四五”时期，我们要把文化建设放在全局工作的突出位置，切实抓紧抓好。要坚持马克思主义在意识形态领域的指导地位，坚守中华文化立场，坚持以社会主义核心价值观引领文化建设，紧紧围绕举旗帜、聚民心、育新人、兴文化、展形象的使命任务，加强社会主义精神文明建设，繁荣发展文化事业和文化产业，不断提高国家文化软实力，增强中华文化影响力，发挥文化引领风尚、教育人民、服务社会、推动发展的作用。[①]

关于五项使命任务的具体内涵，习近平总书记强调，“举旗帜，就是要高举马克思主义、中国特色社会主义的旗帜，坚持不懈用新时代中国特色社会主义思想武装全党、教育人民、推动工作，在学懂弄通做实上下功夫，推动当代中国马克思主义、21 世纪马克思主义深入人心、落地生根。聚民心，就是要牢牢把握正确舆论导向，唱响主旋律，壮大正能量，做大做强主流思想舆论，把全党全国人民士气鼓舞起来、精神振奋起来，朝着党中央确定的宏伟目标团结一心向前进。育新人，就是要坚持立德树人、以文化人，建设社会主义精神文明、培育和践行社会主义核心价值观，提高人民思想觉悟、道德水准、文明素养，培养能够担当民族复兴大任的时代新人。兴文化，就是要坚持中国特色社会主义文化发展道路，推动中华优秀传统文化创造性转化、创新性发展，继承革命文化，发展社会主义先进文化，激发全民族文化创新创造活力，建设社会主义文化强国。展形象，就是要推进国际传播能力建设，讲好中国故事、传播好中国声音，向世界展现真实、立体、全面的中国，提高国家文化软实力和中华文化影响力。”[②]

---

① 习近平：《把文化建设摆在更加突出位置（2020 年 9 月 22 日）》，载《习近平谈治国理政》第四卷，外文出版社，2022，第 309 页。

② 习近平：《自觉承担起新形势下宣传思想工作的使命任务（2018 年 8 月 21 日）》，载《习近平谈治国理政》第三卷，外文出版社，2022，第 312 页。

文化强省建设，就是要在省域范围内大力发展文化事业、做强文化产业，为人民群众提供高品质高营养的丰富多样的精神文化产品和服务，紧紧围绕并高质量完成“举旗帜、聚民心、育新人、兴文化、展形象”的使命任务。

二　陕西文化强省建设的优势与挑战

陕西文化强省建设具有历史资源、地理区位、基础建设、战略机遇、文化市场、教育科研等六方面的巨大优势。同时，也面临在资源禀赋转化、文化市场体系建设、数字文化产业发展、国际传播能力建设等四方面的严峻挑战。

（一）陕西文化强省建设的六大优势

1. 历史资源优势

陕西历史文化，在数量上具有丰富性与完整性，在功能上具有荟萃性与辐射性，是中华文明五千年的缩影，其种类繁多且相互交错，最具代表性的优势包括以下四个方面。

一是根源性优势。陕西文化是中华文明的“根文化”，奠定了中华文明的基础。陕西境内的原始文化遗址丰富，从蓝田人遗址（距今 70 万年到 115 万年）、疥疙洞（距今 1.5 万年到 10 万年或更早）、仰韶文化（距今 5000 年到 7000 年）到龙山文化（距今约 4000 年）等均为中国乃至东亚地区人类演化学说提供了重要考古学证据。石峁、老牛坡、周原和丰镐等遗址，充实了夏商周时期中华文明起源和发展的历史脉络。

二是中心性优势。在地理上，陕西拥有中国的“时空”中心和原点，分别是位于西咸新区泾河新城永乐镇的中国大地原点和位于西安市临潼区的国家授时中心。在历史上，陕西是周秦汉唐时期中华民族、中华文化的融合中心，西安（关中）是全国政治经济文化中心、跨文化交流中心，既荟萃各类人才与八方财货，又辐射全国传播文明。宋元明清时期，西安（关中）是理学文化中心之一。近代，延安（陕北）是中国革命的圣地和中心之一。

三是标识性优势。黄帝陵、兵马俑、延安宝塔、秦岭、黄河等是中华文明、中国革命、中华地理的精神标识和自然标识。《史记》、《汉书》、汉赋唐诗、西安碑林、古代书院等是中华文明的文化艺术标识。横渠四句是自古以来我国知识分子的志向传统和光荣使命。

四是丰富性优势。在制度文化方面，以西周礼乐制度、秦汉唐国家制度为核心内容；在学术文化方面，以文王易学，秦代法家，汉唐经学、史学与宗教学，宋元明清关学等为主要内容；在文学艺术方面，以诗经、汉赋、唐诗、书法（秦隶、唐楷、碑林等）、秦腔艺术等为主要内容；在革命文化方面，陕西是全国革命文化资源最丰富的地区之一，涵盖中国革命的各个时期，数量多、分布广、影响大，以伟大建党精神以及延安精神、照金精神、南泥湾精神、张思德精神、西迁精神等为核心内容。这些丰富的历史文化资源，深刻融入和影响了中华民族的国家治理观念与社会生产生活方式。

2. 地理区位优势

从地理位置上，陕西处于中国中部和西北的结合地带，是大西北的门户，素有“中国的西部、西部的东部”之称。承接中部，发展西部。陕西是连接中国东、中部地区以及西南、西北的交通枢纽，具有承东启西、连接西北的地理优势。陕西是西北地区经济最发达、社会水平最高的省份，教育、科技等均居西北地区的先进地位，能够发挥陕西的火车头作用带动西北其他省份发展。陕西也是共建“一带一路”最发达地区之一，在新时代推进西部大开发形成新格局中具有“桥头堡”的重要战略地位。省会西安是西北地区最大的中心城市，是全国仅次于北京的第二大公路交通枢纽，也是西北地区最大的商贸、教育、科技、文化中心，在新时代推进西部大开发形成新格局中承担了多项功能，成为共建“一带一路”的“中国经济中心”和“经济明珠”。

3. 基础建设优势

陕西作为全国较早响应并提出“文化强省”战略的省份之一，陆续推出了一系列政策且取得了显著进展。自2002年提出“实现建设西部经济强省与建设文化强省的互动并进”，到2007年提出以“经济强、科教强、文化强”建设“西部强省”的战略目标，再到2011年提出“努力建设富有独特魅力和创造活力的文化强省”，后又启动“八大工程”建设“全国文化强省”，在“十二五”末“十三五”初基本建成了西部文化强省。“十三五”后期，陕西扎实加强文化建设，持续加快推进“西部文化强省”、“全国文化大省”向“全国文化强省”迈进。

截至2021年，陕西围绕文化强省建设目标，不断完善文化产业发展体制机制，持续推进文化与旅游融合、文化与科技融合，坚持以项目带动战略促进文化产业发展，稳步实施文化产业“十百千”工程，着力培育和壮大文化产业市场主体，不断加大财政对文化产业的支持力度，公共文化产品服务供给更加丰富，一系列重大公共文化工程和文化项目得以实施，文化产业全面提升，文化事业繁荣昌盛，文化强省目标稳步推进。

数据显示，十年来，陕西的文化产业法人单位数量快速增长，全省规模以上文化企业营业收入规模突破千亿元，文化产业新业态快速发展，文化消费助推文化产业有力发展。同时，为了促进文化产业事业的发展，财政资金支持力度逐年加大，博物馆和藏品数量大幅增长，文化活动开展频次快速增长，公共图书馆服务质量提升，广播电视业蓬勃发展（见表1）。

表1 2012~2021年陕西文化建设情况

项目	2021年	比2012年增长	年均增长率
文化产业法人单位数量	1665家	4.1倍	19.9%
文化产业从业人员数量	12.20万人	71.3%	6.2%
规模以上文化企业营业收入①	1209.8亿元	2.1倍	15.3%
城镇居民人均教育文化娱乐支出	2880元	38.6%	
农村居民人均教育文化娱乐支出	1235元	2.8倍	

续表

项目	2021 年	比 2012 年增长	年均增长率
文化旅游体育与传媒支出	161.8 亿元	1.76 倍	6.5%
博物馆机构数量	312 个	48.6%	4.5%
博物馆人员数量	511 人	54.3%	4.9%
博物馆藏品件数量	438.7 万件	4.3 倍	17.5%
文化馆数量	122 个		
举办展览次数	5118 次	1.1 倍	
组织文艺活动次数	26693 次	57.4%	
举办训练班次	15716 次	74.9%	
文化馆收入	8.2 亿元	3.2 亿元	
公共图书馆数量	117 个	5 个	
藏书量	2295 万册	63.9%	
书刊文献外借人次	380 万人次	299 万人次	
书刊文献外借册数	751 万册	254 万册	
广播人口覆盖率	99.36%	2.21 个百分点	
全年制作广播节目时间	235051 小时	5987 小时	
电视发射台及转播台	165 个	42 个	
全年播出时间	638938 小时	40940 小时	
电视人口覆盖率	99.66%	1.54 个百分点	

注：随着文化产业快速发展，文化产业新业态不断涌现。2021 年，全省共有规模以上文化新业态法人单位数 154 家，是 2017 年的 1.7 倍；营业收入 192.8 亿元，是 2017 年的 3.3 倍；营业利润 29.5 亿元，占全部规模以上文化企业的 39.7%。

资料来源：陕西省统计局公众号，https：//mp.weixin.qq.com/s/DkLVCOMbvz_ Nywl8rFg6dw。

4. 战略机遇优势

党的十八大以来，以习近平同志为核心的党中央高度重视文化建设，紧紧围绕社会主义文化强国目标，围绕举旗帜、聚民心、育新人、兴文化、展形象的使命任务，推动文化建设取得历史性成就、发生历史性变革。特别是，《中华人民共和国国民经济和社会发展第十四个五年规划和 2035 年远景目标纲要》《“十四五”文化发展规划》《高举中国特色社会主义伟大旗帜为全面建设社会主义现代化国家而团结奋斗——在中国共产党第二十次全国代表大会上的报告》等纲领性文件对我国未来文化发展作出了总体部署与战略安排。

党的十八大以来，以习近平同志为核心的党中央在传承和弘扬中华优秀传统文化，推动中华优秀传统文化创造性转化、创新性发展方面，采取了一系列重要举措。中办、国办印发《关于实施中华优秀传统文化传承发展工程的意见》《关于在城乡建设中加强历史文化保护传承的意见》《长城、大运河、长征国家文化公园建设方案》《关于加强文物保护利用改革的若干意见》等文件，中宣部印发《中华优秀传统文化传承发展工程"十四五"重点项目规划》，为中华优秀传统文化传承发展提供制度保障。

陕西是共建"一带一路"的重要节点和向西开放的前沿，是构建新发展格局和服务国家科技自立自强的重要力量，是实施黄河流域生态保护和高质量发展、新时代推进西部大开发形成新格局等国家战略的重要省份。《陕西省国民经济和社会发展第十四个五年规划和二〇三五年远景目标纲要》指出，到 2025 年，要在文化强省建设取得显著进展和更多标志性成果。到 2035 年，建成全国文化强省。"十四五"期间，陕西文化强省建设的核心内容包括：力争成为传承中华文化的世界级旅游目的地、国际文化旅游中心、中华优秀传统文化示范区、革命文化继承弘扬样板区。完成这些具体任务，实现"文化强省建设"的远景目标，陕西要始终牢记习近平总书记嘱托，坚定不移把贯彻落实习近平总书记重要讲话重要指示和党中央决策部署作为全省工作的总纲，坚持以推动高质量发展为主题，深入践行"五个扎实"，落实"五项要求"，创新转化自身优势、敢于直面问题与挑战、紧紧抓住国家重大战略机遇，推进文化自信自强，铸就社会主义文化新辉煌。

5. 文化市场优势

党的十八大以来，随着各项扩内需、促消费政策措施不断出台落地，市场需求逐步增加，陕西全省消费市场持续繁荣。其中，服务消费需求不断增加。2021 年，全省居民人均消费支出中服务性消费支出占比较 2012 年提高近 10 个百分点。餐饮收入由 2012 年的 522. 6 亿元增长到 2021 年的 1148. 76 亿元，年均增长 9. 1%。2021 年，全省接待国内旅游人数 39057. 97 万人次，较2012年增长70.3%；国内旅游收入3433.95亿元，较2012年增长113.3%。第三产业加速超车，现代服务业百花齐放。第三产业增加值由2012年的5215.31亿元增加到2021年的13589.07亿元，总量增加1.6倍。第三产业占GDP比重逐年提升，从2015年开始保持在40%以上。在总量和增速提升的同时，第三产业内部也在不断进行产业升级。2021年，信息传输、软件和信息技术服务业，租赁和商务服务业增加值较2012年分别提高2.3倍和7.4倍，年均增速分别为18.7%和18.8%，居民服务、修理和其他服务业，文化、体育和娱乐业等行业年均增速均在10%左右，成为引领服务业发展的主要力量。数据表明，陕西文化产业发展的市场已日趋成熟，按照经济发展规律，人们对文化的需求和消费进入快速增长阶段，并将成为拉动经济增长的重要力量。

6. 教育科研优势

陕西具有雄厚的科研实力，全省有110多所高校、1500多家科研机构和优秀人才形成的创新力量，高校数量在全国仅次于北京、上海两地，属于智力资源较密集地区，尤其是省会西安的综合实力、高校数量与研究机构均居全国前列。

（二）陕西文化强省建设的四大短板

陕西省第十四次党代会报告指出，陕西的经济社会发展和党的建设正在不断取得新成效，但工作中也还存在问题和不足，主要是：发展不平衡不充分问题仍然突出，创新潜能释放不够，产业升级步伐缓慢，对外开放水平不高，区域发展不协调，县域经济偏弱，群众收入偏低，民生保障和社会治理任务繁重，环境保护、减污降碳任务艰巨，防范化解风险压力较大，“四风”特别是形式主义、官僚主义问题表现仍很突出，反腐败斗争形势依然严峻复杂。[①] 这些问题和不足，或直接地，或间接地影响着陕西文化强省的

---

① 刘国中：《牢记嘱托　感恩奋进　解放思想改革创新再接再厉　谱写陕西高质量发展新篇章——在中国共产党陕西省第十四次代表大会上的报告（2022年5月27日）》，《陕西日报》2022年6月2日。

高质量建设，突出体现在以下四个方面。

1. 资源禀赋转化为产业发展动力不足

陕西文化资源的先天禀赋是毋庸置疑的，潜在的比较优势也是显而易见的，但是在资源禀赋转化为产业发展方面长期不乐观，其核心是动力不足。资源禀赋是区域经济发展的支撑和根基，比较优势是区域经济发展的竞争实力和突围方向。资源禀赋是客观存在的，比较优势是对比出来的。经济发展的规律要求，在不同时期必须有不同的发展路径和发展方向。只有深刻认识到资源禀赋和比较优势的重要性，才能避免舍近求远、舍本逐末、脱离实际的项目。必须准确把握、深入贯彻新发展理念，增强动力，保持定力，立足资源禀赋、发挥比较优势，加快构建新发展格局，推动高质量发展。

2. 文化市场体系建设重视不够

立足资源禀赋，发挥比较优势，着力构建现代文化市场体系，是文化强省建设的必然选择，是实现高质量发展的必由之路。文化市场体系建设重视不够，突出体现在制度方面的构建不足。第一，文化市场准入制度严格。依照相关研究的数据统计资料可以发现，现阶段国家层面对于文化市场管理已经在逐步放开。有关文件显示，国家正在加大力度鼓励和支持非公有的资本进入文化市场，国内文化市场的进入门槛持续向好。但整体而言，文化市场主体准入资格依旧特别严格，在省域层面更为突出。第二，文化管控体系不健全。文化体系是要构建出政府管控、行业自律以及相应的监督体系。在文化行政管控体系改革方面，已经取得了较好成果。在机构设置以及职责分工和机制运行等方面，还存在一定问题。对于市场和政府关系的协调，容易出现失效、交错和缺位等情况，对文化市场的发展造成一定的影响。第三，市场法治建设较弱。一方面，需要完善文化市场法律法规体系。目前文化市场的主要行业已经实施了相应法律法规，如文物、出版、广播影视、演艺等，但尚不能完全覆盖所有行业；另一方面，需要提升文化市场法制化建设水平。仅靠政策推动文化市场发展，会造成文化市场法制化水平低下，同时在与政策的容易改变特性进行比较以后发现，法律法规的稳定性可以协调政策与市场关系，促进文化市场健康发展。

3. 数字文化产业发展不够迅猛

《关于推进实施国家文化数字化战略的意见》的出台，标志着我国数字文化产业进入新发展阶段。整体来看，我国数字文化产业发展势头强劲，但各省存在较大差异。陕西尚未正式出台关于文化数字化战略的实施方案，省内的数字文化产业发展中仍存在很多问题。第一，产业互联的融合深度不够，对数字文化产业接受度有待提高，大数据交互对文化产业的深度融合局限在部分领域，尚未形成新的涵盖实体经济、现代生产性服务业和生活性服务业的数字文化产业生态系统。第二，文化产品及消费模式向数字化转变过程缓慢。数字文化产业正在加速重塑文化消费模式，“云端”文化活动大量涌现，线上文化服务的接受度持续上涨，陕西的文化建设尚未形成与这种趋势相适应的机制和习惯。第三，数字文化产业发展新业态不明显。在新业态实际培育过程中，数字文化产业业态的设计、生产、交易、融资等环节没有形成完整周期，导致只注重一项环节而忽视其他环节，过分注重经济效益而忽视了文化的独特属性和社会效益。同时，没有意识到对优秀传统文化的传承和创新。第四，数字文化服务覆盖范围有限，用户数字素养不高，城乡数字文化产品消费能力与接受程度差异大，老年群体数字文化服务普及率低，数字文化获得感和幸福感差异大。

4. 陕西文化国际传播力建设力度不大

近几年，陕西以讲好中国故事、陕西故事为着力点，创新推进国际传播，主要通过参与国际重点展会活动，开展陕西文化旅游宣传推广，提升“文化陕西”“国风秦韵”“了解中国从陕西开始”“丝绸之路的起点兵马俑的故乡”的品牌影响力，但建设力度仍不够大，突出表现在三个方面。首先，陕西文化国际传播缺乏对陕西形象立体、丰富、多元的建构与传播。其次，陕西文化国际传播的手段过于单一，陕西各类媒体在国际传播上多以新闻、媒体报道为主，在社交化、新媒体化传播平台上的覆盖不足。最后，在制度上，陕西文化国际传播缺乏能够调动全省优质资源的统一规划和有效整合社会力量的相应举措，未能统筹分散的传播力量实现陕西文化国际传播整体能力的实质性提升。

三　陕西文化强省建设的实现路径

党的十八大以来，党中央高度重视文化建设，将其纳入“五位一体”总体布局和“四个全面”战略布局进行谋划。党的二十大报告明确要求“推进文化自信自强，铸就社会主义文化新辉煌”。陕西是中华民族和华夏文明的重要发祥地之一，在新时代新征程上，要不断通过创新创造激发文化活力，让中华文化绽放出新的时代光彩，我们需要在以下几个方面发力。

（一）打造“文化理论高地”

陕西文化强省建设，必须打造以聚焦重大文化理论问题、推动文化理论创新为根本，围绕文化前沿，打造“文化理论高地”。打造“文化理论高地”，实质就是要建构自主知识体系，不断推进文化理论创新，科学解释和说明中国实践、中国经验、中国奇迹、中国道路和中国模式，彰显中国之路、中国之治、中国之理，打破西方知识体系垄断，解构西方“话语中心主义”。习近平总书记强调：“加快构建中国特色哲学社会科学，归根结底是建构中国自主的知识体系。要以中国为观照、以时代为观照，立足中国实际，解决中国问题，不断推动中华优秀传统文化创造性转化、创新性发展，不断推进知识创新、理论创新、方法创新，使中国特色哲学社会科学真正屹立于世界学术之林。”① 党的二十大报告指出，“我们必须坚定历史自信、文化自信，坚持古为今用、推陈出新，把马克思主义思想精髓同中华优秀传统文化精华贯通起来、同人民群众日用而不觉的共同价值观念融通起来，不断赋予科学理论鲜明的中国特色，不断夯实马克思主义中国化时代化的历史基

① 习近平：《坚持党的领导传承红色基因扎根中国大地 走出一条建设中国特色世界一流大学新路——在中国人民大学考察时的讲话（2022 年 04 月 25 日）》，《人民日报》2022 年 4 月 26 日。

础和群众基础，让马克思主义在中国牢牢扎根”。[①] 陕西打造“文化理论高地”，必须通过有效的重大专项研究深入挖掘自身丰富的优秀传统文化和地域文化资源，坚持以马克思主义为指导，正确处理好与中国古代知识体系的关系，正确处理好与现有的西方知识体系的关系，正确处理好与中国特色哲学社会科学学科体系、学术体系、话语体系的关系，在建构自主知识体系、构建中国特色哲学社会科学的战略中贡献陕西力量。[②] 认真学习宣传贯彻二十大精神，坚持以习近平新时代中国特色社会主义思想为指导，深刻领会铸就社会主义文化新辉煌的核心要义。充分利用“两中心一平台”功能，科学对待民族传统文化，注重运用中华优秀传统文化涵养社会主义核心价值观，注重发挥优秀传统思想道德的培根铸魂作用，大力弘扬中华民族传统美德，弘扬中华人文精神，引导全社会向上向善向美。要守正创新、固本培元，推进中华优秀传统文化与当代文化相融通，用刚健厚重先进质朴的社会主义先进文化滋养民族气质、引领社会风尚。

（二）形成“文化产业集群”

《陕西省“十四五”文化和旅游发展规划》指出，“以陕西自然地理和人文景观空间分布为依托，统筹全省文化和旅游资源，彰显‘文化陕西’品牌，坚持区域联动、协同发展原则，构建‘一核四廊三区’文化和旅游发展新格局”。这个发展新格局的建构，必然要以文化产业集群为前提。文化产业集群是促进区域一体化、助推经济高质量的重要支点，是考察一个经济体，或其中某个区域和地区文化产业发展水平的重要指标，更是陕西推动文化产业转型升级、建设文化强省的重要方向。要植根陕西文化产业发展实践，以解决重大现实问题、服务现实需求为导向，培育文化产业集群。文化产业集群的形成，需要雄厚的经济基础、充足的创意人才、强劲的科研实力来提供源源不断的发展动力。在文化产业集群战略推

① 习近平：《高举中国特色社会主义伟大旗帜 为全面建设社会主义现代化国家而团结奋斗——在中国共产党第二十次全国代表大会上的报告》，《人民日报》2022 年 10 月 17 日。

② 洪晓楠：《加快建构中国自主的知识体系》，《中国社会科学网刊》2022 年第 9 期。

进过程中，要警惕行政壁垒制约，建构跨区域产业价值链分工合作体系，实时监测文化产品服务供需矛盾等现实问题。陕西文化产业集群发展已经初见成效，如以“曲江模式”为代表的文化旅游类产业集群。应该按照行业、区域继续加大文化产业集群的建设力度，如以“西部影视”为核心建设影视类文化产业集群等。

（三）培育“文化特色品牌”

《陕西省国民经济和社会发展第十四个五年规划和二〇三五年远景目标纲要》指出，要“做大做强做靓文学陕军、西部影视、陕西戏曲、陕西演艺、陕北民歌、长安画派等文化品牌”。这一方面显示了陕西已经具有明确文化品牌意识，另一方面显示出陕西已经培育出了一些文化特色品牌。但是，以文化强省建设为标的来考察这些品牌，则需要更完整和更专项的宏观规划，如《陕西省秦腔艺术保护传承发展条例》的施行必然会稳定促进陕西秦腔艺术的文化特色品牌建设。因此，有必要更为深入地挖掘“文学陕军、西部影视、陕西戏曲、陕西演艺、陕北民歌、长安画派等文化品牌”的丰富内容，针对基础雄厚和前景长远的具体品牌制定专项规划，加大扶持力度，以提升人文社科素养、强化舆论宣导为重点，服务大众，培育“文化特色品牌”。在这一过程中，才能更有利地持续推动中华优秀传统文化创造性转化创新性发展。坚持以摸清文化资源家底为支点，进一步夯实传承发展中华优秀传统文化的工作基础。深入挖掘和阐发中华优秀传统文化讲仁爱、重民本、守诚信、崇正义、尚和合、求大同的时代价值，使中华优秀传统文化成为涵养社会主义核心价值观的重要源泉。坚持文物保护优先，充分发挥中华文明、中国革命、中华地理的精神标识和自然标识的资源优势，让文物说话，让历史说话，让文化说话，彰显陕西文化、中国文化的自信与担当。

（四）形成“文化开放格局”

《“十四五”文化发展规划》提出，统筹推进对外宣传、对外文化交流和文化贸易，不断增强国际传播影响力、中华文化感召力、中国形象亲和力、中国话语说服力、国际舆论引导力，促进民心相通，构建人文共同体。这要求我们在文化强省建设中应该以塑造地域特色优势、凝聚各方合力为抓手，营造出一种面向社会的“文化开放格局”。陕西文化强省建设所面临的挑战，所具备的优势，都迫使陕西必须有一种面向社会的“文化开放格局”，加强中外文化交流互鉴，提高中华文化影响力。党的二十大报告指出要“增强中华文明传播力影响力”。深入开展中外文明对话，深化对外文化交流，以文载道、以文传声、以文化人，更好推动中华文化“走出去”，向世界阐释推介更多具有中国特色、体现中国精神、蕴藏中国智慧的具有陕西元素的优秀文化，我们要“坚守中华文化立场，提炼展示中华文明的精神标识和文化精髓，加快构建中国话语和中国叙事体系，讲好中国故事、传播好中国声音，展现可信、可爱、可敬的中国形象。加强国际传播能力建设，全面提升国际传播效能，形成同我国综合国力和国际地位相匹配的国际话语权。深化文明交流互鉴，推动中华文化更好走向世界”。

（五）建设“文化数字体系”

《关于推进实施国家文化数字化战略的意见》提出，到“十四五”时期末，基本建成文化数字化基础设施和服务平台，基本贯通各类文化机构的数据中心，基本完成文化产业数字化布局，公共文化数字化建设跃上新台阶，形成线上线下融合互动、立体覆盖的文化服务供给体系。到 2035 年，建成物理分布、逻辑关联、快速链接、高效搜索、全面共享、重点集成的国家文化大数据体系，文化数字化生产力快速发展，中华文化全景呈现，中华文化数字化成果全民共享、优秀创新成果享誉海内外。

陕西文化强省建设，要以科学化信息化、高端化国际化为路径，面向未来，大力发展数字文化产业，建设“文化数字体系”。要善于运用数字技术推动中华优秀传统文化的保护、传播、转化、创新，让收藏在博物馆里的文物、陈列在广阔大地上的遗产、书写在古籍里的文字都活起来。要加强文化遗产的数字化沉淀和保护，创新文化遗产展示方式，用心用情打造数字化文化产品，结合大众特别是青少年的接受心理和习惯，运用现代科技手段丰富优秀传统文化的时代化表达、艺术化呈现，在创新利用中延续中华文脉。要着力建设中华文化数据库，完善文化数字化基础设施，搭建文化数据服务平台，加快文化产业数字化布局，发展数字化文化消费新场景，促进文化生产机构数字化转型升级，形成线上线下融合互动、立体覆盖的文化供给体系，更好满足人民群众精神文化需求。

B.3
陕西推进国家文化数字化战略研究报告

赵 东*

摘　要： 陕西是文化资源大省，高校和科研院所众多，科技实力雄厚。几乎随着国内外研究与探索开始，陕西相关高校、科研院所以及一些文化机构的文化资源数字化工作就已起步，公共文化数字化建设与数字文化产业不同程度取得了成绩，在很多方面还站在时代潮头。但是，由于各方面因素影响，虽然经过20多年发展，目前总体上陕西文化数字化“加速度”相对较小，不论是规模还是影响力与国内外先进地区都有一定差距。中共中央办公厅、国务院办公厅《关于推进实施国家文化数字化战略的意见》的深入落实，必然把我国文化数字化建设推向高潮，陕西应紧紧抓住机遇，制定推进实施国家文化数字化战略的具体实施方案，深入推进公共文化数字化建设和实施文化产业数字化战略，满足人民日益增长的精神文化需求，加快文化强省建设步伐。

关键词： 文化数字化　数字文化产业　陕西

高度重视文化建设在地区发展中的作用和不断深化数字化生存是21世纪以来锐不可当的时代浪潮。世界各国纷纷将文化资源转换成数字化形态，实现人类历史上前所未有的“战略大转移”。随着5G革命的深入发展，各

---

* 赵东，陕西省社会科学院文化与历史研究所副研究员、陕西文化产业发展研究中心主任，主要研究方向为区域文化发展与文化产业。

个国家和地区文化数字化的规模日益扩大。经过多年发展，我国文化数字化建设不断取得良好成就。2022 年 3 月底，中共中央办公厅、国务院办公厅印发《关于推进实施国家文化数字化战略的意见》（简称《意见》），并要求各地各部门结合实际认真贯彻落实，将文化数字化全面上升到国家战略层面。

陕西是文化资源大省，高校和科研院所众多、科技实力非常雄厚。几乎伴随着国内外研究与探索的开始，陕西相关高校、科研院所以及一些文化机构的文化资源数字化工作就已起步，公共文化数字化建设与数字文化产业在不同程度取得了成绩，在很多方面还站在时代潮头。但是，由于各方面因素，虽然经过 20 多年发展，目前总体上陕西文化数字化“加速度”相对较小，不论是规模还是影响力和国内外先进地区都有一定差距。《意见》的实施，必然把我国文化数字化建设推向高潮，陕西应紧紧抓住机遇，制定推进实施国家文化数字化战略的具体实施方案，深入推进公共文化数字化建设和实施文化产业数字化战略，满足人民日益增长的精神文化需求，加快文化强省建设步伐。

一　陕西文化数字化建设现状

陕西文化数字化的探索与起步可以追溯至 20 世纪 90 年代，在古籍、文博数字化以及互联网文化方面引领着潮流。随着时代发展，陕西文化数字化广泛应用，积极搭建数字化平台，数字动漫游戏产业等持续发展，建设了一批数字文化产业基地，不断推动陕西文化产业以及社会经济发展。这些是陕西全面制定实施意见（方案）的重要前提，也为陕西省实施国家文化数字化战略打下了良好基础。

（一）古籍数字化从“私”到“公”

古籍文献是文化数字化的重要内容。基于陕西古籍文献存藏 6 万余种 200 万余册的丰富性、长期科研工作的需求以及个人兴趣钻研等，从 1994

年起陕西师范大学袁林教授团队就开始了古籍数字化的研发工作。

袁林教授团队最早研发了包括文本、图形、影像和声音等内容的《二十五史》全文检索系统。在此基础上，该团队建立“汉籍全文检索系统”，至今已升级到4.20版。同时，团队与陕西师范大学出版社等单位合作，先后推出“汉籍数字图书馆”、“第一阅览室”和“第二阅览室”，成为当前重要的古籍文献数据库；陕西师范大学历史文化学院推出“数字史学网”与“数字图书馆”；陕西师范大学图书馆将一些利用率高的古籍文献进行了数字化处理，建成“西北地方志特色数据库”。该团队还通过国际合作建立了全球第一的超大型“雕龙——中日古籍全文检索数据库”，收入文献30000余种50亿多字。

为了古籍数字化事业可持续发展，袁林教授团队在古籍数字化过程中多和相关出版社、文化公司合作进行商业运营。但是，由于古籍数字化具有很强的公益性，更多需要各大图书馆等通过政府购买、参与研发等形式建设古籍文献全文检索数据库让公众免费享用，从而实现真正意义上的数字古籍的公益性。当前，以陕西图书馆为代表的公共图书馆已开始对馆藏方志、馆藏古籍、馆藏珍品古籍库等进行数据库建设，不断加快古籍数字化步伐。

（二）文博数字化领先时代

秦始皇兵马俑博物馆在国内较早开展了文博数字化工作。1996年，该馆就以二号坑考古发掘工作为契机，由考古专家、计算机专业人员、考古工作者组成课题组，建立起整个秦兵马俑博物馆考古信息系统。

2006年，秦俑馆与西安四维航测遥感中心合作共同开展秦俑二号坑遗址三维数字建模项目，实现文物遗迹信息的数字化存储保护与展示。此后，该馆与德国专业公司合作，先后获取二号坑的三维数字模型以及一号坑100套陶俑的仿真三维数字模型，获得高仿真陶俑实体。2008年，秦俑馆与微软亚洲研究院合作，研发了兵马俑虚拟漫游，成为陕西文博数字化应用的显著性成果。目前，升级为秦始皇帝陵博物院后的数字化考古、保护、展示以及文旅开发工作不断深入。

作为著名的文博大省，陕西省内博物馆以及馆藏文物在国内外影响巨大，面对数字化生存纷纷进行数字化建设。陕西省文物局从 2002 年起开始建立文物数据库，“收藏”全省登记文物 10 万余件、一般文物 40 余万组，2010 年开始酝酿陕西数字博物馆，2012 年正式上线，成为全国首家由行政部门建设的集文物数字化展示、保护与交流等于一体的数字博物馆。

目前，陕西数字博物馆成功上线省内 144 家博物馆的虚拟展馆、125 个数字专题展览、145 个线上专题讲座、上千件文物介绍，链接了国内外 3000 多家网上博物馆，参观者在浏览陕西数字博物馆时，即可根据个人需求爱好对所链接的众多网上展示的博物馆进行浏览。在省内外各界共同努力下，陕西数字博物馆建设不断向更广更深发展。

（三）文化数字化应用广泛

目前，陕西文化数字化已在更多博物馆、图书馆、方志馆、档案馆、美术馆、文化馆等文化场所得到广泛应用，数字化建设有序推进，数字文化资源总量稳步提升，“互联网+公共文化”不断深化，云展览、云阅读、云视听等不断呈现，公共文化服务逐步走上“云端”、进入“指尖”，各类数字图书馆、数字文化馆不断建设，并尝试拓展智慧应用场景。

陕西省图书馆是较早实现数字化办公的公共文化机构，其不断加快数字化建设步伐，馆藏地方志、馆藏古籍、民国报纸等文献数字化达到 84 种，439 册，41708 张，5189.7GB，自建数据库 22 种，其中专题数据库类别 8 种，公共数字文化工程建设类别 7 种，2021 年全国智慧图书馆体系建设项目类别 3 种。截至 2022 年，陕西省图书馆自建数字资源总量 18.7TB，共计 60 多万条，对外服务数字资源总量 637TB。

作为陕西省文化建设重要组成部分的地方志系统高度重视数字化建设。陕西省地方志办公室网站 2006 年即开通运行，至 2014 年省、市、县三级地情网站群全面建设，于 2015 年上线陕西数字方志馆。从 2009 年开始，陕西省开始志书数字化建设。目前，全省志书和年鉴基本实现数字化，“方志资料库”以网页版和 PDF 版两种格式发布省、市、县三级地方志书、年鉴、地情丛书等地方志数字化书籍 1218 部（册）10 多亿字，年点击量达 93 万人次。

档案管理是我国文化建设不可缺少的内容，当前数字化应用广泛深入。“十三五”期间，陕西省完成 26 万余卷约 3678 万画幅纸质档案的数字化工作，7 个市馆藏档案数字化率超过 80%，县区馆超过 50%，西安市数字档案馆成为全国示范数字档案馆。2021 年，陕西省评审出 25 家数字档案馆建设试点单位，宝鸡市成功创建“国家级数字档案馆”。2022 年 6 月 30 日，陕西省数字档案馆开始试运行，档案数字化战略转型迈出了新的重要一步。

近几年，陕西在广大乡村和山区不断推进公共数字文化服务设施建设，通过公共电子阅览室提升计划和中国文化网络电视“进村入户”工程试点等工作，持续促进基层公共文化机构数字服务的规范化、标准化，积极用好中省专项资金，一度为 56 个脱贫县安排 1120 万元，开展公共数字文化服务，着力推动公共数字文化服务助力脱贫攻坚与乡村振兴。

基于文化数字化应用基础，陕西文化活动沉浸感和体验感不断增强。2021 年，陕西省成功申报文化和旅游部“民歌智能计算与服务技术重点实验室”，大唐不夜城文化商业步行街入选国家旅游科技示范园区试点名单，立项国家文旅科技创新项目 3 个，建成全省“5G+文旅”示范应用场景 6 个、智慧旅游项目 2 个。2022 年全省 19 个文化和旅游信息化项目全面建设。

（四）积极搭建文化数字化平台

平台建设是文化数字化的重要手段，也是必由路径。近年来，陕西不断搭建文化数字化平台，在更广更深层面加强推进文化数字化建设。

陕西省图书馆先后搭建全省公共图书馆管理服务大数据平台和公共图书馆统一微信服务平台，全面完成该馆与省内各基层图书馆业务系统对接相关工作。在更广范围，陕西省以“国家公共文化数字支撑平台”“数字图书馆硬件平台建设”等为重点，注重打通传输渠道，打造多样化传输手段，带动全省公共数字文化工程资源成果、服务的宣传推广。

在陕西省委省政府的正确领导和大力支持下，省文旅厅联合省广电融媒体中心开通广电电视端和“爱系列”App手机端文旅服务专区，积极推动公共文化服务“上电视、上手机”；积极探索与国内大型数字化平台合作，建成“一云多端”数字平台：在阿里云建设“陕西公共文化云”服务器、在支付宝建设陕西公共数字文旅视觉平台、在喜马拉雅建设陕西公共数字文旅听觉平台（“陕西文旅之声”）。

目前，“陕西公共文化云”“陕西文旅之声”平台建设成效较为明显。陕西公共文化云初步实现与国家公共文化云、广电融媒体部分板块对接，实现跨微信体系、支付宝体系、广电体系的数字资源的“一键分发和统一检索”。“陕西文旅之声”拥有34个专辑、1436个音频资源，服务点击量逾千万人次。

2021年12月，由陕旅集团、蚂蚁科技集团联合发起成立的陕西文化旅游数字产业平台，系全国首个文旅行业数字资产保护运营平台、文化创意数字开发平台，目前着力布局基于区块链技术的陕西文化旅游资源上链、确权、运营、开发、交易等全供应链保护，进行AR/VR内容、游戏周边、数字藏品等系列开发。

按照陕西省委宣传部2020年发布的《陕西文化大数据体系建设工作推进方案》，陕西广电网络传媒集团牵头建设的文化大数据平台目前已经上线完成，新型全媒体传播平台（一期）也已交付。其创新中心为陕西广电新媒体集群以及“陕西头条”“起点新闻”“闪视频”三个客户端提供技术支撑，有效支撑了“我爱我的家乡”“陕西骄傲”“送你一个长安——中秋晚会”等主流价值数字文化产品传播。

（五）数字文化产业持续发力

作为文化大省与科技大省，陕西数字文化产业起步也比较早。1997年成立的西安古城热线网站是中国互联网事（产）业的开拓先行者之一，信息内容丰富，贴近民众生活，社会效益和经济效益良好。此后，在省内外影响巨大的华商网、西部网（西部新传媒）等网络文化企业先后崛起，2018年陕西省网络文化企业服务协会成立，持续推动陕西网络文化企业以及数字文化产业发展。

当前，动漫游戏已和网络数字化紧密相关，成为数字文化产业的重要组成部分。西安高新区依托优惠政策与科技实力，吸引扶持了一大批数字动漫游戏企业，驻于区内的陕西省动漫游戏行业协会企业会员200多家，包括独角兽企业1家，新三板上市企业4家，规模以上企业近30家。作为国家级文化产业示范区的曲江新区一直将动漫游戏产业重点打造，目前已聚集50多家动漫游戏企业，其中曲江乐雅动漫有限公司等企业在业内影响极大。位于碑林区科技产业园的陕西动漫产业平台也是著名的动漫游戏产业园区，聚集了来自国内外的50多家数字动漫游戏企业。

在发展动漫游戏产业基础上，曲江新区已形成量子晨数字娱乐双创产业园、曲江电竞产业园两家著名的数字文化产业园区，大力发展数字电竞产业，推动西安市以及陕西省数字文化产业发展。2017年，曲江新区创建北极星数字文化产业园，目前累计入驻企业40余家，其中规模以上企业8家，文化类企业或团队占比90%，近两年年经营产值持续增长。

陕西数字基地出版传媒集团是浐灞生态区的一家大型数字文化企业，投资参股子公司10余家，孵化产业项目11个，培育原创文学、手机阅读、动漫影视制作、游戏开发、数字转码加工、红色平台、数字出版、移动外呼、数字图书馆等20多种业态及业务板块，2021年收入超1亿元。

西咸新区是陕西文旅产业的新兴板块，近年来数字文化产业快速崛起，已入驻腾讯、喜马拉雅、字节跳动等多家头部数字文化企业。西咸新区秦汉新丝路数字文化（创意）产业基地是具有秦汉特色的数字文化创意产业双创示范基地，致力于建设文化旅游资源多媒体数据库和数字展示，着力构建数字文化创意全产业链，带动陕西地区数字文化创意产业的蓬勃发展。沣西新城设有专门的数字文化产业园区管理服务办公室，出台数字文化产业专项优惠政策，提供物理空间，加快元宇宙产业布局，致力于打造特色鲜明的数字文化产业聚集联动发展区。

二　陕西文化数字化建设的不足与问题

目前，陕西文化数字化取得了一定成绩和影响，但是总体上还处于起步阶段，各方面条件有待成熟，与所拥有强大的文化、教育、科技资源优势不相匹配，存在一些不足与问题，需要在推进国家文化数字化战略实施中解决。

（一）起步较早，但提升空间仍然很大

陕西在古籍、文博等方面数字化建设起步很早，在国内外都有一定影响力，但是经过20多年发展，至今进展并不是很大，在应有的规模和影响力等方面还存在很大提升空间。

袁林教授团队与陕西师范大学出版社合作古籍文献数字化已有多年，取得了一定社会效益和经济效益，但由于各种因素，目前还没有在国内外形成足够的影响力和市场份额，一方面缺乏和省内外古籍收藏馆室进行直接的全面合作，促进古籍数字化公益性；另一方面产品研发多年停留在“平面化”层面，缺乏场景式等“立体化”的相关文化产品。

陕西数字博物馆上线十年来，各个数字展厅（场景）主要运用的是“准虚拟现实”的360度环绕技术，沉浸感和交互性比较有限，离“现实”境界还有很大距离。陕西数字博物馆要成为真正的虚拟现实博物馆，需要不断升级换代，研发听觉感知、触觉感知、力觉感知、动觉感知、味觉感知以及嗅觉感知等技术，以达到“沉浸”以及尽可能的“想象”。

虽然陕西省文化数字化广泛应用，搭建了一系列平台，但更多的是按照上级部署，缺乏一定的创新，和广东、浙江等先进省份的文化数字化在规模、质量等方面存在很大距离，与人民群众对美好生活的向往还有一定差距，还不能彰显出陕西的文化、科技优势。在目前陕西省搭建的文化数字化平台中，更多是“单向传输”或者“为了平台而平台”，更多是“自嗨”，缺乏足够的互动与共建、共享，至今“爆款”较少。

当前，陕西数字文化产业在整个文化产业发展中仅占18%（粗略估计）的份额，很多区域的数字文化产业发展还处于蓝图谋划阶段，一些基地发展多年仍处于招商引资、出租房屋而缺乏实质性发展的状况，还有一些在发展过程中着重于数字科技而忽略文化创意，甚至“文化是文化的”“数字是数字的”，缺乏应有的文化与数字科技深度融合。

（二）文化数字化的具体情况不够清楚，需要梳理摸查

在国家《意见》印发前，虽然党和国家的方针政策也对各地文化数字化建设进行了要求和指导，但是从没有达到当前的战略高度，各地文化数字化工作更多是顺应时代发展的“自发”行为。国家《意见》印发后，各地文化数字化则成了“必修课”，而且明确提出要“健全文化数字化统计监测体系”。摸查清楚并专门统计监测陕西文化数字化，既是推进实施国家文化数字化战略的内容和基础，也是构建文化数字化治理体系的必然要求。陕西是文化大省和科技大省，正在积极建设文化强省和迈向科技强省，实施国家文化数字化战略是两者的重要一环，全面梳理和摸查统计文化数字化具体情况则成为必要的前提和工作内容。

陕西文化资源十分丰富，但是具体情况一直缺乏较为详尽的调查研究与统计，这在很大程度上使数字化保护与开发虽已广泛展开，但具体情况同样缺乏全面梳理、摸查统计和必要的总结。陕西省、市、县各级文化数字化工作涉及文化旅游、文物古籍、新闻出版、广播电视、非物质文化遗产等多个领域。从统计层面，这些不同文化领域的大致情况虽有一定掌握，但是数字化建设情况由于没有要求，则更缺乏数据，也很少有人进行这一方面的调查研究，而且这些领域的内容还分布在不同系统，诸如文化旅游就几乎涉及陕西省所有系统，文化遗产不仅在文物文化系统，而且很多属于工业、农业系统。因此，陕西省文化数字化建设的具体情况不够清晰，即使是陕西省图书馆等数字化工作比较突出的文化机构也缺少必要的总结；当前陕西省快速崛起的数字文化产业更是缺乏调查研究以及具体的摸查统计，只能粗略估计，这种状况严重影响陕西省文化数字化的规模化和高质量发展。

（三）机制不够健全，文化数据尚未实现有效开放和共享，存在“数据孤岛”

数字化时代大数据成为社会发展的重要元素，文化大数据在文化创新发展过程中成为重要资源，这就要求文化机构数据必然开放和共享。浙江台州等文化数字化比较先进地区已依托各公共文化机构微信公众号搭建了“文化大超市一站式”服务平台，各类文化数据尽可能开放，广大民众利用相关数字文化资源极为方便。

相对而言，陕西在文物和地方志等领域已形成了一定的数据开放与共享，但是专业化较强、互动性较弱，面向广大民众的服务还有所不足，在非物质文化遗产领域也呈现一定开放与共享，但也还缺乏面向全社会的服务，且起步较晚，还很不全面。而且，总体上陕西省级和西安市数据开放与共享情况较好，在很多市县层面的文化机构网站建设、微信公众号运营等还都比较缺位，其数据情况主要体现在工作总结中。

在更多文化领域，诸如文化旅游、新闻出版、广播电视等，通过多年建设，陕西已形成巨量文化数据，由于思想观念、技术限制、行业壁垒、部门分割等各种因素，虽然各自也都建设了不少数据库，但是基本不向外开放，缺乏大范围共享。即使是商业文化数据，也因为缺乏相应平台与政策支撑、定价标准、利益分享等因素，同样较难开放共享。归根结底，由于机制不够健全，渠道不畅，当前陕西文化大数据缺乏有效的开放和共享，形成众多“数据孤岛”，文化数字生产力远远没有得到释放。

（四）公共文化数字化建设与数字文化产业协同发展不足

公共文化服务体系和文化产业发展是社会主义文化事业不可分割的两个组成部分，时常需要互动融合、协同发展。数字化时代，两者的互动融合更加紧密，相互促进更为明显，更需要也更能够协同发展。数字文化产业的技术手段和运营模式可以有效激活公共文化资源的价值活力，推动文化资源向文化资产转化；公共文化数字化则为数字文化产业发展提供了源头活水。[①] 但是，由于长期以来很多地方认为“公共文化建设就是花钱、文化产业发展才是挣钱”，导致在文化数字化建设中经常出现公共文化数字化与数字文化产业“各着各的调”，这使相对落后的陕西很多地区和部门本身就存在的“等、靠、要”思想更有“依据”，加之缺乏研究认知、人才支撑等因素，公共文化服务体系建设与文化产业很难协同发展，公共文化机构中文化创意产品开发步伐较为缓慢，即使是在公共文化数字化建设与数字文化产业发展过程中分割也较为明显。

当然，陕西省存在公共文化数字化建设与数字文化产业协同发展不足等问题。在近年来陕西省发布的文化发展规划、政策措施中公共文化服务体系建设与文化产业融合、协同发展的条文和精神还不够突出，公共文化服务机构的文化产业运营意识还有待加强，《关于推动文化文物单位文化创意产品开发若干意见的通知》以及《关于深入推进公共文化机构法人治理结构改革的实施方案》等国家文件精神贯彻还不够深入。在省、市、县各级公共文化机构数字化建设过程中，存在“为了数字化而数字化”现象，缺乏与数字文化产业协同发展思维，只考虑技术而不考虑运营。同时，一些数字文化企业在为公共文化机构提供数字化建设服务过程中，也只提供技术方案而不提供商业运营模式，拓展业务只考虑“眼前”效益，缺乏必要的供给侧改革理念。因此，虽然文化数字化在陕西省、市、县公共文化机构中广泛应用，但是相应的数字文化产业发展仍较为缺失。

（五）缺乏一大批文化数字化人才

事业要发展，人才是关键，在文化数字化过程中需要一大批甚至是源源不断的相关人才，首先便是数字化人才，最好是文化数字化人才，既懂文化产业又懂数字科技的综合性人才则属于高端人才。但是，当前社会正处于数字化转型时期，各类数字化人才十分抢手。中国信息通信研究院发布的

① 向勇：《开创我国文化数字化转型发展的新境界》，《经济日报》2022 年 6 月 16 日，时评版。

《数字经济就业影响研究报告》显示，我国数字化人才缺口达 1100 万。文化数字化既具专业性又具综合性，对特需的文化数字化人才提出了更高的要求，因而缺口更为严重。陕西是文化资源大省，文化数字化工程更为浩大，对于文化数字化人才的需求更为突出。

虽然陕西是文化大省和科技大省，既有文化人才又有科技人才，但是数字化人才是一种新型科技人才，原有科技人才很难适应当前需求；文化数字化人才更要求既懂文化又懂数字化技术，像袁林教授式的人才在陕西少之又少，需要大批培养。同时，长期以来陕西既懂文化又懂经营管理的文化产业人才本身就很缺乏，因而在新的数字化转型时期，既懂文化（创意、产业）又懂数字科技的高端人才更是凤毛麟角。因此，陕西文化数字化虽然起步较早，但是在深化和高质量发展方面存在很大不足。

受编制、经费等影响，当前陕西基层公共文化机构普遍缺乏数字化、信息化专业人才，因而文化数字化建设只能依靠外界信息化公司。这些信息化公司多是施工思维，并主要依靠传统的计算机、信息化人员，缺乏对文化的理解，使很多文化数字化项目多是简单的数字化加工、展示，更缺乏必要的文化创意设计和商业模式建构，从而导致丰厚的文化资源难以有效整合，长期处于文化数字化的浅层次。

三　加快推进陕西国家文化数字化战略实施的建议

推进实施国家文化数字化战略，是以习近平同志为核心的党中央作出的重大决策部署，陕西必须立足省情与时代发展，结合国家《意见》、省第十四次党代会提出的相关要求，制定推进实施国家文化数字化战略的具体实施方案，加快国家文化数字化战略实施，向文化强省目标迈进。

（一）高度重视，抢抓机遇，全面深入实施国家文化数字化战略

文化资源丰富是陕西的特色，建设文化强省是陕西的既定目标，但是由于各种因素，当前陕西文化发展并没有表现出优势，在文化产业发展方面还

不够充分。为了彰显特色、实现目标，陕西必须紧紧抓住数字化发展和国家文化数字化战略的机遇，全省高度重视，主动作为，制定好推进国家文化数字化战略的实施意见（方案），全面深入实施国家文化数字化战略，将其作为陕西省完善现代公共文化服务体系建设和数字文化产业发展的重要抓手、重要任务和重要内容。

各级党委、政府和相关负责部门要把推进文化数字化战略实施工作列入重要议事日程，并作为重大事项，时刻关心文化数字化建设，由领导带头考察调研，组织有关部门和专家座谈讨论，尽快按照中省要求制定具体实施方案，并以党委和政府的名义印发。在实施方案中，除了国家《意见》中明确的部门外，党史室（办）、档案局（馆）、方志办、民政厅（局）、社科院（联）、文联、作协等部门以及相关文化企业也作为落实部门，并细化政策和具体举措，成立工作专班，责任到人，建立台账制度，年初确定年度任务，季度小结，年终总结，确保各项任务落到实处。

建议由省市推进文化数字化战略实施工作领导小组选定第三方机构对各市县、各部门、文化机构的任务分解和工作落实情况跟踪分析，及时反馈，评估效果。按年度对推进文化数字化战略实施工作的任务落实情况进行督查，将其作为年度工作考核的内容之一，予以必要的表彰和奖励，并在全省各文化机构建设一批文化数字化示范单位。

（二）尽快摸清陕西省文化数字化具体情况，建立文化数字化统计监测体系，大力建设陕西文化数据库

首先，对陕西文化资源以及文化场所数字化具体情况进行系统扎实的调研与梳理。结合陕西当前现状，建议选择以下调研路径。一是由文化主管部门委托熟悉省内、长期研究陕西（宏观）文化的科研机构深入调查研究并进行分门别类。二是由统计部门与研究机构合作探索性研究陕西文化资源以及文化场所数字化统计标准，以其为统计口径全面调查相关情况。三是由陕西省委宣传部统筹指导的陕西文化产业公共服务平台与相关机构合作，全面

调研全省文化资源以及文化场所数字化情况，建立陕西“文化资源数据超市”。

其次，按照推进实施国家文化数字化战略中“健全文化数字化统计监测体系”的要求，在国家统计部门和省委省政府指导下由宣传部门与统计部门共同建设陕西省文化数字化统计监测体系。具体单独建设体系还是在现有统计体系框架下增设，可以由各方深入研讨后决定。结合当前社会发展趋势，针对陕西省文化资源极大丰富和文化数字化工程浩大的实际情况，也可以探索性由宣传部门与统计部门共同选择资质良好的市场性统计调查机构在统计法框架下提供第三方服务。总之，要尽快建立起陕西省文化数字化统计监测体系。

最后，在调查和统计的基础上，按照文化数字化统一标准，全面梳理全省文化旅游、文物古籍、新闻出版、广播电视电影、艺术、非物质文化遗产等不同领域的文字、音频、视频文化资源数据，深入挖掘具有突出意义、重要影响、重大主题的数字文化资源，形成中国文化遗产标本库（陕西）、陕西文化遗产元素数据库、陕西文化资源数据库、数字创意元素数据库。及时对接贯通中华文化数据库及各类文化专题数据库，做好陕西文化数据库建设。同时，建设陕西哲学社会科学文献数据中心，推进陕西省古籍善本全文数据库，红色文化、黄河文化等特色数据库建设。

（三）构建文化数字化协同生态和共生机制，深入推进文化数据开放和共享

构建政府引导、企业主导、社会机构指导的文化数字化协同生态和共生机制，积极推进陕西省文化数据开放和共享。构建全方位、多层次、立体化的陕西文化数字化治理体系，推动文化数字化治理数据和行政执法信息归集共享和有效利用，形成跨地区、跨部门、跨层级协同治理。加强文化市场技术监管与服务平台、互联网服务营业场所监管平台运用，做好文化数字化信用评价，营造规范有序的市场发展环境。

推动文化数据平台采取分类分级建设。对于文化数据采集、加工类

“后台”型平台，建议以公共财政资助和政府采购等形式支持，做好数据标准的统一和平台的网络互联，做好文化资产的版权登记和价值评估；对于文化数据交易、分发类“中台”型平台，创新文化资产智能授权模式和动态价值协商机制，积极推动“后台”平台与头部型互联网平台的有效对接，发挥互联网平台的聚集效应和流量转化效应；对于文化数据呈现、体验类“前台”型平台，广泛吸引各类创意性社会机构和企事业单位参与，充分发挥个体创意者和机构创意者的创意活力，以充分竞争的市场化手段向社会提供高品质、高感知、高价值的创意潮品。

在具体的开放和共享举措方面，尽快结合国务院《促进大数据发展行动纲要》《政务信息资源共享管理暂行办法》，借鉴《陕西省教育数据管理办法》等制定《陕西省文化数据管理办法》，专列开放和共享条款，按照管理要求和实际情况，或无条件开放和共享，或有条件开放和共享，或不予开放和共享。各级各类公共文化机构、政府管理部门应尽可能通过网站、微信公众号等方式使文化数据资源应最大限度地开放和共享，甚至可以开通专门的数据服务网（公众号），为公众查询公共文化数据提供服务。对于商业文化数据，同样应秉承开放和共享理念，在保护知识产权的前提下，本着互利共赢的原则，尽可能实现商业文化数据的开放和共享。同时，可以探索商业文化数据开放和共享激励制度，通过税收优惠政策，对提供数据的企业实行“以数抵税”。①

（四）积极打造文化数据产业链，促进数字文化产业发展

文化数字化战略为我国数字文化产业发展迎来喷薄式发展可能。“随着5G、人工智能、物联网等新基建逐步完善，在文化数字化过程中围绕用户需求，链接文化企业、重点业态、线上线下场景、企业与公共文化机构行为与活动的新形态将为数字文化产业带来新的经济增量。其中，文化大数据将

① 祁述裕：《文化大数据建设应秉持数据开放和共享的理念》，《中国文化报》2022 年 8 月 25 日。

作为核心生产要素渗透到产业链全环节，形成数据和服务闭环”,[①] 并可大力发展沉浸式文旅等新业态，在地在场在线融合式体验。

为此，建议陕西省一方面应大力加强文化数据供给侧与需求侧的动态调配和精准对接，打造以文化资源数据采集、加工、挖掘和服务为特色的文化数据产业链，构建“文化数字研发—成果转化—数字文化企业培育—数字文化产业发展壮大”的创新链条，形成全要素、全生态的数字文化企业孵化体系，实现文化资源线上线下一体化、文化体验“大屏”“小屏”跨屏互动化与可持续发展。另一方面应积极推动数字创意、数字娱乐、网络视听、线上演播、数字艺术展示、沉浸式体验等数字文化产业发展，建设一批数字文化产业园区，培育创新型中小微数字文化企业，丰富个性化、定制化、品质化的数字文化产品供给。

同时，一要大力鼓励各类公共文化机构和文化企业大力发展线上线下一体化、在线在场相结合的数字化文化新体验，促进新一代信息技术在文化创作、生产、传播、消费等各环节的应用。二要大力培育文化数字化应用场景，创新数字文化消费业态，加快数字电视、数字投影等“大屏”与移动终端等“小屏”互动融合发展，多渠道展示陕西优秀文化作品。三要丰富公共文化空间体验形式和内容，充分运用北斗卫星导航技术、IPv6、5G+VR等新技术，有效推动文化场馆数字化与智能化改造升级，搭建数字化文化体验应用场景。四要探索发展数字文化大众化实体体验空间，加强数字文化新业态在各文化体验园、图书馆、文化馆、博物馆、美术馆、新时代文明实践中心、学校、青少年宫等文化场所的应用，增强线上线下互动。

（五）大力引进培养文化数字化人才

要下大决心加大复合型文化数字化人才引进力度。针对国内外文化数字化人才都比较紧缺的情况，要将其作为特殊性人才专门引进，体现其紧缺

---

① 宋洋洋：《数字文化产业：从数据中来，到沉浸中去》，《中国战略新兴产业》杂志社官方账号，https://baijiahao.baidu.com/s?id=1698476127546785650&wfr=spider&for=pc。

性，可以在省市层面构建专门的复合型文化数字化人才库，在原有省、市、县各级人才引进暂行办法中特设文化数字化人才，完善人才招引服务。同等情况下，在薪资待遇、职称晋级等方面给予文化数字化人才更多的政策倾斜，解决其生活和工作方面的后顾之忧，营造更好的人才发展环境。基于当前实际，可以全职引进与柔性聘用相结合，包括远程办公，充分激发人才的能动性和创造力，切实为陕西省文化数字化提供智力支持。

要持续加大陕西本土文化数字化人才培育力度，完善相关教育培训体系，充分提高认知和执行力。文化数字化人才是一种特殊的复合型人才，大多从实践中不断成长、脱颖而出，学校不容易培养。但是，要满足对文化数字化人才的大量渴求，还得从学校发力，奠定理论知识基础。因此，陕西相关高校必须突破“小文科”思维，打破学科壁垒，推动文科与工科、文科与农科、文科与理科的交叉融合，将人工智能、大数据、云计算等数字技术融入相关学科、科研机构设置、师资教育及教材更新等各个环节中，打造“数智人文”，构建“新文科”视野下的人才培养体系。

在人才培养模式上，需要积极推进“产教融合”、理论与实践相结合，大力推行“校企联合”的项目制。鼓励行业企业参与文化数字化人才培养，加快产学研用联盟建设等，让学生从“所学”中对接相应“所用”转化为从“所用”中提炼“所学”之需，并更好地反馈于“所用”，实现“学”与“用”的相互反馈和高度结合，进而让学生除具备人文素养外，获得一种附着于整个人生和职业生涯的可迁移能力。①

---

① 范周：《实施文化数字化战略，我们需要什么类型的人才》，言之有范文旅服务平台，http：//news. sohu. com/a/570738533_ 121432516。

B.4
陕西文学艺术发展报告*

陕西省社会科学院课题组**

摘　要： 新时代十年，学习和贯彻习近平新时代中国特色社会主义思想，成为文艺创作的思想指引，陕西作家和文艺工作者奋力为做大做强文学陕军、西部影视、陕西演艺等文化品牌奉献智慧和力量，取得了丰硕成果。文学创作获得了茅盾文学奖、鲁迅文学奖以及全国儿童文学奖；影视创作年均产量跻身全国五强；陕西话剧异军突起，成为中国剧坛一个引人瞩目的现象。同时不可否认，陕西文艺在创作题材类型上，存在的某些不平衡，在扶持和吸引优秀人才、扩大文艺作品传播影响力等方面，暴露出存在的问题，使陕西文艺发展面临困境和新的挑战。

关键词： 文学陕军　西部影视　陕西演艺

---

* 本文是陕西文艺发展智库、2022年陕西省宣传文化系统“六个一批人才”项目“融媒体时代坚持以现实主义书写陕西故事研究”、陕西省社会科学基金项目“陕西影视作品地域文化呈现经验及创新策略研究”（2022J271）、陕西省社会科学院重点课题“陕西‘现象级’影视剧文化创新策略研究”（22ZD12）、西安市社科基金项目“贾平凹城市空间书写研究”、陕西省社会科学院重点项目“文化数字化视阈下陕派话剧品牌打造与实现路径研究”（22ZD13）、陕西省社会科学院青年课题“陕甘宁边区少儿歌曲的红色书写与实践启示”（22QN10）的研究成果。

** 课题组组长：张艳茜；课题组成员：韩红艳、毋燕、杜睿、仝筱菲。执笔：张艳茜，陕西省社会科学院文学艺术研究所所长、二级研究员，主要研究方向为中国当代文学、陕西文学；韩红艳，陕西省社会科学院文学艺术研究所助理研究员，主要研究方向为文学评论、文化研究；毋燕，陕西省社会科学院文学艺术研究所副研究员，主要研究方向为文艺批评、陕西文艺研究；杜睿，陕西省社会科学院文学艺术研究所副研究员，主要研究方向为文艺学、延安文艺；仝筱菲，陕西省社会科学院文学艺术研究所助理研究员，主要研究方向为汉语史、文化语言学。

党的十八大以来，以习近平同志为核心的党中央把文艺工作摆在党和国家事业重要位置，深刻回答事关社会主义文艺事业发展的方向性、根本性、战略性重大问题，推动中国特色社会主义文艺发展开启了崭新局面。十年来，陕西文艺工作者认真学习贯彻习近平新时代中国特色社会主义思想和习近平总书记来陕考察重要讲话重要指示，牢固树立精品意识，立时代潮头，与人民同呼共吸，与时代同频共振，为完成陕西省“十四五”规划所提出的做大做强做靓文学陕军、西部影视、陕西演艺等文化品牌，倾心奉献智慧和力量，一大批书写文化自信、塑造时代精神、反映人民关切的优秀文艺作品，为陕西增添了文学和文化的底蕴。

新时代十年，“文学陕军”的主题创作意识更为清醒，文学活动开展更加主动。2014 年陕西省委组织部、省委宣传部联合制定《关于选派作家到基层挂职深入生活和定点体验生活的实施意见》，2021 年 6 月又出台配套政策《关于进一步优化新时代作家定点深入生活、推动重大主题创作高质量发展的实施方案》，并根据重点文学创作规划，先后选派了 35 位作家到基层挂职、定点深入生活。

在文学创作题材多样、写法多元的基础上，陕西文学关注重大题材创作。在新中国成立 70 周年、建党百年和在延安文艺座谈会上的讲话 80 周年等重大节点，一批具有鲜明陕西特点、陕西风范，讲好陕西故事的精品力作涌现。继《平凡的世界》《白鹿原》《秦腔》获得了茅盾文学奖之后，陈彦长篇小说《主角》获得第十届茅盾文学奖。2021 年陈彦出版长篇小说《喜剧》，延续和继承陕西文学的地域文化和现实主义精神，与《主角》《装台》构成“舞台三部曲”。钟法权作品《张富清传》和陈仓作品《月光不是光》，荣获 2022 年第八届鲁迅文学奖报告文学奖和散文杂文奖项，叶广芩的儿童文学作品《耗子大爷起晚了》获得 2021 年第十一届全国优秀儿童文学奖。创刊于 1985 年改革开放时期的《小说评论》，是全国唯一的专事小说评论、研究的文学刊物，在第八届鲁迅文学奖评奖中，其所刊发的部元宝的论文《编年史和全景图——细读〈平凡的世界〉》，以及张莉专栏《重读现代中国故事》，荣获“文学理论评论奖”。邢小俊创作的《国家战略：延安脱贫的真正秘密》和网络作家风圣大鹏的现实主义作品《山人行》，书写了脱贫攻坚伟大实践。弋舟的非虚构作品《空巢：我在这世上太孤独》体现出作家对现实深度关注的责任感。赵韦的纪实文学《国家至上》，讲述了一群心怀科学报国理想，秉承“国家至上”意志的英雄们，获得“第十六届精神文明建设‘五个一工程’”图书类优秀作品奖。

新时代十年，陕西省委省政府高度重视陕西影视产业发展，在财政扶持政策下，陕西省影视精品迭出，影视产业规模逐步扩大，作品数量和质量都在持续攀升。目前电视剧、电影年均产量跻身全国五强。陕西参与投资的电影《我和我的祖国》《我和我的家乡》社会效益和经济效益双赢，《塬上》《血狼犬》《柳青》《拨浪鼓咚咚响》等获得国际国内多个奖项；电视剧《长征大会师》《大秦帝国》《历史永远铭记》《装台》等口碑实力俱佳。国家广电总局发布的20部“2020中国电视剧选集”，《大秦赋》《装台》名列其中，2022年，电视剧《装台》《功勋》荣获第33届电视剧飞天奖、第27届电视文艺星光奖。“第十六届精神文明建设‘五个一工程’”特别奖电视类《功勋》榜上有名，优秀作品奖电影类《柳青》获得，电视类《装台》获得，彰显着“西部影视”发展的文化底蕴和潜在能量。

新时代十年，陕西话剧异军突起，成为中国剧坛一个引人瞩目的“陕西现象”。在“让戏剧回归文学”“将文学浓缩于戏剧”的理念引领下，陕西人艺连续推出三部由陕西作家创作的茅盾文学奖获奖作品改编的话剧，以精品艺术形式绽放于舞台之上的《白鹿原》《主角》《平凡的世界》，“不仅展示了陕西作家对中国历史进程的关注与思考，也向广大观众及文艺工作者传递着陕西文学的精神和理想，更为文学读者和戏剧观众带来文学与戏剧交融的双重魅力”。[①] 陕西人民艺术剧院和西安话剧院以《创业史》《平凡的世界》《白鹿原》《秦腔》《主角》等文学佳作为生长点，话剧《白鹿原》

① 《陕西人艺擦亮“陕派话剧”艺术品牌》，《中国文化报》2022年8月4日。

《平凡的世界》《麻醉师》《柳青》《路遥》等都是叫好又叫座，荣获了各类国家级、省级奖项。话剧《白鹿原》被业内公认是“中国话剧新巅峰之作”；《麻醉师》《柳青》连续两届斩获文华大奖；2022年新上话剧《主角》更是未演先红，首演前全国巡演已预售97场，全国巡演反响热烈，并在2022年“文华大奖”角逐中喜获大奖。在“第十六届精神文明建设‘五个一工程’”评奖中，话剧《路遥》获得戏剧类优秀作品奖。

在做大做强做靓文学陕军、西部影视、陕西演艺文化品牌过程中，不可否认，陕西文艺在创作题材类型上，存在某些不平衡，在扶持和吸引优秀人才、扩大文艺作品传播影响力等方面，暴露出存在的问题，面临发展的困境和新的挑战。

党的二十大报告关于“推进文化自信自强，铸就社会主义文化新辉煌”的重要要求，对广大文化工作者寄予了期望：“要坚持马克思主义在意识形态领域指导地位的根本制度，坚持为人民服务、为社会主义服务，坚持百花齐放、百家争鸣，坚持创造性转化、创新性发展，以社会主义核心价值观为引领，发展社会主义先进文化，弘扬革命文化，传承中华优秀传统文化，满足人民日益增长的精神文化需求。”陕西文艺工作者担负着举旗帜、聚民心、育新人、兴文化、展形象的使命。要坚持中国特色社会主义文化发展道路，“坚持以人民为中心的创作导向，推出更多增强人民精神力量的优秀作品”，为完成陕西省“十四五”规划，做大做强做靓文化品牌，继续努力。

一 坚持现实主义创作的“文学陕军”

“文学陕军”始终坚持现实主义创作，作品直面现实生活和本土变迁，以其独特厚重的地域文化、审美风格和价值取向，奠定了陕西文学在全国的文学影响力。

文学陕军目前的创作状态，可以概括为：资深作家如贾平凹、高建群、叶广芩、阿莹等依然实力在线，中年作家如陈彦、穆涛等创作成果显著，青年作家如弋舟、陈仓等已经进入中国文坛青年创作群体。以“70后”“80后”为主体的周瑄璞、吴文莉、周子湘等正在茁壮成长。新时代十年，文学陕军在茅盾文学奖（陈彦）和鲁迅文学奖（弋舟、穆涛、阎安、钟法权、陈仓）都有斩获，体现出中青年文学陕军的精神风貌与实力。陕西年轻评论家继承了“笔耕组”批评精神，网络文学作为陕西文学的新生力量，也日益彰显着社会影响力。

（一）小说创作构建了日常生活的悲欢离合

1. 长篇小说创作，展现宏大的“史诗”叙事

文学陕军一如既往地以现实主义的文学传统，体现出“文章合为时而著，歌诗合为事而作”的责任担当。贾平凹的创作持续进行，2022年《秦岭记》出版：“将秦岭里的物事、人事、史事娓娓道来，为读者奉献出一部在心里累积多年的秦岭山川草木志、动物志、村落志、人物志。”[①] 2021年陈彦出版长篇小说《喜剧》，继承了陕西文学的地域文化和现实主义精神，讲述了戏曲舞台人物动人心魄的生命故事。

老作家晓雷笔耕不辍，历经十年，2020年出版的长篇小说《浮山》是一部以传统现实主义精神，“向改革开放40年致敬的作品。”[②] 阿莹在2021年出版《长安》，这部军工题材长篇小说，是对以往陕西乡土题材的一次突破，“是一部共和国完成自身工业化的历史，而这段历史的波澜壮阔与风起云涌，放在整个民族的历史进程中来看，都有着非凡的书写价值”。[③] 该书入选第六届长篇小说年度金榜、作家出版社2021年度好书榜。吴克敬的《乾坤道》是2021年中国作协定点深入生活项目，讲述了为陕北老区人民的幸福贡献青春的三代知青故事。2022年马玉琛出版他的第三部长篇小说《羽梵》，通过鸽子和人的双重视角，对现代物质文明和审美生活的矛盾与

① 《写秦岭，也是写中国——贾平凹谈新作〈秦岭记〉》，《光明日报》2022年6月4日。

② 《作家晓雷推出长篇新作〈浮山〉》，《文化艺术报》2020年10月26日。

③ 弋舟：《小说艺术“中国化”的生动样本——读阿莹长篇小说〈长安〉有感》，《光明日报》2022年6月29日。

消解进行探究。

近几年，中青年作家周瑄璞的《多湾》、王妹英的《得城记》、杜文娟的《红雪莲》等相继推出。周瑄璞的《多湾》《日近长安远》是关于女性的奋斗史，《多湾》获得第五届柳青文学奖长篇小说奖。吴文莉用3部长篇小说《叶落长安》《叶落大地》《黄金城》，以家族的故事描写了“西安城”120年的过往，其中的女性形象充满了坚韧、独立的精神内核。2022年寇挥出版的历史科幻长篇小说《陨童》，讲述了一个外星少年在地球的“穿越”奇幻史。“百优作家”范墩子2022年出版的长篇小说《抒情时代》，被誉为是一部当代小城青年的“精神成长史”。

2. 中短篇小说创作，呈现多样风格

“鲁迅文学奖”获得者弋舟，是陕西青年作家中最活跃的中短篇小说创作者，作品见于全国最有影响的文学期刊上，出版的“人间纪年”系列作品《丙申故事集》《丁酉故事集》《庚子故事集》《辛丑故事集》“始终关注人的存在问题，将人置身于不同的境遇之中，由此来重新确定人的精神疆域”。[①]“90后”作家范墩子的短篇小说集《虎面》《我从未见过麻雀》相继出版，书写了新时期中国乡村少年的“心灵史”，获第十六届滇池文学奖、首届陕西青年文学奖。2022年林喜乐出版的小说集《佛珠》，是他近年来发表的中短篇小说，反映了当代社会普通民众的不同境遇，入选全国文艺联合书单榜单。

（二）散文古今相望，展现了传统地域文化魅力

2022年，陈仓的《月光不是光》在时代的变迁中呈现人间的喜乐哀愁，获得第八届“鲁迅文学奖”散文杂文奖。2021年高建群出版的《丝绸之路千问千答》，阐述丝绸之路上各民族成分、各文明板块对于当今人类文明形态的重要意义。2022年出版的散文著作还有：穆涛的《中国人的大局观》，以历史故事和至理名言启迪当下，用时代精神和现代意识激活文化与传统；

① 丁小龙：《时间之镜——弋舟作品读札》，《四川文学》2022年第7期。

朱鸿的《长安：丝绸之路的起点》深情描述丝绸之路起点长安的故事。几位“80后”作家出版的著作有：史鹏钊长篇散文《大国小村》关注城市化进程下中国乡村现实命运，刘冠琦在散文集《长歌行》里，感悟人间烟火的生存哲理，王佳的《风雅大宋》（三部曲）是部“兼具专业性与文学性的史学著作”①。

（三）诗歌刚柔并济，呈现现实的诗意

陕西老一代的诗人依然笔耕不辍，年轻的诗人在诗坛崭露头角，显示着弦歌不断地唱响。其中“70后”“矿工诗人”陈年喜的诗作最引人瞩目。2016年他获得首届“年度桂冠工人诗人”大奖，诗集《炸裂志》2019年出版，真实地倾诉了他从矿山生活到北京生存的体悟，书写着生命的疼痛和命运的抗争。2022年《陈年喜的诗》出版，书写了他的童年和人生漂泊，也写了亲情、友情与爱情。“百优作家”庞洁2022年出版第二部诗集《诗面庞》，对生活、对自然以及人类命运进行了探讨和反思。“80后”诗人黄嘉玲2021年出版诗集《如意》，注重诗歌语言的探索和拓展。

在诗歌理论方面，沈奇、王可田、宋宁刚等人一直在场，理论批评文章在《文艺争鸣》《星星·诗歌理论》等刊物相继推出。宋宁刚的《沙与世界——二十首现代诗的细读》是近年来陕西诗歌理论批评界的一大收获。另有“80后”李莹、尚斌在诗歌理论界发声。

（四）在纪实文学的真诚中，感受社会变迁与人心坚守

近年来，钟法权的《张富清传》、张艳茜的《路遥传》、邢小利的《陈忠实传》、孙见喜的《贾平凹传》四部人物传记影响力比较大。其中，钟法权的《张富清传》获得2022年第八届鲁迅文学奖报告文学奖，是关于“共和国勋章”获得者、老英雄张富清的人生纪实。2021年高鸿的《水无穷处——南浔笔记》书写了南浔的历史文化与人物风俗，获得第八届“徐迟

---

① 《王佳：做中华文化的传播者》，《陕西日报》2022年7月17日。

报告文学奖”。2022 年晓雷出版的《路遥别传》“很多路遥事迹鲜为人知甚至不为人知，因而弥足珍贵”[①]。和谷的《绽放》以编年史与人物列传的方式，展示了中国纺织业的源流和奋斗精神。获得 2022 年“五个一工程奖”的作品《国家至上》，作者赵韦书写了一群心怀科学报国理想、以科技服务人民、秉承“国家至上”意志的英雄们的光辉形象。

（五）在童颜童趣中，绽放着梦想的花朵

陕西儿童文学的创作显示出强劲的势头。叶广芩创作的儿童文学作品“耗子丫丫”三部曲，即《耗子大爷起晚了》《花猫三丫上房了》《土狗老黑闯祸了》，语言幽默活泼，呈现老北京的生活风俗画卷。《耗子大爷起晚了》获得 2021 年第十一届全国优秀儿童文学奖。2020 年吴梦川成长体验小说《魏紫的春天》是关于女孩魏紫走出孤独，得到成长和治愈的故事，荣获冰心儿童图书奖；她的短篇小说《我在乡下有块田》获得第二届接力杯曹文轩儿童小说奖。“90 后”作家范墩子 2022 年出版长篇童话《去贝加尔》，“表达了对爱、希望、乐观、勇敢以及纯洁友谊的追求”。[②]

（六）陕西网络文学创作，“文学陕军”的新发展

经过 20 多年的发展，陕西网络文学不断壮大，2020 年成立了“陕西省网络作家协会”，申大鹏（风圣大鹏）为首任协会主席。目前，陕西网络作家有 5000 余人。

2022 年风圣大鹏作品《山人行》聚焦山村扶贫，反映了当代青年的社会担当与责任感。2021 年他的玄幻小说《独霸万古》出版，小说《国王万岁》已经改编为手游。2020 年李国瑞（乱世狂刀）的《圣武星辰》入围“2019 年度中国网络文学排行榜”之“中国网络小说排行榜”。2022 年，他的《闪光吧，冰球少年》《山花烂漫时》《人间暖阳四月天》被评为“喜迎

---

① 《〈路遥别传〉由陕西人民出版社出版发行》，《阳光报》2022 年 11 月 17 日。

② 《长篇童话〈去贝加尔〉出版》，《陕西日报》2022 年 4 月 20 日。

二十大”优秀网络文学作品。紫芒果的《强国重器》是典型的“强国文”，讲述了打造电力装备制造产业工人的创业史。

（七）文学评论，聚焦时代主题

缘于陕西文学创作的繁盛，陕西文学评论也极为活跃，创作与评论如鸟之两翼、车之双轮，彼此借力，相互砥砺。当年“笔耕组”的“褒优贬劣、敢于直言的批评精神”由李国平、李震、邢小利、杨乐生、仵埂、周燕芬、柏峰、刘炜评等批评家继承。

2020 年 12 月省作协召开研讨会，回顾“笔耕组”往事，分析当下文学批评，讨论陕西文学评论的现状和存在的问题。会后，省作协建立了“文学评论专家库”和“网络文学研究评论”队伍。《小说评论》设立了“年度优秀论文奖”。[①]

陕西新一代文学评论工作者正在茁壮成长，他们积极介入陕西文学创作，关注陕西文学创作动态，其中，“百青人才”王鹏程在《光明日报》《文艺报》《文学评论》等报刊发表评论文章，关注陕西中青年创作，“百青人才”杨辉以《“大文学史”视域下的贾平凹研究》《陈彦论》等作品，荣获唐弢青年文学研究奖及《中国现代文学研究丛刊》《中国当代文学研究》年度优秀论文奖。

（八）文学期刊助推陕西文学发展

“文学期刊与文学发展之间有着不可分割的交互影响。在文学作品的传播过程中，陕西的文学期刊作为传统载体媒介，曾在相当长一段时期，将作者、作品和读者联系在了一起，助推着陕西文学发展。”[②] 在文学期刊适应时代发展时，始终坚持文学期刊的文学性，是富有挑战性的事情。

---

① 《陕西：盛世兴伟业　集结再攀登》，《文艺报》2022 年 9 月 30 日。

② 张艳茜：《文学期刊与文学生态——对〈延河〉杂志的历史考察（1956~1966）》，《人文杂志》2021 年第 3 期。

1. 组织领导明确，为刊物良性发展提供有力保障

陕西文学刊物主要有公开出版刊物、内部刊物、文艺副刊三类，皆有良好的组织领导保障，各单位均责任明晰、分工明确，为刊物的持续发展奠定坚实基础。

公开出版刊物有《小说评论》《延河》《美文》《延安文学》，是创刊时间长、质量稳定的文学期刊，目前都依靠省市财政支持。由陕西省社会科学院编辑的《文谈》系列丛书，自 2016 年出版以来，坚持文学立场，始终保持着文学期刊的形式与质量，目前已出刊 24 期。内部刊物方面，陕北地区有《陕北》《陕北文学》《红石峡》等，关中地区有《秦岭》《秦岭文学》《秦都》《华原》《西岳》《西岳评论》《华山文学》等，陕南地区有《安康文学》《衮雪》《商洛文化》等，都或多或少得到地方财政支持。文艺副刊方面，《陕西日报》的秦岭副刊，《西安日报》《西安晚报》《咸阳日报》《宝鸡日报》《渭南日报》《铜川日报》《延安日报》《榆林日报》《商洛日报》《安康日报》《汉中日报》等的文艺副刊，都是繁荣文艺发展的交流平台。

2. 刊物定位精确，突出特色优势并注重综合发展

陕西文学刊物从自身定位出发，发挥办刊特色、体裁特色、地域特色等优势，为繁荣发展陕西文学、培养文学人才服务。办刊特色方面，面向成年人的同时，也推出面向青少年的文学刊物，该类刊物在培育青少年文学素养、提高鉴赏能力方面具有积极意义。如《延河》（下半月刊）、《美文·青春写作》、《铜川日报·校园文学》、《榆林日报·校园文艺》、《汉中日报·作文选登》等。体裁特色方面，如《美文》自创刊至今着眼散文创作，“大散文”创作观念的提出，得到了广大散文作家、读者的认可和欢迎。《小说评论》始终致力于小说的评论研究，经过 40 年的努力，已经成为中国批评界至关重要的阵地，现为中文社会科学引文索引 CSSCI 来源期刊、中文核心期刊、中国人文社会科学核心期刊（扩展）。地域特色方面，各市的内部刊物和文艺副刊是展示各市文艺发展的重要平台。

（九）陕西文学发展中存在的问题

新时代十年以来，陕西文学的成就突出，但是存在的问题，影响了文学创作整体水平。

1. 一部分作家文化艺术修养和生命体验不足，缺少对人类命运的深层思考

文化艺术修养不足，导致一些中青年作家在创作中因循守旧，缺少主体意识的积极参与和主体创作性对客观对象的能动建构。不少作品对于社会发展不能及时、准确、艺术地呈现。有的作家对于城市的观念还停留在物质层面，未能触及人的精神变化。还有不少作家对于农村的认知依然停步于20世纪八九十年代的乡村图景，对于新农村的发展建设没有生活和生命体验，更缺少对人类命运的深层思考。

2. 作品内容与形式创新不足

陕西乡土文学一直独领风骚，尽管已经有都市写作、海外游历、工业题材、军事题材的作品，但是对都市、工业、科技等领域依然较少作品涉及，题材类型的开拓不足，因而对社会生活内容表现不足，创作方法、观念、技巧缺少突破，导致艺术表现方式相对单调，缺乏多元化，语言风格陈旧，缺少时代气息。

3. “文学梯队”后继乏力，文学评论有待跟进

2016~2020年，省委宣传部为着力打造文学陕军新梯队，开启第一期“百名优秀中青年作家资助计划”即“百优计划”，“为出精品出人才提供强有力的政策保障”[①]，有74名中青年作家入选。2021年第二期“百优计划”正在进行中，就目前两期入选的中青年作家来说，进入全国文学视野的人数寥寥，是否能构成“文学陕军”新的群体矩阵还有待观察。

同时，评论家把目光集中在功成名就的作家作品上，对中青年作家缺少足够的关注，导致了中青年作家的创作和评论“互不干涉”。而且，陕西文学评论研究大多集中在长篇小说上，对中短篇小说、诗歌、散文的研究相对

---

① 秦文兴：《“文学陕军”吹响集结号》，《文艺报》2020年11月25日。

薄弱，对网络文学和儿童文学的创作和评论同样关注不够。

4. 媒体宣传不足，影视化对接程度不高

在多元化消费时代，文学作品为人熟知，与媒体的大力宣传和影视化程度有很大关系。但是，陕西文学与影视创作对接程度不高，深度融合不足。目前除《白鹿原》《平凡的世界》《高兴》《大秦帝国》《最后一个匈奴》《青木川》《一号文件》《装台》《叶落长安》《初婚》等作品改编为影视作品并获得成功之外，大多陕西当代优秀文学作品缺乏有效的影视创作转化，尤其是网络文学改编为影视剧的作品很少。

5. 过于注重长篇小说创作，忽略了中短篇小说创作

这其中原因涉及多个层面，一是创作整体环境所致。当下衡量一个作家的创作实力时，多以长篇小说为参照标准。二是作家创作动因使然。无论是评奖还是项目资助，以及不断制造出的舆论氛围，致使作家或囿于社会压力，或缘于功利之心，多将心思和精力用在长篇小说创作上。三是对于创作技法的误解。以为只要掌握一定量的生活素材，很容易完成长篇写作，而无须经过中短篇小说创作实践和起码的写作训练。四是文学期刊发表中短篇小说标准较高，发表难，而出版长篇小说标准低，易出版。

6. 文学期刊的专业编辑人才匮乏

目前全省有公开刊号的文学期刊 4 份，各市文联或文化馆等也有内部文学刊物。但就目前状况看，部分文学刊物，专业编辑人才匮乏。很多编辑对文学创作和动态了解有限，缺乏专业的文学编辑资质，编辑环节缺失，导致作者写作水平提高的力度不足。

（十）陕西文学发展提升的建议

党的二十大报告提出：“坚持以人民为中心的创作导向，推出更多增强人民精神力量的优秀作品。”陕西文学界要深入学习深刻领会党的二十大精神对文学创作和文学工作者提出的新要求、赋予的新使命，努力做大做强做靓“文学陕军”文化品牌。

1. 不断提高个人思想修养和文学素养

陕西作家要不断地提高自己的思想修养、文学修养以及人品修养，坚守现实主义精神追求和精品意识，在不断精进写作技巧的同时，注重眼界的扩展和学识的积累；要有向经典作家作品学习的自觉，要有提高写作水平的强烈意识。同时向生活学习，在生活中获得文学创作的源泉；热切关注现实，强力介入现实，高度重视人的生存状态、精神状态和命运形态；并且要有“十年磨一剑”的坚持和耐力。

2. 创新内容与形式，推进各类题材创作

突破陕西文学创作在题材类型上的不平衡，在农村题材创作寻求创新的同时，“积极推进城市、科技、儿童、历史、革命等题材创作，在小说、纪实文学、散文、诗歌、儿童文学、网络文学等各类体裁上平衡发展”①，目前，陕西作家也在不断地寻找突破，如阿莹作品《长安》，就是陕西军工题材写作上的突破，被誉为是中国社会主义重工业的“创业史”，弋舟的小说始终对社会、对人的生存状态进行关注，周子湘的“域外打工”等，推进各类题材创作的变化，希望成为更多作家未来创作的趋势。

3. 形成强劲的文学梯队，文学评论同时跟进

第一，加强和完善文学人才的扶持和管理制度。相关机构要定期对第二期“百优计划”扶持的 49 名中青年作家进行考核，从制度上对人才给予及时、科学的评估与建议。同时，以多种形式推进作家的创作，尽快完善网络作家扶持机制，加快建设网络文学创作基地，使“网络文学陕军”成为陕西文学新的增长点。

第二，制定文学创作特殊人才引进和管理制度。打破体制身份的限制和阻碍，打破参公和事业身份的壁垒限制，让创作成绩突出，尤其是获得中国作协的四大奖项——鲁迅文学奖、茅盾文学奖、全国优秀儿童文学奖和全国少数民族文学创作骏马奖的作家，在引进、调动、职称评定、职务调整和晋

① 《同心同德　砥砺奋进推动陕西文学发展再上新台阶》，http：//www. chinawriter. com. cn/zx/2014/2014-02-28/2896. html。

升等方面得到特殊政策支持，防止人才外流。

第三，发扬“笔耕组”优良传统，“认真抓好《陕西文学史》《当代陕西文学评论文丛》等一批重要文学理论建设工程，加大激励鼓励，优化文学评论家队伍建设举措。”[①] 以文学评论促创作，增强文艺评论效能。既要关注已成名的作家，更要关注正在成长的青年作家。目前两期“百青计划”有 7 名青年评论家入选，显然扶持力度还有待加强。

4. 提供多元发展机会，提升文学陕军知名度

首先，积极运用网络平台，“陕西作家网”“文学陕军”等做好文学发展的宣传工作，对文学创作成果及时推介宣传。其次，“相关管理机构积极推进作品与影视媒体合作，建立并扶持文学与影视的交流对接平台”，让“文学+影视”联动更为顺畅。尤其是要加强对网络作家优质 IP 作品的推介。最后，不断巩固优秀作家的“名牌效应”，“要做大做强做靓‘文学陕军’这个品牌，离不开文学翻译这支队伍，陕西文学要走出去，通过文学作品，让世界了解陕西，了解陕西文化，促进中外文化交流”。[②]

5. 注重长篇小说创作的同时，关注中短篇小说创作

写作并自费出版长篇作品，或许是快速进入文坛的一个途径，但是写作发表中短篇小说、获得文学期刊认可，对于作家的成长和立足于中国文坛相当重要。相关机构在注重长篇小说创作的同时，要建立中短篇小说写作激励奖励制度，不定期组织举办中短篇小说写作训练班，提高中青年作家写作水平。

6. 开展文学期刊编辑职业培训，提升文学期刊的编辑水平

充分发挥文学期刊在陕西文学创作和评论中的作用，加强文学期刊编辑队伍建设，针对非编辑资质的人员，不定期开展专业编辑技术培训，提升期刊发展活力，为推动陕西文学繁荣发展提供充足的人才保障。

---

① 《陕西文学评论工作会暨〈当代陕西文学评论文丛〉编委会第一次会议召开》，https：//mp. weixin. qq. com/s/5Y-bxQlxCsWMuLhVA_ VFOA。

② 《陕西省作家协会文学翻译专业委员会工作会议暨陕西文学翻译工作座谈会召开》，http：//www. chinawriter. com. cn/n1/2021/0429/c403994-32091514. html。

二　西部影视发展的潜在能量与困境

西部影视在全国有着举足轻重的地位，是陕西乃至中国影视的一块“金字招牌”，承载着非常深厚的历史文化底蕴，在不断谱写新时代华彩篇章的同时，影视产业发展与重构面临许多严峻的新课题。

（一）2022年陕西影视发展亮点

自新冠肺炎疫情以来，陕西影视产业受到了空前打击。在艰难的市场环境中，陕西影视人坚守阵地，在有限的市场空间中，坚持创新，调试发展思路，也推出了一些优质影视作品，释放出的亮点，彰显着“西部影视”发展的潜在能量。

1. 依托经典 IP，创新推进网络影视发展

2022 年 2 月，由西影集团“大话西游”正版 IP 授权改编的网络电影《大话西游之缘起》在腾讯视频持续热播。依托经典故事，该影片上线以来受到网民的热烈关注。猫眼平台 2 月 17 日数据显示，影片累计播放量已超 5400 万，累计观影人次超 150 万，历史最高热度值达 8963，曾连续 5 天获得播放量日冠。

2022 年 6 月 1 日起，国务院对国产网络剧片正式实行行政许可管理制度，陕西省应时而动，网络电影《月儿圆》、《网红书记》和网络剧《黏人俱乐部》成为陕西省首批获得网络剧片发行许可证的重点网络影视剧。《月儿圆》是陕西省第一个获得“网标”的网络电影，该片入选国家广电总局重大题材网络影视剧项目库。9 月，由西咸新区沣东新城陕西巨威影业有限公司出品的电影《老墙》在省内部分院线上映，这是一部具有浓郁西安风格和西安特色的佳作。作为陕西省重大文化精品扶持项目，2021 年获第九届温哥华华语电影节“红枫叶奖”评委会奖，2022 年获法兰克福国际电影节最佳长片。

2. 深耕革命历史，呈现民族精神

2022 年 2 月 24 日，获得各大媒体持续好评的电视剧《大浪淘沙》，继

2021年5月11日在浙江卫视及江苏卫视播出后，登陆贵州卫视，开启二轮播出。这是一部深受当代青年喜爱的党史学习"教材"。2022年8月28日，大型军旅电视连续剧《决胜零距离》在央视八套开播，并在爱奇艺全网独播。该剧以西部战区陆军为创作素材，展现了新一代特战队员的使命担当、军人风采。

3. 关注时代气息，探索职场剧市场

2022年2月7日，时尚职场剧《盛装》在东方卫视黄金时段首播，并在优酷同步播出。影片聚焦媒体人面对新旧媒体时代的变革和竞争中的各种命运，描绘了一幅职场众生相。从演员阵容及制作团队阵容可见，《盛装》的配置实则不低，遗憾口碑和市场都表现平平。

4. 立足文化优势，打造纪实影像精品

2022年3月4日至6日，三集文献纪录片《我们，从延安走来》在中央广播电视总台科教频道播出，这是陕西省2022年度在央视播出的首部纪录片，获2021年全国庆祝建党100周年重大项目，并入选2022年第一季度优秀国产纪录片。该片是继纪录片《大鲁艺》《延安延安》之后，中央广播电视总台社教节目中心同陕西广播电视台共同策划创作的第三部延安主题的重大题材纪录片。

大型人文美食纪录片《千年陕菜》系列节目有序推进。第一季（六集）于2021年春节在央视二套首播，播出期间最高收视率排全国第三，并同时在爱奇艺、哔哩哔哩及腾讯、优酷、西影、咪咕等多家视频平台播放，在纪录片排行榜上位于榜首。"五一"期间再次登陆央视综合频道（CCTV-1）。该片荣获"2021年陕西省优秀外宣影视类作品二等奖"以及"第十四届中国旅游电视周"最佳专题片奖。6月14日，第二季（八集）开机仪式在西影大厦举行，计划于年底制作完成，并于2023年春节在央视及各大视频网站播出。

《守望秦岭》是一部全面阐述"秦岭四宝"的四集系列纪录片，先后于6月24日至27日、7月30日至31日两度登陆央视纪录频道（CCTV-9），是历经12年时间穿梭秦岭原始森林、记录秦岭真实自然故事、展示秦岭野生动植物多样性自然世界的力作。据悉，该片还将在腾讯、优酷、爱奇艺、哔哩哔哩、抖音等多家视频平台上线。

四集纪录片《瓜熟蒂落》入选国家广电总局公布的2021年第四季度优秀国产纪录片，该片于2021年9月25日在央视农业农村频道（CCTV-17）首播，获评2021新鲜提案·黎里真实影像大会“系列片最佳提案”、第十一届“光影纪年”之“最佳长纪录片奖”，入围中国广州国际纪录片节“中国故事”提案。

5. 重视动画节目，开拓少儿市场

以党中央在延安艰苦奋斗的十三年为大背景，以延安小学的创建为线索的《延安童谣》，被评选为2021年度全国优秀国产电视动画片。2020年度，该剧曾入选国家广电总局庆祝建党百年重点动画项目和陕西省重大文化精品工程项目，2022年8月4日举办的2021年度国产电视动画推优发布活动中，被评选为2021年度优秀动画作品，这是多年来陕西省首次获此殊荣。2022年3月7日，儿童益智冒险类3D动画片《小艾果与绒绒宝》在央视少儿频道播出。该片用轻松、有趣的方式，让小朋友在观片过程中学会尊重与冒险，激发对生活的好奇与热情。

2021年，陕西省各级广播电视播出机构精心创作了《我们的绿水青山》《故事城堡》《红故事大家讲》《快乐城堡》《最美童声》等一批少儿节目，为陕西省少年儿童健康成长营造了良好的环境。2022年6月16日《我们的绿水青山》入选国家广电总局公布的2021年度优秀少儿精品电视节目，《故事城堡》入选优秀广播节目，并同时获得资金扶持。

6. 推进公益广告，点亮城市文明

2022年，全省广播电视公益广告创作数量和质量不断提升，一系列作品在各类专题的全国性公益广告征集评选中取得佳绩。全省累计20部作品和14个机构入选国家广电总局公益广告扶持项目，获近200万元资金扶持。省广电局继2020年被国家广电总局评为公益广告制作播出优秀组织单位后，2022年再次获此殊荣。

7. 以节庆为契机，开辟全新媒体融合试验田

2022 年 9 月 9 日晚，由陕西省委宣传部指导、陕西广电融媒体集团精心打造的中秋特别节目《送你一个长安·一梦千年》在陕西卫视及全网多个平台同步上线播出，晚会选取唐朝李白、杜甫、陈子昂、王维、李商隐等十位代表性的文化人物，以秦岭、大雁塔、小雁塔、碑林、大唐芙蓉园等陕西文旅地标为美学场景，展现出大唐气度和中秋意境，让观众感受中华优秀传统文化的魅力。“小屏为主、大屏为辅”，在文化 IP 的创新性发展和创造性转化中觅得了一条全新的融合之路。截至当日 24 时，《送你一个长安·一梦千年》网端总传播量超过 5 亿次。

8. 加强展示交流，形成舆论热点

2022 年，陕西发力对外交流传播，坚持影视“走出去”，相关企业“走进来”，形成了以政府为主导，以企业为引领，以社会为促进的多方合力，推促舆论传播与打造电影 IP 的综合成效。在第十六届精神文明建设“五个一工程”入选作品中，陕西省有多部影视剧作入选，电视剧《功勋》获得特别奖，电影《柳青》、电视剧《装台》获得优秀作品奖。其中，电视剧《装台》还获得了第 33 届电视剧“飞天奖”优秀电视剧奖。在第 18 届中美电影节最高奖“金天使奖”的角逐中，陕西省青年导演赵宇执导的电影《我没谈完的那场恋爱》从 44 部参评作品中脱颖而出，与《奇迹·笨小孩》《我和我的父辈》《峰爆》等影片共同荣膺中美电影节年度十大最佳影片奖。

自 2014 年陕西成功申办了第一届丝绸之路国际电影节后，先后举办了第三届、第五届丝绸之路国际电影节，为陕西电影的对外宣传提供了很好的平台。2022 年 8 月 5 日，首届源点西部电影展在古城西安精彩开幕，其设置了西部金典、时代映像等十个主题单元，展映的影片涵盖了传承中华优秀传统文化、西部经典题材、陕西文化特色和艺术创新、青少年儿童类影片和全国各类电影节展映的影片。

（二）“西部影视”产业发展存在的问题

尽管目前陕西影视产业总体运营良好，但在全国发展的格局中审视，陕

西影视产业发展在政策的更新和具体实施的过程中，精准性还不够，影视专业人才匮乏的困境也比较突出。

1. 影视产业链还不完备，联动不足

在新媒体环境下，大数据、云平台、“中央厨房”等重点建设的项目陕西影视产业目前相对滞后。除了视野、资金和人力智力等因素的制约，最根本的原因在于影视产业链不够完善。从工程筹划、评估、剧本创作、投资，到拍摄、制作、宣传、发行等各个环节，陕西还未能够以系统思维，形成联动机制。影视作品缺少与软件、玩具、图书、游戏、动漫、音频等版权产品的融通聚力，自然就很难实现影视文化资源与市场消费、大众文化的积极链接。虽然当前已有类似的产业链平台，如秦汉新城影视拍摄基地，其作为陕西省影视拍摄基地也是刚刚建立，西安电影学院和陕西青年电影制片厂尽管相继成立，但客观来看，完善产业链和聚集效应还远未形成。

2. 顶层设计还不扎实，创意不足

陕西影视产业的策划、创作、制作、发行等方面虽然规模逐渐形成，但作为特色产业，尚没有适应新时代的准确定位，囿于大题材、大作品、大形式、大故事，特别是在题材的开掘深度上仍然不够。在创意方面格局不大，束缚较多，特别是贴近民生的影视精品甚少。尚未能将当下的时代元素与传统历史文化元素有机结合，故而影视内容在表现上多同质化、缺少鲜活性和趣味性，人物塑造因此显得不够接地气。历史与现实交相辉映、传统与时尚完美融合的陕西新形象影视作品极少。

3. 投资融资还不畅通，资金不足

影视行业是一个资本密集性行业，需要大量的资金支持，其中就需要确保有畅通的投融资渠道。陕西省虽然每年设置有 1 亿元的专项艺术基金，以资助列入省级重大文化精品的项目，但具体到影视类作品，资助金额非常有限，一般都不超过 500 万元。从影视制作发展成本来看，这些资金远远不够，而且政府大多扶持的是国有影视公司拍摄的主旋律影片。与此同时，民间资本难以流入影视行业，因而企业没有形成多元化的融资渠道。即使是在传统的银行贷款融资渠道，影视企业也依然难以施展拳脚，一般来说，影视企业多为轻资产运行，在规模上不够大、能够用来抵押的资产非常有限，信用等级就很低，因此就缺少了传统企业融资所需要的担保措施，获得传统银行贷款的机会就愈加稀少。加之省内的影视公司大多体量较小，单独承担并完成剧目的力量不足。各个企业制作单位尚未形成灵活的运行理念，彼此之间没有形成共同体的格局，合作意识不强烈，一般多与外省制作公司合作，使本省的优势资源遗憾外流。

4. 人才培养还不灵活，激励不足

优秀专业影视人才匮乏。目前，陕西影视人才无论是在数量还是质量上，都远远不能满足发展的需要。特别是随着文化的繁荣和制作的成熟，影视行业已然进入快速发展期，影视专业人才的需求量也将越来越大，影视尖端人才供不应求的现象尤为突出。影视企业普遍反映，人才缺乏已经成为制约西部影视和影视文化发展的重要因素。影视行业作为一个系统产业，从创意策划、剧本生产、产品打磨、广告宣发、衍生产品开发等各个环节都需要精专的人才，其中任何一个环节的弱化，都会影响到整个影视制作的市场效应。

（三）“西部影视”产业推进方向

在加快新时代文化强省建设的新发展布局下，从市场化、专业化、产业化、数字化的角度，全面推进西部影视产业的发展建设，坚持目标导向和效果导向，突出特色，打造亮点，错位发展。全力打造“点线面”结合发展的产业格局，适应影视产业发展新形势与新动态，推出一批叫得响、传得开、留得住的优秀作品。提升西部影视文化品牌影响力，推进陕西文化事业和产业健康发展。

1. 坚定文化自信，做好重大现实题材策划

作为文化资源大省，陕西具有得天独厚的条件：历史文化源远流长，红色文化资源蕴积丰富，民俗文化资源厚重深远，现代文化资源与时俱进。做强剧本创作、影视制作等主导产业，深入贯彻“找准选题、讲好故事、拍出精品”重要要求。积极探索新时代“西部电影”的风尚气质、美学风格、

人文价值，坚持思想精深、艺术精湛、制作精良相统一，深度策划具有时代风貌和传播价值的项目。突出影视作品的品位、格调和社会责任，充分彰显陕西文化大省的气度和胸襟，扩大陕西影视文化的影响力。

2. 优化产业布局，做强西部影视产业链

以影视为魂，旅游为体，整合上下游资源，构建西部影视“大电影产业链”，驱动城市文化产业加速发展。鼓励发展影视产业园区、影视拍摄基地及影视产业实训基地。鼓励社会资本利用已有产业载体或者依托保护性开发建设新的文化影视产业园区，支持影视拍摄基地建设，支持影视文化产业园区运营。鼓励高科技影视基地积极落户，不断完善园区产业链条，科学打造高科技影视企业的集群效应，带动一批主业明显、特色鲜明的企业，融出影视产业新生态。以优质服务引进影视剧组，将长期发展和应急举措相结合，出台优惠政策支持影视剧组在陕西取景，根据剧组需求积极协调相关部门、单位、场景和协拍保障等事项，与剧组达成良性双向配合模式。重点推出大力度招商政策，引进影视制作企业入驻产业园区，打造影视企业总部基地，对外提升陕西影视软实力的知名度，全力打造具有影响力的国家级影视产业示范区，充分发挥陕西影视文化产业集聚区的战略支点作用和辐射带动作用。

3. 完善各项政策支持，营造创新创造氛围

推动影视与金融、资本的深度整合，畅通影视企业与投融资机构的交流合作渠道，搭建影视项目与社会资本有效对接平台，是推动西部影视追赶超越、做强文化品牌的着力点和突破口。要进一步完善各项政策支持，在企业入驻和招商引进方面，出台大幅度奖励政策和孵化成长支持政策，发挥贡献突出、具有影响力的影视文化娱乐企业的辐射带领作用；在影视作品制作与发行环节，支持影视企业债券融资，重视影视版权的创作、交易及保护，落实最适合影视行业享受的税收优惠。在重点影视项目创作方面，设立专项发展基金，用足用活，重点扶持陕西重大文化精品影视剧的创作生产和后期制作，形成出精品、出品牌、出效益的激励创新氛围。

4. 强化人才扶持政策，形成雁阵效应

健全完善影视人才机制，围绕人才的引、聚、育、用全面发力。着力培养具有家国情怀、全球视野、创新精神、实践能力的精专型影视人才。一是探索人才培养措施，出台人才管理服务支持政策，强化人才梯队建设，完善管理机制配套和人才梯队配套，形成体系化人才供应链，为基础人才、骨干人才、领军人才、高层次人才队伍的建设和拓展优化发展机制。二是优化项目团队遴选机制和人才培育机制，形成品牌化人才的“虹吸效应”。依托大数据建立影视行业数据分析系统，破除体制机制障碍，全方位畅通引才渠道，形成吸引人才的各项配套政策。精准锁定领军人才，优化领军人才，培育骨干人才、提升基础人才，汇聚智力资源，构塑和宣传人才战略品牌。三是不拘一格，发掘培养优秀青年影视人才。健全创新评价体系，改革完善青年人才评价机制，建立基于青年人才特点和成长的多维度灵活评价制度，推进青年职称晋级制度和专项奖励制度。对具有突出创新能力和发展潜力的青年电影工作者和新文艺群体给予重点支持。四是借助陕西高校优势资源，推进高校影视学科和专业建设再上台阶，加快西部影视研究和理论建设工作。同时以“学历教育+职业培训”为方向，强化校企合作，为复合型影视人才的培养和影视实践开拓实践路径。

5. 重视融媒体发展，实现资源通融宣传互融

陕西影视文化产业可依托融媒体平台，拓展影视生产新领地。一是探索“新闻+服务”发展模式，开展行业融媒体中心共建合作项目。二是探索“媒体+文旅”发展模式，策划融媒直播系列活动。结合融媒直播活动，积极探索新技术、新产品应用场景。三是加快技术系统开发，完成大数据平台一期建设，汇聚有线电视、IPTV 用户数据和移动客户端数据。四是探索体制机制创新，建立工作室创新创业孵化机制，深入布局 MCN 业态，组建陕西广电 MCN 丝路超媒。

6. 发挥陕西文学优势，抓好本土 IP 开发

通过“西部影视”与“文学陕军”强强联手，建立更加顺畅的文学、影视联动合作发展机制，推动文学向影视的成果转化。鼓励企业打造 IP 项目运作专

业团队，重视本土文学 IP 开发，汲取传统文化营养。从政府层面推进剧本精品工程，设立优秀剧本奖励基金，着力扶持陕西本土文化和新时代以乡村振兴为主题的优秀剧本项目。对于经由陕西优秀文学作品改编的重点剧本，要给予重点补助奖励，这既是对文学原著授予改编权的肯定和感谢，也是对剧本创作者改编智慧的奖励，从而激发更多的文学创作者和影视剧本改编人员的积极性。

7. 以会（节）促产，加强对外合作交流

持续办好丝绸之路国际艺术节、国际电影节等重点活动，搭建起西部电影推向全国、各省优秀影片走进西部的交流合作平台。不断丰富和完善影展的展映规模、影片类型。同时，加强与国内外各大电影节、电影展的交流合作，力争在各大电影节、电影展开设西部电影展映单元，全方位展示西部电影的发展成果。

三　陕西演艺：让戏剧回归文学，将文学浓缩于戏剧

陕西演艺近年来有了突飞猛进的成就，离不开两大话剧团体的加持——陕西省人民艺术剧院（简称“陕西人艺”）和西安话剧院。在连续改编了陕西三部茅盾文学奖获奖作品之后，陕西人艺不仅打开了经营之路，而且成功实现了转企改制。从十年前的亏损状态，到如今探索出一条适合自己发展的经营模式，并且实现了多元化的演绎之路，既有小剧场运营，锻炼和培养新人，也有大 IP 制作，实现文学经典向话剧经典的转型升级；在忠于原著—话剧改编—舞台呈现—观众接受四位一体中，从话剧《白鹿原》到话剧《主角》获得观众的一致认可。西安话剧院同样在转型过程中抓住先机，创作以陕西代表作家为内容 IP 的话剧——《路遥》《柳青》等，实现了创作编排与文学陕军的巧妙结合。

（一）陕西话剧的转型升级与自我定位

陕西话剧的发展与陕西人民艺术剧院的转型紧密相连。2009 年陕西人

民艺术剧院转企改制更名为陕西人民艺术剧院有限公司。在陕西人艺转为企业之后，面临经营、人才、编排等各方面的困境，曾经一度不仅大批人才流失，而且面临无剧可排、工资发不出的现状。如何突破，如何生存，成为当时陕西人艺亟待解决的问题。在院长李宣的带领下，陕西人艺不断深化内部机制体制改革，激发内在活力，建立和完善法人治理结构。形成把社会效益放在首位、社会效益和经济效益相统一的文艺创作生产体制机制。遵循艺术发展规律，把加强舞台艺术精品创作作为重点任务，把提高质量作为文艺作品的生命线，以创作规划为先导，带领剧院人深入生活、扎根人民进行文艺创作排演。

1. 从小剧场做起，开始转型之路

第一部小剧场《欲望酒吧》获得了口碑和效益双赢，其后陕西人艺以此为突破口，共创作、编排了40余部小话剧，形成了小剧场“周周有话剧，月月有新戏”全年演出不断档的良性循环，市场反馈良好。在小剧场势头正好时，陕西人艺把目光瞄准了更大的话剧内容创作，先后创作了《世纪之门》《郭秀明颂》《白居易在长安》《又一个黎明》《钟声远去》《天心顺》《灯火阑珊》等一批优秀的话剧。

2. 与文学陕军相结合，改编大IP话剧

成功地将陕西文学经典作品转换为舞台艺术形式，在让更多的读者和观众通过话剧深入地了解和认识陕西作家作品的同时，也为陕西话剧的突破和创新找到了发展的生长点。2016年陕西人艺版话剧《白鹿原》绽放于舞台，这部被称为“中国话剧良心之作”的话剧，100位演职人员创造了目前国内第一个在全国巡演6年，76个城市94座剧院巡演432场，吸引60余万观众走进剧场的盛况，多次跻身中国大剧场话剧票房十强。同时在西安完成百场驻演的百人大团，开创了中国话剧“巡演+驻演”的先河，并9次入选国家艺术基金，包揽华语戏剧盛典、国际学院奖等多个中省大奖。

话剧《白鹿原》成功之后，2018年《平凡的世界》同样把陕西方言和地方特色融入话剧中，真实自然的语言和具有陕北风土人情的表演，展现了陕西话剧的独特魅力。话剧《平凡的世界》荣获中宣部“五个一工程奖”，入选文旅部“百年百部”优秀作品，以及国家舞台艺术精品工程、陕西省重大精品项目等，被推荐为当代青年必看话剧。两部作品的成功改编，标志了从文学陕军到话剧陕军的转型升级之路。

2022 年陕西人艺历时三年积淀，将陕西第三部茅奖作品《主角》成功搬上舞台，在前两次改编茅奖作品基础上树立了自己的品牌价值，并形成了未演先火的场面。自 2022 年 2 月首演以来，该话剧获得专家、媒体、观众的多方好评，大麦评分高达 8.9 分。在第十三届中国艺术节中，话剧《主角》荣获第十七届中国文化艺术政府奖——“文华大奖”，10 月获陕西省政府通报表扬。

而西安话剧院则在话剧领域走出了属于自己的路子，采用代表人物和真实事件进行创演。话剧《麻醉师》生动演绎了西京医院麻醉科副主任陈绍洋在工作中的敬业和专注的精神。话剧《柳青》和《路遥》同样以作家柳青、路遥为原型，把他们的创作、生活经历通过话剧的形式呈现出来。特别是 2021 年话剧《路遥》，作为“庆祝中国共产党成立 100 周年优秀舞台艺术作品展演”“大戏东望·2021 全国话剧展演季”剧目在全国巡演。《麻醉师》《柳青》分别荣获第十五届和第十六届“文华大奖”、话剧《长安第二碗》获第十七届中国戏剧节优秀剧目奖，并入选 2020 年度国家舞台艺术精品创作扶持工程。

陕西人艺和西安话剧院两大剧院的话剧，将陕西文学与作家结合起来，鲜活地再现了秦地的文学辉煌。除此之外，陕西实验话剧院和西安儿童艺术剧院的加持，拓展了陕西话剧的多元态势，特别是西安儿童艺术剧院，多次上演《皇帝的新装》《拇指姑娘》《卖火柴的小女孩》等世界名剧，为西安儿童话剧开拓了一片疆土。在《2021 全国演出市场年度报告》中，2021 年全国省、自治区、直辖市演出场次和演出票房排序，陕西演出市场均处于强势发展的势头中，这其中话剧的票房和场次排名都进入前十。

（二）剧院改革与创新发展——以陕西人艺为例

1. 陕西人艺的体制机制革新

一是艺术生产模式的革新。2013 年，陕西人艺将曾经的“院长负责制”艺术生产模式优化为“制作人负责制”；将曾经依靠政府出资制作剧目调整为广纳社会资金的“剧目股份制”。运营思路由送票组织观众到市场化商业运营，三项制度的改革极大激发了员工的创作热情，有效刺激了市场活力，为陕西人艺改革发展挖掘活水源头。二是建立制作人中心制。每个剧目都按照项目制管理，并由财务进行项目风控和收益率研判，法务和纪检做保护和约束，由制作人对盈亏负责。三是探索艺术管理标准化。艺术没有标准化，但艺术管理可以标准化。四是运营模式的创新。《白鹿原》《平凡的世界》两部剧目，经过竞拍招标方式与运营商签订共计 600 场演出合同，全国巡演场场爆满，两剧累计演出 623 场，服务受众约 106 万人次，成为全国文艺院团市场化运营的先进典型。陕西人艺不断深化内部机制体制改革，激发内在活力，经营目标任务连续 10 年超额完成，营业收入增长 4971.69%，演出场次增长 526%，国有资本总量增长 161%，税收增长 2347.67%。打造的《白鹿原》《平凡的世界》《主角》“茅奖三部曲”系列话剧作品，实现了两个效益双丰收，成为国有文艺院团转企改制发展的排头兵。

2. 陕西人艺人才队伍建设

陕西人艺从最初人才流失严重，年轻有实力的演员和有能力的干部都流失，到如今搭建了人才梯队。一是优化机构设置。2014 年，陕西人艺率先建立文化企业薪酬管理制度体系，搭建现代文化企业管理架构。二是建立人才培养体系。大胆启用优秀青年骨干，鼓励改革创新，积极营造干事拓业的良好工作氛围和交流学习平台。三是开展公开竞聘上岗。采取全员竞聘模式。《陕西人艺薪酬体系创新》被陕西省委宣传部评为宣传文化创新一等奖，获中国话剧艺术研究会突出工作全国通报表彰。

3. 建立演艺生态链

一是实行职业经理人改制，建立健全职业经理人学习培训制度，提高履行岗位职责的能力和水平。二是以话剧为根基，不断拓展业务边界，以文旅、演员经纪、新媒体、影视、音频产业等业务作为重点领域，构建完善自身演艺生态链。

（三）陕西话剧目前的困境

陕西话剧在强势推出几部文学作品改编话剧之后，树立起了陕西话剧的文化品牌。但如何持续输出则成为陕西话剧一个亟待解决的问题。此外，陕西话剧还面临资金、人才、市场效益和社会效益如何同步等诸多问题。

1. 陕西话剧的持续输出困境

陕西三部茅盾文学奖获奖力作接连成功改编话剧，开启了观众对陕西话剧的认可与好评。因此，想要突破文学陕军的藩篱，走出陕西话剧持续输出困境，需要从陕西话剧到话剧陕军的转型升级。如果离开了文学陕军的支撑，没有陕西本土特色，陕西话剧如何发展，如何打造自己的品牌价值，又如何持续发热，这是陕西话剧团体共同面临的问题。

2. 资金的回转与输入困境

由于“底子轻、包袱重”，并且传统演艺行业缺乏融资渠道和平台，陕西话剧院团在进行混合所有制和员工持股改革中，普遍面临资本无法得到有效支持、改革有较大的难度等问题。在话剧排演前期，资助经费和投入经费之间的缺口较大，资金回转的周期较长，前期投入的资本无法得到保障，也成为影响陕西话剧发展的一大难题。

3. 人才引入不足

人才是团队发展的核心。陕西人艺一直在探索人才梯队建设，通过集团聘用、院团聘用、社会劳务聘用、临时聘用和校企合作等方式探索一条适合自己的人才输入之路。但是由于资金的问题，人才引进受限，特别是年轻有为的演员，更难以引进、留住人才。

4. 市场效益和社会效益不能平衡

以陕西人艺为例，每年市场效益份额剧目市场化程度较高，经济效益较好，但是在国有院团社会效益考核中，要求公益演出占到全年演出的50%

以上可以给满分。陕西人艺连续多年全国票房十强，反而因此不能得分。有关部门应该充分考虑陕西人艺的具体情况，合理制定考核评价体系。

（四）陕西话剧的愿景分析

在陕西话剧近年来不断强势输出的态势下，其获得了越来越高的关注度和知名度，如何做到持续发展，在全国话剧市场形成陕西话剧的特色和优势，如何与文学陕军既相互关联同时又能够延展，这是陕西话剧纵深发展、持续发热的关键。

1. 拓展陕西话剧的外延，纵深陕西话剧的内涵

一是继续致力于陕西话剧的地方特色的打造。陕西话剧舞台最为显眼的“景观”标识——陕西地方文化，成为陕西话剧脱颖而出的标志。继续与陕西文化建立深度关联，是陕西话剧在中国话剧市场占领一席之地的关键。二是向外延展，纵深陕西话剧的内涵。陕西两大话剧团体陕西人艺和西安话剧院在持续输出陕西文学之后，应当延伸改编题材的范围，以“文化+”的方式打破地域的限制，同时融入陕西文化特有的艺术价值，达到“兼和”的效果。三是实时地创作更多优秀剧本。在改编文学作品的同时，实时地创作更多属于陕西地方特色的话剧，做大做强话剧陕军文化品牌。

2. 打通校企合作的通道，加大人才培养力度

一是与陕西各大高校建立长期合作关系。通过学校人才输出、话剧团体人才利用，达到双赢的效果。二是建立更加灵活的用人机制。通过学校与话剧团体签订学生实习协议，一方面能够为学校解决学生实习单位问题，另一方面又能减轻话剧团体经费不足的问题。陕西人艺在 2022 年 6 月与西安外事学院建立了合作关系，开启了校企合作的新渠道。基于此，在陕西话剧团体中可以与更多高校建立长期和深入的合作。三是吸引更多的人才投入话剧队伍中。在话剧市场持续回暖之际，把之前流失的人才再次招揽回来，培养老中青三代话剧演员，形成层级鲜明、接续良好的人才梯队。

3. 调整社会效益与市场效益的评判标准

一是调整社会效益与市场效益评价体系。目前的考核标准适用于全额拨款的事业体制院团，对于自负盈亏的企业院团不太符合实际情况。旧有的评价体系已经不能满足新的市场需求，需要调整和改进。因此，上级主管部门应当根据院团发展的实际情况，制定多元化的考核制度，避免“一刀切”。二是给话剧院团放权松绑。把一些权力下放到话剧院团中，让话剧院团内部进行考核，有效地形成良性竞争机制，形成社会效益和市场效益的双向评判标准，更有利于话剧院团自身的发展。

4. 拓宽发展路径，政府给予更多的资金支持

资金问题一直以来都是话剧院团发展的一个主要难题。因此想要发展，就需要拓宽资金来源，获得更多的资金支持。一是需要政府加大资金资助。前期排演需要大笔资金，单靠剧院垫付很难完成，势必影响话剧排演的质量，因此需要政府前期尽可能地提供资金支持。二是争取社会机构和团体的资金资助。借助社会机构和企业、团体等资金融入，如果能够与企业、社会团体等签订长期的战略合作协议，不仅能以提前售票的形式完成资金的回笼，而且能够获得更大力度的推广和宣传，形成更强大的资金源支撑、更多元的推广形式。

B.5

"一带一路"背景下陕西文化国际传播的现状与提升策略*

——以"Visit Shaanxi" Facebook账号为例

刘婵君　张 琰**

摘　要： "一带一路"倡议是我国构建对外开放新格局、与共建国家共同打造命运共同体的重大举措。陕西是"一带一路"背景下中国文化国际传播体系中不可或缺的一环。本文通过具体分析"Visit Shaanxi" Facebook账号概况来展现陕西文化国际传播现状，发现目前陕西文化国际传播能力建设取得了一些成果，正处于上升阶段。但是仍然存在文化内涵的诠释有待增强，传播内容主题单一，传播渠道依附海外社交平台、传播较为被动，他者视角下的陕西故事呈现不足等问题。本文最后提出四条国际传播能力建设提升路径，即挖掘陕西文化内涵，激发情感体验共振；丰富传播内容，塑造立体丰满的陕西形象；增加他者视角下的呈现，增强对外传播效果；丰富传播路径，搭建完整多元的新媒体矩阵。

关键词： "一带一路"　国际传播　陕西文化

---

* 本文是国家民委民族研究项目"拓展民族团结进步创建网络空间研究"（立项号：2022-GMD-011）的阶段性研究成果。

** 刘婵君，西安交通大学新闻与新媒体学院副教授，硕士生导师，主要研究方向为新媒体与国际传播；张琰，西安交通大学新闻与新媒体学院硕士研究生，主要研究方向为新媒体与社会治理。

一　引言

"一带一路"不仅是贸易发展之路，更是文化交流之路。文化是一个民族的灵魂，是一个国家发展的精神支柱。陕西是中华文化的发祥地，是黄河文化的发源地。这片大地上孕育了辉煌灿烂的历史文化，孕育了周礼秦制汉风唐韵。陕西曾长期是中国古代的政治经济中心，是我国历史上建都朝代最多和时间最长的省份，秦、西汉、东汉、西晋等 13 个王朝曾先后建都。陕西也是古丝绸之路的起点，如今更是与共建"一带一路"国家开展文化交流的重要省份。这样的地理位置、历史地位和丰富的文化资源决定了陕西在"中华文化走出去"国际传播体系中的重要作用，是世界看中国的重要窗口。因此，陕西文化国际传播建设对促进中外文化交流和提升文化自信具有重要意义。本文立足于"一带一路"倡议，选取"Visit Shaanxi" Facebook 账号为样本，为读者呈现陕西文化国际传播的现状，最后提出国际传播建设提升路径助力编织"一带一路"文化纽带。

二　陕西文化国际传播现状

陕西文化国际传播百花齐放。在线上宣传方面，海外社交媒体平台 Facebook、Twitter、YouTube 上陕西文化的身影出现得越来越频繁，其中以官方媒体的呈现为主。2022 年第 1 期《全国省级文化和旅游新媒体国际传播影响力指数报告》指出，陕西省文旅新媒体的国际传播影响力位列全国前五。陕西文化国际传播体系中包括"Visit Shaanxi""Chitchat Shaanxi""Shaanxi Moments""Shaanxi Plus"等官方媒体，这些官方媒体成为陕西形象和陕西文化对外传播的有效窗口。在海外社交媒体平台上搜索"Shaanxi"，可以发现，除了官方媒体对陕西文化的宣传，还出现了很多自媒体的身影，例如博主们在陕旅游的 Vlog 等。在这些自媒体中，传播影响力最大的是陕西本地的美食视频创作者，如"陕北霞姐""陕北一家人”“黄土兄弟”等，其中“陕北霞姐”拥有58.8万粉丝，通过她的视频，可以看到陕西的特色美食做法，体验陕西农民的田园生活，了解陕西风俗。他们以生活在陕西的平凡人角度传播陕西文化，在他们的视频中能够感受到和睦的亲情关系和朴实惬意的田园生活，他们成功塑造了勤劳朴实、热情好客的陕西人形象。官方媒体和自媒体成为陕西文化国际传播建设的重要组成力量。

在线下文化活动方面，陕西成功举办了丝绸之路国际艺术节、世界文化旅游大会、丝绸之路国际旅游博览会等重大国际文化活动。“国风·秦韵”陕西文化周、非遗精品展等一系列文化交流项目也在海外引起了不俗的反响。2022年，陕西还举办了首届国际非遗交流周、“一带一路”媒体合作论坛、“中国这十年·陕西”等新闻发布会活动，充分展示了陕西的新形象，向世界讲述了陕西故事、丝路故事。在这些国际文化活动中，举办方不仅展示了兵马俑、秦腔、陕西农民画等具有浓厚陕西地方特色的文化资源，还展示了芭蕾舞、戏剧、交响音乐会等国外艺术，深刻体现了和平合作、开放包容、互学互鉴、互利共赢的丝路精神。

具体而言，本文将选取“Visit Shaanxi” Facebook 账号2021年362篇推文作为样本进行详细分析，主要从推文的内容和形式两个层面进行分析，详细呈现陕西文化国际传播现状。“Visit Shaanxi” Facebook 账号是由陕西省文化和旅游厅创办的，有81万粉丝，在陕西文化国际传播新媒体矩阵中具有代表性。

总的来说，“Visit Shaanxi” Facebook 账号主要塑造的是一个历史文化和饮食文化丰富多彩的千年古都形象，历史文物的身影出现频繁。在此之余，该账号也会向海外民众展示现代陕西（Modern Shaanxi），如灯火通明的大唐不夜城、石榴花造型的奥体中心、农业高新科技成果博览会等。

（一）内容主题集中分布于历史文化和饮食文化

“Visit Shaanxi” Facebook 账号推文的内容主题主要分为历史文化、饮食文化、民间艺术文化、秦岭生态文化、黄河文化和丝路文化六大类。这其中历史文化主题占比最高，占据了全年推文的 36.5%，这与陕西本身具有深厚的历史底蕴有关。辉煌灿烂的历史文化成为陕西文化国际传播的优势之一，通过介绍兵马俑、《长恨歌》、汉服等向海外民众展示陕西璀璨的文化遗产，也在潜移默化中将“文化陕西”的印象深深映在海外民众的心中。其次是饮食文化主题和民间艺术文化主题，分别占 18.8%和 12.4%。剩余的推文主题占比从高到低分别为秦岭生态文化、丝路文化和黄河文化，所占比重均不超过 10%（见图 1）。

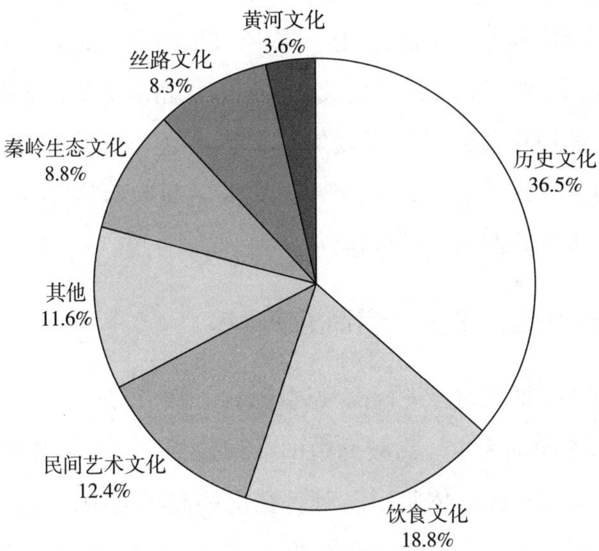

图 1　推文主题分布

民以食为天，人们对于食物的需求是不会因为国籍的不同而有所改变的，无论哪个国家的人对美食的鉴赏和向往都是一致的。中西方之间由于文化背景、思维方式等的不同会产生一定的文化隔阂，打破隔阂最好的方式就是寻求共性，传递人类共通的情感，找到人与人之间共通的意义空间。因此，可以在“Visit Shaanxi”的推文中看到肉夹馍、biang biang 面、水盆羊肉、葫芦鸡等独属于陕西的美食符号。中国是美食大国，陕西更是其中的美食大省，许多海外民众都是先通过食物了解中国、爱上中国的。饮食文化是中华民族生存智慧、性格文化的缩影，是我国劳动人民通过长期生产和生活实践创造发展而成的，饮食文化中表现了我们的民族传承和民族集体记忆。

“Visit Shaanxi”在Facebook平台上通过介绍石榴、葡萄等通过古丝绸之路传到中国的物品，向海外民众宣传陕西，弘扬丝路文化。不但如此，在丝绸之路国际艺术节举办的时候，“Visit Shaanxi”加强了对陕西丝路文化的宣传，特定时间点的宣传更是加深了海外民众对陕西是古代丝绸之路和现代“一带一路”地理重镇和文化重镇的印象。古丝绸之路促进了中西方文化的交流互动，见证了汉唐盛世的繁荣和开放。“一带一路”倡议提出，促进沿线各国的经贸合作和文化交流，因此“Visit Shaanxi”在宣传陕西丝路文化的时候不仅提到了汉代张骞出使西域开辟丝绸之路的历史，还提到了在艺术节上大放异彩的现代舞纪录片《皮娜》等西方优秀文化作品。不仅如此，该账号还向海外民众展示了秦腔、《平凡之路》等陕西的民间艺术作品，从艺术与文学中表现陕西的风采与魅力。

（二）与“古都”相关的名词出现频繁

通过对362条推文内容进行高频词统计，最终得到38个高频词，这些高频词以名词和动词为主。高频词中的动词包括“visit（参观）”“enjoy（欣赏）”“experience（体验）”等。在这些高频词中，名词占的比例最大。从图2可以看出，在这些高频名词中，“Shaanxi（陕西）”“Xi’an（西安）”“history（历史）”“culture（文化）”“Tang dynasty（唐代）”这些词汇出现的频次最高，其后是“the silk road（丝绸之路）”“tradition（传统）”“Terra-Cotta Warriors（兵马俑）”“musemun（博物馆）”等。由此能看出，在“Visit Shaanxi”的推文中，陕西被塑造成一个拥有辉煌灿烂的唐代文化、历史底蕴深厚的千年古都形象，如“As one of the cradles of Chinese culture, Shaanxi has so many world-famous historical sites that deserve a visit（作为中国文化的发祥地之一，陕西有许多举世闻名的名胜古迹，值得一游）”“this city is a living museum（这座城市是一个活的博物馆）”等。

图 2　推文内容词云

（三）发布形式以文字+图片为主

海外社交平台都具有自己的平台特色，例如 youTube 平台是一个视频分享平台，而 Facebook 是美国第一大社交平台，用户通过主页进行信息分享、交流，建立和发展社会关系网络。综览 2021 年 "Visit Shaanxi" 的 362 篇推文可以发现，几乎所有的推文都是以文字+图片的形式呈现的，少数以文字+视频、视频的形式出现。文字+图片的形式在 Facebook 平台上是较为常见的，图片能给予用户直观的视觉效果。简洁的文字既提供信息，又不会给用户造成阅读负担，并且适应于用户的使用习惯。

该账号所有推文都会附带 "VisitShaanxi" "ShaanxiAwesomeView" "ShaanxiCulture" "ShaanxiStory" 等话题标签，其中 "VisitShaanxi" 占据绝大多数，达到 90% 以上。话题标签的使用会增加推文的曝光量。同时，

“ShaanxiCulture”“ShaanxiStory”等标签也起到了内容分类的作用，用户可以根据自己的需求进行精确搜索，方便了海外民众的使用。

（四）推文互动形式多样，互动游戏式推文更受欢迎

“Visit Shaanxi” Facebook账号的推文互动形式分为陈述、提问、设问、互动游戏等，互动性依次增强。在过去的一年中，绝大多数的推文都是以陈述的方式进行呈现。相比于其他形式的推文，互动游戏式的推文互动性最强，获得的点赞数和评论数都较高。社交媒体时代，传播门槛的降低带来了万物皆媒的景观，过去由专业媒体主导的大众传播已经扩展为全民参与的传播，受众由过去的接受者转变为参与者。在这样的背景下，国际传播过程中的沟通和参与显得尤为重要。而除了互动游戏式的推文会获得较好的传播效果外，对话式的推文也获得了海外民众较高的认同度和参与度。相比于陈述式推文的单向传播，对话式的推文是更偏向双向沟通的，使读者感受到平等，从而能够使受众在自发的条件下参与到传播过程中。

娱乐性仍然是社交媒体的主要属性，互动游戏式的推文趣味性强，对海外民众的吸引力大。受众能够更容易地参与进来，在参与的过程中，潜移默化地便接受了陕西文化，使陕西文化获得更好的传播效果。而陈述式的推文形式只能起到扩充知识面、增强认知的作用。海外民众接收到陈述式的推文时，只是充当倾听者而不是参与者。

（五）互动游戏式推文的单条点赞、评论数量最高

点赞数能够体现一个账号的传播认同度。2021年“Visit Shaanxi” Facebook 362条推文的点赞数集中于500以内，占比58%，其次是500~1000、1000~1500，多于1万点赞数的推文最少，只占到了1%。而在500点赞数以内的推文中，100以内点赞数的推文占比最高，约53%。这说明虽然有爆款推文的出现（单条点赞数可以达到3万），但是总体而言，该账号单条推文获得的点赞数大多为100以内，推文的传播认同度不够高。本报告

总结了单条推文点赞数最高的 10 条推文（见表 1）。可以看出，在这 10 条推文中，有 7 条推文都是以互动游戏的形式呈现的。借助简单的选择题、迷宫游戏、生日代码游戏、找不同等形式引起海外民众的兴趣，鼓励人们加入其中。这 7 条推文借助趣味游戏的形式向海外民众介绍了大明宫、华山、钟楼等陕西标志性地点，兵马俑、秦岭风景等陕西特色文化资源等。相比于用陈述的形式，这种方式更能引起读者兴趣，达到陕西文化“走出去”的传播效果。

兵马俑主题的推文获得的点赞数仅次于互动游戏式，虽然是以单向宣传的陈述形式呈现的，但是也获得了 9682 点赞数。纵览全年推文，相比其他主题，兵马俑主题的推文总是能更吸引海外民众，很多海外网友会在评论区晒出自己曾经和兵马俑的合影，还有很多人表达了对兵马俑宏伟壮丽的赞叹和向往。这些推文热度高的原因可能是兵马俑是世界八大奇迹之一，是中国古代辉煌文明的象征，本身在海内外的知名度就很高。虽然中西方之间有地区间隔和文化差异，但是像兵马俑这种凝结了人类智慧的伟大艺术品，全人类的赞叹和欣赏是一致的。

表 1　单条推文点赞数最高的 10 条推文

排名	推文标题	发布时间	点赞数量
1	在秦朝,秦始皇统一了道路的宽度和文字系统以保持统一。那么问题来了,哪个轮子适合下面的轨道呢? #参观陕西#陕西历史	2021 年 12 月 12 日	3 万
2	嘿,伙计们! 我们来做个游戏吧。这是一个陕西迷宫,有三个出口,每个出口代表不同的景色。试试,看看当你走完迷宫后,你会看到什么样的陕西风景。#参观陕西#寻找你的陕西风景在下面写出你的结果,看看哪一种风格是你的	2021 年 11 月 11 日	3 万
3	秦秦宝宝们计划在中国旅游日一起去陕西旅游! 然而,他们中的一个迷失了方向,迷失在那么多令人陶醉的景点之间! 不要害羞,告诉我们哪条路是他寻找伙伴的正确道路! #中国旅游日#寻找陕西之路	2021 年 5 月 19 日	1.1 万

续表

排名	推文标题	发布时间	点赞数量
4	你对你的#生日代码感到好奇吗？@ VisitShaanxi 推荐令人惊叹的景点和精彩的活动，享受一个难忘的#龙舟节！出生月份和出生日期的最后一个数字分别代表“你在哪里”和“你在做什么”。在下面告诉我们你的独特代码！让我们找到最有趣的组合！#参观陕西	2021 年 6 月 14 日	9928
5	当你参观兵马俑时，你可能想知道秦始皇一生是如何周游各地的。新开放的青铜车马博物馆将解决你所有的问题。有趣的是，这个博物馆距离藏品的挖掘地点只有 240 米。#世界遗产#参观陕西	2021 年 10 月 9 日	9682
6	让我们一起做个游戏吧！你能找出这两张照片的不同之处吗？别忘了告诉我们你的答案！#多彩陕西#参观陕西	2021 年 6 月 5 日	7496
7	在碑林博物馆里，这些可爱的流浪猫与人类和谐相处。自然和文化在这里交织在一起。#参观陕西#指尖上的陕西春天	2021 年 3 月 25 日	6671
8	我们鼓励大学生将传统文化与先进思想相结合，而校园则不借助语言，直观地展示了这种精神。春天来到了西安交通大学，现代时尚的建筑被#樱花包围。#参观陕西	2021 年 4 月 11 日	6466
9	你想在哪里享受春天？ a. 西安 b. 渭南 #指尖上的陕西春天#参观陕西	2021 年 3 月 20 日	6356
10	是时候考验你的观察能力了！你想找出这两张照片的不同之处吗？#多彩陕西#参观陕西	2021 年 6 月 5 日	5985

评论数能够体现一个账号的传播参与度。从表 1 可以看出，“Visit Shaanxi” Facebook 账号的单条推文评论数总体不高，99%的推文评论数在 50 以内，反映出“点赞多评论少”的现状。据统计，评论数最高的一条推文是 2021 年 12 月 12 日发布的一条趣味选择题。该推文以秦始皇统一度量衡为背景，让读者选出符合轨道的轮子，提供的三个选项中很容易能选出正确答案。正是因为难度小，所以有许多海外网友在评论区进行作答，增加了该推文的互动量。对于读者来说，能够选出正确答案增强了他们的成就感和娱乐体验感。对“Visit Shaanxi”来说，能够增强账号的趣味性和互动性，

增加用户黏性。表 2 中单条评论数排第二的推文，获得的点赞数虽然不多，只有 268 的点赞数，评论数却是全年推文中第二高的。该推文的发布时间正值中国的元宵节，猜灯谜是从古代就开始流传的元宵节特色活动。灯谜能够增强节日气氛，展现了中国古代劳动人民的聪明才智和对美好生活的向往。该推文借助用英文字母拼出陕西城市名的灯谜游戏既能向海外民众介绍中国猜灯谜的传统习俗，又结合了中外文化，建立了与网友们的交流，吸引读者们参与进来，扩大了传播面。

从 2 表中还可以发现，单条评论数最高的 10 条推文中，9 条都是以互动游戏的形式发布的。这说明互动游戏形式的推文更能提高传播认同度和传播参与度，虽然在跨文化传播的过程中，内容是第一位的，但是传播的形式也应该引起关注。

表 2　单条推文评论数最高的 10 条推文

排名	推文标题	发布时间	评论数
1	在秦朝，秦始皇统一了道路的宽度和文字系统，以保持统一。那么问题来了，哪个轮子适合下面的轨道？#参观陕西#陕西历史	2021 年 12 月 12 日	390
2	让我们一起玩陕西灯谜吧!! 用 10 个字母“abeijnowxy”拼出 4 个陕西城市的名字。#陕西灯谜#参观陕西	2021 年 2 月 26 日	88
3	嘿，伙计们！我们来做个游戏吧。这是一个陕西迷宫，有三个出口，每个出口代表不同的景色。试试，看看当你走完迷宫后，你会看到什么样的陕西风景。#参观陕西#寻找你的陕西风景 在下面写出你的结果，看看哪一种风格是你的	2021 年 11 月 11 日	55
4	在碑林博物馆里，这些可爱的流浪猫与人类和谐相处。自然和文化在这里交织在一起。#参观陕西#指尖上的陕西春天	2021 年 3 月 25 日	54
5	你对你的#生日代码感到好奇吗？@ VisitShaanxi 推荐令人惊叹的景点和精彩的活动，享受一个难忘的#龙舟节！出生月份和出生日期的最后一个数字分别代表“你在哪里”和“你在做什么”。在下面告诉我们你的独特代码！让我们找到最有趣的组合！#参观陕西	2021 年 6 月 14 日	48
6	让我们一起做个游戏吧！你能找出这两张照片的不同之处吗？别忘了告诉我们你的答案！#多彩陕西#参观陕西	2021 年 6 月 5 日	41

续表

排名	推文标题	发布时间	评论数
7	你最喜欢去西安的哪个地方? A. 碑林博物馆 B. 永兴坊 #参观陕西#指尖上的陕西风景	2021 年 3 月 23 日	39
8	是时候考验你的观察能力了! 你想找出这两张照片的不同之处吗? #多彩陕西#参观陕西	2021 年 6 月 5 日	31
9	秦秦宝宝们计划在中国旅游日一起去陕西旅游! 然而,他们中的一个迷失了方向,迷失在那么多令人陶醉的景点之间! 不要害羞,告诉我们哪条路是他寻找伙伴的正确道路! #中国旅游日#寻找陕西之路	2021 年 5 月 19 日	27
10	你想在碑林博物馆参观什么? A. 猫 B. 碑刻 #参观陕西#指尖上的陕西风景	2021 年 3 月 24 日	25

三　陕西文化国际传播建设困境

（一）文化内涵的诠释有待增强

目前陕西文化在海外社交媒体平台上的传播缺少对于文化内涵的诠释。如只是提到了“西安奥体中心的外形像石榴花，在丝绸之路上绽放”，但是并没有解释“石榴花”和“丝绸之路”的关联，也无法体现丝绸之路促进沿线各国之间贸易发展和文化交流的意义。提到“秦始皇统一度量衡”，却没有解释秦始皇为什么这么做，这么做会给中国以后的历史发展产生什么意义。类似这样的问题在海外社交媒体平台上陕西文化的传播过程中还出现了很多，对文化内涵的深层次挖掘还有待加强。国际传播的受众是海外民众，他们的接受能力、理解能力和对陕西的基础认知程度是不同的，陕西文化国际传播内容应该和国内传播内容具有差异化，应该考虑到海外受众的接受能力和理解能力，注重传播文化的内涵。缺少内涵的文化传播只能触及海外民众的认知层面，无法引起情感共鸣，提高传播认同度。

（二）传播内容主题单一

目前陕西文化国际传播内容主题聚焦于历史文化和饮食文化传播。而丝路文化、黄河文化等所占比例较少，红色文化更少。习近平总书记强调：“红色资源是我们党艰辛而辉煌奋斗历程的见证，是最宝贵的精神财富”，红色是中国共产党、中华人民共和国最鲜亮的底色。而陕西是一块孕育红色血脉、富有革命传统的沃土，拥有独特丰富的红色文化资源。但是官方媒体并没有利用好这样的资源优势，经调查可以发现，在海外社交媒体平台上红色文化的输出极度匮乏。单一主题内容的对外传播容易使塑造出的陕西形象扁平片面，影响陕西文化国际传播体系建设，且陕西官方媒体在海外社交媒体平台上塑造的陕西形象过于单薄，一直都是历史文化资源丰富的形象。在对外传播的过程中使用现代化文化符号较少，海外民众对陕西城市发展现状的认知程度较低。回顾历史的同时也需要展望未来，时代在进步，陕西形象也不能一直拘泥于“历史厚重”，需要让世界看到陕西除了历史还有未来，它不仅历史悠久，更是一座现代化大省，是“一带一路”上的一颗璀璨明珠。

（三）传播渠道依附海外新媒体平台，传播较被动

陕西文化国际传播主要集中于 YouTube、Twitter、Facebook 平台，它们都是由西方巨头互联网公司创立的，这些平台的背后隐藏着资本的驱动和各方权力的影响。平台开发者可以通过平台上的算法技术操控舆论，从而掌握话语权。依附于这些海外社交媒体平台会使陕西文化国际传播陷入被动的困境。中国公司创立的抖音海外版 TikTok 自 2017 年出世便热度暴涨，逐渐打破由 Facebook、YouTube、Twitter 主导的国际传播格局。TikTok 已有 30 亿下载量，月活用户超过 10 亿。在 Facebook、Twitter 等平台新增用户量处于停滞时，TikTok 渐渐成为欧美地区年轻人使用频次越来越高的媒体平台，由

此可以看出 TikTok 的海外市场巨大。这是陕西文化国际传播的新机会。但是纵览 TikTok 上的陕西文化传播状况，可以发现 TikTok 平台还未得到官方媒体的重视，“Visit Shaanxi” TikTok 账号的粉丝数稀少，互动量更是寥寥无几，视频内容以搬运其他平台为主，没有抓住当下平台热点，适应短视频平台风格创作差异化内容。而反观国内抖音平台官方账号“陕西旅游”拥有 44 万粉丝，创作的内容也都紧随平台热点，使陕西文化在国内得到了更广泛的传播。

（四）他者视角下的陕西故事呈现不足

在“Visit Shaanxi” Facebook 的推文中，可以发现传播视角还是停留在国内传播阶段，他者视角下的呈现较少，几乎都是“自说自话”式表达。在 YouTube 平台上也可以发现，官方媒体中出现的面孔都是我们熟悉的中国人面孔，由此可以看出，目前陕西文化国际传播视角受固有传播模式影响，他者视角下陕西文化的呈现较少。在陕西文化国际传播中，传播受众是海外的民众，因此传播视角也需要随之发生改变。借他者之口讲述陕西故事可以拉近与海外民众的心理距离，增强海外民众的代入感，使传播内容对于海外民众来说更加真实可信，国际传播效果会更好。

四　陕西文化国际传播建设提升策略

（一）挖掘陕西文化内涵，激发情感体验共振

国际传播过程中，仅仅提供信息服务和输出观点是不够的。提高海外民众对陕西文化的认知程度并不是最终目的，提高认知只是“文化走出去”最为浅层的目标。更重要的是能够触及海外民众的情感层面，引起情感共鸣，激发情感体验的共振，这样才能更顺利地被不同的种族和群体接纳。这就需要官方媒体在对外传播的过程中加深对陕西文化内涵的挖掘，不仅要让海外民众知道陕西文化是什么，更需要让他们知道为什么。陕西文化国际传

播是促进中外文化的交流互鉴，构建“求同存异”文化共同体的内涵传播，不能仅仅停留在海外民众对陕西文化的了解和认知上，而是要实现他们对陕西文化内涵的认同，形成文化共鸣。

（二）丰富传播内容，塑造立体丰满的陕西形象

陕西文化国际传播需要丰富传播内容，拓宽主题分布，向世界展示一个多面立体的陕西形象。在目前历史文化、饮食文化传播较为到位的情况下，应该加大对黄河文化、丝路文化、红色文化的传播力度。尤其是红色文化，不仅能够充分体现中国人民在寻求国家进步的道路上不畏艰苦、自力更生的伟大精神，也可以引起海外民众的情感共鸣，因为这样的精神不仅出现在中国，也存在于每一个国家的奋斗史中。反抗压迫、追求自由解放的精神是全人类共通的，这就是“共通的意义空间”。在国际传播中应该以人类文明的整体高度审视传播场域，在不同的文化中发掘、培养共同信念（包括共同观念、伦理和社会偏好等）。从全人类“同呼吸、共命运”的创作角度出发，选取能激发海外民众共情的传播内容，寻求人类文明的和合之道。

（三）增加他者视角下的自我呈现，增强对外传播效果

传播过程中出现的拟人化形象是为了能够拉近与受众之间的心理距离，如中国共青团推出的吉祥物“团宝”，“团宝”的出现一改中国共青团严肃板正的过往形象，同时又展现了中国青年的蓬勃朝气。同样的，为了使陕西文化得到更为广泛的传播，官方媒体可以打造一款全新的拟人化形象，增加海外元素，如穿着汉服的金发女孩卡通形象等。在拉近与海外民众心理距离的同时还体现出了中西文化的融合。目前陕西官方媒体仍然有“自说自话”的现象，不能只有“自我表达”，应该增加他者视角下的自我呈现。可以邀请在陕西生活的外国友人在海外社交媒体平台上讲述与陕西的故事，摒弃宏大的叙事风格，从平凡的生活点滴出发，用客观理性的“他者”身份向海外民众传达真实的陕西形象。此前，YouTube 平台上就有海外博主分享自己在宝鸡、西安等地的旅游 Vlog，这些视频都获得了很多关注，观看数量高

达6万次，评论区中也常会有类似“这是一个美丽的城市”“我对陕西的美食很感兴趣”等的评论出现。不仅是旅游的Vlog，还有外国留学生发布在西安的读书生活视频，疫情期间还会在视频中介绍中国的疫情情况、防控措施等。以“他者”的身份表达能使传播的内容对于海外民众来说更加真实可信，且“他者”视角下的陕西城市生活容易使海外民众有代入感，通过沉浸式的体验从博主的日常生活中了解陕西文化。

（四）丰富传播路径，搭建完整多元的新媒体矩阵

2017年字节跳动旗下短视频社交平台TikTok横空出世，立即在海外掀起了一股短视频风潮。有关数据显示，在2021年底，TikTok已经超越谷歌成为世界上访问量最大的互联网网站，并在2022年第一季度月活跃用户数突破了16亿，由此可以看出，TikTok的海外市场潜力巨大，可以成为对外传播的有利平台。陕西文化国际传播应该利用好这样的优势平台，适应TikTok“短平快”的平台风格，创作与其他平台差异化的内容。陕西文化国际传播应该丰富传播路径，搭建完整多元的新媒体矩阵，满足国外受众碎片化、个性化的信息需求与媒介期待，取得更好的传播效果。

除了需要“造船出海”，摆脱对海外社交媒体平台的依附，同时也需要在平台上整合传播渠道，促进官方和民间的多元协作。企业、社会组织和公民个人等自媒体可以通过社交媒体建构起自身的关系平台，其信息和观点的传播效率加快，产生的传播影响力与日俱增。有些自媒体作品获得的传播认同度和传播参与度远超官方媒体，如上文提到的“陕北霞姐”，一条视频可以获得8000左右的点赞数。并且每条视频还有12种隐藏字幕，能够满足不同国家粉丝的观看需求。官方媒体应该多和海外社交媒体平台上的优秀意见领袖合作，取其精华去其糟粕，共同创作内容丰富、形式多样的文化传播作品。如今是一个多元协作的对外传播时代，应该在坚持主流价值观的前提下，整合官方和民间传播渠道，使之共同服务于陕西文化国际传播建设。

作为“承东启西，连接南北”的重要节点，陕西文化国际传播是中华

文化国际传播格局中的重要组成部分。目前陕西文化国际传播建设虽然取得了海外社交媒体平台传播影响力全国前五等的成就，但是仍然有提升空间。陕西应该紧抓“一带一路”建设带来的机遇，在已取得成就的基础上，不断提升国际传播能力，深层次、高水平地与沿线国家进行人文交流和文明互鉴。塑造立体丰满的陕西形象，让陕西成为世界读懂中华文化的一扇窗口，助力打造内陆改革开放高地。

B.6 陕西省古籍保护工作现状调查及对策研究报告

薛继民*

摘　要： 2007年，“中华古籍保护计划”正式启动。2008年，陕西省政府建立陕西省古籍保护中心，负责全省古籍保护的相关业务工作，这一举措有效促进了全省古籍保护工作开展，为全省古籍保护工作提供了组织保障。多年来，在陕西省古籍保护中心的协调与督促下，全省古籍保护工作在古籍普查、古籍修复、古籍数字化、古籍影印出版、古籍宣传推广、古籍培训、古籍人才培养等方面开展了大量工作并取得一定成果。同时，在新时代古籍保护工作的要求下，陕西省古籍保护工作也面临很多困难和有待完善提高的方面，需要我们更好地保护、研究、利用好全省的珍贵古籍文献，更好地传承优秀传统文化。

关键词： 陕西　古籍保护　数字化

古籍具有不可再生性，是中华民族的宝贵精神财富。2007年1月，“中华古籍保护计划”在全国范围内正式开始实施。这是我国古籍保护工作建设的重大时间节点，也标志着我国的古籍保护工作进入了全新的阶段。从中央到地方各级政府，都越来越重视古籍保护工作，同时也对古籍保护工作提出了更高要求。陕西作为历史文化遗产积淀深厚的文化大省，域内古籍文献

---

* 薛继民，陕西省图书馆馆员，主要研究方向为古籍修复与保护。

藏量丰富多样，保护、研究、利用好这些珍贵古籍文献，对于传承优秀传统文化、建设文化强省具有重要意义。

一　陕西省古籍保护工作的开端

2007 年 1 月 19 日，国务院办公厅印发《关于进一步加强古籍保护工作的意见》（国办发〔2007〕6 号），“中华古籍保护计划”正式实施。为贯彻落实国务院办公厅文件和全国古籍保护工作会议精神，进一步做好陕西省古籍保护整理出版工作，2007 年 7 月 3 日，陕西省政府印发《关于成立省古籍保护整理出版工作领导小组的通知》（陕政字〔2007〕94 号），决定将已经成立的“陕西省古籍整理出版工作领导小组”更名为“陕西省古籍保护整理出版工作领导小组”，下设古籍保护办公室和古籍整理出版办公室，分别设在原陕西省文化厅和陕西省社会科学院。鉴于全国古籍普查的细致性和广泛性，陕西省政府对领导小组成员进行了调整和充实，增加了陕西省发改委、陕西省科技厅两个成员单位，同时，将原陕西省文化厅厅长调整为领导小组副组长。由原陕西省文化厅负责，结合全省实际，制定《中华古籍保护计划——陕西省古籍保护工作实施方案》；在继续推进既定的古籍整理与出版工作的同时，使用国家研发的统一普查软件，做好全省古籍普查工作。

2008 年 4 月 19 日，陕西省人民政府办公厅印发《关于进一步加强古籍保护工作的实施意见》（陕政办发〔2008〕43 号）明确提出，建立陕西省古籍保护中心，负责全省古籍保护的相关业务工作。① 陕西省机构编制委员会办公室同意在陕西省图书馆加挂陕西省古籍保护中心牌子（陕编办发〔2008〕78 号）。原陕西省文化厅印发的《关于陕西省图书馆加挂陕西省古籍保护中心牌子的通知》（陕文社〔2008〕53 号）中提出同意挂牌并成立

---

① 陕西省人民政府：《关于进一步加强古籍保护工作的实施意见》（陕政办发〔2008〕43 号），《陕西省人民政府公报》，2008 年 6 月 15 日。

陕西省古籍保护中心。陕西省古籍保护中心设主任、副主任各1人，中心办公室设在历史文献部，办公室人员由陕西省图书馆历史文献部工作人员兼任。

作为中华文明的重要发祥地，陕西历史文化积淀深厚，存藏文物典籍众多。把这些典籍保护好、利用好，不仅可以保存历史记忆，更能让古之精华为今所用，为新时代文化建设注入新元素。习近平总书记强调："要运用现代科技手段加强古籍典藏的保护修复和综合利用，深入挖掘古籍蕴含的哲学思想、人文精神、价值理念、道德规范，推动中华优秀传统文化创造性转化、创新性发展。[①]"近年来，陕西省古籍保护整体工作取得长足进步，各级古籍存藏单位保存条件显著改善，古籍保护修复技术持续提高，古籍保护人才队伍日益壮大，古籍保护工作逐步走上科学化、规范化道路。

二　陕西省古籍保护中心的职能

陕西省古籍保护中心的成立，有效地促进全省古籍普查工作的开展，为全省古籍保护工作提供了组织保障。本着切实推动全省古籍保护工作的工作态度，陕西省古籍保护中心认真履行相关工作职责，积极发挥相关工作职能。[②] 具体有以下几个方面。

（1）服从国家古籍保护中心、联席会议、省文化和旅游厅有关古籍保护工作的决定和部署。密切注意全国古籍保护工作进展状态和信息，适时上传下达陕西古籍保护工作进程。

（2）拟定全省古籍保护工作规划、技术标准和政策。加强古籍保护研究工作、相关业务交流工作，对全省古籍保护队伍进行业务培训，按照《中华古籍保护计划——陕西省古籍保护工作实施方案》，执行陕西省古籍保护具体落实工作。

---

① 康岩：《把古籍典籍保护好利用好》，《人民日报》2022年5月16日。

② 《陕西省古籍保护中心简介》，https：//www. sxlib. org. cn/guji/gywm/zxjs。

（3）组织开展并督促指导全省古籍普查、鉴定工作。审校地、市、县送交的古籍普查数据，定期更新全省普查成果，逐步建立和完善陕西古籍联合目录，上传国家古籍保护中心，并留存陕西省古籍保护中心，建立陕西古籍数据库。

（4）监督地、市、县古籍保护工作开展进程，对存藏条件不达标的单位，督促其制定相应的保护方法和管理措施，按计划开展地、市、县古籍存藏单位的存藏条件改善工作，加强古籍书库标准化建设。

（5）根据国家古籍保护中心制定的古籍修复保护工作规范，健全陕西省古籍保护中心业务职能，制定陕西省古籍修复保护制度和计划，承担部分重点珍贵古籍文献修复任务。积极开展中华优秀传统文化、古籍保护的宣传、推介工作。

三　陕西省古籍保护工作主要举措和成效

自“中华古籍保护计划”启动以来，陕西省古籍保护中心在国家古籍保护中心、陕西省文化和旅游厅的领导下，坚持“保护为主、抢救第一、合理利用、加强管理”的工作方针，在全省各古籍存藏单位的配合下，经过十余年的努力，完成了全省古籍普查工作。据统计，在传统的经、史、子、集四部外，加上丛部、新学，全省古籍存藏特点体现出内容丰富、品类众多的特点（见表1）。

表1　全省古籍存藏类型概况

古籍类型	部　数(部)	数量占比(%)	册　数(册)	数量占比(%)
经　部	15752	18.10	137169	17.72
史　部	24896	28.62	308156	39.82
子　部	19842	22.82	123149	15.92
集　部	21472	24.68	156103	20.17
丛　部	4537	5.22	46800	6.05
新　学	487	0.56	2474	0.32
合　计	86986	100	773851	100

在完成全省古籍普查工作的前提下，陕西省古籍保护中心围绕有关重点项目，积极推动全省古籍保护工作开展。在珍贵古籍修复与保护、古籍数字化、古籍书目编校出版、古籍保护工作宣传推广、古籍保护人才培养等方面，为全省古籍保护事业做出了贡献。主要举措和成果主要有如下七个方面。

（一）认真做好古籍普查编目审校及出版

古籍普查及数据审核、出版是一项长期的基础工作。陕西省古籍普查从2007年开始，至2019年底结束。全省73家古籍存藏单位100万余册古籍基础普查工作完成，省古籍保护中心收集整理普查数据10万条，审核数据60979条。陆续出版了《陕西省图书馆古籍普查登记目录》《陕西师范大学图书馆古籍普查登记目录》《陕西省二十二家公共图书馆古籍普查登记目录》《陕西省三原县图书馆古籍普查登记目录》，完成《陕西省十六家公共图书馆古籍普查登记目录》《陕西省十二家大专院校图书馆古籍普查登记目录》数据审核并提交出版社。目前，省古籍保护中心正在加快审核剩余普查数据，持续补充完善全省古籍普查平台数据、上传书影等工作，为后期《中华古籍总目·陕西分卷》统编工作积累可靠翔实的数据（见表2）。

表2　陕西省古籍普查出版书目情况

序号	书名	出版情况	收录数据条目
1	《第一批陕西省珍贵古籍名录》	陕西传媒集团三秦出版社	26家单位 279部
2	《第二批陕西省珍贵古籍名录》	陕西传媒集团三秦出版社	22家单位 409部
3	《陕西省图书馆古籍普查登记目录》	国家图书馆出版社	20529部
4	《陕西师范大学图书馆古籍普查登记目录》	国家图书馆出版社	8108部
5	《陕西省二十二家公共图书馆古籍普查登记目录》	国家图书馆出版社	22家单位 9612部
6	《陕西省三原县图书馆古籍普查登记目录》	国家图书馆出版社	4827部
7	《陕西省十六家公共图书馆古籍普查登记目录》	国家图书馆出版社	16家单位 6941部
8	《陕西省十二家大专院校图书馆古籍普查登记目录》	国家图书馆出版社	12家单位 11815部

（二）高标准完成《国家珍贵古籍名录》及全国古籍重点保护单位申报

《国家珍贵古籍名录》及全国古籍重点保护单位的申报评审是对古籍进行分级管理、有效提升古籍存藏环境的重要举措。经陕西省古籍保护中心组织审核与推荐，陕西省共有 13 家单位 162 部古籍入选前六批《国家珍贵古籍名录》。陕西省图书馆、陕西师范大学图书馆、西北大学图书馆、西安博物院和西安碑林博物馆等 5 家单位入选全国古籍重点保护单位（见表 3）。

表 3　陕西省入选全国古籍重点保护单位情况

序号	单位	保护级别	古籍存藏总量	入选国家名录数量
1	陕西省图书馆	全国古籍重点保护单位	20529 部 31.93 万册	53 部
2	陕西师范大学图书馆	全国古籍重点保护单位	8108 部 85276 册	15 部
3	西北大学图书馆	全国古籍重点保护单位	4551 部 56310 册	24 部
4	西安博物院	全国古籍重点保护单位	8506 部 105930 册	37 部
5	西安碑林博物馆	全国古籍重点保护单位	2107 部 24074 册	12 部

注：非全国古籍重点单位入选《国家珍贵古籍名录》的古籍不在此表统计之列。

（三）扎实做好《陕西省珍贵古籍名录》出版及省古籍重点保护单位申报评审

2013 年 8 月，陕西省人民政府办公厅印发了《关于公布第一批省珍贵古籍名录的通知》。2015 年 9 月，陕西省人民政府办公厅印发了《关于公布第一批省古籍重点保护单位和第二批省珍贵古籍名录的通知》。陕西省古籍保护中心积极组织申报与评审，全省各级古籍存藏单位共 688 部古籍入选珍贵古籍名录，12 家单位（含 5 家全国古籍重点保护单位）入选省级古籍重点保护单位（见表 4）。《陕西省珍贵古籍名录》公布后，省古籍保护中心于 2014 年 11 月及 2015 年 10 月分别编辑出版了《第一批陕西省珍贵古籍名录图录》和《第二批陕西省珍贵古籍名录图录》。

表 4　陕西省古籍重点保护单位情况

序号	单位	保护级别	古籍存藏总量	入选省级名录数量
1	陕西省图书馆	全国古籍重点保护单位 陕西省古籍重点保护单位	20529 部 31.93 万册	281 部
2	陕西师范大学图书馆	全国古籍重点保护单位 陕西省古籍重点保护单位	8108 部 85276 册	81 部
3	西北大学图书馆	全国古籍重点保护单位 陕西省古籍重点保护单位	4551 部 56310 册	80 部
4	西安博物院	全国古籍重点保护单位 陕西省古籍重点保护单位	8506 部 105930 册	107 部
5	西安碑林博物馆	全国古籍重点保护单位 陕西省古籍重点保护单位	2107 部 24074 册	18 部
6	陕西省社会科学院图书馆	陕西省古籍重点保护单位	914 部 14365 册	6 部
7	陕西省考古研究院	陕西省古籍重点保护单位	1357 部 23438 册	11 部
8	宝鸡市图书馆	陕西省古籍重点保护单位	1349 部 9377 册	3 部
9	三原县图书馆	陕西省古籍重点保护单位	4827 部 21655 册	13 部
10	陕西理工大学图书馆	陕西省古籍重点保护单位	532 部 9332 册	9 部
11	汉中市汉台区图书馆	陕西省古籍重点保护单位	1291 部 12762 册	2 部
12	勉县图书馆	陕西省古籍重点保护单位	1068 部 13285 册	6 部

注：非省级古籍重点单位入选《陕西省珍贵古籍名录图录》的古籍不在此表统计之列。

（四）高度重视古籍修复保护项目

陕西省图书馆（陕西省古籍保护中心）持续开展古籍修复工作已有数

十年。2015 年，陕西省图书馆（陕西省古籍保护中心）获批成立“国家级古籍修复技艺传习中心——陕西传习所”，进一步提升了陕西省图书馆古籍修复实力。2019 年 6 月，陕西省图书馆成功获批可移动文物修复资质。2020 年 8 月，馆藏珍贵古籍清雍正铜活字本《古今图书集成》修复保护项目成为国家古籍保护中心重点扶持和关注的工作之一，项目完成抢救性阶段修复保护任务，并圆满通过国家古籍保护中心组织的项目验收。“十三五”期间，传习所开展馆藏古籍修复保护上百部，陆续开展“馆藏拓片修复保护工作计划”“馆藏普通古籍装具补充完善工作计划”“馆藏民国报纸装具完善工作计划”等专项工作。在不断修复保护文献本体的同时，很大程度上改善了古籍文献存藏小环境。随着陕西省图书馆（陕西省古籍保护中心）修复保护工作的不断深入和推进，重点工作以传习所为依托，先后完成“西安碑林博物馆珍贵古籍修复保护项目”“陕西中医药大学珍贵古籍修复保护项目”，持续开展与西安碑林博物馆、西安博物院、陕西省考古研究院、陕西师范大学、西北大学、陕西中医药大学、陕西省中医药研究院等相关古籍存藏单位业务合作交流。

（五）加快推进文献数字化及影印出版

数字化和影印出版是珍贵文献保护的一个大趋势。目前，陕西省图书馆已完成陕西古代方志及入选《国家珍贵古籍名录》珍贵古籍数字化加工工作。后续将进一步调研市场，争取保护经费，尽早构建珍贵古籍数据库，发布数字化成果。陆续影印出版《陕图稀见方志丛刊》《精镌古今丽赋》，高仿复制《名贤书札》《碛砂藏——观无量寿佛经》等古籍，一批珍贵文献得以化身千百，嘉惠学林。

（六）加大古籍宣传推广力度

省古籍保护中心始终努力践行习近平总书记弘扬中华优秀传统文化，让“书写在古籍里的文字都活起来”的殷殷嘱托，积极举办了一系列古籍宣传推广活动，影响力较大的有“陕西省珍贵古籍名录发布仪式暨古籍保护成果展”“丝绸之路西北地区珍贵典籍展”“传承传统技艺、感知文化魅力——传拓与雕版印刷体验活动”“亲近典籍珍品，浸染楮墨芸香——兰台晒书卷，陕图欢迎你晒书活动”“古籍保护修复技艺进校园活动”“陕图古籍教学实践活动”等。策划举办馆藏清雍正铜活字本《古今图书集成》修复保护项目成果展、《古今图书集成·禽虫典》插图展、“珠还合浦历劫重光——《永乐大典》的回归和再造”线上巡展活动等。编印陕西省古籍保护工作简报宣传推广古籍保护工作，让群众了解古籍、走近古籍，进一步弘扬中华优秀传统文化。

（七）加强古籍人才队伍培养

人才队伍建设是古籍保护工作持续发展的重要保障。“十三五”期间，随着全省古籍保护工作重心的转移，全省数据审核出版及珍贵古籍修复保护成为两项重点工作。对此，全省培训工作从全面的铺开培训转移为有针对性的个别主题培训。2016～2020年，在开展陕西省图书馆《古今图书集成》修复保护项目的同时，充分发挥陕西传习所的作用，与国家古籍保护中心联合举办了第四期和第六期全国古籍修复技术与工作管理研修班，先后邀请全国26位古籍保护和研究专家，近50位全国公共图书馆、博物馆古籍修复业务骨干参与其中，切实推动了馆藏《古今图书集成》修复工作，培养锻炼了一批古籍修复中青年骨干。传习所陆续联合西安博物院、西安碑林博物馆、陕西师范大学、陕西省学前师范学校、陕西中医药大学、陕西省中医研究院等多家单位开展古籍修复人才培养计划和相关业务咨询、技术指导。同时，遴选省内古籍工作人员外出参加全国性的古籍鉴定、编目、修复、数字化、提要编纂、保护研究等各类型业务培训活动，进一步提升了工作人员专业素养。

四　陕西省古籍保护工作存在的困难和问题

多年来，在国家古籍保护中心的领导下，陕西省古籍保护中心完成了大量基础工作，但在诸多方面仍需完善提高。

（一）统筹协调工作难以深入推进

古籍保护工作没有相关地方性法规，跨系统督促管理难，协作推进难，工作进度难以掌控。古籍普查进入收尾阶段，部分单位配合不紧密，只提交了简单的目录数据，没有核对原书，未按照规范著录，数据可信度存疑，为省古籍保护中心的后期数据审核带来很大困难。全国及陕西省珍贵古籍名录申报、古籍数据补充完善、黄河历史文献调查等其他工作面临同样的问题。

（二）古籍保护人才资源严重短缺

陕西省古籍保护中心与省图书馆系两块牌子、一组人员，并无独立编制。自 2007 年“中华古籍保护计划”实施以来，国家古籍保护中心陆续组织开展了古籍普查、古籍修复、珍贵古籍名录申报、古籍数字化等工作，同时还在拓展各种与古籍相关的工作，比如经典传习、阅读推广、宣传展览、黄河历史文献调查等。古籍工作具有实施周期长、技术操作细致、专业性要求高等特点，受人力不足、工作内容多样、技术手段落后等因素影响，大量工作开展效果欠佳，工作深度不足，影响全省古籍保护整体质量。

（三）古籍保护后续经费有待落实

2013 年至今，陕西省财政一共拨付三次古籍保护专项经费，累计 350 万元。均用于全省古籍普查、全省古籍保护等相关工作。后续如聘请志愿者协助开展古籍普查、古籍数字化建设、古籍存藏环境改善等工作，但受限于经费困难无法持续开展。

（四）基层单位相关工作落实不到

因古籍保护工作经费保障机制不完善、古籍工作领域合法权益的保护力度小等原因，地市级古籍存藏单位存在无法争取地方财政支持、职责分工不到位、目标任务不明确、相关规范无法落实、人员配备不到位的情况，致使众多基层古籍存藏单位的古籍保护无法正常推进，多年来相关业务停滞不前。

五　新时代陕西省古籍保护工作对策建议

2022 年 4 月，中共中央办公厅、国务院办公厅印发《关于推进新时代古籍工作的意见》（简称《意见》），并要求各地区各部门结合实际认真贯彻落实。《意见》指出，做好古籍保护工作，是传承和弘扬中华优秀传统文化的重要举措，对建设社会主义文化强国具有重要意义。[①]《意见》要求，新时代的古籍保护工作要在政策支持、法治保障的前提下，强化古籍保护基础性研究，发挥科技保护支撑作用，提升古籍整理研究和编辑出版能力，建立健全多层次的工作规划体系，强化人才队伍建设，深入挖掘古籍时代价值，利用智能化的研究和实践，着力构建古籍知识服务体系，通过多渠道、多媒介、立体化的工作方法做好古籍大众化传播。

《意见》为新时代古籍保护工作指明了方向，结合陕西省古籍保护工作的发展阶段和当前全省各级古籍存藏机构存藏现状，陕西省古籍保护中心将深入贯彻落实《意见》有关要求，充分发挥统筹协调作用，提高沟通效率，有效调配资源，更好地为新时代古籍保护工作贡献陕西力量。

（一）加强全省古籍保护工作体制监督与管理

2022 年，文化和旅游部组织开展了第一至五批全国古籍重点保护单位复核工作，计划逐步建立全国古籍重点保护单位动态监管机制。陕西省古籍保护中心将按照统一部署，指导省内相关全国古籍重点保护单位做好自查，并组织专家做好督查核实。复核结果将向全国通报，复核不合格单位要限期整改。

同时，陕西省古籍保护中心将按照同类方式开展省级重点古籍保护单位复核工作。根据各级古籍存藏环境情况，督促各级古籍存藏单位建立完善单

① 中共中央办公厅、国务院办公厅：《关于推进新时代古籍工作的意见》，《中华人民共和国国务院公报》，2022 年 4 月 30 日。

位古籍保护管理制度，确保所藏古籍实体安全。后续将相关工作适时纳入各级古籍重点保护单位评估定级指标体系，对古籍存藏条件严重不达标和未开展相关古籍保护工作的，建议在不改变古籍原有权属条件下，引导其将古籍移交至具备保护条件的上一级古籍存藏单位代为妥善保管。

（二）推进古籍类文物定级工作，完善分级分类保护机制

根据国家古籍保护中心、文物行政部门制定的古籍类文物定级细则和相关标准，省古籍保护中心积极向上级行政部门申请，开展全省古籍类文物定级工作，在现有的数据基础上进一步规范古籍定级、建档、备案等流程，根据实际情况适时建立分级分类保护制度，促进古籍保护与文物保护科学、规范对接，将古籍保护有效纳入文物保护体系，争取上级财政经费支持。

（三）拓宽人才培养渠道，加强珍贵古籍修复

省古籍保护中心将积极申报设立古籍保护研究院、国家级古籍修复保护中心、国家级古籍修复技艺传习所，依托优良的专业平台，科学开展合作研究与教学，拓展人才培养渠道，积极联合相关院校的对口专业，培养跨学科、跨领域的古籍修复保护、整理编目、科学技术运用等综合性人才。基层古籍存藏单位要注重加强本单位专业人才的培养支持力度，充分发挥省古籍保护中心的引导作用，鼓励图书馆、文博单位和档案馆之间开展合作，集中优势力量，发挥各自的特长，加强珍贵古籍（入选国家级、省级珍贵古籍名录的古籍文献）抢救性修复。

（四）加大古籍数字化建设力度

充分发挥省古籍保护中心统筹规划作用，加大珍贵古籍内容的揭示程度，加强古籍知识化资源建设与智慧服务，继续联合各级古籍存藏单位分工协作，积极开展陕西省珍贵古籍数据库建设内容和发布，分步骤、分阶段整合古籍普查登记数据、各地馆藏古籍信息数据库，积极开展馆藏特色古籍的数字化建设并做好各资源库的有效衔接和整合利用。

（五）加强古籍活化利用和宣传推广

根据各级古籍存藏单位馆藏特色，深入挖掘特藏古籍文化内涵，通过举办古籍专题展览、古籍知识讲座、经典诵读、中华优秀传统文化体验等方式吸引群众广泛参与。统筹全省事业与产业两种形态，公益和市场两种资源，国有和民营两种力量，加大古籍宣传推广力度，多渠道、多媒介、立体化做好古籍大众化传播。鼓励社会力量积极参与开发推广古籍文化创意产品。①

（六）充分发挥古籍保护专家委员会的作用

由上级行政部门牵头，建立起跨系统、跨专业、跨单位的古籍整理与保护专家队伍，完善专家委员会工作机制，更好地发挥专家在古籍保护工作咨询、论证、评审和专业指导等方面的作用。推进古籍保护工作科学、规范开展。

（七）积极争取并落实古籍保护专项经费

古籍保护工作的持续深入开展，完全依赖于各级政府文化主管部门的政策保障力度和专项经费支持，建议尽早将古籍保护专项经费纳入财政预算，为按计划有序开展古籍保护相关工作提供有力保障。

---

① 中共中央办公厅、国务院办公厅：《关于推进新时代古籍工作的意见》，《中华人民共和国国务院公报》，2022 年 4 月 30 日。

B.7

陕西黄河文化发展研究报告

樊为之*

摘　要： 陕西黄河流域是中华文化的重要发祥地，文化资源禀赋深厚，拥有丰富的中华优秀传统文化资源、革命文化资源。陕西黄河文化具有鲜明的文化起源性与延续性、正统性与典型性、开放性与包容性、创新性与代表性特征，在中国历史的形成与演变过程中发挥了重要作用。陕西重视保护、传承、弘扬黄河文化工作成就显著；重视深入挖掘黄河文化时代价值，显著提升黄河文化影响力；重视讲好新时代黄河故事，阐发黄河文化蕴含的精神内涵。陕西努力克服黄河文化发展面临的挑战，保护传承弘扬工作将得到进一步推动。

关键词： 黄河文化　文化遗产保护　陕西

习近平总书记强调："黄河文化是中华文明的重要组成部分，是中华民族的根和魂。要推进黄河文化遗产的系统保护，守好老祖宗留给我们的宝贵遗产。要深入挖掘黄河文化蕴含的时代价值，讲好'黄河故事'，延续历史文脉，坚定文化自信，为实现中华民族伟大复兴的中国梦凝聚精神力量。"① 黄河文化是黄河流域文化遗存、生活方式、价值取向、社会制度、风俗习惯、审美情怀等的总称。陕西是黄河流经区域的重要省份，是黄河文化的发

---

* 樊为之，陕西省社会科学院延安精神（陕甘宁革命史）研究所副所长、副研究员，主要研究方向为国际政治与历史、陕西文化。

① 习近平：《在黄河流域生态保护和高质量发展座谈会上的讲话》，《求是》2019 年第 20 期。

源地。保护传承弘扬好陕西黄河文化是开展好黄河文化工作的内在要求。

国家高度重视黄河文化的保护、传承和弘扬工作，2021 年中共中央、国务院印发的《黄河流域生态保护和高质量发展规划纲要》专列一章《保护传承弘扬黄河文化》。2022 年文化和旅游部、国家文物局、国家发展改革委联合印发了《黄河文化保护传承弘扬规划》。为促进陕西黄河文化保护弘扬工作，2021 年 3 月陕西省文化和旅游厅、陕西省发展和改革委员会发布了《陕西省黄河文化保护传承弘扬规划》，对开展相关工作提供指南。

陕西在保护传承弘扬黄河文化过程中坚持以人为本、服务大局、统筹谋划、协同推进、因地制宜、分类施策，确定了生态优先、绿色发展；保护为本、弘扬为要；统筹规划、精准施策；协同共建、创新驱动的原则，将保护黄河文化置于优先地位，强调时代传承的重要性。通过跨区域跨部门协作，有效统筹、共建共享黄河文化资源，系统、协同黄河文化保护传承弘扬工作，发挥好黄河文化育民惠民利民的功效。

一　陕西黄河文化资源丰富

陕西境内黄河干支流流域包括西安、榆林、延安、渭南、宝鸡、咸阳、铜川、商洛（3 县区）、杨凌、韩城，涵盖全省 82 个县（区），流域面积 13.33 万平方千米，占黄河流域总面积的 17.7%。黄河陕西段干流全长 723.6 千米，流经榆林、延安、渭南。

（一）陕西黄河流域是中华文化的重要发祥地

陕西黄河流域是中华文明主要发祥地之一，新旧石器时代文化资源异常丰富，代表性强。旧石器时代的蓝田猿人遗址、甜水沟遗址、花石浪遗址、洛南盆地旧石器地点群、龙王辿遗址、杨家坟山遗址等国家文物保护单位，是这一时期文化代表。

新石器时代遗址遍布陕西黄河流域，包括渭河流域的半坡遗址、姜寨遗址、康家遗址、老牛坡遗址、元君庙墓地、元君庙—泉护村遗址、北首岭遗址、横阵遗址等，位于陕北地区的石峁遗址、石摞摞山遗址、芦山峁遗址等，仅国家文物保护单位就有 25 个，还有新近发现的太平遗址等。这些新旧石器时代遗址和其所蕴含的文化见证了陕西黄河流域是中华文明的重要发源地。

反映陕西黄河文化源头的不仅有不可移动文物，而且有丰富的可移动文物资源，馆藏文物精品就是其中的代表作，是人类宝贵的历史文化遗产。陕西馆藏的新石器时代黄河流域精品文物类型丰富，包括玉器、陶器等，代表了黄河流域先民的美术、建筑等多种文化形态，反映了当时的审美观、价值观等文化要素。如新石器时代的玉器玉猪龙、墨玉牙璋、玉璧等，陶器人面纹彩陶细颈瓶、陶塑人头像（陶塑、陶俑）、人头细颈壶（陶塑、陶俑）等，从多方面反映了当时先民的艺术水准。新石器时代的陶屋模型不仅体现了当时陶器文明，而且体现了新石器时代中国的独特建筑艺术。

（二）陕西黄河流域拥有丰富的中华优秀传统文化资源

陕西黄河流域保有大量的文物古迹等传统文化资源。陕西 49058 处各类不可移动文物（古遗址、古墓葬等）中大部分在黄河流域。位于陕西黄河流域的全国重点文物保护单位（从商至清代）有 205 处（包括合并），其中第一批公布的有 19 处，第二批的有 2 处，第三批 11 处，第四批 18 处，第五批 29 处，第六批 31 处，第七批 73 处，第八批 22 处。其中黄帝陵、周原遗址、汉长安城遗址、秦始皇陵、大明宫遗址等著名文化遗存，在中华文明历史发展中占有重要地位。

陕西 522 家国有文物收藏保管机构收藏的 7748750 件可移动文物中的大部分在黄河流域。这些可移动文物，特别是馆藏文物中的精品反映了陕西黄河流域传统文化的特征。陕西黄河文化中的青铜文化是中国青铜文化的重要组成，是世界文化宝库中的精华，具有历史悠久、工艺精湛、技术娴熟、内容丰富等突出特点。陕西馆藏青铜器云纹编钟（西周）是当时音乐艺术的体现，何尊在中国文化中具有特殊意义，日己觥、墙盘、饕餮纹簋等商周之际文物精品是陕西黄河流域青铜文明的代表。陶瓷烧制技术是古代中国文明的一种体现，馆藏精品中展现中国瓷器文化的原始瓷罍（西周）、青釉原始瓷尊（西周）、青釉原始瓷瓿（汉）、青釉印花碟（南北朝）、秘色瓷八棱净水瓶（唐）、耀州窑青釉提梁倒灌壶（宋）、耀州窑“玉华寺”刻铭青釉鼎式炉、耀州窑月白釉方鼎等，折射出中国瓷器从发展初始到辉煌的历程。特别是耀州窑出产的精品代表着陕西黄河流域陶瓷文化的巅峰。红罗地蹙金绣袈裟（织物）反映唐代纺织艺术的高潮；四钉砖（西周，瓦当及其他陶质建材）、四神瓦当（汉）是黄河流域古代建筑文化的见证。

陕西馆藏精品的古代美术作品，如唐代壁画作品阙楼图、执戟武士图，宋代壁画杂剧演出图，元代壁画醉归乐舞图，明代绘画作品松溪图，清代的溪山秋兴图、终南五景图、牡丹玉兰图等，让人们领略了黄河文化中传统美术的魅力；古代书法作品，如宋拓《集王圣教序》《孔子庙堂碑》、张弼草书立轴（明）、杨斛山书立轴（明）体现了陕西黄河文化中书法艺术的光彩。

馆藏精品是陕西黄河文化重视科技的证据。馆藏精品秦陵铜车马堪称中国古代机械技术的巅峰，度量衡器秦两诏铜椭量是中国古代度量衡文明发展的一种体现。馆藏的战国玻璃制品心形琉璃坠饰，说明陕西战国时期就掌握了相关技术。金银器制作技艺是古代科技的组成部分，同时又属于传统艺术作品，陕西馆藏精品中的兽面金龙（春秋）、透雕双驼纹金牌饰（汉）、折枝团花纹银渣斗（唐）、双狮双凤纹菱花形镜（唐）、鸳鸯蔓草纹金壶（唐）等，是反映中华金银器制作技艺的精品，具有很高的文化价值。

馆藏精品体现了陕西黄河文化兼容并蓄的博大。其中，有展现唐代佛教文化的迎真身银金花双轮十二环银锡杖（金银器）；有体现黄河流域政治制度文明的天元皇太后玺（南北朝、玺印）；有折射出中国和西亚北非地区文化交流的唐代器物镶金兽首玛瑙杯等。这些都是陕西黄河文化的一部分。

国家和省级历史文化名城、名镇、名村是彰显陕西黄河文化的宝贵财富。陕西有国家历史文化名城6座，位于陕西黄河流域的国家级历史文化名城有5座，包括第一批中的西安市和延安市、第二批中的韩城市和榆林市、第三批中的咸阳市。省级历史文化名城有神木、佳县、三原、蒲城、华阴、府谷、黄陵、乾县。国家级历史文化名镇有铜川市印台区陈炉镇、澄城县尧头镇、神木县高家堡镇。国家级历史文化名村有陕西米脂县杨家沟镇杨家沟村、三原县新兴镇柏社村、韩城市西庄镇党家村。国家传统古村落 113 个，大部分在黄河流域。它们在传承和弘扬陕西黄河文化中发挥着重要作用。

非物质文化遗产是陕西黄河文化重要内容之一。陕西黄河流域国家级非物质文化遗产达到 74 项，涉及民间文学、传统音乐、传统舞蹈、传统戏剧、曲艺、传统美术、传统医药、传统技艺、传统体育、民俗、游艺与杂技等类别。其中第一批就有 20 个，包括西安鼓乐、耀州窑陶瓷烧制技艺等，陕西的世界级非遗项目包括西安鼓乐、古琴艺术、剪纸、皮影戏。非物质文化遗产在传承陕西黄河文化中发挥着特殊作用。

（三）陕西黄河流域是革命文化资源的富集地区

陕西革命文物多集中于黄河流域市县。2020 年 12 月公布的“陕西省第一批革命文物名录”中，不可移动革命文物 753 处，包括 23 处全国重点文物保护单位、246 处省级文保单位、181 处市（县）级文保单位、303 处未定级文保单位。不可移动革命文物中西安市 29 处、宝鸡市 19 处、咸阳市 34 处、渭南市 43 处、铜川市 12 处、延安市 289 处、榆林市 168 处、杨凌区 1 处、渭南市下辖韩城市 4 处。以上地区属于黄河流域。汉中市 52 处、安康市 51 处、商洛市 51 处，其中商洛市涉及黄河流域的包括洛南、商州、丹凤 3 区县，洛南县 9 处、商州区 7 处、丹凤县 12 处。

可移动革命文物中的多数分布在黄河流域的延安市和榆林市。“陕西省第一批革命文物名录”中可移动革命文物 40703 件（套），分一级、二级、三级、一般文物、未定级 5 类。其中西安市 1188 件（套）、宝鸡市 96 件（套）、咸阳市 897 件（套）、铜川市 214 件（套）、渭南市 273 件（套）、延安市 35644 件（套）、榆林市 1881 件（套）、汉中市 451 件（套）、安康市 23 件（套）、商洛市 36 件（套）。其中，渭南市下的韩城市有 6 件（套），商洛市中的洛南县有 13 件（套）。

陕西黄河流域革命文化资源丰富，部分遗址（旧址）被核定为国家文物保护单位（见表1）。做好黄河流域革命文物的保护工作，是弘扬延安精神、弘扬革命文化、传承红色基因的基本要求。

表1　陕西黄河流域“革命文化”国家文物保护单位名录

国保单位批次	革命旧址名称
第一批(1961年)	延安革命遗址(包括杨家岭革命旧址、陕甘宁边区政府旧址、枣园革命旧址、凤凰山革命旧址、王家坪革命旧址、陕甘宁边区参议会旧址)
第三批(1988年)	瓦窑堡革命旧址、中山街毛泽东旧居、西北革命军事委员会旧址、瓦窑堡会议旧址、二道街毛泽东旧居、中国人民抗日红军大学旧址
第四批(1996年)	岭山寺塔(延安宝塔)、中国共产党六届六中全会旧址(归入第一批全国重点文物保护单位延安革命遗址)
第五批(2001年)	洛川会议旧址
第六批(2006年)	保安革命旧址、吴起革命旧址
	南泥湾革命旧址、清凉山新闻出版部门旧址、中共中央党校旧址、陕甘宁边区银行旧址、中共中央西北局旧址(归入第一批全国重点文物保护单位延安革命遗址)
第七批(2013年)	白求恩国际和平医院旧址(归入第一批全国重点文物保护单位延安革命遗址)
第八批(2019年)	金盆湾八路军三五九旅旅部旧址、陕甘宁边区高等法院旧址、延安陕甘宁晋绥联防军司令部旧址、美军驻延安观察组驻地旧址、张思德牺牲纪念地

二　陕西黄河文化的主要特征、历史意义与时代价值

（一）陕西黄河文化的主要特征

1. 陕西黄河文化具有鲜明的文化起源性与延续性特征

陕西是中华文明和黄河文化重要发祥地之一，这里的石峁遗址、半坡遗址等大量新旧石器时代遗址，反映了中华远古文明、仰韶文化和龙山文化等文化形态。黄帝陵等则代表着中华文明起源。这里还是创造中国农耕文化的华胥氏所在地，中国历史上最早的民族共同体华夏族的黄帝部落和炎帝部落分别生活在陕西的姬水流域与姜水流域，陕西黄河流域是华夏文明的重要源

头。这些赋予了陕西黄河文化鲜明的起源性特征。

陕西拥有中华文明史的完整发展序列，陕西黄河文化融汇进华夏文明发祥、各个朝代文明传承、中外文明交流，一直到近代革命和社会主义现代化建设的完整序列中，具有独特的文化延续性特征。

2. 正统性与典型性是陕西黄河文化的突出特征

凭借原创性的典籍制度等所形成的厚重制度文化是陕西黄河文化的重要组成部分，是陕西黄河文化正统性与典型性的重要体现。中国古代诗歌开端的《诗经》中相当一部分作品来自陕西黄河流域。陕西周秦文化中包含的典章制度、礼乐制度、思想道德规范等，汉唐时期对政治、文化、经济等的制度性安排，深深影响着中国传统文化的走向。

3. 开放性与包容性是陕西黄河文化的特征

陕西黄河文化的开放性体现在黄河流域的民众大力传播中华文化、引进域外文化的行动上。公元前 138 年和前 119 年，汉代张骞出使西域，一方面传播了中华文化，另一方面引进了葡萄、苜蓿等西域文化成果。那个时代开辟的“丝绸之路”就是以古长安为起点。陕西法门寺地宫中出土的 20 件美轮美奂琉璃器，“是唐代传入中国的东罗马和伊斯兰的琉璃器”，[①] 体现了当时黄河流域与世界其他地方交流的盛况。汉唐时期，以长安为中心，陕西同亚欧非许多地区进行政治、经济、文化交流。这种文明交往对陕西黄河文化的发展产生了深远影响，黄河流域的音乐、绘画、文学等也不断吸纳外来文明的优长。

陕西黄河文化的包容性体现在对外来文化的接纳上，体现在“中国人学习域外文化的坚韧精神”上。“2000 多年来，佛教、伊斯兰教、基督教等先后传入中国”，传入陕西黄河流域。佛教传入中国后，“同中国儒家文化和道家文化融合发展，最终形成了具有中国特色的佛教文化，给中国人的宗教信仰、哲学观念、文学艺术、礼仪习俗等留下了深刻影响”。[②] 陕西大雁

① 习近平：《文明交流互鉴是推动人类文明进步和世界和平发展的重要动力》，《求是》2019 年第 9 期。

② 习近平：《文明交流互鉴是推动人类文明进步和世界和平发展的重要动力》，《求是》2019 年第 9 期。

塔、法门寺、兴善寺、草堂寺等就是佛教中国化进程的重要见证地。

4. 创新性与代表性是陕西黄河文化的内在特征

中国古代和近现代许多重要思想和文化成果形成并发展于陕西黄河流域。延安时期是毛泽东思想的成熟期，《毛泽东选集》一至四卷收录的159篇文章中，有112篇写于毛泽东在陕北生活战斗的13年中。在中国传统文化中具有重要作用的《道德经》成书于陕西，许多经典的汉赋、唐诗作品在这里谱写。陕西现存大量不可移动文物是中华传统文化代表。人文初祖黄帝陵位于陕西。陕西黄河流域是汉传佛教八大宗派中六宗的首传祖庭所在地。这些都是陕西黄河文化的标识。

（二）陕西黄河文化的历史意义

1. 陕西黄河文化是中华文明的重要组成部分

陕西黄河文化是华夏文明的重要源头之一。西周礼乐文化将政治与文化相结合，在中华文明史产生深远影响。秦代确立的“书同文”，统一了中国文字，为中华文化的发展在语言文字方面做出了重要贡献。秦代实施的“车同轨”，统一度量衡制度，为科技进步和商业文明的发展创造了条件。西汉新建长安城，是中国历史上第一个大规模的城市，开启了城市文明的新篇章。西汉“凿空西域”，开拓丝绸之路，为中西方文明交往打开了新通道。西汉“罢黜百家，独尊儒术”为儒家文明在中国文化史上的尊崇地位奠定了基础。这里同样是中国古代宗教文化、文学艺术发展的中心之一，在中国优秀传统文化的形成与发展历史中有重要地位。

2. 陕西黄河文化在中国历史形成与演变过程中发挥了重要作用

西周、秦、西汉、东汉、西晋、前赵、前秦、后秦、大夏、西魏、隋、唐等朝代均在陕西黄河流域建都，在这里创立的制度文明对中国历史产生了深远影响。秦王朝立足陕西黄河流域统一全国，建立中央集权制度，推崇法制文明，确立了2000余年中国政治制度基本格局。汉武帝下令“天下郡国皆立学校官”，创立的国家教育系统，影响到后世的教育体系。隋唐时期确立的三省六部制度、科举制度，建立的议事制度、监察制度、考绩制度等，对中国传统政治制度的发展发挥了重要作用。

3. 陕西黄河文化与其他地区文化相互借鉴，共同促进文化繁荣与发展

陕西黄河文化和其他省区的黄河文化相互交流、借鉴、融汇，共同形成了黄河文化，一起成为中华民族的主体文化，成为凝结中华民族共同体的精神纽带。陕西黄河文化与长江文化、草原文化和其他区域文化相互交流、借鉴、融合，为文明持续发展提供源源动力，共同形成了璀璨夺目的中华文明。陕西黄河文化与世界其他地区文化相互交流、借鉴，为世界不同文明友好相处、共同繁荣提供了范本。

（三）陕西黄河文化历久弥新，与时代共舞，具有重要的时代价值

1. 陕西黄河文化蕴含的实事求是、作风严实文化因子为发展注入新活力

实事求是是马克思主义与中华优秀传统文化结合的精髓，深深渗透进陕西黄河文化之中。实事求是、作风严实的思想对于新时期陕西大力发展起到显著的推动作用。陕西干部群众坚持解放思想、实事求是的思想路线，坚持以人民为中心，以严谨踏实的作风扎实办好民生实事，持续发力主导产业，认真开展各项工作，为谱写陕西高质量发展新篇章、打造内陆改革开放高地而奋斗。

2. 陕西黄河文化蕴含的敢于斗争文化因子确保着昂扬向上的精神

陕西黄河文化蕴含着的敢于斗争文化因子，在战争年代的陕西人民身上得到了显著的体现。革命战争时期，“延安用五谷杂粮滋养了中国共产党发展壮大，支持了中国革命走向胜利。延安和延安人民为中国革命事业作出了巨大贡献”。[①] 新时代陕西人民继续发扬斗争精神，敢于斗争、善于斗争，依靠顽强斗争，不断打开事业发展新天地，夺取伟大斗争新胜利。

3. 陕西黄河文化蕴含的勇于创新文化因子让前进的步伐更加科学与稳健

陕西黄河文化蕴含的勇于创新精神，激励着陕西人民不断创新，勇往直

① 习近平：《习近平在瞻仰延安革命纪念地时强调弘扬伟大建党精神和延安精神为实现党的二十大提出的目标任务而团结奋斗》，《人民日报》2022 年 10 月 28 日。

前。近几年，陕西致力于围绕产业链部署创新链、围绕创新链布局产业链，推动经济高质量发展。陕西充分发挥科技人员聪明才智，打造“科学家+工程师”协同创新队伍，产生了一批重大创新成果，全省战略性新兴产业增加值、新能源汽车产量大幅增加，为实施创新驱动发展战略、建设创新型国家做出了重要贡献。

三　陕西保护好、传承好、弘扬好黄河文化工作成就显著

陕西重视推动全省黄河文化的规划和引导工作。2022 年 5 月，陕西省文化和旅游厅联合陕西省发展和改革委员会印发《陕西黄河文化保护传承弘扬三年行动计划（2022~2024 年）》。2021 年 3 月，两部门印发了共十一章的《陕西省黄河文化保护传承弘扬规划》，内容除规划背景、总体要求、空间布局等外，重点规划了讲好新时代陕西黄河文化故事、“黄河文化记忆”保护传承弘扬工程、黄河文化和旅游融合发展工程、黄河生态文化群落建设工程、红色革命文化高地建设工程、新时代黄河故事创作推广工程、黄河文化数字化创新发展工程、规划实施条件等方面工作。

近几年，陕西认真推进黄河国家文化公园建设工作，省委省政府成立国家文化公园陕西省建设工作领导小组，制定路线图、任务书、时间表，组织编制《黄河国家文化公园（陕西段）建设保护规划》，形成了科学、系统的工作机制。陕西沿黄城市共同成立了陕西黄河文化旅游联盟，加强合作，促进黄河国家文化公园建设、生态保护和文旅发展。

陕西开展黄河流域非遗普查，实施非遗记录工程，围绕黄河文化主题开展理论研究，繁荣文艺创作，大力完善黄河公共服务体系，丰富黄河文旅产品供给。仅 2022 年陕西就谋划实施 300 个黄河旅游重点文旅项目，储备项目 101 个，总投资上千亿元。① 陕西重视与黄河流域相关省区联合保护宣传

① 任丽：《让黄河文化切实成为推动陕西旅游强省建设“金名片”》，《中国旅游报》2022 年 10 月 7 日。

弘扬黄河文化，举办陕甘川宁毗邻地区文化旅游博览会。陕西与甘肃、山西签订文旅合作发展战略协议，共同促进黄河沿线文旅融合发展。

陕西高度重视黄河文化的保护、传承和弘扬工作，明确了陕西黄河文化的战略定位，提出努力打造黄河文化保护传承核心区，依托延安的红色文化资源建设中国革命精神标识地，围绕秦岭、黄土高原等建设中华地理自然标识地，扩容黄帝陵、延安宝塔、秦岭等标识体系。陕西致力于打造黄河文化和旅游高质量发展先行区、中华文明现代化展示样板区、黄河流域文化经济合作示范区。通过构建黄河文化和旅游廊道、以西安为中心的关中文化高地、以延安为中心的红色文化高地、渭河文化发展带、边塞文化发展带、秦岭生态文化带等，通过建设秦晋黄河文化旅游带、晋陕蒙黄河大峡谷文旅协作圈、晋陕豫黄河金三角文旅协作圈、黄河中游仰韶文化圈、华夏古都文化发展圈等跨省合作项目，大力推动陕西黄河文化保护、传承和弘扬事业发展。

（一）陕西推进黄河文化遗产系统保护，黄河流域文物和文化遗产保护、传承成就显著

博物馆是保护和宣传陕西黄河文化的重要阵地。2012 年以来的 10 年间，陕西博物馆数量由 210 家增加到 341 家；其中一级、二级、三级博物馆分别达到 9 座、16 座和 22 座，博物馆县（区）覆盖率达到 91%。博物馆年均参观人数由 3100 万人次增加到 5100 万人次。陕西的博物馆多集中在黄河流域。[①] 2021 年来，秦始皇帝陵铜车马博物馆、陕西考古博物馆建成开放。陕西通过加强博物馆建设推动黄河文化保护和传播工作，致力于将西安逐渐发展成为博物馆之城，延安建设成中国革命博物馆之城。陕西的博物馆和历史街区、文化名镇交相辉映，共同促进黄河文化的保护与传播。

陕西大力开展黄河流域文化遗产资源调查和保护工作，着力调查研究陕西黄河文物资源，致力于建立黄河文物分级分类基础档案资源库、文物资源线上数据信息库，动态与科学保护管理黄河文物资源。2020 年 8 月，西北

① 《陕西全面推动博物馆事业高质量发展》，《三秦都市报》2022 年 11 月 2 日。

工业大学、西北大学、陕西师范大学、陕西省考古研究院、西安美术学院、陕西省文化遗产研究院、西安工程大学、陕西省文物保护研究院共同组建了陕西省黄河文化遗产研究中心，加强陕西省黄河流域文物和文化遗产的保护传承工作。陕西深入挖掘黄河文化的历史价值和时代价值，构建形成黄河文化承载体系、标识体系、阐释体系和传承弘扬体系。

陕西考古文保担负着阐释中华文明起源和历史发展脉络的重任，陕西省重视对考古文保工作的支持，建立了一支有力的文保队伍。陕西拥有一批优秀的考古发掘资质单位（陕西省考古研究院、西北大学、秦始皇帝陵博物院、西安市文物保护考古研究院、宝鸡市考古研究所、咸阳市文物考古研究所），在文物局备案具有文物保护工程资质单位超过 60 家（包括勘察设计、施工、监理类），具有可移动文物修复资质单位 20 多家。凭借强大的保护力量，陕西采取各种措施推进黄河流域的农耕文化遗产、水文化遗产、交通遗迹的调查、宣传与保护，使古建筑、古镇古村、古灌区、古渡口、古栈道等保护工作迈上新台阶。

陕西加强对黄河流域革命文物和遗迹保护力度，提高保护水平。2021 年国家文物局批复原则同意《陕西延安革命文物国家文物保护利用示范区建设实施方案》，大力推动延安 13 个市（县、区）革命文物资源整合、整体保护和展示利用等工作，有利于大力弘扬延安精神，加快中国革命博物馆之城的建设。延安充分利用现有 30 座革命类博物馆、纪念馆，43673 件馆藏革命文物，13 处全国爱国主义教育示范基地，6 处国家级抗战纪念设施、遗址的条件，弘扬延安精神，推动革命文化宣传。王家坪革命旧址纪念馆，枣园、杨家岭、凤凰山等革命旧址管理处，西北局纪念馆，洛川会议纪念馆，志丹县保安革命旧址纪念馆，瓦窑堡革命旧址纪念馆等国家文保单位，重点展现中共中央在延安 13 年的辉煌历程。有些纪念馆重点宣传红军长征历史，宣传长征精神，如吴起中央红军长征胜利纪念馆；有的以红军东征为主题，如延长县红军东征纪念馆、延川红军东征纪念馆；有的突出宣传延安时期革命文艺、新闻事业，如延安文艺纪念馆、延安新闻纪念馆；有的反映大生产运动历史，如延安南泥湾革命旧址纪念馆；有的展现延安时期经济金融发展历程，如陕甘宁边区银行纪念馆、延安南区合作社纪念馆；有的呈现抗战时期军事教育、军队通信发展事业盛况，如抗大纪念馆、军委二局安塞县纪念馆。陕北的博物馆、纪念馆等在保护革命文物、宣传革命文化中发挥了重要作用。

陕西认真开展黄河流域戏曲、武术、民俗、传统技艺等非物质文化遗产的保护、传承、利用工作，大力加强黄河流域文化生态保护区建设，成效突出。陕西重视对黄河流域非物质文化遗产的整体性保护，不仅充分加强陕北文化生态保护实验区这个国家级非遗保护部门，而且大力推动黄河流域省级文化保护区的创建工作，保护黄河文化中的非物质文化遗产。陕西采取黄河流域非遗资源与旅游相融合的方法，如非遗工艺游、非遗演艺游，通过地方戏曲院团与旅行社合作，展现秦腔、老腔等地方戏曲魅力，鼓励非遗传承人进景区开展活态展演和教学培训等举措，弘扬黄河流域非物质文化遗产。

陕西重视开展黄河文化非遗因素的创造性转化工作。陕西文艺工作者通过对黄河文化中的非遗文化基因提炼和活态传承，实现了黄河文化元素与现代创意相结合；通过将泥塑、脸谱、剪纸、年画等非遗作品引入现代商业场所、消费场所、艺术场地，推动了黄河文化与现代大众生活相结合；通过将非遗中的剪纸、皮影戏等发展为特色工艺品牌，提升了黄河文化与现代旅游相融合的程度；通过将非遗中的西安鼓乐等传统音乐，秦腔音乐等戏剧音乐元素引入摇滚、说唱等艺术中，促进了黄河文化与现代音乐相结合。陕西文艺工作者和技术人员重视探索鼓乐、木版年画等陕西优秀非遗与影视动漫、AR、VR、小视频等现代技术相结合，提高受众对非遗接受程度；与互联网相结合，扩大非遗传播路径，增强黄河文化影响力。

陕西重视黄河文化中非遗设施建设工作。陕西黄河流域县市普遍重视非遗展示馆、非遗传习所、非遗传习点、非遗体验中心等非遗传承体验设施体系的建设工作。以榆林为例，全市建成 1 个市级非遗展示馆，35 个非遗展示场馆、专题馆，119 个非遗传习所（基地），8 个省级非遗项目代表性传承单位，建有陕北民歌博物馆 1 座。榆林现有 24 个中国传统村落和 77 个陕西省传统村落，保护、传承、弘扬榆林厚重的非物质文化遗产（非遗代表性项目国家级 11 个、省级 59 个、市级 211 个、县级 527 个）。[①]

陕西通过非遗上舞台进校园，加强传承活动。以榆林为例，近几年组织陕北民歌等国家级非遗项目集中展演超过 2000 次。全市 13 个非遗项目进入中小学校，开展非遗进校园活动。每年春节期间，榆林各地密集开展陕北婆姨剪纸艺术展、陕北秧歌展演等陕北年俗文化活动。文旅部门开办了非遗小剧场经常组织非遗项目展演。[②]

（二）陕西加大黄河文化发掘研究力度，深入挖掘黄河文化时代价值，显著提升黄河文化影响力

陕西加大中华文明探源工程的实施力度，太平遗址等成果显现。2021 年 3 月，中国社会科学院考古研究所和陕西考古部门组织联合考古队，正式启动太平遗址考古工作。太平遗址是夏商时期的大型都邑遗址，测年数据为距今 4150 年至 3700 年，已进入夏代纪年范围。对其的发掘有助于加深陕西黄河流域早期文明的研究。

陕西黄河流域大遗址发掘和保护工作突出。陕西重视整体性保护和修复宫殿、帝王陵等大遗址，力度持续加强。自 2012 年以来，先后投入资金 8.2 亿元，对秦始皇陵、汉长安城、大明宫等大遗址实施保护工程 80 余项。2022 年公布《周原遗址保护总体规划（2021～2035 年）》《芦山峁遗址保护规划》《秦咸阳城遗址保护总体规划》3 个大遗址保护规划。此外陕西还对汉长安城、石峁等遗址进行保护规划，突出遗址真实性和完整性。陕西建成汉阳陵、大明宫、汉长安城、秦兵马俑国家考古遗址公园 4 个，立项 8 个，总数居全国第一。

陕西不断加强黄河文化旅游带建设，采取一系列有力举措助推黄河文化旅游产品和线路培育，打造具有国际影响力的黄河文化旅游带，促进旅游业

---

① 《陕西榆林：非遗传承　百花齐放》，《人民日报》2022 年 3 月 10 日。

② 《陕西榆林：非遗传承　百花齐放》，《人民日报》2022 年 3 月 10 日。

发展和文旅融合。2022 年黄河壶口瀑布旅游区成为国家 5A 级旅游景区，是陕西第 12 家国家 5A 级旅游景区。陕西现有的 5A 级旅游景区中 11 家位于黄河流域，其中位于西安市的 5 家（秦始皇兵马俑博物馆、大雁塔·大唐芙蓉园景区、大明宫旅游景区、华清宫景区、城墙·碑林历史文化景区），位于延安市的 3 家（黄帝陵景区、延安市革命纪念地景区和黄河壶口瀑布旅游区），位于宝鸡市的 2 家（法门寺佛文化景区、太白山旅游景区），位于渭南市的 1 家（华山景区）。陕西一方面发挥 5A 级景区带头作用，促进黄河文化与旅游相融合工作，另一方面高标准建设位于黄河流域的黄帝陵国家文化公园、陕北长城国家文化公园等，加大文旅融合力度。陕北长城国家文化公园建设过程中，通过串联黄河长城交汇处的墙头乡莲花辿、黄河支流无定河生态自然保护区等景点景区，兼顾黄河文明的物质文化和非物质文化，提升文化内涵，弘扬黄河文化。

（三）陕西重视讲好新时代黄河故事，阐发黄河文化蕴含的精神内涵，黄河题材艺术创作历史久、成效大、作用显著

陕西担当着守护中华文明根脉、传承中华优秀传统文化、弘扬革命文化、展现民族生态魅力的重要使命，对陕西而言，讲好新时代黄河故事责无旁贷。陕西重视讲好黄河故事工作，将其作为延续黄河文化历史文脉、阐释黄河文化内涵要义、打造黄河文化标识体系、传唱黄河文化新时代赞歌、展现黄河文化新时代价值的重要抓手，将宣传好黄河文化与生态、生活、旅游、科技相融合，彰显新时代黄河文化的魅力。

陕西重视对黄河文化遗产的宣传工作，2012 年以来的 10 年间，以“三秦华章　光耀四方”陕西周秦汉唐文物精华展、“永远的长安”陕西唐代文物精华展、“泥火幻彩”唐都长安三彩精华展等为代表的 30 多个出省巡回展览，重点展示黄河流域陕西史前文明、周秦汉唐文明和红色文化，陕西通过这些特色精品巡联展体系，用精美文物、精彩故事、精品文化，在全国各地宣传陕西黄河文化。此外，陕西充分利用现代传媒，实行“互联网+”黄河文化行动，产生了良好效果。

（四）陕西不断加强黄河流域生态保护，丰富黄河文化

陕西黄河流域的生态保护治理对陕西乃至全国十分重要。陕西重视开展黄河生态保护工作。2020 年 11 月，陕西省黄河流域生态保护和高质量发展领导小组办公室在西北大学成立陕西省黄河研究院，并召开了首届黄河论坛，推动黄河流域生态保护和高质量发展。

黄河生态文化包括黄河流域小流域治理、沙漠生态修复、湿地公园建设等内容。2021 年 9 月，习近平总书记在高西沟村调研，强调高西沟村是黄土高原生态治理的一个样板。经过几十年努力，高西沟实现了“泥不下山，洪水不出沟，不向黄河输送泥沙”的治理目标。多年来，国家在陕西黄河流域实施水土保持重点防治工程，成效显著。截至 2020 年底，仅榆林市已先后建成淤地坝 2.2 万余座，占到全国总量的 1/3，从源头上封堵了向下游输送泥沙的通道。[①] 陕西充分发挥黄河湿地资源丰富的优势，建立了陕西潼关黄河国家湿地公园等，丰富了黄河生态保护形式。陕西大力修复黄河流域沙漠生态，通过在毛乌素沙漠植树治沙，榆林市 93.24% 的沙化土地得到治理。陕西省戏曲研究院创作了秦腔现代剧《生命的绿洲》，将这一从“千年沙漠”到“万里绿洲”的奇迹搬上舞台，很好地讲述黄河故事。

黄河水利文化是黄河生态文化的主要组成部分。陕西黄河流域水利文化资源丰富，有历代黄河治理史迹、水利工程建筑遗存等。陕西依托郑国渠首世界灌溉工程遗产，致力于申报“龙首渠引洛古灌渠”为世界灌溉工程遗产的工作，建立相关博物馆展示历年河患治理、河道变更、水资源开发等黄河流域水利文化成果。同时，陕西大力支持现代黄河流域水利生态工程，支持无定河流域生态文化治理和展示工作。

建设黄河峡谷等地质公园是开展黄河文化工作的一部分。陕西进一步提升了黄河大峡谷地质公园建设水平，着力建设壶口瀑布地质公园、黄河蛇曲

---

① 李志东、王疆瑜、庞亚飞：《榆林以小流域为单元综合治理水土流失，系统推进黄河流域生态文明建设——保水固土护大河》，《榆林日报》2021 年 10 月 9 日。

国家地质公园、华山地质公园和潼关金矿矿山地质公园等，并致力于建设一批沿黄河省级地质公园，如韩城黄河石门—龙门地质公园、神木黄河地质公园、延长马关头地质公园等。这些工作对保护黄河生态、发展地方经济具有重要作用。

四　陕西黄河文化保护传承弘扬工作面临的挑战和发展前景分析

（一）陕西黄河文化保护传承弘扬工作面临的挑战

1. 中华优秀传统文化保护与弘扬任务重，工作量大，有许多重要工作亟待开展

陕西中华传统文化资源底蕴深厚，文物数量众多，在开展中华文明探源工程和历史文脉保护传承方面有大量的工作亟待开展。一是相较于巨大工作量，陕西考古人员不足，为保证工作开展，许多人员加班加点。同时各级文物保护工作人员队伍也需要加强。二是文物保护经费需要进一步增加，以尽量满足文物保护的需要。三是需进一步提高文物保护科技水平，加强文物的保护和宣传工作。

2. 陕西基本建设工程中考古工作量大，任务艰巨，需要科学应对建设与文物保护工作

陕西文物资源丰富，近几年开发建设规模越来越多，建设节奏的加快，加大了为配合基本建设而开展的考古调查、勘探与发掘工作任务。这类基建考古本身具有立项被动性、地域限定性、时限紧迫性、内容复杂性、执法严肃性等特点，需要认真对待。为科学应对建设与文物保护工作，2022 年陕西出台了《陕西省基本建设工程考古工作管理办法》，明确落实了“先考古、后出让”的考古制度，为妥善解决基本建设和考古问题提供了法律保障，加强了传统文化资源的保护力度。

3. 由文化资源大省向文化强省转变的挑战

黄河文化在陕西文化中占据着举足轻重的地位，保护发展好黄河文化是陕西由文化资源大省转变为文化强省的题中之义。陕西由文化资源大省转变为文化强省对保护、弘扬黄河文化同样具有重要作用。大力推动陕西文化建设，是保护弘扬黄河文化的要求。

（二）陕西黄河文化保护传承弘扬工作有良好的发展前景

1. 陕西黄河文化研究工作将取得重大突破，迈上新台阶

陕西将通过开展黄河文化研究行动促进对黄河文化的研究，重点研究黄河文化中蕴含的中华优秀传统文化、革命文化、社会主义先进文化和绿色生态文化，将采取设立黄河文化年度课题专项、建立黄河文化研究中心、建立黄河流域文化研究联盟、推动黄河文化保护传承弘扬等举措，开展好品牌建设，预估至 2025 年每年将推出 6~8 项高质量研究成果，开展好黄河文化研讨交流活动，组织编撰“黄河文化研究丛书”。

2. 陕西黄河文化遗产保护工作将进一步得到加强

陕西将通过开展黄河遗产保护利用行动，大力开展对黄河文化遗产资源调查工作，建立起黄河文化资源数据库，制作黄河文化数字地图；加强黄河文化非遗保护力度，开展好非遗的档案数字化建设工作，推动国家级文化生态保护区综合非遗馆等建设，预估至 2025 年将培育 10 个非遗社区示范点、30 个非遗特色村镇（街区）、150 个非遗工坊、10 个非遗助力乡村振兴试点单位等；推进黄河文化艺术保护传承工作，将重点编写 21 个地方戏曲剧种，保护传承好阿宫腔等 13 个濒危剧种；加大黄河古籍保护力度，将通过推动黄河流域古籍申报国家古籍整理出版资助项目，启动黄河古籍数字化工程，进一步提高黄河流域古籍修复水平，改善保管与展示条件等，做好古籍的保护传承弘扬工作。

陕西将进一步开展文化场馆建设，促进黄河文化保护传播。通过建设黄河文化博物馆、黄河文化专题图书馆等，整体性、系统性传播黄河文化；建设黄河民俗文化文物博物馆、黄河流域非物质文化遗产馆等，宣传黄河文化

中丰富的非遗文化；建设渭河文明馆、渭河水文化馆等，保护宣传黄河主要支流区域的文化，从不同角度丰富黄河文化保护传播形式。

3. 陕西黄河文化和旅游融合将得到进一步推动

陕西将通过开展黄河文化和旅游融合发展行动，明确创作指导目录，命名黄河文艺创作采风基地，创作反映黄河风貌的文艺作品，大力提升黄河文艺精品创作，进一步将陕北民歌、陕西戏曲、长安画派等反映陕西黄河文化的品牌做大做强；提高黄河流域公共文化服务质量，预估至 2025 年每年每乡镇戏曲演出不少于 8 场，同时建设一批省级公共文化服务高质量发展示范县（区）街（镇）；搞好黄河特色文化产业培育发展工作，预估至 2025 年新创建 20 个左右夜间文旅消费聚集区、10 个左右省级文化与旅游名县，进一步发展特色文化产业村和黄河数字文旅产业；大力提高黄河文化与旅游融合程度，预估未来几年能够遴选出 100 个黄河文旅融合发展创新示范项目，建设好 10 个文化和旅游产业融合示范区、5 个省级文化科技融合示范项目。

陕西通过黄河文化旅游廊道建设行动，将进一步加大黄河国家文化公园建设力度。打造陕西黄河国家文化公园是黄河文化建设的重要部分，预计到 2025 年基本完成建设任务，2035 年将全面建成。陕西将建设好长征、长城、黄河国家文化公园融合示范区，建设壶口瀑布文化展示园、华山文化展示园、黄帝陵文化展示园等 39 处核心展示园，构筑渭河文化带、红色文化带、秦岭生态文化带、边塞文化带，① 建设好黄河文化核心展示带、晋陕大峡谷生态文化旅游圈，打造关中文化高地、红色革命高地，构建黄河文化标识体系。通过培育高品质黄河文化旅游产品，陕西黄河沿线 5A 级景区、国家旅游度假区、国家级研学旅行示范基地、智慧景区、智慧酒店、智慧旅行社建设等将更上一层楼，有力推动黄河沿线旅游基础设施发展。继黄河壶口瀑布风景区成为 5A 级景区后，合阳洽川风景名胜区、韩城司马迁祠、延川黄河乾坤湾旅游景区、石峁古城遗址公园等也正奋力冲刺 5A 级景区。

---

① 任丽：《让黄河文化切实成为推动陕西旅游强省建设“金名片”》，《中国旅游报》2022 年 10 月 7 日。

通过构建高水平黄河旅游公共服务体系，将更好发挥陕西沿黄公路文化旅游相融合功能，通过建设旅游标识、观景台、服务区、自驾车营地等，打造公路文化旅游廊道，串联华山、洽川湿地、司马迁祠、黄河壶口瀑布、黄河乾坤湾、黄河蛇曲国家地质公园等人文历史景观和自然景观，辅之以文化产业园区和非物质文化遗产等要素，形成具有国际影响力的黄河文化旅游廊道和黄河沿线最美风景线。通过打造黄河文化精品线路，建设好黄河 · 华夏文明探源之旅、黄河 · 秦岭文化之旅、黄河 · 长城文化之旅等精品线路，为促进黄河文化与旅游融合做出新贡献。

4. 黄河文化品牌将更加耀眼

“黄帝陵、兵马俑、延安宝塔、秦岭、华山等，是中华文明、中国革命、中华地理的精神标识和自然标识。”陕西重视这些宝贵的资源，将通过黄河文化品牌塑造行动，打造出一系列黄河文化统一品牌。预估至2025 年将形成四大黄河文化 IP——诗经 IP、史记 IP、唐诗 IP、国风新韵IP，形成“民族根 · 黄河魂”文化旅游品牌体系，培育出一批在国内外有影响力的黄河文化标识；以延安精神为核心，依托延安革命遗址、洛川会议纪念馆、西安八路军办事处纪念馆等，打造中国革命精神标识集聚区，创作一批红色文艺精品，形成一批红色旅游精品景区、精品线路；将依托轩辕黄帝陵、古长城、汉长安城遗址等，打造中华文明精神标识集中展示地；依托黄河（包括黄河大峡谷）、秦岭、华山、黄土高原等，做好中华地理自然标识展示集群。陕西黄河流域文化标识和黄河文化旅游品牌建设将更为出彩。

5. 陕西黄河文化传播力度将进一步加强，作用更趋显著

陕西将通过黄河文化传播推广行动，建立黄河流域小剧场演艺体系，开展黄河文化周文化季等活动，开展好黄河流域非遗展演活动，特别是非遗项目区域性、专题性展示型展演活动；将大力创新开展黄河文化推介活动，加大与黄河沿岸省区共同打造黄河文化旅游品牌的力度，与其他地区相关活动对接，加强品牌推广；将有力促进黄河文化的海外传播工作，不断提高黄河文化国际影响力。

行 业 篇

Industry Reports

B.8

陕西文化企业竞争力研究报告*

刘立云**

摘　要： 本文聚焦当前“做什么”“怎么做”“为谁做”的问题，研究如何做强陕西文化产业，推进陕西文化繁荣发展，助力文化强省建设。通过摸清陕西文化企业的概况及其竞争力发展现状，找准存在的问题。比如，文化产业结构低端化，区域结构不均衡；重点门类不明确，缺乏产业聚焦；文化市场主体少、弱、散现象突出；要素保障能力偏低，可持续发展基础薄弱；文化管理体制与文化产业发展需求不匹配。由此，进一步提出陕西文化企业竞争力的提升路径，即紧抓重点发展领域、实施全域项目带动、面向国际拓展交流等，持续深化文化产业改革创新，扎实推动文化产业高质量发展。

关键词： 陕西　文化企业　竞争力

---

* 本文是国家民委民族研究项目（项目编号：2019-GMH-006）、陕西省哲学社会科学重大理论与现实问题研究项目（项目编号：2022ND0475）阶段性研究成果。

** 刘立云，陕西省社会科学院文化与历史研究所副研究员，主要研究方向为文化产业发展。

一 陕西文化企业概述

文化产业发展是陕西文化强省建设的最显著标志。陕西文化产业强具体体现在：一是年产值过亿元的跨区域、跨业态的大型骨干文化企业不断涌现；二是年产值过千万元的民营文化企业健康快速发展；三是文化市场不断繁荣；四是文化产业年均增幅超过15%。同时，文化强省建设要求必须全面深化文化事业单位体制改革，组建并壮大本省文化企业，形成规模化文化企业集团。

关中地区的西安市融合“历史遗存+现代科技”，正在形成引领全省、示范全国、影响世界的文化产业增长极。咸阳市将CEC8.6代液晶面板生产线项目作为咸阳文化制造业龙头，于2017年正式投产，现已通过总投资达450亿元的全产业链招商，吸引了35户上下游配套企业落户咸阳高新区，带动就业近万人，产品借助中欧班列“长安号”，远销共建“一带一路”国家和地区，进出口贸易总额119亿元，从石英砂到电视整机的全产业链集群初步建成。

陕北地区的榆林市引导带动“文化+金融+科技”文化产业项目投资，金融支持文化产业发展示范银行现已挂牌成立。延安市依托丰富的革命文化资源优势，实施项目带动、园区承载战略，2020年总投资716.7亿元，建设省市重点文化项目26个。陕北重点打造一批红色文化旅游项目，构筑具有浓郁民俗特色与革命文化底蕴的文化产业带。

陕南地区的安康市通过招商引资，全力打造位于安康市恒口示范区、产品全部用于出口的恒安玩具公司，疫情期间的销量产值依旧保持稳定上涨。[①] 陕南依托以汉中为中心的国家级珍稀野生动物自然保护区等生态品牌，以及省级著名人文风景名胜区，重点发展休闲度假与生态旅游等优势行业，集聚形成一批国家级重点生态基地，构建具有浓郁人文气息的生态景观文化产业带。

---

① 王帅：《让优秀传统文化和时代精神交相辉映——我省“创新赋能+跨界融合”力推文化产业升级》，《陕西日报》2021年9月26日。

二　陕西文化企业的竞争力发展现状与存在的问题

（一）陕西文化企业的竞争力发展的现状

目前，陕西已有西安曲江文化旅游股份有限公司、西安旅游股份有限公司等 4 家国有控股的旅游文化类企业上市；有三人行传媒网络科技股份有限公司、荣信教育文化产业发展股份有限公司等 5 家民营文化企业挂牌“新三板”（见表 1）。可以看出，陕西省上市文化企业已初具规模，具备一定的整合全国资源的实力。此外，国有文化产业集团对全省文化产业的引领带动作用日益彰显，大企业、大项目、大产业的发展势头日渐壮大（见表 2）。

2021 年以来，陕西省规模以上文化企业营业收入稳步恢复，营业收入总量已经超过新冠肺炎疫情之前的同期水平。2021 年 1~6 月，全省规模以上文化企业实现营业收入 534.6 亿元，同比增长 24.6%。文化制造业、文化批发和零售业、文化服务业分别同比增长 38.8%、24.6%、13.9%。全省大型、中型、小型、微型文化企业分别同比增长 68.9%、7.3%、23.1%、3.2%（见表 3）。

表 1　陕西上市文化企业名单

序号	企业性质	企业名称
1	国有控股企业	西安曲江文化旅游股份有限公司
2		西安旅游股份有限公司
3		西安餐饮有限公司
4		陕西广电网络传媒(集团)有限公司
5	民营企业	三人行传媒网络科技股份有限公司
6		荣信教育文化产业发展股份有限公司
7		未来国际信息股份有限公司
8		好看影视文化传媒股份有限公司
9		西安曲江丫丫影视文化股份有限公司

表 2　陕西省属七大文化产业集团

单位：万元

序号	集团名称	注册资本
1	陕西省体育产业集团有限公司	25000
2	陕西文化产业投资控股公司	221900
3	陕西旅游集团	30000
4	陕西广播电视集团有限公司	65849.82
5	陕西新华出版传媒集团	55000
6	陕西演艺集团	5000
7	西影集团	17850

资料来源：凤凰网。

表 3　2021 年 1~6 月陕西省规上文化企业营业收入增长情况

单位：万元，%

指标名称	营业收入	同比增长	两年平均增长
总计	5346366.5	24.6	10.6
按企业规模分			
大型	1449085.5	68.9	46.0
中型	1694345.6	7.3	28.4
小型	1793871.2	23.1	-9.7
微型	409064.2	3.2	-0.4
按三大产业分			
文化制造业	2161809.7	38.8	9.7
文化批发和零售业	835299.4	24.6	2.7
文化服务业	2349257.4	13.9	14.8
按三大区域分			
关中	4819248.0	23.7	12.8
陕北	103169.9	24.2	4.6
陕南	423948.6	35.4	-6.1

2021 年以来，陕西省规模以上文化企业数量稳步增加，但增速明显放缓。2021 年 1~6 月，全省规模以上文化及相关企业单位数量达到 1601 个，比 2020 年同期增加 47 个，同比增长 3.0%，增速较“十三五”年均增速明

显放缓。大型、中型企业分别比2020年同期减少7个、6个，小型、微型企业分别比2020年同期增加26个、34个。文化制造业企业、文化批发和零售业企业、文化服务业企业分别比2020年同期增加1个、21个、25个。

2021年以来，陕西省规模以上文化企业期末从业人员数量较快增长，三大产业期末从业人员数量增速均保持两位数。2021年1~6月，全省规模以上文化企业从业人员120616人，比2020年同期增加24665人，同比增加25.7%。文化制造业、文化批发和零售业、文化服务业期末从业人员各为30211人、9640人、80765人，分别比2020年同期同比增长13.5%、22.1%、31.5%。大型文化企业期末从业人员数量保持稳定，同比增长0.3%；中型文化企业和小型文化企业期末从业人员大幅增加，分别同比增长34.1%、41.6%；微型文化企业期末从业人员有较大幅度减少，同比下降23.2%。

2021年以来，陕西省规模以上文化及相关企业的经营效益继续好转。2021年1~6月，规上文化企业实现营业利润46.0亿元，与2020年同期相比，实现了扭亏为盈。大型文化企业占据优势。大型、中型、微型文化企业分别实现33.3亿元、2.9亿元、10.5亿元的营业利润，小型文化企业亏损0.6亿元。全省文化制造业、文化批发和零售业、文化服务业分别实现营业利润39.2亿元（占全部营业利润的85.2%）、2.4亿元（占全部营业利润的5.2%）、4.4亿元（占全部营业利润的9.7%。）①。

（二）陕西文化企业竞争力存在的问题

以陕西旅游业为例。2021年，全省接待国内旅游人数39057.97万人次，比上年同期增长9.4%；国内旅游收入3433.95亿元，比上年同期增长24.3%。② 2022年旅游人次元旦、春节、清明、五一、端午分别仅恢复到2019年的3.1%、29.46%、38.46%、51.9%、53.28%；旅游收入恢复水平则是2019年的2.82%、17%、32.24%、40.43%、49.35%。本地游、近郊

① 资料来源：陕西省统计局。

② 资料来源：《2021年陕西省国民经济和社会发展统计公报》。

游、休闲游和乡村游、自驾游、亲子游仍是市场主流需求。民俗文化体验、乡村休闲度假、户外越野露营、文艺潮流打卡，以及文化创意体验等仍是上半年文旅市场主体。可以说，最困难的时期已经过去，旅游行业在逐渐恢复。2021 年末全省文化系统共有艺术表演团体 49 个、文化馆 122 个。全省公共图书馆 117 个，全年总流通 1102 万人次。①

总的来看，尽管陕西省规模以上文化产业呈现持续稳定恢复态势、恢复程度好于预期，但是，陕西省文化产业整体发展略低于全国平均水平，文化产业的整体态势与全省文化资源禀赋优势不相称；文化发展从数量扩张向质量提升转变尚且乏力，如何引导社会资本兴办文化事业经验不足。

具体存在问题主要有以下几方面。

文化产业结构低端化，区域结构不均衡。陕西省文化产业结构呈传统业态多、新兴高端业态少的现状，仍以景区游览服务、出版服务、广播电视传输服务等传统文化产业门类为主导，广告服务、互联网信息服务、文化软件服务等新兴文化产业业态尚处于起步发展阶段，产业结构低端化，创新发展后劲不足。同时，区域发展不均衡，省会城市西安无论是在发展规模还是发展速度方面均高于其他各市，创造和贡献了全省文化产业增加值的 60%以上。

重点门类不明确，缺乏产业聚焦。陕西省文化产业虽然门类齐全，却是散乱发展、结构不甚合理。以三大门类为例，按照制造业、批零业、服务业三大类划分，陕西文化制造业占比较小、批零业占比适中、服务业占比较大。陕西文化制造业主要分布在印刷复制服务、工艺美术品的制造、文化用纸的制造等 3 个行业。重点门类不甚明晰，亟须着力提高文化制造业占比、推动文化批零业增长、巩固文化服务业优势；对文化产业的发展缺乏科学系统规划及完整产业链设计，产业集聚化程度低，特色文化资源深度挖掘与产业转化效率低，优势产业缺乏强化举措、特色产业难以精准培育，不利于陕

---

① 资料来源：《中国统计年鉴》《陕西省统计年鉴》《中国城市统计年鉴》《2021~2020 中国化产业年鉴》《2020~2021 中国经济年鉴》等。

西省文化竞争力的提升。

文化市场主体少、弱、散现象突出。一是文化及相关产业法人单位数偏少。陕西文化及相关产业法人单位数仅为北京市的1/10、湖南的1/2、四川的2/3，陕西文化制造业、文化批发和零售业、文化服务业法人单位分别占全国该行业的0.9%、1.5%、2.1%，文化及相关产业法人单位总数居全国20位以内。二是中小微文化企业居多。2021年，陕西规模以上文化企业实现营业收入119064亿元；两年平均增长8.9%，比2019年增速加快1.9个百分点。相比全国特别是发达地区，陕西仍有不少差距。三是文化企业业态及区域分布散乱。全省民营文化企业占全省文化企业总数的74%左右，业态及区域分布缺乏规模化集群优势。

要素保障能力偏低，可持续发展基础薄弱。一是投融资渠道不畅通、机制滞后，尚未形成多元化的融资渠道。与国有资本相比，民间资本准入门槛过高，多元的融资渠道很难形成，文化产业的融资机制有待更新。二是文化创意产业发展不足，资源优势无法转换为产业优势。在从传统文化产品向高科技产品迈进中，技术创新不足、精深加工度不够、应用转化衔接不好问题突出。三是文化产业发展人才不足与流失并存，成为目前陕西文化产业发展面临的重要问题。

文化管理体制与文化产业发展需求不匹配。一是在管理理念方面，思想不解放、观念有待更新，不适应文化产业的市场化发展需求。截至2020年，深圳拥有1.8万家以上国家高新技术企业，5万家以上科技型中小企业，8家企业入选世界500强，深圳全社会研发投入经费超过1300亿元，占GDP比重达到4.93%，PCT国际专利申请量占全国50%，在全国率先推行商事登记制度改革。[①] 与此相比，陕西对于“走出去”开展并购重组、战略投资等项目缺少鼓励，对于文化产业领域的招商引资项目、活动和部门单位缺少激励，在推动政府职能转型中任重而道远。二是在市场格局方面，文化产业及行业整合力度不足。受行政区划影响，陕西省文化产业市场竞争格局更具

① 《支持深圳深度参与战略性、前瞻性和基础性的重大科研布局》，《科技日报》2021年10月15日。

本土化色彩。文化资源无论是区域之间还是区域内部都缺乏有效的整合，这样的发展格局既不利于形成竞争合力，又会因同质化竞争而带来资源浪费。一些古建筑、古遗址、古墓葬、石窟寺、石刻等存在多头管理的问题，保护开发不善，更没有及时紧随社会热点焦点对独有的文化资源进行推介宣传。

三　陕西文化企业竞争力的提升路径

（一）传承文化，紧抓重点发展领域，珍视陕西文化自信历史内涵

在陕西文化强省的战略布局中，应坚持以资源为依托、市场为导向、项目为平台、资本为纽带、科技为动力、体制机制创新为突破，按照“基础在文物、做强在文化、做新在创意、拓宽在会展、做大在旅游、做响在营销”的思路，着力构建文物—文化—创意—会展—旅游—营销组合链，重点发展七大特色优势产业，塑造陕西特色文化品牌，并构筑起以西安为中心的陕西文化片区，关中、陕北、陕南三大板块联动，重点建设古城现代文化区、宝鸡周秦历史文化区、延安红色文化区、陕北历史文化区、秦晋黄河文化区、渭北文化工业区、帝陵根祖文化区、关中民俗文化区、秦巴风情文化区和蜀汉特色文化区等十大特色文化片区。

（二）解读文化，实施全域项目带动，激活陕西文化自信时代表述

基于陕西文化资源的现状，可精心打造以下文化产品或项目：一是依托文物资源，打造“文博陕西”；二是依托生态山水资源，打造“生态陕西”；三是依托古镇资源，紧扣乡村振兴战略，建设美丽乡村，打造“古镇陕西”；四是依托红色革命资源，打造“红色陕西”；五是依托宗教文化资源，打造“圣庭陕西”；六是依托民俗民间文化，打造“民俗陕西”；七是依托陕西特色戏曲，打造“戏曲陕西”；八是依托丝绸之路经济带建设契机，打造“丝路陕西”。通过以上产品或项目，让传统文化与现代文明交相辉映，推动陕西文化强省跨越式发展。积极推动对外文化交流和互鉴，以国际视角

和全球视野看待西安当前承载的历史使命，共塑兼容并蓄的文化交往交流交融格局。

（三）传播文化，面向国际拓展交流，创新陕西文化自信传播形式

实现文化强省，应当用全球性眼光、国际性视野，跳出陕西看陕西，面向国际市场拓展自己的发展空间。在某种层面上说，实施“走出去”战略，扩大国际文化的合作与交流，增强陕西文化的国际影响力和竞争力，是真正落实“文化强省”的必由之路。海外市场的新空间应当成为陕西文化产品拓展的新方向。积极鼓励和支持陕西省优秀文化产品出口，提升陕西国际新形象，彰显陕西文化新实力，面向国际特别是“一带一路”沿线区域不断拓展，在国际文化交流合作与文化产品输出等方面，争取取得更为明显的实质性进展。

B.9
陕西省文化旅游业发展报告

曹　云*

摘　要： 本报告全面回顾了2022年陕西省文旅行业发展的总体情况，指出该年度陕西文旅市场总体处于企稳恢复期，精准防控、稳增长稳市场主体保就业是2022年文旅工作的重心，包括新开工签约了一大批重大文旅项目，通过政策组合工具包、促进银企需求对接等措施持续助企纾困等，另外，重点文旅企业加速转型升级寻找发展新动能，文旅市场新场景、新业态亮点频出极大提振了行业信心。同时也应该看到，当前陕西省文旅市场恢复过程中还存在一些问题，市场恢复的基础仍不牢固，稳市场主体、保就业压力依然较大，新兴业态短期对行业整体拉动作用有限，中小文旅企业经营困难和人才流失问题仍未改善。基于以上研究，报告从切实推进落实稳增长政策、引导市场主体活血纾困、打造重点文旅产业链、深化保险和融资等金融工具创新、积极探索新业态、持续关注中小微文旅企业发展等六个方面给出了相应的对策建议。

关键词： 陕西　文化旅游　助企纾困

近三年的疫情，改变了游客的消费习惯和消费偏好，也为行业格局带来长远而深刻的影响。从需求角度来看，疫情中居民线上消费、线上内容获取

---

* 曹云，陕西省社会科学院文化与历史研究所副研究员，主要研究方向为公共文化、文化产业。

的习惯可能固化并长期保留，时间短、成本低、安全性高成为出行的基本考量；从行业的角度来看，依靠景点获客和“门票经济”的传统业务模式逐渐失去竞争优势，个性化的微旅行、近郊游将更加受到市场追捧，“线上+线下”逐渐成为文旅行业新商业模式的底层逻辑，行业重绘数字化蓝图势在必行；从企业的角度看，向内应提质增效，提升运营效率、降低运营成本、加强全渠道组织和管理能力，向外应及时捕捉市场需求、拓展新业态并关注行业兼并收购机会。

从陕西省的情况来看，2022 年陕西文旅行业仍处在恢复期，精准防控、稳增长稳市场主体保就业是 2022 年政府工作的重中之重。陕西通过一批重大项目建设、助企纾困政策组合、银企需求对接等的实施，有力稳住了文旅市场的基本盘，与此同时，重点企业加速转型升级，以及夜经济、现象级 IP、露营、休闲旅游等新场景新业态的出现，极大激发了市场的消费潜力，引导陕西文旅市场逐步回暖。同时也应看到，文旅行业的恢复性发展不会一蹴而就，针对当前存在的部分问题，报告也提出了一些对策和思路。

一　2022年陕西文化旅游市场发展总体情况

（一）2022年陕西文化旅游市场处于行业恢复期

2022 年陕西省文化旅游业从时间维度来看呈现以下几个特点。一是上半年受省内外疫情反复影响，旅游市场复苏节奏放缓，旅游人次、旅游收入等核心数据下降。“五一”假期，全省接待国内旅游人数 2663.89 万人次，比上年同期下降 48.58%，恢复到 2019 年同期的 51.91%；国内旅游收入 99.5 亿元，比上年同期下降 61.68%，仅恢复到 2019 年同期的 40.43%。而根据国内旅游抽样调查测算，第一季度全省接待国内旅游人数 7130.26 万人次，比上年同期下降 7.35%，恢复到 2019 年同期的 39.36%；国内旅游收入 405.62 亿元，比上年同期下降 18.28%，恢复到 2019 年同期的 30%。二是 5 月，文化和旅游部制定印发《关于加强疫情防控　科学精准实施跨省旅游

“熔断”机制的通知》，将跨省团队旅游“熔断”区域进一步精准到县（区）域，陕西省旅游市场逐渐复苏，8月，限上住宿业营业额增速由负转正，同比增长27.1%，增速较7月加快38.4个百分点；限上餐饮业营业额增长9.4%，较7月加快6.1个百分点。三是精准防控实施后疫情对旅游市场的波及影响范围明显缩小，加之上半年稳增长稳市场主体保就业政策效果开始显现，为全年行业持续复苏创造了有利条件。

（二）稳增长稳市场主体保就业系列政策持续发力

面对疫情的不利影响，陕西省委省政府和文化领域各级部门积极作为，一方面确保党中央大政方针落实到位，另一方面及时出台有利于文旅产业恢复发展的政策，政策发力提速加劲。围绕国家14部门《促进服务业领域困难行业恢复发展的若干政策建议》中针对旅游业的7项措施，陕西省、市各级文旅部门展开了广泛的政策宣讲。省级层面，完成《陕西省贯彻落实促进服务业领域困难行业恢复发展的若干政策实施方案》的制定工作，提出文旅行业助企纾困的8项措施；制定印发《2022年一季度文旅产业稳增长工作九条措施》《2022年支持西安应对疫情加快恢复发展的七条措施》，以期减缓经济下行速度，提振行业信心；制定印发《关于支持文化和旅游企业发展财税金融政策措施》，从财政资金、金融扶持、税收优惠、政府采购、要素配置、营商环境等6个方面，提出15条支持文旅企业发展的政策措施；制定印发《陕西省打造万亿级文化旅游产业实施意见》，为未来三年陕西省文旅行业的高质量发展明确了目标、路径和行动方案。目前还有围绕企业纾困、扩大消费、项目建设、宣传促销等方面的多项政策正在讨论研究，包括《关于推动县域文化旅游高质量发展的实施办法》《陕西省打造文化旅游产业重点产业链三年行动方案》《关于做好稳住经济大盘推动文化旅游产业高质量发展的若干政策建议》等。

（三）新场景、新业态亮点频出激发行业增长新动能

一是疫情极大地改变了居民的旅游消费和出行偏好。游客出游时间呈现

碎片化、出游距离呈现短途化，出游预算缩减。以本地游、周边游为代表的近距离、短时间、高频次的“微旅游”“微度假”兴起，露营、休闲旅游等方式快速升温，旅游产品结构加速调整、持续转型。

二是夜经济、现象级文旅 IP 等不断激发市场消费潜力。携程平台发布的数据显示，暑期西安夜游热度位居全国第一。从数据上看，西安夜游景区 TOP5 为西安城墙、西安钟楼、大唐不夜城、华夏文旅水世界、长安十二时辰主题街区。其中，长安十二时辰这一现象级文旅 IP，通过品牌+、故事+、网络+、体验+、消费+的“5+”创意，极大丰富了陕西省高质量文旅产品供给，提振了行业信心。此外，2022 年第三季度文旅消费季期间，省内相关企业、部门多措并举力促旅游业恢复发展，共推出 12 条夏季精品旅游线路、298 场户外音乐节等文旅主题活动、139 个帐篷露营地和精品民宿、33 个夜间文旅消费新场景、20 场精品旅游演艺，华山景区推出免门票政策，日接待游客由 800 人左右增至 1.3 万人，恢复到疫情前接待人数，景区索道及周边餐饮、住宿、交通、购物等多种业态有所回暖，全省累计发放文旅消费券 2000 万元、美食消费券 1000 万元。

三是演艺行业“线上+线下”成为行业发展新趋势。在疫情的特殊背景下，演艺行业通过线上线下融合发展，为行业打开了新的增长空间。2022 年春节期间，全省文化和旅游系统组织开展各类线上线下文化旅游活动 1121 项，包括综合文艺演出 248 项，戏曲、曲艺 212 项，音乐、原创歌曲 85 项，舞剧、话剧、杂技剧、儿童剧 81 项，美术、书法、摄影 189 项，阅读推广、诗词朗诵 145 项，文化艺术知识普及 39 项，对外文化旅游交流活动 7 项，其他 115 项。其中线上活动 1010 项、线下活动 111 项。此外，西安交响乐团户外公演、第八届丝绸之路国际艺术节、假期首日 5600 万网友在线观看的“白鹿乐鸣”国庆线上音乐会等，一系列精心策划的线上演出均取得较好的社会反响。

（四）通过实施重大文旅项目持续扩大有效投资

为充分发挥有效投资在稳增长中的关键作用，陕西省聚焦公共文化和旅游服务设施、文化和旅游产品开发、红色旅游、乡村旅游、旅游演艺、数字文旅、文化装备制造、产业园区、文旅会展等重点领域，谋划实施了一批对全省文化旅游高质量发展具有支撑、引领作用的项目，建立了全省文化旅游项目融资数据库、中小微企业融资数据库等。仅 2022 年第一季度，全省在建、拟建项目 445 个，总投资 2376.7 亿元，完成投资 49.7 亿元，其中新开工项目 118 个，总投资 829.5 亿元，5 个重点文化和旅游项目获国家开发银行金融支持，总投资 84.4 亿元，意向融资额 52.6 亿元。

（五）重点企业加速转型重塑行业发展格局

重点文旅企业持续优化主营业务，加速转型扭转业绩颓势，行业格局逐步优化。上市公司方面，曲江文旅整合旗下子公司同质化资源，聚焦核心业务，设立四大中心，一方面加强自身产业板块及演艺品牌走出西安，另一方面通过与温州雁荡山、大同古城街区等多个项目合作，实现自身核心运营能力输出；西安旅游设立“西旅研学事业部”，统筹西安海外、西安中旅，发力研学品牌，寻找新的业务增长点；陕西文旅积极拓宽海外宣传渠道，入驻世界权威旅游平台猫途鹰（Tripadvisor），全方位、多角度立体展现陕西文化旅游的魅力；西安饮食将重点抓好老字号品牌拓展，推动文旅融合街区及商业综合体集群、“15 分钟”便民圈连锁店、社区餐饮服务、便利店餐饮新零售等多业态发展，其中食品工业和社区团购业务收入较上年分别增长 53.88%、16%。重点企业方面，西安电影制片厂与 iBox 链盒联合联动发行数字藏品；陕旅集团与蚂蚁科技集团联合成立陕西文化旅游数字产业平台，探索数字文创商品的开发应用；华山旅游集团联合支付宝，面向全国游客开展网络直播，并发放 2.67 亿元的数字文旅红包，深度探索文旅数字化。

（六）政银企合作不断深入助力行业稳增长

一是促进银企需求对接。省文旅厅联合人行西安分行组织召开了全省文化和旅游行业投融资对接交流会，国家开发银行陕西省分行等 9 家金融机构介绍了针对文化和旅游行业的金融政策和金融产品，省内 16 家文化和旅游企业现场进行了融资需求对接；同时编制了全省文化和旅游产业重点融资项目册及融资需求统计表，提供给各金融机构择优遴选。二是协调金融机构调整还款计划，适当增加流动资金信贷，增加临时性授信额度，协调保险公司减免旅行社保险费用，帮助因疫情遇到暂时性困难的文旅企业。三是在全省12个市（区）开展银企对接、实地调研，建立文旅企业“白名单”等，协调解决企业融资困境。四是推出减税降费等“政策工具包”。西安市在开展“文旅政策进万企”的基础上，推出文旅企业纾困帮扶“政策包”，推动减税降费、贷款延期、稳岗扩岗、房租减免、审批延期、资费优惠等文旅惠企政策落地见效。五是与中国银行陕西省分行就“兴文旅　稳经济　促发展”政银企协作进行签约，在重点文旅项目开发建设和文旅产业链延伸等领域开展金融合作。

二　现阶段存在的主要问题

（一）文旅市场恢复的基础仍有待进一步夯实

尽管陕西省文化旅游行业整体处于复苏过程中，但部分主要指标较疫情前还有较大差距。如图1所示，2020年陕西旅游行业受到疫情的冲击最大，全年接待境内外游客3.57亿人次，比2019年下降49.5%，旅游总收入2765.55亿元，下降61.7%；2021年疫情冲击有所缓和，全年接待游客人次为3.91亿人次，旅游总收入3433.95亿元，与上一年相比分别增长了9.4%和24.3%，但也仅恢复到2019年的55.3%和47.6%。由此可以看出，陕西文旅行业恢复性发展还有较长的路要走。

（二）稳市场主体、保就业压力依然较大

2022年上半年稳增长、助企纾困政策为行业复苏创造了有利条件，但短期内文旅企业仍面临巨大经营压力，相关企业面临的市场需求萎缩、企业营收减少、融资压力大的情况依然存在。部分规上及重点企业亏损的状况并

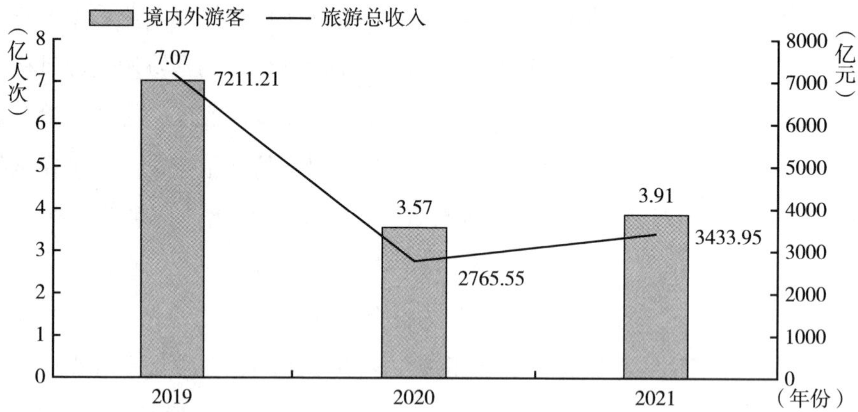

图 1　2019~2021 年陕西旅游业主要数据

资料来源：2019 年、2020 年、2021 年陕西省国民经济和社会发展统计公报，陕西省统计局。

未改变，酒店住宿业总体亏损，经营性现金流锐减，进而导致企业负债率被动增加，带动融资成本升高。此外，旅行社、OTA（在线旅游）、交通、景区、酒店、餐饮、旅游零售、演艺等领域对客流具有高依赖性的企业受疫情冲击仍未缓和，广告、设计等文化服务业受到委托订单需求减少、主要客户大幅削减营销费用等影响，企业经营困难。

（三）文旅市场相关业态出现明显分化

疫情防控期间文化旅游市场各业态之间的发展出现明显分化。景区、旅行社、餐饮、客运、演艺等对客流具有高依赖性的传统文旅行业，景气度显著下降，城郊民宿、露营及其衍生的旅游装备消费需求大幅提升。但总体来看，在传统行业承压的情况下，新兴业态短期内还未能释放经济潜力，对经济的拉动效果有限。

（四）中小文旅企业经营困难和人才流失值得关注

现阶段，陕西省文化市场的“稳增长、稳主体”政策大多偏重大型项目投资及大型文旅企业，中小微文旅企业除税费减免等纾困政策包以外，其面临的疫情冲击下需求萎缩、融资担保难等核心生存问题并未得到有效解决。另外，国内多点频发的疫情，频繁启动的跨省旅游“熔断”机制，导致文旅行业人才流失率普遍高于同期，人才流失加剧。

三　对策与建议

（一）切实做好稳增长、助企纾困工作，稳住文旅市场基本盘

一是加大省级相关部门之间的沟通协调，推动文旅企业现行的普惠性减税降费、金融信贷、社会保障等各项优惠政策落地实施，进一步争取有利于文化市场恢复的优惠政策，出台文旅行业的专项扶持政策，不断稳固文旅市场主体。二是对前期纾困政策执行效果进行调研评估，为后续的政策跟进提供依据。从课题组调研的情况来看，部分文旅企业对 2022 年上半年的纾困政策仍存在“不知道有什么政策”“不知道怎样申请”等情况，建议对前期优惠政策的执行效果进行评估，了解政策执行的真实情况，为后续的政策跟进提供依据。三是扎实推进重大项目开工，对前期签约项目实际开工情况进行“回头看”，确保项目资金到位，加快形成有效投资。

（二）理性认识当前的行业低谷期，引导市场主体自行活血纾困

受疫情影响，文旅行业短期内存在一定不确定性，但产业长期向好的基本面没有改变。行业低谷期是一个残酷的行业出清的过程，但换个角度来看，市场自发的优胜劣汰和兼并重组，也可能成为重塑行业发展格局、倒逼市场供给侧改革，以及未来三年陕西省打造万亿文旅产业的重要机会。对省内重点文旅企业来说，也是一次“建链、补链、延链、强链”重要窗口期。阶段性的政府优惠政策、扶持政策，势必难以面面俱到、深入肌理，还要顾虑政府财政的压力。因此，在现有的纾困政策之外，引导市场自行活血也是极为重要的一方面，同时金融机构也能够集中资源，更有效地发挥融资功能。建议一是推动省级规上文旅企业、重点文旅企业优化资产负债表，发挥

自身优势，在行业底部期出手，聚焦自身主营业务，围绕“建链、补链、延链、强链”，参股、兼并符合条件的优质创新类企业，聚焦内容生产和技术创新，面向未来进行能力储备；二是探索成立省级国有文化资本运营公司，甄选入股“专精特新”“小巨人”文旅企业，重点储备供应链项目、文化装备制造、数字化赋能等优质项目。

（三）打造重点文旅产业链，持续扩大有效投资及引领行业高质量发展

建议尽快出台《陕西省打造重点文旅产业链三年行动计划（2023~2025年）》，一是通过该计划的实施，持续扩大有效投资。按照该计划，未来陕西省将形成超千亿规模的产业链1~2条、百亿规模的产业链2~4条，围绕年产值超百亿的“链主”企业将聚集一批服务重点产业链的中小企业。因此，加快推进重点文旅产业链建设，长期将服务于文化强省建设，短期则助力陕西文化市场的稳增长、稳就业。二是围绕旅游产品与服务、文化创意设计与服务、乡村旅游、旅游演艺、数字文旅、文化制造、节庆会展等七条重点文旅产业链，分类别制定“链主”企业、“骨干”企业准入评价标准。例如，文创旅游产业“链主”企业，应该在“内容创作—放送渠道—体验场所”文创产业链或在“开发端—产品端—市场端”旅游产业链中占据优势地位，对产业链大部分企业的资源配置和场景应用具有较强影响力，具有显著的市场影响力和话语权；乡村旅游类“链主”企业应具备“策划—设计—招商—推广—运营”全链条式产业闭环服务能力，且已有成功运营案例。制定严格的“链主”企业准入标准后，以此为依据制定国内外“链主”企业意向邀约名录、“骨干”企业意向邀约名录，精准开展招商引资工作，为实现2025年万亿级文化旅游产业目标奠定坚实的基础。

（四）深化保险、融资等金融工具创新，助力文旅产业恢复性发展

一是鼓励引导省级金融机构通过联合授信、银团贷款、绿色贷款、绿色

金融债等方式对省内文旅企业和重大文旅项目给予重点支持，根据行业特点创新金融产品、制定融资方案，力争未来三年文旅行业新增贷款额逐年增加。二是引导鼓励保险公司开发用于对冲疫情风险的文旅保险产品，如探索旅行社以保险代替保证金等，进一步提高营业中断险、财产损失险、雇主责任险、员工失业险等在文化旅游企业的覆盖范围，积极拓展保险在文旅行业的应用和保障功能。三是建立银企合作长效机制，探索银企对接常态化，搭建更高质量的交流合作平台，重点在打造文化和旅游产业集群、建设重点产业链、发展县域文化和旅游产业等方面进一步深化银企合作，不断创新适用于文化和旅游项目特点的金融产品和政策工具，持续满足融资需求方和供给方的新需要。

（五）积极探索新业态，兼顾疫情防控与文旅产业发展

建议未来探索多渠道多业态发展，进一步分散疫情常态化下的行业下行风险。一是提升文旅企业快速反应能力适应时代转变，如 2022 年“五一”陕西露营旅游达到历史峰值，携程数据显示，假期首日“露营”在平台的搜索热度环比上周增长 90%，其流量直接带动了露营地周边相关酒店、民宿订单量较清明假期增长 153%。建议相关企业可围绕短途游、本地游、城市周边游、以高频次为特点的“慢旅游”“微度假”“宅酒店”等休闲旅游形式，发展适应市场需求的休闲度假、云旅游、休闲绿道、旅游风景道、文商旅综合体、乡村旅游等新业态。二是探索景区、旅行社、OTA、演艺、酒店、旅游零售等行业“线上+线下”融合发展，借助数字化赋能，致力于在线上线下全场景、全时段为消费者提供全需求的升级体验，未来值得进一步深入探索。

（六）未来政策仍需进一步关注中小微文旅企业发展

建议下一阶段出台更多政策增量工具，一是加大政府采购支持中小文化企业力度，扩大政府性融资担保业务规模和覆盖面，对符合条件的文化中小微企业、个体工商户给予担保额度、期限、费率等政策倾斜；二是借鉴北

京、深圳等地做法，鼓励商业银行与美团、饿了么、携程等 OTA 平台合作，对接其后台数据，获取餐饮、酒旅类中小微企业的核心经营数据，结合线下调查，作为快速信贷审核投放的主要依据，进一步赋能中小微文化企业稳增长。

B.10

陕西电影产业发展研究报告*

陕西电影产业发展研究基地课题组**

摘　要：“十四五”时期是我国开启全面建设社会主义现代化国家的新征程、向第二个百年奋斗目标进军的第一个五年，迅猛发展的中国电影产业在市场化和产业化的发展道路上大步向前。陕西电影产业在疫情常态化防控的大背景下，危中寻机，逐步恢复了往日繁荣发展的局面，呈现一派欣欣向荣的景象。本报告着重归纳总结了“十四五”以来陕西电影产业在载体平台搭建、优秀作品创作生产、电影市场秩序规范、公益电影放映等方面的成绩，指出其存在的题材与类型多样化有待进一步加强、电影产业链集聚带动效应不明显、本土院线被边缘化现象严重等问题，并给出了着力丰富电影题材类型、打造具有集聚效应的电影产业链体系、提升本土院线综合经营能力、引培并举补齐电影人才短板等有针对性的对策和建议。

关键词：陕西　电影产业　影视陕军

“十四五”时期既是中国电影转向高质量发展的战略机遇期，又是实现电影强国目标的关键阶段，《“十四五”中国电影发展规划》指出，“十四五”时期，电影发展要努力实现每年重点推出 10 部左右叫好又叫座的电影

* 本文系陕西省电影评论与理论研究基地“陕西电影产业发展研究”2022 年度项目研究成果。

** 课题组组长：杨艳伶；课题组成员：董亚锋。执笔：董亚锋，陕西省社会科学院文化与历史研究所助理研究员，主要研究方向为文化产业、传媒经济与管理。

精品力作，每年票房过亿元国产影片达到 50 部左右，国产影片年度票房占比保持在 55%以上，广大观众对国产电影的满意度持续保持高位。2020 年，我国电影票房达 204. 17 亿元，其中，国产影片票房收入为 170. 93 亿元，占比为 83. 72%，票房排名前 10 名均为国产影片。接续“十三五”时期的良好发展势头，电影产业在“十四五”时期依旧扮演着文化产业发展领头羊的角色，在深化供给侧改革、促进文化消费升级方面发挥着重要作用，主旋律类电影《长津湖》《长津湖之水门桥》《我和我的父辈》《1921》《革命者》《狙击手》，亲情、抗疫题材类电影《中国医生》《武汉日夜》《穿过寒冬拥抱你》以及女性题材类电影《你好，李焕英》《我的姐姐》等，不断刷新着我国电影票房纪录、繁荣着电影市场，更将中国电影人用光影再现时代故事、以情怀抒写时代华章的初心使命体现得淋漓尽致，中国正在建设社会主义电影强国的道路上昂首迈进。

一　砥砺奋进的陕西电影产业

2021~2022 年，陕西文艺工作者积极投身实践，推出了一系列具有地域文化标识的文艺精品，如长篇小说《喜剧》《长安》《化学》《唱支山歌给你听》《西域英雄传》，话剧《主角》《白鹿原》《沙石峪》《装台》，电影《柳青》《永远是少年》《乔治娅》等，彰显了陕西文艺界的努力与成就，擦亮了“文学陕军”这个享誉全国的文化符号，同时也体现在以下方面。

（一）创新完善体制机制，高水平打造载体平台

旨在构建规范化、标准化和国际化的影视摄制服务体系，为陕西影视产业发展提供更好的行业生态的陕西省影视摄制服务中心于 2021 年 12 月 1 日成立。按照 1+N 体系，该中心以秦汉影视基地为核心，规划建设省域影视拍摄基地系统，填补了陕西省在影视拍摄服务方面的空白。同月，省电影局依托省内高校和科研机构，设立 12 个各有专长、相得益彰的电影评论与理

论研究基地，着力提升陕西电影话语权和影响力。省电影行业协会联合省影视摄制服务中心于 2021 年 4 月开通“陕西电影”微信公众号，累计推送 224 期 378 篇，点击 9 万余次，集中展示陕西电影发展动态。此外，以丰富电影批评，力求创建观点鲜明犀利、文字清新活泼、视角新颖独到的评论声音为目标的影评公众号“西部影谈”开通，经过近两年的耕作，在业内形成一定的影响。在培训方面，省电影局积极打造“公益家+”职业技能线上培训平台，组织开展全省公益电影放映员线上培训，上线自主选学“线上超市”，累计培训超过 6000 余人次。

2021 年 8 月，《柳青》《拨浪鼓咚咚响》《疯狂斗牛场》《书匠》等 4 部影片荣获第二届陕西电影奖。该奖项的设立，旨在扶持、奖励具有社会意义和影响力的电影艺术精品，将陕西地域文化根植于影视作品中，对于促进陕西省电影行业多出精品、多出人才起到了积极的推动作用。此外，旨在探索建立陕西电影产业投融资有效机制，为电影企业与金融企业、电影项目与资本市场交流合作搭建高效平台的第二届陕西电影项目推介会暨西部电影产业发展高峰论坛于 2021 年 12 月在西咸新区秦汉新城举行，《乔治娅》《K165 中国救援》《三个十年》《生死交锋》等 9 部电影、3 个平台得到集中推介，认定延川全域为省级影视拍摄基地。会上，多位行业专家、学者及电影人分别以主旨演讲和对话的形式，探讨电影产业未来的发展方向，从不同角度为陕西电影乃至整个西部电影的发展提供了诸多真知灼见。2022 年 8 月，由陕西省电影行业协会、西影集团联合主办的“首届源点西部电影展”在西安举行，该影展旨在重温经典、集中展示近年来的西部电影佳作，共设置了西部金典、迷光恋影、时代映像、山川与人等十个主题展映单元，展映的影片涵盖了传统文化传承、西部经典题材、陕西特色文化等。影展的举办有利于推动“西部电影”文化品牌建设和电影市场复苏繁荣。2022 年 12 月 30 日至 2023 年 1 月 3 日，第九届丝绸之路国际电影节在陕西西安盛大举办，90 余个国家和地区的 1598 部影片参评、234 部影片线上线下展映，452 万网民线上观影，近万名市民线下观影，千余位行业嘉宾参加，共评出最佳影片——《亲密》、最佳导演——卢卡斯·德霍特（《亲密》）、最佳女演员——埃茜·戴维斯（《我是兔子王》）、最佳视觉效果——《长津湖之水门桥》、最佳动画片——《穿越》等多个奖项。以上载体平台的建立和健康运转对于加速陕西电影创作多元化、助推陕西电影产业高质量发展和中国文化“走出去”意义重大。

（二）用电影的方式讲好陕西故事，优秀作品不断涌现

2021年，为建党百年献礼，出品电影《柳青》《永远是少年》，推出中巴合拍电影《奇幻森林之兽语小子》和脱贫攻坚题材电影《家在黄河边》《柞木有耳》等主旋律影片，完成《一件棉袄》《夜宿梨树湾》等重点影片摄制。7部影片荣获国内外16项大奖，15部影片在中央电视台电影频道黄金时段播出，9部影片全国公映，其中《我和我的祖国》《柳青》《秀美人生》斩获第十六届精神文明建设“五个一工程”奖。2022年，陕西省电影产量达72部，居全国第4位。① 聚焦“一带一路”的主题电影《长安·长安》于6月顺利杀青，该影片讲述了留学生阿雅娜和中国青年桑加尔之间的爱情故事，广泛地传播了丝路文化，讲述了陕西故事，展示了中国城市新形象，为我国的国际传播添薪助力。弘扬照金精神，传承红色基因的儿童电影《闪亮的军号》等8部影片登陆全国院线，该片深受广大青少年的喜爱和欢迎，教育广大青少年要继承优良革命传统，树立正确的人生观、世界观和价值观，努力成为担当民族复兴大任的时代新人。首部朱鹮题材影片《鸟语人》等26部影片在央视六套黄金档播出。陕西首部纪念《中华人民共和国文物保护法》颁布40周年的献礼影片《战斧行动3》开拍。根据徐童小说《珍宝岛》改编的警匪题材影片《三个十年》于3月开机，作为省级重点项目，该片集结了我国顶级的主创团队成员，该片的制作播出，必将推动陕西电影的长足发展。

（三）推进城乡影院建设，规范电影市场秩序

城乡影院数量是一个地方文化消费水准和文明素养的标志，也是城乡

---

① 数据材料由陕西省电影局提供。

建设不断走向文明、城乡文化不断走向繁荣的一个标志。2021~2022 年全省新建城市影院 26 家、新增银幕 165 块。乡镇电影文化供给质量显著提高，新建乡镇影院 3 家、新增银幕 7 块。截至 2021 年底，全省影院总数 373 家，银幕总数 2239 块，全省电影票房 10.74 亿元，城乡影院布局更加科学合理。强化电影市场监管，规范电影市场秩序，是提高影院放映质量、满足群众观影需求、促进电影市场健康发展的必由之路。在疫情常态化防控的形势下，电影管理部门采取“全覆盖+随机抽”督查法，组织开展全省影院安全生产和疫情防控检查，促进影院安全措施和疫情防控落实到位。2022 年电影管理部门对春节档院线电影版权保护进行了专项巡查，重点查看了影院落实版权保护尤其是针对影片盗录采取的防范措施，营造出打击盗录、保护版权的强大声势，切实有效地维护了良好的院线电影市场秩序。

（四）公益电影放映水平不断提升，融入新时代文明实践中心成效显著

目前，陕西共组建了 10 个农村数字电影院线公司（其中，省直管的韩城市以及杨凌示范区分别挂靠渭南和咸阳院线公司）、101 个农村数字电影服务站，有数字电影放映设备 1500 多套、农村电影放映队 1600 多个、放映员 2000 多人，基本形成了以农村院线公司为龙头、县区服务站为骨干、乡镇放映队为基础、覆盖全省 27461 个行政村的公益电影放映网络。在做好农村公益电影放映的同时，放映活动已延伸至社区广场、学校、军营、厂矿和养老院等场所。2021 年全省完成农村电影放映 247400 场次，观影人数 2004 万人次，中小学放映 42000 场次，观影人数 154 万人次，广场社区放映 10000 场次，观影人数 100 万人次，2022 年完成放映近 23 万场次。① 陕西省蓝田县新时代文明实践中心投放公益电影的创新实践得到了广泛关注与好评，被称为农村公益电影放映的“蓝田实践”。该实践遵循“优势互补、资

① 数据材料由陕西省电影局提供。

源共享、互惠共赢、共同发展”原则，尝试将公益电影放映融入新时代文明实践中心、所、站，从而推动公益电影放映从室外向室内转移，进而以“点单—收单—派单—送单—评单”的互动放映形式，实现了从“放什么、看什么”到“看什么、放什么”的优化升级。

（五）电影“走出去”进程加快，对外合作交流硕果不断

由西咸新区秦汉新城影视企业陕西小乐影视文化出品的扶贫励志电影《无翅飞翔》荣获2021年法国尼斯国际电影节最佳导演奖，此次获奖是电影节和电影节评委对中国脱贫攻坚的认可，也是一次有力的文化输出，有助于提高中国精神、中国故事的国际影响力；陕西籍新锐女导演马诗漫担纲编剧、导演，以呈现原汁原味的“老西安城”景象为主体元素的文艺电影《老墙》获得2021年第九届温哥华华语电影节“红枫叶奖”评委会奖、“最佳新锐导演”、“最佳男配角”三项大奖。该影片同时获颁2021年美国布里斯托国际电影节最佳男演员奖。由陕西美图文化传播有限公司出品，惠焕章编剧导演的纪录片《走近易经》获得了巴黎电影奖“最佳纪录片入围奖”。这是该片获得纽约2022奥尼罗斯“最佳纪录片长片奖”、2022伦敦纬度电影奖“最佳纪录片银奖”之后，获得的又一项国际电影奖荣誉。在影片主动“走出去”的同时，各类电影对外文化交流活动也为其提供了展示的机会与平台，搭建起对外联系沟通交流的桥梁。2021~2022年，陕西组织省内影视机构参加香港国际影视展、上海国际电影节、北京国际电影节、平遥国际电影展等重要节展活动，举办“2021艺术博物馆主题影展”、芬兰导演考里斯马基电影展、英国古典艺术影像展等电影交流活动。

二　陕西电影产业发展存在的问题与不足

欣逢党的百年华诞和二十大胜利召开，陕西电影业所取得的发展成绩有目共睹，顺利实现了“十四五”的良好开局，但也存在以下几个方面的问题与不足。

（一）文艺片产量丰硕，题材与类型多样化有待进一步加强

根植于陕西丰厚的中华优秀传统文化、革命文化和社会主义先进文化资源的陕西文艺电影，在创作数量和质量上屡获丰收，呈现喜人的发展态势。但在赢得高口碑高评价的同时，时常出现票房不济的惨淡现象，令人唏嘘。在当下，越来越多的观众已经不满足于视听的体验，更迫切希望从文艺作品中获得真正的精神食粮，寻求触发灵魂的思考。文艺片并不是“低成本”“低票房”“赔本生意”的代名词。2022 年夏天，讲述农村夫妇艰辛而温馨的生命旅程的西北农村题材文艺片《隐入尘烟》上映 62 天，票房过亿元，再一次生动地阐释了文艺片也可以既叫好又叫座，极大地提振了行业尤其是文艺片的信心，为陕西文艺电影今后的创作生产和宣传发行指明了方向。在题材类型多元化方面，陕西电影未能实现将丰富多彩的文化资源在重大革命和历史题材、爱国主义题材、现实题材、少儿题材、西部题材和科幻题材等方面的有效转化，缺乏各类型电影专项创作规划、项目库和相关扶持政策，致使电影题材类型较为单一，文艺片一枝独秀，不利于陕西电影的持续健康发展。

（二）民营影视企业体量偏小，电影产业链集聚带动效应不明显

电影产业作为资本密集型高风险投资产业，影片的质量和影响力往往受制于影视企业的实力和规模大小。受限于陕西的经济及人口总量，陕西电影产业整体体量偏小，且以中小型民营影视企业为主。受资本因素影响，省内民营影视公司主要从事创作周期短、成本低且收益快的影视作品，一般不具备大片制作能力。民营影视公司规模小竞争力弱也从另一个侧面反映出陕西电影产业链不完善、集聚带动效应不明显等深层次问题。近年来，虽然相继建成了电影圈子·西影电影产业集聚区、秦汉新城影视拍摄基地、白鹿原影视城等影视产业项目，但与其真正发挥出应有的产业集群辐射带动效应还有一定的距离。此外，在商业化运营、市场推广、舆论宣传等方面的突出问题，也严重制约了陕西影视产业的长足发展。

（三）影院数量激增，本土院线被边缘化现象严重

在共建“一带一路”和西安“国家中心城市”建设等一系列重大利好政策的影响下，近年来陕西地区的影院数量呈现几何式增长态势，截至2021年底，影院数量已达373家，银幕总数2239块。在日趋白热化的院线竞争中，由于资本和经营理念等方面的原因，本土院线并不占据优势，被边缘化的现象愈发明显。以疫情常态化防控形势下的2021年为例，这一年全国电影总票房为472.58亿元，陕西以11.71亿元居第16位，西安位列城市票房榜第11位，本土院线西安盛典以0.59亿元的票房勉强进入院线票房前50名，排第48位，与排名第一的万达院线72.96亿元的票房差距明显。陕西地区影院年度单银幕产出52.42万元、单座椅产出4057.69元，排全国第23位，而排在首位的北京单银幕产出115.81万元、单座椅产出8916.65元，[①] 两项指标均为陕西的1倍以上。本土院线公司多具有国有改制的发展历史，所以无论是在经营规模、联结方式、品牌化运营等方面都存在历史遗留问题所带来的束缚。

（四）公益电影放映体制机制及经费投入有待完善，放映队伍、观影条件及题材内容问题亟待解决

电影管理体制机制尚未完全理顺，管理制度还不健全。省内仍有部分市县存在宣传部和文旅局共管或者文旅局、融媒体中心等代管电影工作的情况。与此同时，各级宣传部门大多没有专门的电影管理科室以及电影管理人员编制，电影行政管理工作一般由文艺科管理。一些市县农村数字电影院线公司和县区服务站人员的人事关系也存在归属不清的问题。经费投入有待增加，补贴资金落实还不到位。200元的场次补贴已很难满足当前的需要，补贴过低会影响到放映员的工资收入和工作积极性，甚至造成留不住人且招不到人的局面，院线公司也会因资金不足而无法对放映设备进行维修保养和更

① 《2021年度中国电影市场数据报告》，中国电影数据信息网，2022年11月8日。

新换代，进而就会影响到放映质量与观影体验，造成本就不大的农村电影市场的萎缩。放映队伍素质偏低，老放映员问题较为突出。数字化放映需要通晓数字化知识与技能的放映员队伍，放映员要会技术、懂操作，还得兼任理论政策宣传员，但现实问题是现有的放映员年龄大多在50岁以上且学历水平多为初高中毕业，文化水平普遍不高、年龄结构不均衡且技术水平偏低。放映员文化素质过低自然不利于掌握设备维修维护和放映新技能，对放映过程中出现的一些突发问题等也可能出现处理不及时或不得当的情况。年事渐高的老放映员们的基本生活待遇、社会保障等问题已经成为需要多方合力解决的历史遗留问题，虽然相关部门出台过一些政策文件来解决这一问题，但效果不是太理想，信访问题多发频发，不仅不利于社会稳定，也会对现有放映员队伍带来心理冲击或影响，不利于农村公益电影放映队伍后备力量的培育。观影条件亟须改善，影片题材和内容不够丰富。观影条件不佳、放映环境差仍是陕西省大部分地区公益电影放映存在的突出问题，露天放映无法避免冬冷夏热、刮风下雨等时令气候的干扰，放映设备老化失修乃至超期“服役”等问题更是屡见不鲜。农村公益电影片源和片种与城市院线之间难以做到同步，内容陈旧甚至重复放映的影片自然无法吸引人们前来观看。每年全国新上映的影片出现在农村公益电影放映清单里的很少，农村群众所看到的影片无论是题材还是内容都还比较单一滞后，高质量电影供给亟待解决。

三　促进陕西电影产业繁荣发展的对策与建议

（一）丰富电影题材类型，加强创作统筹规划和组织化水平

以陕西电影素材库为基础，聚焦丝路文化中心建设，在稳定电影产量的基础上，实现电影创作生产整体质量的大幅提升，使电影题材更加多元，类型更加多样，风格更加多变。制定“十四五”重点电影创作选题规划，制定重大革命和历史题材、爱国主义题材、现实题材、少儿题材、西部题材、

科幻题材影片等专项创作规划，建立动态更新的电影精品“种子库”“项目库”和重点影片选题调整机制，适时动态调整、持续滚动更新。支持优质电影品牌化、系列化创作生产，鼓励新技术、新工艺、新手法在创作中的应用和转化。适时建立电影创作联席会议机制，完善重点影片选题策划会、项目推进会、创作调度会、作品研讨会等创作推动形式，加强创作生产各环节、全过程统筹指导和服务保障，把组织引导和调动创作者积极性有效结合，将更多优秀人才和优质企业凝聚到精品创作生产之中。以剧本为中心，完善剧本创作工作体制机制，开展电影编剧菁英汇、剧本大赛和新主流电影编剧扶持工作坊等活动，提高编剧队伍学养、涵养、修养，培养一批著名编剧，造就大批优秀编剧新力量。建立剧本创作孵化中心，搭建版权交易和创投平台，促进优秀剧本多渠道传播、多平台展示、多终端推送。

（二）聚力打造具有集聚效应的电影产业链体系，不断推动社会资本与电影产业资源融合

“电影圈子·西影电影产业集聚区”及秦汉新城影视拍摄基地作为省内两大电影产业基地，应按其功能区分，将其打造为两大差异化的电影产业集聚区，在政策咨询、艺术创作、资源对接、影视投资、人才培训、法律咨询等方面为入驻企业和影视项目提供专业化、综合化、一站式的服务，再通过陕西省电影行业协会、陕西省影视摄制服务中心及各类电影节、展、会将各类影视企业力量加以整合，建立起能够囊括前期策划、剧本创作、中期拍摄、后期制作及推广宣发等各环节完备的完整电影产业链。近年来，陕西省已逐步建立起文化产业发展“1+N”政策体系，扩大扶持范围，鼓励社会资本以 PPP 模式、投资基金等方式参与电影投资，建设电影设施、开发电影产品。鼓励电影企业跨地区、跨行业、跨所有制兼并重组，通过注入资金、划转资产等方式支持重点电影企业发展，推动电影企业上市融资。

（三）提升本土院线综合经营能力，助力本土院线做大做强

对于具有国资背景的本土院线来说，其大多背负着体制、人事、资金等

一系列的问题，前一阶段通过加盟影院所获得的发展红利逐渐成为院线稳固其行业布局的障碍。在票房分账中，票房产出较高的明星影院逐渐掌握谈判主动权，迫使院线公司在票房分账中一让再让。借鉴国外先进管理经验，只有通过资本紧密连接的方式，才能更加有效地进行各种资源共享，统一品牌和统一管理，进而稳固本土院线发展局面。在此情况下，本土院线除了加快建设自有核心影院之外，逐步入股或收购旗下有潜力的供片联结型影院应当成为下一阶段的发展重点。同时，应致力于借助专业影院管理公司的力量，将处于“散兵游勇”状态的独立影院进行第一轮“收编”，以精细化的管理对这些影院进行运营升级、设备升级、服务升级，将院线宏观职能与微观管理分开，两头发力来提升院线及旗下影院的整体实力。目前讨论具有国资背景的本土院线的兼并合营可能为时尚早，但可以尝试成立放映联盟体，以提升与发行方谈判中的话语权并增强区域联动及影响力。

（四）推动“农村公益电影+文明实践服务”融合发展，确保公益电影放映提质增效

新时代文明实践中心建设和农村公益电影放映之间存在诸多联系与共同之处，探索二者之间融合发展的多种可行性路径，是破解陕西省农村公益电影放映诸多问题的重要途径之一。应积极盘活利用各级文化站、文化大礼堂、党群服务中心、便民服务中心、社区服务中心等基层文化设施资源，建起能够聚合起更多群众的固定电影放映点，争取实现室内与室外自由切换放映，推动公益电影放映实现室外向室内、流动向固定的真正转变。不断推进资源与信息互通共享，结合“蓝田新婚礼”、农村满月宴、生日会、流动图书车、文明大篷车、文明实践“大喇叭”、“文明赶大集”等志愿服务形式，将政策理论宣讲、移风易俗讲解、文化演出、图书借阅等融入其中，构建起“电影+宣讲+演出+图书”的大电影文化服务格局。公益电影放映与各地富有特色的文明实践项目的深度融合需要不断提高其专业化及精细化水准，需要把公益电影放映纳入制度化和规范化轨道，通过规范放映服务人员、放映设备、放映影片片目、映前宣传、放映操作规范和放映秩序，形成公益电影

标准化放映的“陕西标准”。陕西公益电影放映要尽快加入“两中心一平台”的全域立体宣传阵营，打造“惠民电影App平台”“公益电影放映宣传小程序”“公益电影专题模块”等，将这些内容作为新时代文明实践中心综合数字平台或融媒体中心新闻客户端的组成单元，并同新时代文明实践中心的点单、接单、派单等程序有序对接。“学习强国”学习平台上与群众生产生活息息相关的微电影、微视频、农业技术科普等资源可作为映前宣传的重要选择，并于持续更新中提高供给信息的时效性与实用性。对标新时代文明实践志愿服务管理机制，制定并下发陕西公益电影放映员规范管理细则或办法，从完善经费保障、动态监管、职业技能培训、责任考核办法、奖惩激励措施、人才梯队建设等方面建立起完善的制度体系，重视放映员责任意识和沟通能力培养，做好放映前、放映中和放映后的监督管理与评价反馈，重视放映人才的选聘与培育，不断壮大放映员队伍，开展星级放映员或放映组织评定工作，全方位提升放映员队伍的职业归属感与荣誉感。借鉴蓝田县“送影送新风”公益点单平台“开门征单—群众点单—中心派单—志愿接单—群众订单”的“五单”模式及影片库服务群众的成功经验，陕西省各地市都要加大对新时代文明实践大数据平台互动放映板块的扶持与升级力度，围绕“乡村振兴”“新时代文明实践中心建设”等主题，及时更新公益电影影片库。根据群众点单和评单情况随时调整变换放映内容，将影片选择权真正交给广大群众。同时，随着公益电影放映范围的拓展，社区广场、学校、厂矿、建筑工地、敬老院等都应实现精准化放映，以丰富多彩又按需配给的电影节目满足群众的观影需求。

（五）发挥本地产业和教育资源优势，引培并举补齐电影人才短板

与沿海影视产业发达地区相比，陕西电影产业在宣传、发行及营销推广方面存在严重短板，究其原因，主要在于相关专业人才的匮乏。在人才短板的弥补方面，应突出“高精尖缺”导向，建立宣发策展高端人才和紧缺人才需求清单，进行靶向招才引智。充分利用培训机构、影视龙头企业、西北大学西安电影学院等优势资源，开展影视企业宣发、营销等紧缺人才订单式

培训。同时，加强电影业宣发、策展、营销人才政策宣传解读和社会舆论引导，营造引才聚才用才的良好氛围。在强化专业人才引进与培养的同时，还应当为人才发展留足空间，为中低端的影视配套人力资源提供必要的政策支持，在影视产业基地加强廉租房等配套基础设施建设，为影视从业人员的生存、工作以及未来发展提供必要的保障。

B.11

陕西老字号的布局调查与建设对策研究*

靳　悦**

摘　要： 老字号是地域发展过程中形成的重要历史文化遗产，陕西孕育了众多具有“秦风厚土”风味的老字号。根据整体调查与典型案例分析，101 家陕西老字号以餐饮与食品加工为主，还包括商业百货、生物医疗、旅游服务业与工艺品制造四类。就现阶段看，陕西老字号存在产品固守传统、服务意识不强、传播手段单一、文化建构欠缺等问题。陕西老字号应该以矩阵思维实现产品在内容、形式上的双突破，以消费者体验为导向更新服务形态，以贯通线上线下为突破点实现渠道建构，以文化自觉提升软实力。

关键词： 陕西　老字号

一　引言

2022 年 1 月 15 日，商务部等 8 部门从文化传承、品牌价值、社会接受等维度，界定老字号是“历史悠久，传承独特产品、技艺或服务、理念，取得社会广泛认同的品牌”，并“具有鲜明的中华优秀传统文化特色和深厚

* 本文是西安文理学院长安历史研究中心资助项目“欧美汉学的初唐长安书法研究”（CALSWHYJ012）的研究成果。

** 靳悦，哲学博士，西安文理学院书法学系讲师，主要研究方向为艺术学理论、文化创意产业。

的历史底蕴，具有广泛的群众基础和丰富的经济文化价值”。① 陕西丰厚的历史文化资源为孕育、传承历史悠久的产品、技艺，沉淀了厚重的文化土壤、技术积累与传承脉络。2020 年陕西省商务厅制定了《陕西老字号认定办法（暂定）》，界定“陕西老字号”是“拥有世代传承的产品、技艺或服务，历史悠久，具有鲜明的陕西传统文化背景和深厚的历史文化底蕴，取得社会广泛认同，经营信誉良好的企业商号、商标或品牌”②，这为陕西老字号的认定与管理提供了制度保障与规则基础。

本文立足于陕西，整体调查陕西老字号的认证与布局状况，客观分析陕西老字号认证与布局成果，观照问题，提出建设对策，进一步推动陕西培育具有“秦风厚土”风味的老字号，为老字号融入当代生产生活提供建议。

二　现状调查

截至 2022 年 8 月，陕西省政府组织开展两批陕西老字号的认定工作，共认定 101 家老字号。2020 年 12 月 18 日，陕西省商务厅认定了首批 65 家老字号企业。2022 年 1 月 25 日，认定了第二批 36 家老字号企业。本研究从整体行业分布、核心行业细分、陕西老字号与中华老字号的关系三个方面，呈现陕西老字号的整体情况、支柱产业与发展质量。

（一）行业分布

目前，陕西老字号行业分布呈现以餐饮，农副产品加工、食品制造与饮料制造③两大类为支柱，旁及商业百货、生物医疗、旅游服务与工艺品制造四类的格局。

① 《商务部等 8 部门关于促进老字号创新发展的意见》，中华人民共和国商务部，http：//www. mofcom. gov. cn/article/zwgk/gkzcfb/202203/20220303286657. shtml。

② 《关于印发〈陕西老字号认定办法（暂行）〉的通知》，陕西省商务厅，http：//www. shaanxi. gov. cn/zfxxgk/zfgb/2021/d14q/202108/t20210803_ 2185494_ wap. html。

③ 为论述集中，文内将“农副产品加工、食品制造与饮料制造企业”简称为“食品加工企业”。

首批认定的65家陕西老字号的分布依次为：餐饮企业21家，食品加工企业37家。前二者合计共58家，占据首批总数的89%。且食品加工企业是餐饮企业近2倍，反映出首次老字号评选以适合百姓餐桌的日常饮食为中心，并兼顾了社交宴饮中的中高档服务的认证格局。剩余7家老字号零星分布在医疗、旅游等行业，依次为生物医疗企业4家，即陕西天森生物工程科技有限公司、西安姚氏太和医室中医研究所有限公司、西安西北眼镜行有限责任公司与陕西利君现代中药有限公司；2家商业百货企业，即咸阳纺织集团有限公司、陕西延百集团有限公司；1家旅游服务企业，即西安常宁宫会议培训中心有限公司。

第二批认定的36家陕西老字号中，有28家主要集中于餐饮、食品加工两大类，并且二者持平，均为14家，共占第二批总数的78%。除以上支柱门类外，剩余8家依次为生物医疗企业4家、工艺品制造企业2家、商业百货企业1家与旅游服务企业1家（见图1）。4家生物医疗企业，包括光明眼镜有限公司、宝鸡医药大厦有限公司、陕西紫光辰济药业有限公司与延安制药股份有限公司；2家工艺品制造企业，包括南郑县良顺藤编发展有限公司与杨凌新声铜鼓乐器有限公司；1家商业百货企业，即陕西省军工（集团）鸿翔工贸有限责任公司；1家旅游服务企业，即陕西关中风情文化有限公司。

从两批陕西老字号的行业分布的共性来看，一是两批陕西老字号评选均集中于食品加工业与餐饮业，共有86家，占据目前陕西老字号总数的85%；二是其余零散布局依次为生物医疗、商业百货、旅游服务、工艺品制造，分别有8家、3家、2家、2家，占据老字号总数的比例分别为7.9%、3.0%、2.0%、2.0%。从两批陕西老字号的行业分布的差异来看，第二批评选增加了2家工艺品制造企业，显示了老字号评选的潜在行业生发点，显现了陕西老字号评选的新兴动力。

基于上述统计与分析，可发现餐饮与食品加工为陕西老字号的支柱门类。由此，对餐饮、食品加工两大支柱行业的细分，将成为显现陕西老字号发展情况的必然途径。

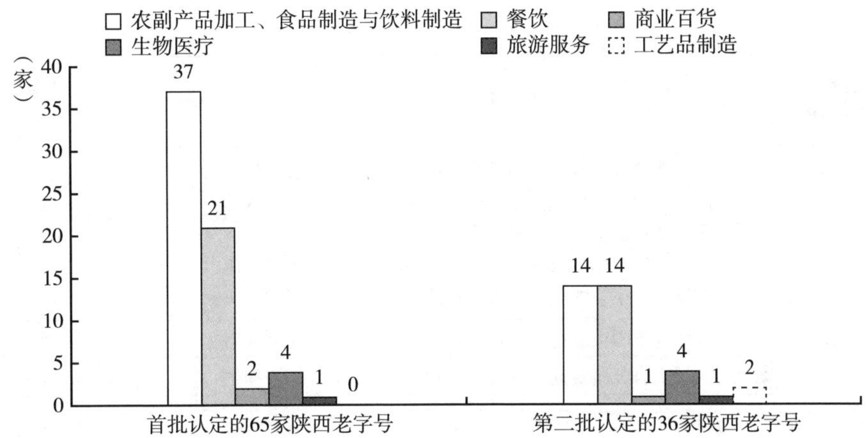

图 1　2020 年、2022 年认定的陕西老字号的行业分布

（二）餐饮

餐饮业隶属于服务业。餐饮业是陕西老字号的主力军，共 35 家，占陕西老字号总数的 34.7%。一、二批数量不同，第一批以西安市为主，共有 21 家；第二批拓展到全省，共 14 家，第一批是第二批的 1.5 倍，显现了关中在陕西美食分布中的中心地位。按照注册资本规模与企业名称关键词，可以将 35 家餐饮老字号进行划分，如表 1 所示。

表 1　餐饮老字号分类

注册资本规模	名称关键词	企业名称	注册商标	认定批次
大于 100 万元	饭庄	西安饮食股份有限公司同盛祥饭庄 西安饮食股份有限公司清雅斋饭庄 西安饮食股份有限公司西安饭庄 西安饮食股份有限公司老孙家饭庄 兴平市马海山餐饮有限公司	同盛祥 清雅斋 西安饭庄 老孙家 马海山	第一批
		榆林市榆阳区双鱼塞上饭庄餐饮有限责任公司	塞上饭庄	第二批

续表

注册资本规模	名称关键词	企业名称	注册商标	认定批次
大于100万元	饭店	西安饮食股份有限公司春发生饭店 西安市画乡饮食服务有限公司 西安饮食股份有限公司西安烤鸭店 西安大华餐饮有限责任公司(大华饭店) 三原老黄家餐饮服务有限责任公司	春发生 户县饭店 369 大华饭店 三原老黄家	第一批
		陕西省止园饭店有限责任公司	止园饭店	第二批
	楼	铜川市服务楼实业有限责任公司	同官福楼	第一批
	酒店	西安饮食股份有限公司德发长酒店 城固县海棠春酒店	德发长 海棠春	第一批
		宝鸡福圆法门大酒店管理有限公司	悦心美	第二批
10万~100万元	小吃城	西安饮食股份有限公司老孙家饭庄白云章风味小吃城	白云章	第一批
		靖边县老八碗餐饮有限公司	梁镇老八碗	第二批
	铺	西安市莲湖区清真盛志望麻酱酿皮铺	盛志望	第一批
	馆	西安贾三清真灌汤包子馆	贾三	第一批
	专项	西安大华餐饮有限责任公司(樊记) 陕西泾阳友军水盆羊肉餐饮有限公司 咸阳张记餐饮有限公司 陕西桂富祥餐饮文化有限责任公司 陕西霸上企业管理有限公司	樊记 中文王友军拼音及图形 张记 桂富祥 西辰坊乔记	第一批
		乔沟湾老婆风干羊肉餐饮有限公司 咸阳老虢家餐饮有限公司 靖边县老贺餐饮有限公司 武功县胡记餐饮管理有限公司 扶风孙大胜餐饮管理有限公司 子长瓦堡老城里餐饮管理有限公司 西安正德祥老陈家餐饮管理有限公司 长盛德老刘家(西安)餐饮管理有限公司 陕西省榆林市绥德县四十里铺汪茂元餐饮有限公司 咸阳鑫响乞丐酱驴餐饮有限公司	乔沟湾老婆风干羊肉剁荞面 虢家包子 老贺 普集烧鸡 孙大胜 瓦堡老城里 东新街老陈家 老刘家 图标+汪茂元 乞丐酱驴	第二批

注：专项小吃餐饮中，“樊记”主打肉夹馍，“王友军”主攻水盆羊肉，“张记”以馄饨为招牌，“桂富祥”主打葫芦头泡馍，“西辰坊乔记”主打“葫芦头”，“乔沟湾老婆风干羊肉剁荞面”以风干羊肉、剁荞面为特色，“虢家包子”主攻包子，“老贺”主打羊杂碎，“普集烧鸡”主打“烧鸡”，“孙大胜”以面皮为特色，“瓦堡老城里”主打煎饼，“东新街老陈家”主营丸子烩菜，“老刘家”的特色是牛羊肉泡馍，“汪茂元”以羊肉面为特色，乞丐酱驴主营驴肉制品。

通过上述对陕西餐饮老字号的划分，可以看出陕西餐饮老字号布局形成了以正餐为主，旁及小吃服务的布局，显现了以陕西地方食品风味为核心的菜肴系统。就此，按照注册资本规模与企业名称关键词可划分为饭庄、饭店、楼、酒店、小吃城、铺、馆与专项八类等。

一类是以“饭庄”“饭店”“楼”“酒店”为代表，以陕西菜为内容，以点餐、餐厅堂食为消费过程，是大中型餐饮企业，共16家，占陕西老字号的1.58%，占餐饮老字号的45.7%。其中，最为显著的是西安饮食股份有限公司，培育了8个老字号品牌，即同盛祥、清雅斋、西安饭庄、老孙家、春发生、369、德发长与白云章，形成了“西安饮食股份有限公司老字号矩阵”。与西安饮食股份有限公司相似，西安大华餐饮有限责任公司也培育了大华饭店、樊记两个老字号品牌，凸显了两大餐饮集团的雄厚实力、丰厚的历史资源与鲜明的品牌培育成果。

另一类是19家中小型餐饮老字号，包括“小吃城”“铺”“馆”与其他专项小吃，占陕西老字号的1.9%，占餐饮老字号的54.3%。覆盖了以面食为中心的快餐与小吃，如肉夹馍、牛羊肉泡馍、葫芦套泡馍、面皮、馄饨、包子、煎饼、羊肉面、剁荞面等，以及丸子烩菜、烧鸡等菜品，并突出以关中、陕北为中心的地域饮食风味，反映了陕西老字号以“地域小吃”为特色的情况。

由此可见，大中型陕菜餐饮企业与地方小吃馆子平分秋色，共同繁荣了陕西中餐的饮食体系。此外，3家清真餐饮企业，即西安饮食股份有限公司清雅斋饭庄、西安市莲湖区清真盛志望麻酱酿皮铺与西安贾三清真灌汤包子馆，反映出回汉杂居的民族格局与饮食民族风味交融的口味多样性。

（三）农副产品加工、食品制造与饮料制造

农副产品加工、食品制造与饮料制造隶属于轻工业，是陕西老字号支柱之一，共51家，占据陕西老字号的半壁江山。第一批被选入陕西老字号的共37家，主要覆盖西安及其周边的蔬菜加工、糖酒、民俗食品、酿造等门类。选入第二批陕西老字号的共14家，主要为肉食、面点、乳制品、砖茶等门类。

通过对表2的汇总、分类可知，按照数量多寡，进入陕西老字号名录的首先是“食品制造业”共23家，覆盖了综合食品加工、调味品加工、乳制品加工、糖果制品加工、烘焙产品制造、面点糕点制造6个门类；其次，“酒、饮料和精制茶制造业”共19家，覆盖软饮料加工、酒的制造、茶制品加工3个门类；最后是“农副产品加工业”，共9家，涵盖肉类制品及副产品加工、蔬菜制品加工、稻物磨制与食用植物油加工4个门类。

表2 农副产品加工、食品制造与饮料制造陕西老字号分类

轻工业分类	二级分类	企业	注册商标	批次
食品制造业	调味品加工	洋县大咸德调味品有限公司 咸阳凌云酿造有限公司 礼泉张老五醋业有限公司 陕西沙苑酿造有限责任公司 陕西凤翔县西府酿造研究所	大咸德 凌云 赵镇张老五 沙苑 西府	第一批
		韩城学巷醋业有限公司 宝鸡市恒佳食品有限责任公司 韩城苏胖子农业发展有限公司	学巷 恒佳 苏氏九味坊	第二批
	面点糕点制造	西安市德懋恭食品商店 西安东南食品有限公司第一分公司 千阳县康祥食品有限公司 定边县付翔食品有限责任公司 旬阳县旬汉食品有限公司	德懋恭 东南亚 西府康祥 付翔 旬汉	第一批
		陕西安康星旗富硒食品科技有限公司	克利旺	第二批
	糖果制品加工	陕西富平秦臻食品有限公司	张老八琼锅糖	第一批
		西安市西糖烟酒连锁超市有限公司 宝鸡康辉蜂产品有限责任公司	西糖 秦花	第二批
	乳制品加工	西安银桥乳业(集团)有限公司 西安市糖酒集团有限公司西安酒厂	银桥 秦俑	第一批
	烘焙产品制造	陕西甲邑古池阳食品有限公司	古池阳	第一批
	综合食品加工	西安市蓝田食品厂 岐山县百年美阳民俗食品有限公司	蓝玉牌 美阳馆	第一批
		西安德富祥食品餐饮有限公司	德富祥	第二批

续表

<table>
<tr><th>轻工业分类</th><th>二级分类</th><th>企业</th><th>注册商标</th><th>批次</th></tr>
<tr><td rowspan="5">酒、饮料和精制茶制造业</td><td rowspan="2">酒的制造</td><td>陕西秦洋长生酒业有限公司
陕西秦洋长生酒业有限公司
陕西西凤酒股份有限公司
陕西省太白酒业有限责任公司
眉县古太酒厂
陕西柳林酒业集团有限公司
陕西白水杜康酒业有限责任公司
延安美水酒有限公司
陕西泸康酒业(集团)股份有限公司
陕西丹凤葡萄酒有限公司
陕西金醇古酒业有限责任公司</td><td>古秦洋
谢村桥
西凤酒
太白
邓经天牌古太酒
柳林
白水杜康
隋唐玉液
泸康集团
凤凰图形商标
醇古牌</td><td>第一批</td></tr>
<tr><td>陕西闯王酿酒总厂</td><td>闯府</td><td>第二批</td></tr>
<tr><td rowspan="2">茶制品加工</td><td>陕西省泾阳县裕兴重茯砖茶叶有限公司
陕西泾阳泾砖茶业有限公司
陕西高香茶业有限公司
陕西泾阳泾昌盛茯砖茶有限公司</td><td>裕兴重
茂盛店
天泰运号
泾昌盛</td><td>第一批</td></tr>
<tr><td>西咸新区茂盛茶叶股份有限公司
陕西省紫阳县和平茶厂有限公司</td><td>茯源祥
图标+和平</td><td>第二批</td></tr>
<tr><td>软饮料加工</td><td>西安冰峰饮料股份有限公司</td><td>冰峰</td><td>第一批</td></tr>
<tr><td rowspan="6">农副产品加工业</td><td rowspan="2">肉类制品及副产品加工</td><td>西安永信清真肉类食品有限公司
陕西伊晟德食品有限公司
咸阳老王家清真食品有限公司</td><td>贾永信
赫隆伊光牛羊肉
老王家</td><td>第一批</td></tr>
<tr><td>西安同盛生清真食品有限公司
陕西秦萃坊食品有限公司</td><td>同盛生
秦萃坊</td><td>第二批</td></tr>
<tr><td rowspan="2">蔬菜制品加工</td><td>潼关县酱菜食品厂</td><td>潼冠</td><td>第一批</td></tr>
<tr><td>西安市溢香园蔬菜加工有限公司</td><td>南茂号</td><td>第二批</td></tr>
<tr><td>稻物磨制</td><td>西安市群众面粉厂</td><td>爱菊</td><td>第一批</td></tr>
<tr><td>食用植物油加工</td><td>三原兴邦油品有限公司</td><td>张兴邦</td><td>第二批</td></tr>
</table>

在“食品制造业”门类中，调味品加工与面点糕点制造为大宗，以酱醋、糕饼、馍、月饼等产品为主。在“酒、饮料和精制茶制造业”门类中，

以白酒、精制茶为中心，12 家酿酒、6 家制茶而非软饮料反映了陕西饮酒、饮茶的丰厚历史传统。且陕西秦洋长生酒业有限公司培育了“古秦洋”“谢村桥”两个老字号品牌；在“农副产品加工业”门类中，3 家清真肉制品企业，即西安永信清真肉类食品有限公司、陕西伊晟德食品有限公司、咸阳老王家清真食品有限公司，反映了陕西处于西北少数民族与汉族融合杂居种类丰富的饮食接受习惯。

通过以上对餐饮业与农副产品加工业，食品制造业，酒、饮料和精制茶制造业种类、产品的分析，可以发现，餐饮与食品加工为陕西老字号的支柱两翼，为陕西宴饮、日常餐桌提供了以面食制品为主、以清真肉类为辅、以酿造酱醋为鲜以及以酒茶为魂的秦地厚味的饮食体系。

（四）全国影响力

101 家陕西老字号，被选入中华老字号名录的共有 21 家，如表 3 所示。其中，餐饮企业 9 家、食品制造与农副产品加工 6 家、酒的制造 5 家，这与陕西老字号以餐饮业与食品加工业为支柱相一致，它们集中代表了陕西老字号的核心力量。

表 3　陕西老字号入选中华老字号汇总

分类		企业名称	注册商标	认定批次
餐饮	大中型	西安饮食股份有限公司西安饭庄	西安饭庄	第一批
		西安饮食股份有限公司德发长酒店	德发长	第一批
		西安饮食股份有限公司老孙家饭庄	老孙家	第二批
		西安饮食股份有限公司老孙家饭庄白云章风味小吃城	白云章	第二批
		西安饮食股份有限公司春发生饭店	春发生	第二批
		西安饮食股份有限公司西安烤鸭店	369	第二批
		西安饮食股份有限公司同盛祥饭庄	同盛祥	第二批
	小型	西安贾三清真灌汤包子馆	贾三	第一批
		咸阳张记餐饮有限公司	张记	第一批

续表

<table>
<tr><th colspan="2">分类</th><th>企业名称</th><th>注册商标</th><th>认定批次</th></tr>
<tr><td rowspan="11">农副产品加工、食品制造与饮料制造</td><td rowspan="5">食品制造</td><td>西安市德懋恭食品商店</td><td>德懋恭</td><td>第一批</td></tr>
<tr><td>西安饮食股份有限公司同盛祥饭庄</td><td>同盛祥</td><td>第二批</td></tr>
<tr><td>咸阳老王家清真食品有限公司</td><td>老王家</td><td>第二批</td></tr>
<tr><td>洋县大咸德调味品有限公司</td><td>大咸德</td><td>第二批</td></tr>
<tr><td>潼关县酱菜食品厂</td><td>潼冠</td><td>第二批</td></tr>
<tr><td rowspan="5">酒的制造</td><td>陕西西凤酒股份有限公司</td><td>西凤酒</td><td>第一批</td></tr>
<tr><td>陕西省太白酒业有限责任公司</td><td>太白</td><td>第二批</td></tr>
<tr><td>陕西白水杜康酒业有限责任公司</td><td>白水杜康</td><td>第二批</td></tr>
<tr><td>陕西秦洋长生酒业有限公司</td><td>谢村桥</td><td>第二批</td></tr>
<tr><td>陕西秦洋长生酒业有限公司</td><td>古秦洋</td><td>第二批</td></tr>
<tr><td>农副产品加工</td><td>西安永信清真肉类食品有限公司</td><td>贾永信</td><td>第二批</td></tr>
<tr><td colspan="2">医疗</td><td>西安西北眼镜行有限责任公司</td><td>西北眼镜行</td><td>第一批</td></tr>
</table>

以西安饮食股份有限公司为中心的品牌矩阵展示了自明清以降的陕西地域饮食文化的发生、发展与传统，形成了以饺子、泡馍为中心的面食餐饮结构。西凤、太白、杜康酒的白酒出口海外，成为代表陕西文化、传递中华白酒文化的重要力量。

综上所述，餐饮与食品加工老字号的潮涌出现，反映了陕西饮食起源历史悠久，烹饪技术成熟，菜肴、小吃种类繁多的饮食文化体系。从民俗意义上看，陕西老字号已成为陕西饮食文化的符号体系；从现代化进程角度上看，老字号的传承与发展，是晚清民国以来陕西由家族作坊至现代餐饮企业的演变历史的缩影；从民族学角度上看，清真老字号的屹立是对回汉杂居的民族融合的反映。

三　存在的问题

以餐饮与食品加工为支柱产业，这些老字号在资金、技术、人才方面的准入门槛较低，这在一定程度上限制了陕西老字号向高精尖发展。根据整体调查与典型案例分析，可以发现陕西老字号的发展目前存在以下四个明显掣肘。

（一）产品固守传统，外观守旧

老字号拥有相对悠久的传承史。精益求精的传统工艺，使老字号的产品在一定程度上实现了原汁原味的独特性。尤其是对于以餐饮与食品加工业为支柱产业的陕西老字号，以手工操作为主的制作方式，促使其产品在保持传统型的基础上，容易滑向老款式、老品种与老传统，具体表现为“土特产”盛行，与现代文明语境有较大距离。

并且，固守传统样式，使陕西老字号产品的外观缺乏明显的风格意识，难以满足大规模现代生产生活的需求，在竞争中处于劣势。具体来说，即其产品外观设计在一定程度上还局限在传统陕西地域文化的色彩中，无法从区域性老字号企业突破为全国性企业。与中华老字号相比较，陕西老字号在形式上，缺乏对自身符号价值的设计意识，无法满足当代陕西人对时尚元素、国潮消费的需求，这造成了陕西老字号产品的外观和包装设计尚未大范围在国内外获得设计大奖，加大了产品知名度提升的难度。

（二）家族式管理，服务意识不强

服务意识相对不强，集中表现为大量食品加工企业缺乏售后服务与反馈意识。通过上述调查分析可知，陕西老字号中食品加工企业数量大于餐饮企业数量，这说明了陕西老字号的产业分布格局是：以第二产业为主，兼及第三产业。餐饮服务隶属于第三产业，在点单、堂食、结账的过程中必然涉及服务过程与服务氛围。而隶属于第二产业的农副产品加工、食品制造与酒的制造限于生产与消费的一对一环节，或者直接由连锁超市、外卖代售，造成了其对售后与服务缺乏关注。

对于餐饮业来说，陕西老字号多为国有饭店与地方民营小店，其以在陕西传承的口碑为主要依托，长期养成了重在口味、轻服务的惯性。加之陕西地方文化中的“生楞倔涩”，使服务实施主体的“点单员”“上菜员”的方言口语，影响了服务质量提升，更有甚者还存在员工素质低、服务态度差的现象。

（三）依托口碑相传，传播手段单一

老字号品牌尚没有充分改变计划经济体制下形成的“酒香不怕巷子深”的陈旧营销观念，这使它们难以跟上网络竖屏时代信息接收渠道的转变，无法与“00后”、“Z世代”青年的媒介信息接收接轨。

“酒香不怕巷子深”的销售心理，与老字号的传承历史密切相关。所谓“老”字号，在一定程度上，即与现代年轻品牌相比较，拥有着悠久的传承史。它们多起于明清、民国政府时代，带有强烈的传统文化印记，形成了相对稳定的受众群体，传统的销售惯性使它们对拓展新的消费渠道和受众口味存在一定的惰性。尤其是多脱胎于家族式手工作坊的小型餐饮企业，家族化老字号履行非契约性质的“熟人文化”，以及经营模式中的家厂不分与家店不分等，造成掌握现代传播技术的宣传人才难以脱颖而出，无法更好地跟上时代信息传播节奏。

（四）文化建构欠缺，企业内涵的阐释不深

老字号与现代品牌相比，有着悠久的历史。老字号在发展历史中，依赖首批消费者认可产品质量，后续逐步建立信誉。在品牌生成中，或辅之以开创者的传奇发明过程，或辅之以神乎其技的技术创造，老字号或多或少形成了“品牌神话”或者“传承谱系”。这些老字号品牌生成的价值理念中，或日用而不知地与中国传统的儒、道、释的文化传统相关联。但是除少数大型餐饮企业外，大多数陕西老字号缺乏对自身历史、精神的文化自觉，缺乏对传承谱系的建构意识，这使其业已形成的无形财富在现代历史中被消解，削弱了产品竞争力。通过前文中对餐饮、食品加工业中被选入中华老字号的企业数量来看，与北上广等地区的老字号相比较，陕西的餐饮企业呈现数量众多，但知名餐饮品牌数量少的困境，这在一定程度上说明了陕西老字号对自身软实力的塑造有待提升，尚缺乏对品牌价值自身的“工匠意识”“诚信”

“敦厚”等陕西文化精神内涵的挖掘。

综上所述，通过对陕西老字号现阶段发展问题的调查可以发现，陕西老字号主要以产品生产为导向，缺乏对“技艺”“服务”“理念”的重视。虽然必须承认陕西老字号是以“技艺”积淀为“特色口味”与“传统口碑”的必然结果，但是尚缺乏明确的自身“发展理念”的文化自觉意识。这促使本研究以“生产—服务—消费—再生产”为逻辑初步提出陕西老字号的发展策略，以供学术界同仁商讨。

四　对策建议

现阶段，陕西老字号的发展掣肘主要聚焦为产品、服务、宣传与软实力四方面。基于现状，本研究提出应该以政府政策为导向，尊重市场价值规律，并以企业为主体，实现陕西老字号在产品、服务、宣传与软实力上的创造性转化与创新性发展。

（一）产品突破：预制菜与书法国潮符号设计

产品开发是陕西老字号高质量发展的中心任务。基于陕西老字号以餐饮与食品加工为支柱的布局情况，本文认为，一方面，继承传统饮食种类的品种、产品配方，严格把控原材料与产品的质量；另一方面，在不影响品质的前提下，将传统产品发展为富含现代特征的产品，使用现代机械生产代替人工操作，提高老字号产品的生产效率，适应快节奏的现代都市的饮食需求。例如，西安饮食股份有限公司与老孙家紧跟消费升级的趋势，积极开发“预制菜”，拓展销售渠道。又如，西安饮食股份有限公司德发长酒店开发了“二十四节气水饺”等特色产品，为消费者带来了更多的新意，推动老字号融入现代生活的新蓝海。此外，发展健康食品，积极引入营养学知识，合理优化面食制品与肉制品的市场，成为陕西老字号创新发展的重要门径，这在一定程度上帮助“碳水产品”向“低 GI 产品”优化，满足各地食客的需求。

在产品内容提升的同时，产品包装设计也成为老字号发展的重要媒介。陕西老字号产品的包装包括图形、色彩、产品名设计等方面。其中，产品名的汉字设计是包装设计中最重要的内容。作为产品名的汉字设计，不仅仅具有指示产品所指的实用价值，在一定程度上还担负了广阔的能指系统。具体来说，老字号因起源于清末民初，使它们已拥有了明清文人政客题写的古香古色传世的牌匾，这些牌匾书法已经成为凸显其历史文化价值的证据，如西安饭庄的匾额即为文学家郭沫若先生题写。并且，书法匾额的林立，构成了传统而富有生机的文化景观，如回民街等老字号富集街区，匾额书法构成了独特的汉字文化景观，成为外国人了解中国的“游览”窗口。由此，对上述的传世匾额书法，转化为现代的品牌标识，将推动与彰显老字号的传统性与经典性，显现老字号的文化价值。

（二）技艺体验：拓展老字号的生活世界

沉浸式食品制作的技艺体验，是体味陕西老字号背后三秦人民生活世界的重要途径。体验，就是亲身经历与实地领会，具体指人们通过感官，对人和事物进行直接感受、了解和把握的思维活动。体验的特征是在场性和情境性。餐饮老字号与食品加工老字号，侧重于直接品尝，即侧重于味觉、触觉。制作的技艺体验，即将产品加工过程直接以视觉呈现在消费者面前，将有助于消费者对生产过程的在场参与。

与此同时，基于陕西老字号美食的诞生与陕西在地的民俗文化、陕西历史大事件的密切关系，建设老字号博物馆、设置老照片回廊与品牌故事的虚拟展示等方式，可以增强老字号产品生成的情境性，进而促使消费者通过食品消费体验切入对陕西厚味的人格深层结构的体味。例如，2022 年 11 月，以西安饭庄、同盛祥、德发长、老孙家为代表的陕西老字号，其非遗传承人分别在第五届中国国际进口博览会的步行街展区、城市会客厅等现场直接制作美食，并展演非遗技艺，让参展宾客沉浸式品鉴美食，使美食制作背后的“技进于道”与“百姓日用即道”的三秦大地人民的劳动与创造力的结晶通过传承人的实际操作外化显现出来，帮助国内外食客身临其境地体验制作工艺过程，了解陕西老字号的文化地域性格，促使“吃”这一简单的果腹的生存活动发展为“观”与“体”的审美体验。

（三）渠道建构：线上线下的味觉陕西世界

贯通线上线下，成为拓展老字号市场的核心举措。在线下方面，鼓励打造老字号特色街区、发展地域集群品牌特色和美食文化景观成为推动陕西中小型老字号发展的重要举措。如上分析，陕西老字号中占据主体的有大量的中小型小吃与食品加工作坊，这使发展特色街区矩阵、凝聚实力、联动发展成为必然的举措。在产品搭配上，也可以借鉴联合精神，如日常饮食中的三秦套餐即“肉夹馍+凉皮+冰峰”的搭配销售，成为品牌助力的重要方式。在此基础上，鉴于陕西作为旅游大省与“一带一路”的交通枢纽，可以积极在特色商圈、旅游景区和各类客运枢纽引入老字号企业开设旗舰店、体验店，也可以在共建“一带一路”国家和地区举办展会，这都将成为拓展陕西老字号市场的重要途径。

在线上方面，积极建设“老字号数字博物馆”，运用数字化技术保存展示老字号发展谱系、收集老字号建设的重要传承人的口述材料，塑造老字号的企业文化。还要鼓励各类媒体开设老字号宣传专题专栏，拍摄老字号纪录片、微电影，制作老字号丛书、画册，充分利用新媒体拓宽宣传渠道，扩大宣传范围，持续营造国内国际良好舆论环境。还可以通过连环画、专题片的形式加强品牌宣传，推动陕西老字号走出深巷，进入现代生活。

（四）文化自觉：传承谱系与陕西文化精神的味觉阐释

随着人类生产力的进步与经济的发展，人们在餐饮与食品消费的同时，不局限于实际的物质消费，其中内含的精神消费、符号消费也成为消费对象，这使老字号的文化自觉成为推动老字号企业发展不竭的动力源泉。从历史进程与精神价值两个维度对自身文化的自觉自醒，为老字号的发展提供不竭的文化原动力。

从历史文化上看，消费者对于老字号的理解，依赖人们对中国清末至民国那段历史时期的意识文化形态的理解。起于家庭作坊，兴于技术突破，美名传于街头巷尾，使老字号的历史生存语境中承载了“乡土陕西”向“现代陕西”的发展历程，是人文见证和历史积淀的“活文物”，沉积了陕西百年发展的大事记。陕西在中国文化历史上具有人文初祖的重要地位，从小麦的发现以来，以面为代表的三秦味道体系是在实用价值之上，发展为对以“三千年饮食”为中心的礼乐文化的味觉提炼，也是对养生厚土的文化土壤的价值提炼。

综上所述，通过对产品、服务、宣传、软实力四个维度的更新与反思，将促使陕西老字号积极发挥传统历史、形式、布局与资源的优势，着眼当下快消费、信息流通碎片化的形势，预测未来食品与餐饮企业发展的新蓝海，从而实现向高质量与快节奏的转变。

五　结语

陕西老字号以餐饮、食品加工为两大支柱，旁及医疗、旅游、百货、工艺品制作等主要门类。陕西老字号背靠着三秦礼乐文化体系，在清末民初发展而来，是陕西近现代历史文化的重要组成部分。在新时代的语境下，立足陕西饮食体系，继续发挥“食为民本”的精神价值，秉持工匠精神，创新产品体系，增进服务体验，贯通线上线下，养成文化自觉，将成为陕西老字号持续发展的重要举措，为 2025 年形成陕西老字号传承和创新服务体系提供重要依托。

B.12

陕西文化产业园区培育提升研究报告*

颜　鹏**

摘　要： 文化产业园区是陕西文化产业聚集发展、吸纳企业、促进创业和科技研发的重要载体。依托区位优势、资源禀赋和科技创新优势，陕西文化产业园区发挥产业集聚、产业引领优势，不断提高文化产业的经济社会发展效益，从完善文化产业园区经营机制、公共文化服务提升、丰富文化产品内涵、提升区域影响力等方面持续发力，加快与独具特色的陕西历史文化资源、科技资源融合，推动陕西文化产业园区基地的高质量发展。陕西省文化产业园区发展中面临较多薄弱环节与掣肘因素，需要在产业政策支撑、产业结构调整以及产业空间引导等方面做出积极改进。

关键词： 文化产业园区　空间载体　陕西文化

文化产业园区作为陕西文化产业聚集的有力载体，不仅是陕西经济社会发展和文化产业转型升级的空间载体，也是陕西文化产业发展水平的衡量标志。近年来，陕西高度重视培育提升特色文化产业园区基地建设，充分发挥国家文化园区基地在产业集聚、创业创新以及引领示范等方面的重要作用。通过持续推动企业向园区集聚，促进文化产业园区的空间聚合向价值聚合层

* 本文是2021年陕西省创新能力支撑计划之软科学研究计划一般项目（2021KRM123）的阶段性研究成果。

** 颜鹏，陕西省社会科学院文化与历史研究所助理研究员，主要研究方向为文化经济与文化产业管理。

面转化，陕西省培育了一大批特色鲜明的文化产业园区。陕西文化产业园区经历产业集聚、产业融合和产业升级，逐渐形成了以骨干文化企业为支撑、中小微文化企业为主力军的协同发展态势，成为激活文化产业创新活力的重要来源。

一　陕西文化产业园区发展现状

截至 2021 年底，陕西拥有省级以上文化产业园区基地共计 232 家。其中，国家级文化产业示范园区基地 19 家，省级文化产业园区基地 213 家。国家级文化产业示范园区基地包括西安曲江新区、陕西国家广告产业园 2 家国家级文化产业园区，11 家国家级单体类文化产业基地，以及西安国家级文化和科技融合示范基地、西安国家数字出版基地、西安印刷包装产业基地、国家文化出口基地、陕西动漫产业平台等 6 个国家级文化产业基地。省级文化产业园区基地实际拥有 148 家（包括已转型、注销、停业等 36 家，省文化产业“十百千”工程和原省文化厅重复认定 29 家）。除此以外，陕西省还有 9 家国家工业遗产，包括宝鸡申新纱厂、西安电影制片厂等。全省共有 7 家上市文化企业、13 家文化企业在新三板挂牌，10 家国家动漫认定企业。

（一）国家级文化产业示范园区基地

1. 西安曲江新区

2007 年 6 月，西安曲江新区被文化部授予首批国家级文化产业示范园区称号。曲江新区国家级文化产业示范园区涵盖文化创意、文化与科技融合、跨境电商等多领域多业态，聚集陕文投、曲文投等多家龙头企业，覆盖文化演艺、影视动漫、新闻出版、文化旅游、网络文化、创意设计、电竞游戏等多种产业门类，形成集影视、创意、商业、电竞等于一体的全文旅产业链，拥有文化企业 2.5 万家（其中规上文化企业 207 家），国家级文化产业园区基地以及众创空间 9 个、省级 21 个，上市公司 7 家。2012 年，曲江新区获批成为首批国家级文化和科技融合示范基地。2019 年，西安文化科技创业城产业园被命名为第三批国家文化和科技融合示范基地。2021 年，西安曲江新区获批第二批国家文化出口基地，以期形成具有较强辐射力的国际文化交易平台，带动文化贸易高质量发展。曲江新区文化产业园区整体运营和管理水平不断提高，取得了较快的发展，是陕西省文化产业园区的突出代表。

2. 西安高新区

西安高新区作为西安最强劲的经济增长极和对外开放窗口，倾力布局文化建设，着力打造区域文化品牌，不断发挥产业聚集效应，不断积蓄文化产业发展新动能。西安高新区重点发展数字出版、动漫游戏、创意设计、数字教育、互联网服务等高附加值文化产业，聚集 4000 多家文化企业。2011 年，西安高新区获批成为全国第八家国家数字出版基地。2012 年，西安高新区获批成为首批国家级文化和科技融合示范基地。2018 年，西安高新区被列入全国首批国家文化出口基地，并在 2021 年首批国家文化出口基地绩效评价中综合排名第二位。西安高新区始终以国家级、省级文化产业园区建设为突破口，为文化企业提供发展沃土，释放无限的创造力。

3. 陕西国家广告产业园

陕西国家广告产业园 2012 年由原国家工商总局认定，是全国首批国家级广告产业园，也是西北地区唯一的国家级广告产业园。园区位于西安国际港务区核心区域，总规划 3 平方公里，核心区占地 800 亩，一期启动区占地 135 亩。园区通过搭建投融资服务、交流培训、大数据支持等一系列平台，为广告产业提供全面完善的服务。一期项目已基本完成，主要建设广告文化企业总部聚集区、广告博物馆、创意长廊、环球创意体验文化广场、广告四新研发大厦以及搭建中小企业金融服务平台、西北影视广告视觉特效中心等服务平台。园区先后成为省部共建项目，并列入陕西省“十大文化产业示范基地”，2019 年被认定为陕西省文化产业“十百千”工程文化产业重点园区。

4. 11家国家级单体类文化产业基地

陕西共有 11 家单位被命名为国家级文化产业示范基地。2006 年，陕西第二批国家文化产业示范基地有西安曲江文化产业投资（集团）有限公司和安塞县黄土文化产业开发有限公司；2008 年，陕西第三批国家文化产业示范基地有西安关中民俗艺术博物院、陕西华清池旅游有限责任公司、华县皮影文化产业群；2010 年，陕西第四批国家文化产业示范基地有宝鸡市文化旅游产业开发建设有限公司、西安大唐西市文化产业投资有限公司和陕西富平陶艺村有限责任公司；2012 年，陕西第五批国家文化产业示范基地是陕西演艺集团和长风数字科技有限公司；2014 年，陕西第六批国家文化产业示范基地是宝鸡雪云文化产业发展有限公司。

5. 西安印刷包装产业基地

西安印刷包装基地是以印刷包装、创意设计、材料供应、物流配送和教育培训为主要业务内容的国家级新闻出版产业基地。2014 年，该基地被授予“国家中小企业公共服务示范平台”称号。2020 年，该基地通过国家新闻出版署关于“国家出版产业基地（园区）”复审。

6. 陕西动漫产业平台

陕西动漫产业平台以动漫及相关产业为孵化对象，先后打造了“新光奖”中国西安国际原创动漫大赛与大学生文创动漫嘉年华两个赛事品牌，搭建了服务外包“双创”平台等。2012 年，荣获全国首批、西北唯一的“国家级创业孵化示范基地”称号。2022 年，陕西动漫产业平台荣获陕西省版权示范园区称号。入驻企业以元创影视、桥合动漫、斑点文化、三好软件和呦呦鹿鸣等优质企业为代表，业务范畴涵盖定格、二维、三维影视动画制作，原创 IP 开发和衍生产品研发制作等科技文化融合项目。

（二）省级文化产业园区基地

2005~2018 年，陕西命名了 184 家省级文化产业示范基地和单位。其中，省级文化产业示范基地 75 家，省级文化产业示范单位 109 家。2019 年，陕西开展文化产业“十百千”工程文化产业园区（基地）和重点文化企业示范创建工作。2019~2021 年，陕西认定“十百千”工程文化产业示范园区 9 家，重点园区 33 家，示范基地 67 家，共计 109 家。2019 年，认定西安曲江新区、西安印刷包装产业基地、华商传媒文化产业园、宝鸡石鼓·文化城产业示范园区为第一批“十百千”工程文化产业示范园区；2020年，认定延安市枣园文化广场为第二批“十百千”工程文化产业示范园区；2021年，认定西部电影圈子·西影电影产业集聚区、西安曲江创客大街、延安市圣地河谷·金延安文化旅游产业园区、汉中市兴汉生态旅游汉文化示范区为第三批“十百千”工程文化产业示范园区。2019年，认定西安市老钢厂众创空间、曲江369互联网创新创业基地等16家为第一批“十百千”工程文化产业重点园区；2020年，认定西安市长安唐村文学艺术产业园、宝鸡市岐山周文化景区等10家为第二批“十百千”工程文化产业重点园区；2021年，认定西安市鄠邑关中婚俗文化产业园、宝鸡市理想共创文化科技产业园等9家为第三批“十百千”工程文化产业重点园区。

二　陕西文化产业园区运营状况

随着文化产业园区公共服务设施和技术水平的不断优化，文化产业园区在规范化管理、示范性引领、智慧化转型等方面专业化水平不断提升，与新兴科技、产业政策、文化历史的融合越来越紧密，充分发挥了集聚效应和孵化功能。

（一）国家级文化产业示范园区基地

从区域分布看，西安是国家级文化产业园区基地的聚集地，渭南和宝鸡都有2家文化产业示范基地，延安有1家文化产业示范基地。西安曲江新区、高新区是重要承载区，它们充分发挥着政策、体制、功能等方面的优势，加快园区基地经济提速、提质和提效，在促进产业积聚，促进人力、科技资源整合，推动地方经济转型升级，促进创新成果产业化等方面显示出巨大潜力。

从产业形态上来说，曲江新区园区内有约1.4万家企业从事影视制作、演艺演出、出版传媒、文创设计、电竞游戏等文创产业，催生出一批竞争力、影响力和创新力较强的骨干文化企业和产业集群。西安高新区重点发展数字出版、动漫游戏、创意设计、互联网服务等高附加值文化产业。高新区有西安85%的动漫、游戏、影视制作企业汇聚，从业人员近万人。西安国家印刷包装产业基地聚集了新华发行集团、华商报业集团等 30 多家印刷包装龙头企业。

从规模效益来看，各园区基地加强制度和政策创新，培育特色优势产业，持续优化营商环境，产业集聚规模效应逐步显现。曲江新区国家级文化产业示范园区在产业规模、经济效益、品牌形象等方面持续发挥示范和引领作用。曲江新区年营业收入超过了 100 亿元，规模以上文化企业入驻率高。西安高新区的入区文化企业已达 4000 家，文化产业产值超百亿元。西安国家印刷包装产业基地产值已占陕西省印刷行业产值的 1/3 以上。

（二）省级文化产业园区基地

按可比口径计算，截至 2022 年 8 月，陕西省各地市省级文化产业园区基地入驻的文化企业法人单位共计 2595 个，从业人员共计 4. 15 万人，实现营业收入 51. 87 亿元。其中，省级文化产业园区基地规上文化企业数量达到 422 个，新增规上文化企业 35 家，实现营收 53. 12 亿元。

从区域分布看，园区分布形成以关中为主、陕南与陕北为辅的格局。陕西文化产业园区基地分布不均衡，关中地区为主要聚集地，陕南和陕北布局较分散，在陕的省级以上文化产业园区基地半数以上位于西安。全省 83%的文化产业增加值由关中地区创造，陕北和陕南文化产业增加值占全省的比重不足 20%。陕南文化产业园区基地共有 23 家，陕北文化产业园区基地仅有 14 家。

从产业形态看，省级文化产业园区基地经营范围基本涵盖新闻出版、广电传媒、图书报刊、文化艺术及演出、网络文化等产业门类。按照 2018 年文化及相关产业分类，全省省级文化产业园区基地涉及的行业有新闻信息服务、内容创作生产、创意设计服务、文化传播渠道、文化投资运营、文化娱乐休闲服务、文化辅助生产和中介服务、文化装备生产等八大类，基本覆盖了文化产业的全部内容。

从规模效益看，省级文化产业园区基地规模效益突出。以曲文投为例，西安曲江文化产业投资（集团）有限公司是目前国内唯一同时获评“全国文化企业 30 强”“中国旅游集团 20 强”的企业。截至 2021 年末，集团以 185.62 亿元营业收入在“2021 陕西 100 强企业名单”中排第 25 位，排名较上年提升 16 位。大雁塔北广场、大唐芙蓉园、曲江池遗址公园、大唐不夜城等一系列重大文旅项目和重点文化基础设施的建成，使陕西文旅消费潜力充分释放，城市能级和城市品质得到提升，为文化产业发展提供了一套系统性、综合性、平衡性解决方案。

三　陕西文化产业园区发展经验及存在的问题

（一）发展经验

1. 经济效益和社会效益并重，园区品牌建设初见成效

陕西文化产业在文化、旅游、科技服务等领域构建新的发展模式，形成新的业态，成功塑造了一批具有国际和国内影响力的文化产业品牌。据不完全统计，陕西省拥有国际/国家级、省级和市级及以下注册商标和名牌产品/著名、驰名商标的园区分别占 19%、35%和 26%，各产业园区基地的品牌价值不断提升。以西安曲江新区、延安市枣园文化广场、西部电影圈子·西影电影产业集聚区等为代表的文化产业园区，是陕西具有较高知名度的文化品牌，政府在各方面都给予重点扶持，其在招商引资、人才聚集等方面的综合实力得到大幅提升，在全行业的市场竞争力非常强劲。安塞县黄土文化产业开发有限公司在深入挖掘、保护、开发和利用黄土特色文化的基础上，精心打造安塞腰鼓、陕北民歌、剪纸和农民画等重要品牌。

2. 创新公共文化服务，产城融合迈上新台阶

园区服务由单一化走向多样化、平台化、标准化、规范化，建立了服务类型丰富、服务标准统一、高效便捷的服务体系，成为产业园区提升核心竞争力的必要手段。各文化产业园区基地通过引进创意策划、人才培训、行业中介、金融投资等相关机构，努力搭建适应自身发展的文化产业公共服务平台，不断完善产业园区内不同类型文化企业的孵化功能。各产业园区也不断创新公共文化服务供给模式，通过文化赋能，引导促进产业发展与文化消费升级，实现“事业+产业+消费”三轮齐驱。多数园区利用老建筑和老厂房进行改造，形成特色体验型商业街区，老钢厂、际华3511、大华1935是最具代表的创意产业园区。

3. “文化+科技”持续融合，园区数字化建设加快进行

随着国家文化数字化战略纵深推进，文化内容与数字技术相结合的文化新业态新模式已成为陕西文化产业园区发展的重要内容。各文化产业示范园区基地和文化企业充分利用自身的文化资源优势，不断创新文化交流的内容和形式，有力拓展着国内国际文化交流贸易活动，提升陕西文化的影响力和竞争力。如曲江新区已集聚了诸如华商传媒产业园、曲江创客大街、369互联网创新创业基地、西安文化科技创业城等一批展现陕西特色、体现创新活力和竞争力的科技型文化企业与文化科技创新服务机构。

4. 强化政策扶持和资金支持，营造产业园区发展新环境

为支持国家级、省级文化产业园区基地发展，陕西以文化产业园区政策创新为切入点，从政策和资金上支持文化产业园区基地整合升级，产业向集群发展，产业链向中高端延伸，提升功能、优化环境、完善机制、升级服务。《关于进一步加快陕西文化产业发展的若干政策措施》（2017年）提出打造专业园区，促进集群发展，从加快现有文化产业园区转型升级、支持国家级和省级重点文化产业园区基地创建、提高文化产业园区配套服务水平、提升文化产业园区孵化功能等方面提出务实举措。省级文化产业发展专项资金对新认定的国家级文化产业基地（园区），给予200万元奖励；对新认定的省级文化产业“十百千”示范园区和新认定的省级文化和科技融合示范基地（集聚类），给予100万元奖励；对国家级、省级基地（园区）申报的项目，在资金上给予倾斜。各地市也制定了配套奖励政策。

（二）存在的问题

立足全球视野，放眼全国，陕西文化产业发展的国际影响力和竞争力还明显不足，缺少具有国际国内感召力和影响力的文化标志区，更缺少具有全球竞争力的领军型文化企业，园区发展面临较多薄弱环节与掣肘因素。

1. 园区集群效应不强，产业关联度较低

部分园区基地存在集群效应不强、主导产业模糊、产业关联度低等现象，导致园区整体经济效益不高、服务体系松散、孵化能力不强。部分园区在动漫、出版、影视以及文创等产业形态具备一定规模，但和全国其他产业园区相比，整体规模不大不强、主导产业优势不突出。部分园区基地企业间紧密度不足，没有清晰的产业链上下游关联，还不能形成规模经济。园区产业定位还存在同质化问题，部分园区功能定位雷同、文化含量低，有些园区文化要素不突出。由于园区内各企业之间上下游产品配套生产得少，集群特点和园区产业整体功能没有充分体现，没有形成优势互补、协同共生的良性关系。

2. 配套服务能力较弱，发展环境亟待优化

相比于发达省份，陕西文化产业园区创新创业孵化条件和配套设施依旧滞后，对优质创新创业资源的吸引力不足。部分产业园区创新创业仍处于初级发展阶段，导致文化产业创新创业成果数量偏少、质量偏低。多数园区能为文化企业提供物业管理、固定资产租赁及出售等硬件服务，但为文化企业提供信息交互、产品路演、金融服务、法律支持等服务的能力依旧不足，为文化企业提供高等级增值性公共服务的文化产业园区更是凤毛麟角。这说明产业园区基地的公共管理服务还需要进一步改善。园区核心区聚集了大量优质文化产业资源和发展平台，而文化产业创新创业发展空间有限，导致文创主体工作、生活和创新创业成本相对较高，对创新创业资源的吸引力和黏性逐渐减弱。以线下经营为主的传统文化企业转型升级能力亟待增强，生存压力巨大，盈利能力亟待提升，小微文化企业发展环境亟待优化。

3. 文化科技创新主体力量不足，创新创业高层次人才短缺

大多数园区文化科技创新主体力量不足，技术能力佳、高成长型、文化科技型企业和独角兽企业数量太少，文化企业科研技术创新能力和关联性创新创业服务竞争力不强。园区文化创新创业人才培训、文创项目孵化、创新创业导师团队建设、创新创业项目库与人才库建设等工作较为滞后。人才短缺主要在文艺演出、非遗保护、民间艺术等传统行业，新兴文化产业中高端技术人才以及统筹运营人才依旧不足。近一半的企业仍是以未来发展的愿景、提供给个人学习和能力提升的机会和有竞争力的薪酬待遇来吸引人才，大多数园区企业无法解决人才关心的住房、子女上学、户口等问题。以大学生为重点的青年创新创业群体数量也稍显不足，科技创新中介、科技服务组织较少，创新创业项目科技含量和创新程度不足。

4. 管理体制机制有待理顺，政策扶持体系不够健全

由于省级以上各类文化产业园区基地认定部门不统一，存在多头认定、管理分散、责任不明的现状。政府日常管理考核机制、奖惩机制和退出机制不够完善，导致部分园区基地还存在“牌子到手、创建到头”的现象。各级职能部门虽陆续出台了一些支持园区基地的优惠扶持政策，但是各地区文化产业政策体系还不健全，对于文化产业园区基地的支持力度偏弱，保障力度不足，不能有效调动文化市场主体的积极性。

四　陕西文化产业园区培育提升路径

（一）文化产业园区发展形势

当前及未来的一段时期，在经济、科技等多重因素影响下，推动供给侧结构性改革，有效扩大内需，加快转变文化产业发展方式已成为当务之急。自2007年原文化部开展园区创建工作以来，以西安曲江新区等为代表的国家级文化产业园区通过强化管理，引导地方政府完善政策服务，获得了快速发展。国家层面对“十四五”期间文化产业园区发展方向及目标作出了明确规划。2022 年 1 月，文化和旅游部印发《关于推动国家级文化产业园区高质量发展的意见》，要求加强对国家级文化产业园区创建和发展的统筹规划，加大对西部地区、东北地区园区的扶持力度，国家级文化产业园区建设进入了高质量发展阶段。国内众多省份已将 5G、云计算、人工智能、大数据、区块链等技术广泛应用于文化行业，文化产业园区也在以数字化、网络化、智能化发展趋势的变革中不断更新。为此，陕西要进一步规范发展国家级、省级文化产业园区，突出差异化、特色化发展趋势，培育壮大数字文化产业集群，重点培育数字文化产业园区和“专精特新”文化产业园，加快园区发展向产业链、创新链、价值链中高端迈进。

（二）陕西文化产业园区培育提升路径

1. 全面升级文化产业园区，改善产业园区发展环境

强调“一园区主打一特色”，不同园区百花齐放，精准定位、差异化发展。全面升级文化产业园区，优化园区经营管理模式，强化文化企业孵化功能，有效实现文化产业集聚。从园区的投资、设计、建设、招商、运营等方面进行整合，加快园区从“物业产权性收益”向“产品服务化收益”转型提升，实现一体化服务。通过改变对园区的考察及扶持方式，促进园区转变组织形式和创新经营模式，引导文化产业园区依据行业特点的差异互补性对园区内资源进行科学划分重组。鼓励园区为企业成长提供多元化、全方位和数智化服务内容，满足入驻企业对新型办公条件、金融服务、网络性能、宽带容量、产品应用场景和信息技术服务质量的需求，避免服务缺位。完善扶持本区域文化产业园区发展的配套政策，制定和完善省级文化产业园区基地管理办法，在土地使用、规划审批、税收优惠、融资等方面提供政策支撑。进一步加大省级文化产业发展专项资金扶持力度，切实加强专项资金管理使用。建立和完善产业园区的验收、考核体系和准入退出机制。

2. 优化园区经营管理模式，打造全链条创新创业服务

强化文化企业孵化功能，有效实现文化产业集聚。进一步加快文化产业园区创业孵化基地空间建设，为更多文化企业提供更加舒适的创业孵化环境

及全链条、一站式的创业服务。在现有省级以上文化产业园区基地基础上，继续提升各项功能，在专业化和精细化上下功夫，不断完善公共服务平台。鼓励和支持园区基地围绕产业链部署创新链、围绕创新链布局产业链，有效发挥产业集群效应。在产业链建设上下功夫，对园区基地实施产值、要素、招商、创新等单列单考。针对入驻文化企业的多样化需求，提供与其自身发展相适应的环境，建立市场认可的多维度孵化服务体系。建立并实行入驻文化企业需求定期调研机制，将专业技术咨询、投融资服务、知识产权保护以及政策咨询等专业性服务列入清单，将企业孵化培育与推动产业发展相结合，优化服务内容，提升服务品质。同时，园区服务还顺应数字化发展趋势，提升园区智能化管理水平，在服务方式和业务流程上形成创新性举措。

3. 培育壮大骨干文化产业园区，构建数字文化生态共生机制

鼓励优势文化产业园区整合资源，加速培养和引进一批具有相对比较优势的龙头文化企业。重点培育省内科技含量高、创意水平高的潜力型文化企业，培育和引进独角兽文化企业和行业领军型企业，建立陕西文化产业的战略储备库。加快陕西国家级文化和科技融合示范基地、国家数字出版基地、西部动漫产业基地等发展，到“十四五”末，实现国家级和省级文化产业示范园区基地数量和质量双突破。推动重大文旅项目建设，着力打造旅游产品与服务、文创产品、乡村旅游、旅游演艺、数字文旅、文化装备制造、文旅会展、文旅节庆等重点产业链。聚焦育链补链强链，大力开展产业链招商，加快陕西文旅资源转化、产业转型、动能转换。打造以文化资源数据采集、加工、挖掘和服务为特色的文化数据产业链，构建“文化数字研发—成果转化—数字文化企业培育—数字文化产业发展壮大”的数字文化生态共生机制，形成全要素、全生态的数字文化企业孵化体系。积极推动数字创意、网络视听、数字艺术展示等数字创意产业发展，建设一批数字文化产业园区。鼓励依托秦创原创新驱动平台建设文化数字化科技创新平台，建设陕西省文化数字化国家技术创新中心，支持全省文化机构依托秦创原发展文化数字化业务。

4. 持续优化空间布局，构建集约高效的文化产业发展空间

按照“以城聚产、以产兴城、产城互动、错位发展”的思路，推动文化人才、技术、信息、管理、数据、资本等创新要素资源向文化产业园区倾斜，积极打造以园区、基地、楼宇、文创街区、文创特色小镇为载体的文创空间。有效盘活老旧厂房、街区和商业集聚区空间等存量资源，做到园区发展与城镇建设功能互补和融合发展。培育打造演艺、音乐、影视等文化消费新场景，激发文化市场新活力。支持省内文化产业园区和符合条件的商业空间申报国家级夜间文化和旅游消费集聚区。协调好省内不同地域、不同类型文化产业园区间的关联，推动跨区域特色产业园区的建设，逐步形成具有一定梯度的文化产业园区区域布局。

公共文化篇

Public Culture Reports

B.13
陕西新时代文明实践中心建设研究报告

杨艳伶*

摘　要： 新时代文明实践中心是推动习近平新时代中国特色社会主义思想更加深入人心，打通宣传群众、教育群众、关心群众、服务群众"最后一公里"的重要载体，是激发城乡精神文明建设新活力、助力社区与基层治理的必然要求，也是更好地满足群众精神文化生活新期待、提升群众文化获得感及幸福感的客观需要。围绕基层思想宣传文化工作谁来干、干什么以及怎么干等问题，陕西以4个全国首批试点县作为先导，积极推动全省新时代文明实践中心建设工作全面展开。本研究报告从呈现陕西为推动党的创新理论不断深入人心而进行的一系列探索入手，既有对整合各种资源、健全运行机制、培育特色品牌的呈现，也有对新时代文明实践中心建设认识不到位、志愿服务供给精准化程度有待提升、志愿者服务队伍构成仍需完善、多元化资金筹集渠道不畅等问题与

* 杨艳伶，陕西省社会科学院文化与历史研究所副研究员，主要研究方向为文化产业、少数民族文学、地域文化。

不足的揭示，还从深化体制机制建设、改变单向性供给模式、拓展新时代文明实践活动覆盖范围、健全志愿服务管理机制、探索志愿服务项目社会化筹资或运作模式以及加快“两中心”融合步伐等层面提出了相应的对策和建议。

关键词： 陕西　新时代文明实践中心　志愿服务　融媒体中心　供给侧改革

2018年7月6日召开的中央全面深化改革委员会第三次会议审议通过了《关于建设新时代文明实践中心试点工作的指导意见》，“新时代文明实践中心”建设被首次提出。党的十九届四中全会通过的《中共中央关于坚持和完善中国特色社会主义制度　推进国家治理体系和治理能力现代化若干重大问题的决定》将推进新时代文明实践中心建设作为坚持以社会主义核心价值观引领文化制度建设的重要内容提出。党的十九届五中全会通过的《中共中央关于制定国民经济和社会发展第十四个五年规划和二〇三五年远景目标的建议》再次提出，要“实施文明创建工程，拓展新时代文明实践中心建设。健全志愿服务体系，广泛开展志愿服务关爱行动”。新时代文明实践中心是推动习近平新时代中国特色社会主义思想更加深入人心，打通宣传群众、教育群众、关心群众、服务群众“最后一公里”的重要载体，是“以习近平同志为核心的党中央从战略和全局上作出的重大决策，是推动习近平新时代中国特色社会主义思想深入人心、落地生根的重大举措”①，是激发城乡精神文明建设新活力、助力社区与基层治理的必然要求，也是更好满足群众精神文化生活新期待、提升群众文化获得感及幸福感的客观需要。

① 宋惠芳：《新时代文明实践中心建设的成功探索》，《山东干部函授大学学报》2022年第4期。

新时代文明实践中心建设以县域为整体，以县、乡镇、村三级设置为主，分别在县、乡镇以及村设立新时代文明实践中心、新时代文明实践所、新时代文明实践站，县一级由县（市、区）党委书记或专职副书记担任中心主任，乡镇和村一级分别由乡镇党委负责同志、村党组织主要负责同志担任所长与站长。同时，以志愿服务为基本形式和活动方式，充分整合、统筹使用现有的基层公共服务阵地资源，着眼于打造理论宣讲平台、教育服务平台、文化服务平台、科技与科普服务平台及健身体育服务平台等。北京、吉林、江苏、浙江、安徽、山东、福建、广东、海南、湖南、贵州、陕西等12个省份的50个县（市、区）被中央选定为新时代文明实践中心首批试点（见表1），陕西富平县、凤县、延川县、志丹县被列入首批国家级试点名单。贯彻落实中央决策部署，秉承因地制宜、试点先行原则，陕西有序展开了新时代文明实践中心建设工作。

表1　新时代文明实践中心建设首批50个试点县（市、区）名单

所属省份	试点县(市、区)
北京	延庆区
吉林	农安县、通化县、靖宇县、通榆县、敦化市、珲春市、延吉市、公主岭市
江苏	徐州市贾汪区、宜兴市、溧阳市、海安市、盱眙县、阜宁县、丹阳市
浙江	桐庐县、慈溪市、平阳县、诸暨市、长兴县、安吉县、海宁市
安徽	巢湖市、天长市、当涂县
福建	上杭县、福安市
山东	胶州市、平度市、桓台县、龙口市、寿光市、曲阜市、肥城市、荣成市、五莲县
湖南	凤凰县、辰溪县
广东	博罗县、乳源县
海南	海口市琼山区、美兰区
贵州	赤水市、清镇市、龙里县
陕西	凤县、富平县、志丹县、延川县

一　陕西新时代文明实践中心建设的成功探索

围绕基层思想宣传文化工作谁来干、干什么以及怎么干等问题，陕西以4个全国首批试点县作为先导，积极推进全省新时代文明实践中心建设工作全面展开，调动各方力量，整合各种资源，健全运行机制，培育特色品牌，为推动党的创新理论不断深入人心探索出了一系列行之有效的办法与措施。

（一）强化制度保障、健全工作体系，夯实文明实践“压舱石”

1. 省级层面

按照中宣部和中央文明办对新时代文明实践中心建设试点工作的相关要求，陕西省成立了省委常委、省委宣传部部长担任组长的新时代文明实践中心试点工作指导组，负责试点工作的组织领导与政策保障。于2018年9月召开了建设新时代文明实践中心试点工作部署会，安排被选定为国家级试点的凤县、富平县、志丹县和延川县开展试点工作。同月，中共陕西省委办公厅向渭南、宝鸡以及延安印发《关于做好新时代文明实践中心试点工作的通知》，并提出了明确的工作要求。陕西首家县级新时代文明实践中心于2018年10月17日在凤县挂牌。2019年3月18日，陕西省委宣传部印发旨在精准指导开展试点工作的《关于联系新时代文明实践中心试点县（市、区）工作安排的通知》，确定由省委宣传部、省文明办领导分别联系1~2个试点县（市、区）的领导干部联点工作制度。同年4月18日，《关于做好新时代文明实践中心省级试点工作的通知》由中共陕西省委办公厅印发，西安市蓝田县、咸阳市彬州市、铜川市宜君县、榆林市榆阳区、汉中市城固县、安康市岚皋县、商洛市商南县、杨凌区和西咸新区秦汉新城9个县（市、区）被确定为省级试点。陕西省文明委于2019年10月28日印发《关于深化拓展新时代文明实践中心试点工作的安排意见》，中央文明委于2019年10月印发《关于深化拓展新时代文明实践中心建设试点工作的实施方案》，国家级试点县（市、区）覆盖至全国31个省（区、市）和新疆生产建设兵团，数量也由原来的 50 个拓展至 500 个。西安市的长安区、蓝田县，宝鸡市的凤县、千阳县，咸阳市的彬州市、乾县，铜川市的耀州区、宜君县，渭南市的富平县、韩城市，延安市的宝塔区、志丹县、延川县，榆林市的榆阳区、绥德县，汉中市的城固县、洋县，安康市的岚皋县、石泉县、旬阳县，商洛市的商南县、山阳县、柞水县，以及杨凌示范区杨凌区，共计 24 个县（市、区）入选第二批全国新时代文明实践中心建设试点。此外，为更好地夯实责任、落实制度、协调工作，陕西制定了省委文明委有关单位建设新时代文明实践中心试点工作联席会议制度，省委组织部、省委宣传部、省委政法委、省委教育工委（省教育厅）、省网信办、省财政厅、省民政厅、省人社厅、省科技厅、省卫生健康委等联席会议成员单位相互配合、主动作为。为及时了解和汇总试点工作进展情况，省委文明办还建立起了试点工作月报制度，“全国试点县”每月工作进展情况都会得到及时汇总与发布。2022 年 3 月，中共陕西省文明办印发《全面拓展新时代文明实践中心建设的实施方案》（陕文明办发〔2022〕1 号），提出至 2022 年底，全省各县（市、区）均建立新时代文明实践中心、乡镇（街道）均建立新时代文明实践所、行政村（社区）均建立新时代文明实践站的工作目标，并提出实施文明实践阵地建设行动、项目孵化行动、队伍提升行动、结对帮扶行动、线上融合行动、激励保障行动等具体工作举措。

2. 县域层面

在建立健全县（新时代文明实践中心）、镇（新时代文明实践所）、村（新时代文明实践站）三级设置的基础上，各县都把机构设立、资金支持等保障性措施作为推进工作的基本前提加以落实。凤县经宝鸡市委编办批复成立了县委宣传部下属的公益一类全额拨款事业单位——凤县新时代文明实践工作站，为正科级建制，核定编制是 6 名，领导职数为 1 正 1 副。富平县经渭南市委编办批复成立了县委宣传部下属的公益一类全额拨款事业单位——富平县新时代文明实践中心，核定编制是 11 名，领导职数为 1 正 2 副，内设 3 个股且履行原县文明办的工作职能。延川县成立了县委宣传部下属的公益一类全额拨款事业单位——新时代文明实践中心总站，核定编制是 10 名，领导职数为 1 正 2 副。志丹县在县委宣传部设立了新时代文明实践中心办公室，下设综合协调、督查指导、志愿服务等 5 个工作组和理论宣讲、教育服务、文化服务等 6 个平台办公室。杨凌区、彬州市、宜君县、城固县、耀州区、宝塔区、韩城市、乾县也都成立了正科级新时代文明实践工作机构。凤县、富平县、延川县、志丹县等首批全国试点县都将文明实践试点工作经费列入年度财政预算且专款专用，富平县还按照县文明实践中心每年 20 万元、实践所每年 2 万元、实践站每年 0.5 万元的标准核拨经费。柞水县、石泉县、耀州区、乾县财政分别预算 200 万元、214 万元、50 万元和 80 万元专门用于新时代文明实践试点工作，为试点工作顺利开展提供了及时的经费保障。

（二）整合各种资源、重视志愿服务，滋养文明实践“幸福花”

在成立三级组织机构的基础上，围绕学习实践科学理论、宣传宣讲党的政策、培育践行主流价值、丰富活跃文化生活以及持续深入移风易俗等五大任务，陕西坚持不新建、不重建原则，充分整合盘活现有基层公共服务资源与活动资源，建立分别设在宣传部门、教育部门、文旅部门、科技部门、卫健或体育部门的理论宣讲、教育服务、文化服务、科技与科普服务、健康体育服务等五大平台。理论宣讲平台打通党校（行政学院）、党员电教中心、党员活动室、道德大讲堂、村级组织活动场所和综合服务中心等场所；教育服务平台打通普通中学、职业学校、小学、青少年宫、青少年校外活动场所、儿童活动中心以及乡村少年宫等场所；文化服务平台打通基层文联组织、乡镇文化站、文化馆、群艺馆、博物馆、图书馆、影剧院、歌舞团、戏剧团等文化系统资源与场所；科技与科普服务平台打通科技示范基地、农村科技创新室、科技信息站、益农信息社、科普乡村 e 站、社区 e 站、科普大篷车、科普活动室和农家书屋等场所；健康体育服务平台打通县级体育场馆、游泳馆、农村文化活动广场、农村健身广场、农村卫生室等场所。凤县有效整合各类基础公共文化服务资源，建成“时代新声”“古羌新韵”“故道新风” 3 个县级主题展馆，全面盘活 192 个阵地资源以及 78

个活动资源。富平县盘活 1312 个阵地资源和 87 个活动资源，建成了集文化礼堂、爱心超市及好人馆在内的新时代文明实践主题展馆。延川县盘活阵地资源 385 个、活动资源 112 个，设立暖心驿站 17 个。这些阵地活动资源都是新时代文明实践活动常态长效开展的基础，也是试点工作落到实处细处的保障。

《关于建设新时代文明实践中心试点工作的指导意见》明确提出，志愿服务是新时代文明实践中心（所、站）的主要活动方式，志愿者是新时代文明实践中心（所、站）开展工作的主体力量。志愿服务对社会发展与进步的重要性不言而喻，“一个社会除了依靠政府部门提供的公共服务，还必须依靠志愿部门、非营利部门提供的公共服务。后者可以大规模提高公共服务的覆盖范围以及公共服务的质量与效率，减少和杜绝官僚主义与不作为”。① 陕西省县级新时代文明实践中心组建起了由县（市、区）党政主要负责同志担任总队长的志愿服务总队，有条件的乡镇（街道）和行政村（社区）则组建起志愿服务队，通过开展志愿服务，使新时代文明实践中心（所、站）成为提升基层百姓获得感与幸福感的“服务站”，让文明实践“幸福之花”遍地开放。西安市积极筹备成立协调指导全市新时代文明实践工作的新时代文明实践指导中心，组建素质过硬、专兼结合的“8+N”志愿服务队伍，“8”即理论宣讲、文化教育、体育健身、科技科普、卫生健康、文明交通、生态文明、平安西安 8 个志愿服务大队，“N”即若干个功能多样、区域特色鲜明的志愿服务队。作为首批国家级试点县的延川县在全县范围内组建起由“1 支志愿服务总队+18 支志愿服务大队+369 支志愿服务小队+12 支特色志愿服务队”组成的共计 1 万余人的志愿服务大军，并通过制定“统筹+个性”双向选择、“线上+线下”双线运行、“讲堂+实践”双轮驱动、“宣教+服务”双层推进、“普遍+定向”双重并行等五大运行机制，从而提升志愿服务的针对性、时效性和灵活性。乾县组建了 253 个志愿服务

① 《志愿精神的意义和价值》，中国经济网，http：//views. ce. cn/view/society/200905/11/t20090511_ 19037835. shtml。

队，石泉县成立了185支志愿服务队，山阳县也成立了329支志愿服务队，常态化开展形式新颖、内容丰富的文明实践活动。

（三）创新方式方法、注重品牌培育，配好文明实践“金钥匙”

人民群众在哪里，新时代文明实践活动就开展到哪里，志愿者的身影也就会出现在哪里。陕西各地重视新时代文明实践中心建设工作，力争出成效、出特色、出经验、出亮点、出品牌，并且，一些特色鲜明的亮点与品牌已经在广大群众中产生了非常好的效果，为新时代文明实践活动的纵深开展配好了“金钥匙”。

富平县以“爱党、爱国、爱县、爱乡”为主题、以情感关怀为纽带、以给70岁以上老人过集体生日为主要形式的“怀德生日会”，既提高了党的创新理论和惠民政策的基层知晓率，也加深了党和政府与人民群众之间的血肉联系，同时也以更为生动有效的方式推动了移风易俗活动的持续开展。被作为典型案例编入中宣部、中央文明办编印的《建设新时代文明实践中心指导手册》的志丹县志愿服务品牌项目——“文明大篷车”，起初针对陕北地区山高坡陡、居住分散以及群众难组织难聚合少互动等问题，利用农村婚庆日子这样的有利节点，以“文明大篷车”形式见缝插针地开展新时代文明实践活动，经过一段时间的探索，发展为充分利用农村“过喜事”“过集市”“过会”“过节”等一系列好日子，开展传思想、普法律、讲家风、放电影、演节目等15项组合式志愿服务活动，在服务节庆活动的同时弘扬新风尚。蓝田县同样以人口聚集多、受众广、人气旺的农村婚嫁喜事这样的“好日子”作为切入口，探索推出了受到中央、省市主流媒体关注报道的“蓝田新婚礼”，婚礼上会设置“传思想、感党恩、送文化、立家训、诵乡约”等五个寓意深刻的环节，接受过新思想、新理论、新政策和新风尚培训的婚礼司仪是志愿者，更是政策理论传播者、移风易俗推动者及文明风尚倡导者，从而达到“一户办婚礼、教育一村人”的良好效果。城固县广泛组织村民开展“说事大院”活动，引导大家在说事大院里把各自的需求、好事、坏事、高兴事以及烦心事等摆出来、晒一晒并评一评，这样的活动每月能召开两次，还设置了“诵经典、讲政策、传善行、兑积分、聚民意”等五个环节。“说事大院”能够推动党的创新理论“飞入寻常百姓家”，能够有效化解基层矛盾纠纷，也能够涵养文明新风、拉近干群距离，并因此作为典型案例入选中央文明办编印的《建设新时代文明实践中心工作方法100例》（见表2）。遵循“政府引导、专家指导、市场运作、农民受益”原则，榆阳区运用“互联网+大喇叭”云广播技术，将“新农村大喇叭”工程作为传递党的声音、教育服务群众的重要载体，以固定时段、固定频率播发的形式推动大政方针、惠民政策、生产技术、移风易俗，以及森林防火、疫情防控常识等“声入人心”。岚皋县持续深化能够引导群众向上向善的“道德银行”建设，从勤劳致富有目标、孝老爱亲有传承、诚信友善有品行、移风易俗有成效、热爱集体有奉献以及典型示范有影响等六个方面制定“道德银行”积分评定标准，为辖区居民开设“道德银行”账户、发放“道德银行”存折，通过“做好事、存积分、换奖品、享服务”的道德激励制度为好人好事评议赋分，同时实行“道德银行+爱心超市”“道德银行+评优树模”“道德银行+农户授信”“道德银行+志愿服务”“道德银行+道德服务”的“1+5”模式，营造以“存进去的是美德、取出来的是荣誉、传播开的是力量”为底色的风清气正的社会氛围，激发群众自强不息、奋发有为的内生动力与生活热情。延川县将新时代文明实践和红色文化传承有机结合，在农村推行让群众自己评、评自己，自己议、议自己的“红色夜评会”，“红色夜评会”不拘形式和地点，宣传习近平新时代中国特色社会主义思想是所有活动的规定动作，还将唱红歌、讲红色故事以及学红色思想等内容穿插其中，富有仪式感的同时达到引导与教育群众的效果。延川县还根据路遥名著《平凡的世界》里双水村书记田福堂形象推出了富有本地特色的“田福堂大喇叭”宣传宣讲形式，“田福堂大喇叭”覆盖全县163个行政村和14个社区，每天早上9：30和下午5：30分别进行30分钟以上习近平新时代中国特色社会主义思想、红色革命故事或惠民政策等的宣传宣讲，微信群、QQ群、公众号、抖音号、融媒体中心等同步开展“田福堂大喇叭”宣讲，以最接地气的方式把文明新风送至千家万户。

表 2 入选《建设新时代文明实践中心工作方法 100 例》的陕西案例

名称	所属地区	案例简介
“大碗茶”文化讲坛	杨凌示范区杨凌区	充分利用群众农闲、纳凉以及饭后等闲暇时光，开办“大碗茶”文化讲坛以走近群众，把“大碗茶”文化讲坛做成服务群众的“窗口茶”、凝神提气的“聚心茶”、全面小康的“致富茶”，让群众在喝茶听故事中提高思想觉悟，让党的创新理论于潜移默化中深入人心
说事大院	城固县龙头镇	每月 20 日在各村院落开展“说事”活动，以“诵经典、讲政策、传善行、兑积分、聚民意”等环节传理论、讲政策、树新风、聚民心、解民忧
蓝田新婚礼	蓝田县	将群众精挑细选的婚嫁喜事的“好日子”变成开展文明实践的“好机会”，推出包括“传思想、感党恩、送文化、立家训、诵乡约”等 5 个环节的“蓝田新婚礼”，在引领文明新乡风的同时起到“一户办婚礼、教育一村人”的效果
文明大篷车	志丹县	结合当地山大沟深、群众居住分散以及志愿服务活动召集难、发动难、互动难等现状，充分利用婚庆节会等群众聚集的时间节点，探索推出“文明大篷车”志愿服务项目，以“节约式”“套餐式”“分类式”“流动式”“组合式”服务，为基层群众送去内容丰富、形式多样的“文明实践大餐”

资料来源：中央文明办一局，《建设新时代文明实践中心工作方法 100 例》，学习出版社，2021。

表 3 西部 12 省（区、市）入选《建设新时代文明实践中心工作方法 100 例》案例情况

单位：例

省(区、市)	数量	案例
重　庆	3	小院讲堂、文明实践“积分银行”、志愿服务孵化器
四　川	4	“三队三堂三式”宣讲、文明实践积分管理“四个一”、新时代文明实践“微家”、一体化融合“两个中心”
贵　州	3	五色管理、文明实践志愿服务日、“萤火虫”网格员志愿服务队
云　南	2	流动书包、为搬迁群众解难题
西　藏	1	茶馆书屋育新风
陕　西	4	“大碗茶”文化讲坛、说事大院、蓝田新婚礼、文明大篷车
甘　肃	3	民事直说、扶贫夜校、敲锣打鼓送荣誉
青　海	2	“三红服务”惠民生、汲取精神力量　建设“绿色家园”
宁　夏	3	笑脸盈门、六盘山红色书院、田间课堂
新　疆	3	身边事网格办、“974”加油站、奎城先锋
内蒙古	3	乌兰牧骑+、五进家门“拉话话”、“两个中心”共建共享共融
广　西	1	贝依山歌传理论

资料来源：中央文明办一局，《建设新时代文明实践中心工作方法 100 例》，学习出版社，2021。

二　陕西新时代文明实践中心建设存在的短板与不足

新时代文明实践中心建设是一项头绪杂多、任务繁重且没有现成经验与模板可以参考的全新工作，陕西在打造“五大平台”、落实“五大任务”方面进行了多样化的探索与尝试，24 个试点县（区）大多找到了符合本地实际的实践思路与方法，入选中央文明办编印的《建设新时代文明实践中心工作方法 100 例》的案例数量与影响力在西部 12 省（区、市）都占据前列。但从全省推进情况来看，新时代文明实践中心建设依然存在一些需要切实解决的问题与不足。

（一）对新时代文明实践中心建设认识不到位，存在“泛化”“窄化”或形式主义等认知偏差

由于对新时代文明实践中心建设的总体要求、目标任务、方法路径等理解不够深入透彻，一些地方的干部认为基层工作中的所有事情都可以被纳入新时代文明实践的框架之中，把新时代文明实践看作什么都可以往里装的“筐”；一些地方的干部又只是从自身工作条件出发去组织或举办新时代文明实践活动，把服务群众看作新时代文明实践活动的中心定位，弱化甚至忽视了新时代文明实践中心建设宣传、教育及引导群众的核心要义；一些地方搞形式主义，投入大量资金将展板展室等做得漂亮高端，把新时代文明实践中心（或所、站）等装修得豪华无比，新时代文明实践活动却缺乏实质内容或品牌意识；一些地方甚至还处在等待与观望阶段，只是挂起了牌子或建起了广场场馆，并没有形成系统的建设思路，没有印发实施方案、管理办法以及建设标准等。这些问题都会影响到新时代文明实践中心建设的高质量与可持续开展，应该引起各个地方各级部门的高度重视。

（二）志愿服务供给精准化程度有待提升，群众参与度亟须增强

从 2018 年 7 月以来的建设情况来看，陕西新时代文明实践中心各项工

作的开展主要依靠的还是自上而下的行政运行方式，单向输送式的供给方式必然会造成一定程度的供需错位，群众“作为‘被服务对象’处于纵向垂直文化供应链的末端”①，他们参与文明实践活动的热情和满意度自然就会打折扣，甚至还会陷入“政府在做、群众在看”的怪圈。另外，由于志愿服务在我国尚属初始阶段，志愿者专业化水准也会影响到志愿服务供给的精准化水平。陕西省一些县（区）新时代文明实践中心主要负责人对志愿者的认知都还停留在开展活动时协助维持秩序、打扫卫生、文艺培训等基础或辅助服务层面，再加上新时代文明实践中心志愿者本身所处岗位行业、受教育程度以及个人阅历的不同，他们的工作认知、应变能力、服务水平等都会影响到实践活动的效果，进而还会让群众产生不积极、厌倦、懈怠等心理或情绪。

（三）志愿服务规范化、常态化开展的管理机制与保障制度尚未健全，志愿者服务队伍构成仍需完善

陕西省现有新时代文明实践志愿者队伍以在职公职人员和农村党员干部为主，志愿服务能力和意识都与专业志愿者不可同日而语，再加上体制内干部或村干部原本就有自己的本职工作需要完成，常态化服务和服务活跃度肯定会因此受到影响。以延川县志愿者队伍构成为例，体制内干部和村干部占68.6%，农民志愿者只占到13.4%，文化文艺、专业技术类的志愿者更是少之又少，地方文艺人才（包括文联、退休文化界人士）、退休教师、企业职工、专业技术人员、乡贤能人等力量并未得到充分发掘与利用。另外，志愿服务队伍的建设管理制度和组织运行机制都需要不断加以完善，主要依靠财政补贴的资金保障方式并不能很好地维持志愿服务的常态化以及规模化运营，志愿服务管理平台的功能性、便捷性以及跟踪服务等都有待提升，在明确志愿者权利与义务的同时还应重视志愿服务信用积分、志愿服务绿色通道等后期权益的赋予，从近几年应对疫情的现实情况与面临的挑战来看，

① 袁瑾：《新时代文明实践中心建设的经验、问题及对策》，《社会治理》2022年第6期。

还要健全志愿服务应急响应机制，“强化应急志愿服务者能力储备，提升应急设施设备供给水平，以此保证新时代文明志愿服务具有强大的应对突发事件的实践力”,① 进而建立起稳定、科学、高效的新时代文明实践志愿服务队伍。

（四）以官方主流媒体宣传为主，自媒体等媒介并未得到充分利用

陕西新时代文明实践中心建设的宣传推介以官方主流媒体为主，例如，新时代文明实践是“陕西文明网”的一个板块，而“陕西文明网”的主办方是中共陕西省委精神文明建设指导委员会办公室；“渭南文明网”是渭南市精神文明建设指导委员会办公室开设的网站，“文明渭南”是中共渭南市委精神文明建设指导委员会办公室为认证主体的公众号；“文明蓝田”是由中共蓝田县委宣传部作为认证主体的公众号；“爱凤县”App 是集政务、资讯、便民服务等功能于一体的具有官方性质的客户端等。在广大群众中影响力比较大的抖音、短视频、快手以及各类“草根明星”的博客、直播或视频号等并未得到充分利用，而这些自媒体正是群众利用率和关注度高的传播媒介。

（五）多元化资金筹集渠道不畅，缺少社会资本进入新时代文明实践领域的制度设计

尽管陕西各县级党委、政府都致力于将新时代文明实践工作经费列入财政预算，但新时代文明实践活动的开展需要的是长期持续的投入，由于缺少社会资本进入新时代文明实践领域的制度设计，企业、商会、基金会以及爱心人士等的力量并未得到充分调动与运用，仅靠财政支出的单一渠道势必会影响到活动的常态化及深入开展，也会影响到站点建设、人员经费等的及时或足额保障，多元资金筹集机制的建立势在必行。

---

① 宋惠芳:《新时代文明实践中心建设的创新路径研究》,《马克思主义研究》2021 年第 8 期。

三　拓展深化陕西新时代文明实践中心建设的方法和路径

面对新时代文明实践中心建设这个点多面广、量大线长的新课题，陕西应以高度的使命感和责任感担当有为，要持之以恒加大统筹推进力度，从完善顶层设计、改变供给模式、健全管理机制等层面入手，提升解题破题能力，不断激发新时代文明实践的强大生命力与无限活力，奋力谱写文化强省的优异答卷。

（一）进一步深化体制机制建设，落实主体责任、优化组织设置

各级党委、政府要摒弃“泛化”“窄化”或形式主义等认知误区，深入理解新时代文明实践中心的本质内涵、总体要求以及目标任务等，提高政治站位、落实主体责任，转变工作思维、拓宽视野思路，提升深入基层传思想、解问题、办实事能力，做好新时代文明实践服务主体的培育者和服务供给的监管者，促进新时代文明实践活动切实走近群众生活，加强地区、部门、行业之间的交流与联动，“推动文明实践工作与地方经济发展、基层治理、文明创建、巩固党政基础整体推进，促进资金使用集约化、硬件设施共享化、运行管理一体化、功能作用综合化”。[①] 同时，完善新时代文明实践交流培训机制，通过定期培训、观摩、交流等实现资源共享、优势互补，进而形成学培衔接、以培促学、以学促效的良性循环体系。

（二）改变单向性供给模式，从需求侧出发提升新时代文明实践活动与基层社会黏合度

新时代文明实践中心建设的意义和价值在于凝聚群众、引导群众、以文化人、成风化俗，群众是新时代文明实践的主要参与者和受益者，但他们不

① 黄恩华：《新时代文明实践中心建设路径探析》，《人民论坛》2022 年第 13 期。

应该是被动接受服务者，新时代文明实践服务也不应该是单向输送式的供给模式，“它的活力存在于‘志愿者—受惠者’‘组织者—参与者’角色不断轮转的动态建设过程中”。[①] 简言之，要通过供给侧改革对需求侧给予积极正面回应，应紧扣群众实际文化需求，针对不同群体采用差异化供给模式，以按需定供、按需配给的方式把新时代文明实践活动真正做到群众的心坎上。“爱凤县”手机 App 点单接单系统、蓝田县“开门征单—群众点单—中心派单—志愿接单—群众订单”的“五单”工作法等都是促进供需精准对接的成功探索。要不断完善更新新时代文明实践大数据平台、综合数字平台，及时收集和回应群众反映在大数据平台上的需求，适时开展相应的新时代文明实践活动，不能或尚无法熟练使用智能手机的老年群体可以采用传统的调查问卷等方式了解其诉求，力争做到群众需求全覆盖、全响应和全满足。此外，开放式、体验式、互动式新时代文明实践活动的举办也可以提升群众参与度与满意度，从活动的前期设计、中期举行到后期反馈都可以邀请群众参与进来，倾听心声、采纳意见，在集思广益的同时提升群众的主人翁意识，从而减少“自上而下”的填鸭式或灌输式供给，变“单向输送”为“双向互动”。

（三）充分发挥国家重大战略叠加优势，拓展新时代文明实践活动覆盖范围

面临新时代推进西部大开发形成新格局、“一带一路”倡议等千载难逢机遇的陕西，应该在机遇中寻求经济社会及文化的全面发展，新时代文明实践中心建设也更应该具有广博的视野和思路，应与乡村振兴、黄河流域生态保护和高质量发展等经济社会发展战略相衔接，拓展新时代文明实践活动的覆盖范围。2020 年 11 月 12 日，全国首个新时代生态文明实践分中心——重庆北碚区新时代文明实践生态文明分中心在北碚区缙云山揭牌投用，该新时代文明实践生态文明分中心的设立不仅是新时代文明实践中心建设全国试

① 袁瑾：《新时代文明实践中心建设的经验、问题与对策》，《社会治理》2022 年第 6 期。

点工作的重要创新，也推动绿色低碳、环境保护等思想理念及生活方式深入人心，为新时代文明实践活动赋予了更加深广的内涵。陕西可以设立新时代文明实践秦岭生态环境保护分中心、新时代文明实践黄河国家文化公园（陕西段）分中心、陕西新时代文明实践非物质文化遗产分中心、陕西新时代文明实践红色文化分中心等，将生态环境保护、黄河文化弘扬、非物质文化遗产传承、红色文化赓续的成果展示、亮点经验等融入新时代文明实践活动当中，让人民群众浸润其中，进而达到入眼入脑入心的良好效果。

（四）进一步健全志愿服务管理机制，提升志愿服务规范化水准和整体效能

志愿者和志愿服务分别是新时代文明实践中心建设的主体力量及主要活动方式，志愿服务管理机制和规范化水平直接关系到新时代文明实践活动开展的效果与影响力。针对陕西志愿服务管理机制及保障制度尚未健全的问题，首先，要在完善顶层设计与统筹志愿者个人规划上下功夫，陕西省文明办于2022年3月印发的《全面拓展新时代文明实践中心建设的实施方案》（陕文明办发〔2022〕1号）提出了健全志愿服务机制的具体要求：“建强志愿服务队伍，精准把握志愿服务的性质和内涵，招募有觉悟、有热情的志愿者，加强全员培训和动态管理……健全志愿服务机制，建立志愿服务政策扶持、激励保障制度，开展星级志愿者、志愿服务组织评定工作，用好新冠肺炎疫情防控志愿服务经验，加快形成应急志愿服务体系，提升应急组织动员、专业救助、支援保障能力。”[①] 以实施方案为准则，切实解决好志愿者关切的培训权、选择权、安全保障权、个人尊严信息保护权等权利以及信誉评价、信用积分、绿色通道、社会认可等后期权益，尽快将应急志愿服务培训作为常规内容纳入志愿者日常培训，重视志愿服务专业人才的发掘和培育。在继续动员党政机关、国有企事业单位在职人员积极加入新时代文明实

---

① 《关于印发〈全面拓展新时代文明实践中心建设的实施方案〉的通知》，陕西文明网，http：//shx. wenming. cn/gg/202204/t20220407_ 6334226. shtml。

践志愿服务的同时，广泛调动社会各界人士积极投身新时代文明实践活动，“组织动员乡土文艺人才、科技人才、先进人物、‘五老’人员、创业返乡人员等社会人士参与志愿服务”①，发挥退休文化工作者“余热”，带动大学生“反哺”家乡的热情，争取建立起梯队合理、类型丰富、运转高效的志愿者队伍，继而有效提升志愿服务的规范化水准和整体效能。

（五）设立新时代文明实践基金或基金会，探索志愿服务项目社会化筹资或运作模式

资金不足是陕西各地新时代文明实践中心建设面临的普遍困境，解难纾困的路径之一便是拓宽经费保障筹集渠道，即改变纯粹依赖政府投入的单一模式，加强政府与社会力量之间的交流与互动，“由政府专项经费支持拓展为政府资金与社会资金相结合的多元经费保障，推动文明实践志愿服务‘细水长流’”②，鼓励熟稔本地文化特色的企业参与新时代文明实践中心基础设施建设和文化服务供给，尤其是资金需求量比较大的品牌活动或创新项目，可以尝试社会化筹资、项目化运作的方式。而新时代文明实践基金或基金会的设立更是会为新时代文明实践活动的连续性开展提供“源头活水”，广东惠州博罗县以县财政每年划拨的经费作为基本保障，向企业、乡贤、爱心人士等募集资金设立了新时代文明实践基金，同时还引导18个镇（街）设立起基金分支；浙江临海市于2019年5月成立了基金额度高达2200万元且为全国首个在民政机构注册的新时代文明实践基金会，临海市财政划拨的200万元、临海农商银行捐赠的2000万元资金共同确保该基金会以留本取息的模式运行，新时代文明实践基金被用于支持理论宣讲、资助创新项目、礼遇志愿者、助推实践评议等，这些富有前瞻性、用“活”资金并把资金用“活”的探索都是陕西今后需要努力的方向。

---

① 《中共陕西省委文明委关于印发〈关于深化拓展建设新时代文明实践中心试点工作的安排意见〉》，陕西文明网，http://shx.wenming.cn/gg/201911/t20191114_5317532.shtml。

② 宋惠芳：《新时代文明实践中心建设的创新路径研究》，《马克思主义研究》2021年第8期。

（六）不断加快“两中心”融合步伐，持续提升自媒体利用率，形成全方位立体宣传格局

新时代文明实践中心建设还必须跟得上大数据、人工智能、云计算、区块链等新兴技术的普及更新步伐，方能避免陷入“自说自话”、“资源孤岛”或“信息孤岛”的泥淖。新时代文明实践中心与县级融媒体中心相互借力，寻求二者的融合发展与优势互补，是进一步提高文明实践精准度和群众满意度的必由之路。目前，全国各地已基本建立起了便捷高效的新时代文明实践阵地网络和志愿服务项目库，与融媒体中心的打通融合恰逢其时，因为如火如荼的新时代文明实践活动能够为融媒体中心提供得天独厚、丰富多样的新闻素材及资源，而“融媒体中心的网站、‘两微一端’等媒体平台资源和报道资源也向新时代文明实践中心开放，通过开设专栏，将文明实践志愿服务报道作为‘常规动作’”①，两个中心信息共享、相辅相成。陕西省建设新时代文明实践中心和县级融媒体中心试点工作专题会议已于2018年10月16日在西安召开，今后，要统筹线上线下两种资源，加快两中心深度相融步伐，通过持续不断的数据收集分析做好新时代文明实践活动的过程跟踪、评价反馈和效果研判，加大对志愿服务以及志愿者的宣传报道与推介，充分提升自媒体利用率，以全方位立体宣传矩阵夯实基层意识形态工作根基，助力新时代文明实践中心建设再上新台阶。

① 薛来、王晓博：《新时代文明实践中心与融媒体中心融合发展研究》，《新闻论坛》2021年第1期。

B.14

陕西省域博物馆数字化转型发展报告*

石淑捷**

摘　要： 陕西作为我国历史和文化大省，是一个天然的历史博物馆。近年来省内博物馆数量持续增加，服务质量稳步提升，科技手段日趋丰富，不断推动中国文化与世界文明交流互鉴。但除了几座国家一级博物馆外，省内其他博物馆普遍存在影响力不足、文化特色不够鲜明、内容同质化严重等问题。为提升公共文化服务质量，陕西省域博物馆需不断完善优化结构体系，深入挖掘特色文化资源，推动馆际合作、跨界合作，实现优势互补创新发展。同时需全速推进博物馆数字化转型，科学探索智慧博物馆建设之路，加强专业人才培养、专业团队建设，全面提升博物馆治理能力。

关键词： 陕西省　博物馆　数字化转型

文化自信是一个国家和民族发展过程中唤起公众文化认同感的重要力量，是托起民族发展最深厚的力量，也是最持久的力量。作为承载着中华文化印记、镌刻着中国历史片段的一座座博物馆，是中华民族共有的精神家园，更是公共文化体系建设环节中至关重要的一部分。

---

* 本文是陕西省软科学一般项目“基于科技文化深度融合背景下运用新技术新应用打造智慧文旅品牌战略研究——以陕西省历史博物馆为例”（2021KRM201）的研究成果。

** 石淑捷，西安交通大学人文学院艺术系讲师，西安交通大学马克思主义学院博士研究生，主要研究方向为传统文化数字化传播。

党的十八大以来，习近平总书记多次就公共文化体系建设和博物馆事业发展做出重要指示，强调“要加强公共文化设施建设，推动文化产业高质量发展，更好满足人民精神文化生活新期待”“博物馆是保护和传承人类文明的重要殿堂，是连接过去、现在、未来的桥梁，在促进世界文明交流互鉴方面具有特殊作用”等。这些重要论述深刻阐明了博物馆行业在文化发展与传播中担负的重要使命任务，同时也为做好新时代博物馆工作指明了前进的方向。

陕西是我国历史和文化大省，是中华文明的重要发祥地之一，综观全省，俨然是一个天然的历史博物馆。从十三朝京畿重地到十三年革命摇篮，这里一直都是中华文化的根脉与源头，遍布全省的各类博物馆成为承载历史记忆、传播中华文化的重要载体，更是坚定文化自信的精神源泉。面对新时代新征程新形势，特别是2020年伊始至今，持续反复的新冠肺炎疫情对全国博物馆事业发展带来了巨大挑战，对于陕西省而言，尽快探索出一条符合现如今时代情形、满足陕西省域博物馆高质量发展需求的道路，能为构建公共文化服务体系、守护中华民族的文化根脉更好地做出陕西贡献。

一　陕西省域博物馆发展的基本状况

（一）博物馆总量稳步增加，各类博物馆均衡发展

根据陕西省文物局最新统计，截至2022年6月30日，全省有登记备案的博物馆346座，其中一级博物馆9座、二级博物馆16座、三级博物馆22座，博物馆总量较2018年增加14%，2018～2022年年均增幅约3%（见表1）。省内各类博物馆的数量仅次于山东省、浙江省、河南省，排全国第4位（见图1），博物馆大省的称号名副其实。

从博物馆类别看，截至2022年6月30日，全省346座博物馆中，属于文物系统的有173座，属国有行业的有61座，属非国有性质的有112座，各类性质的博物馆数量均呈现逐年增加趋势，全省博物馆事业呈现良好的均衡发展势头（见图2）。

表 1　陕西省内博物馆数量

单位：座

时间	备案博物馆数量	一级	二级	三级
2018 年	303	9	13	17
2019 年	319	9	13	17
2020 年	329	9	16	22
2022 年 6 月	346	9	16	22

资料来源：陕西省文物局网站数据汇总。

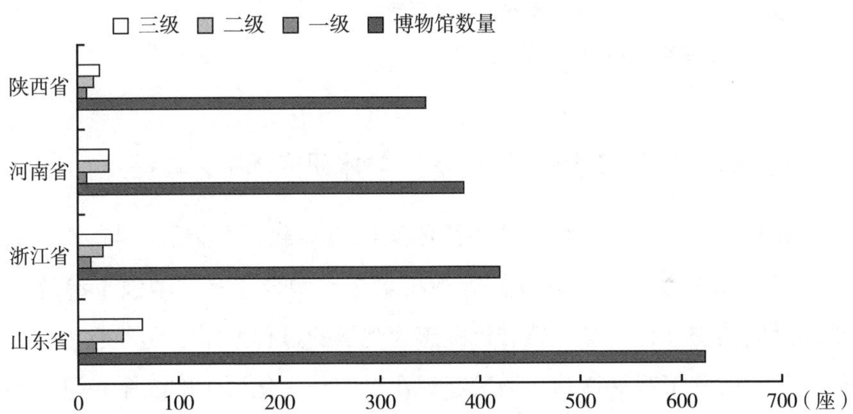

图 1　博物馆大省数量对比

资料来源：陕西省文物局网站数据汇总。

（二）践行以人为本发展理念，博物馆服务能力不断提升

进入新时代以来，全省博物馆紧紧围绕《博物馆条例》所要求的“教育、研究和欣赏”功能定位，办馆思路由“以藏品为中心”向“以人为核心”转变，传统以收藏为核心的“殿堂”功能正在让位于新理念下吸引公众参与、学习和讨论的“公共论坛”功能，随着城市化进程的加快推进、互联网技术的不断发展和陕西省公共文化服务体系的不断健全，博物馆作为公共文化服务机构的属性也在不断深化与强化，工作重心逐渐向关注博物馆与广大人民群众的关系转变。

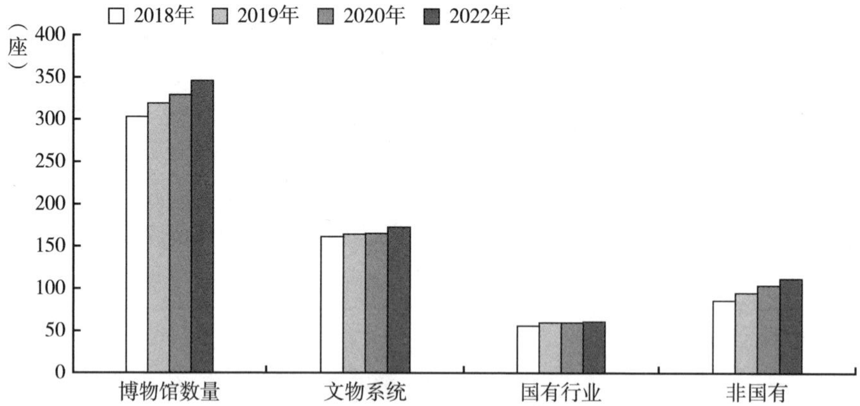

图 2　陕西省博物馆数量及类别变化

资料来源：陕西省文物局网站数据汇总。

（三）博物馆科技手段日趋丰富，学术研究水平大幅提升

近几年，得益于大量高科技手段的运用与加载，文物展陈与 AR、VR、人工智能、3D 投影“互联网+”等新技术相互融合，极大增强了参观游客与展品之间的交互性，交互感和沉浸感为观展的过程增添了更多趣味性和拓展性，大大改善了观展体验，激发起观众对中华文化历史的浓厚兴趣。越来越多的博物馆采用“博物馆+科技”展陈互动的尝试，借助新媒体新技术新科技提升观展体验，让历史生动地展现在大众面前，弥补观众线下观展体验感的缺失，做出了积极有益的探索，给观众带来不同的体验和感受。

（四）中华文化名片功能不断彰显，推动世界文明交流互鉴

“十三五”以来，陕西以文物外展精品工程作为对内、对外宣传的有效手段，通过博物馆馆藏文物，向国内外大众群体生动讲述了中国故事、陕西故事、丝路故事，向世界传播用文物谱写出的中国好声音。在 2012 年至 2022 年的十年间，陕西在 30 余个国家和地区举办展览 104 场，与境外机构签署合作协议、意向书和备忘录 94 项，召开 18 次重要会议，实施 34 项重点项目。配合多项高端外事活动，荣获多项国内国际大奖，在国际影响力评估中名列全国出境文物展览前茅（见表 2）。

表 2 陕西省内博物馆部分国际合作项目简况

时间	项目名称	组织机构	影响力	评价	奖项
2016 年	缅甸地震佛塔、佛寺受损灾情勘察	缅甸	以陕西省专家为主体的中方专家团队第一时间赴缅甸对震损保护建筑进行灾情勘察		
2017 年	交流与互鉴:中国—法国文化遗产保护研讨会	陕西省、法国驻华大使馆		列入中法第四次高级别人文交流机制	
2017 年	新家坡泥塑、彩绘、石质、金属等文物保护修复	新加坡文物保管中心		陕西文物保护技术输出首次为发达国家修复可移动文物	
2018 年	“秦始皇和兵马俑展”	英国利物浦国家博物馆	英国首相特蕾莎·梅致信祝贺,61.1 万人次参观	英方定位为“是中英之间的一次重大文化合作,也是英国有史以来最成功的展览之一”;中英“黄金时代”的重要见证	全国博物馆陈列展览精品推介“国际及港澳台合作奖”“2018 年全球最受欢迎的展览之一”等
2019 年	中法合作公输堂古建油饰彩画保护修复培训班	陕西省文物保护研究院、法国国家遗产学院		列入中法第四次高级别人文交流机制	
2022 年	兵马俑与古代中国——秦汉文明的遗产展览	日本		纪念中日邦交正常化 50 周年的重要活动;陕西省文物自疫情以来第一次大规模赴海外展出的“破冰之旅”	
2022 年	尼泊尔等文物修复保护合作项目	尼泊尔			
2022 年	“姗姗来了——一个千岁的美女”教育案例	汉景帝阳陵博物院		是中国博物馆首次获此殊荣,对鼓励支持更多博物馆教育案例亮相国际舞台具有示范意义	入选国际博协年度最佳实践案例

在文物展览、科技保护等方面，陕西省不断加大与境外有关机构的合作力度，在深化国际化文明交流方面做出突出贡献，对提升博物馆国际传播效能、提升国家文化软实力、扩大中华文化国际影响力、塑造既富有文化自信又不乏亲切感的中国形象，起到了非同凡响的推动作用。

除开展以上主要国际交流合作项目外，2012~2022 年，陕西凭借多年在国际合作中积累起来的科技力量加强文物保护工作，在国际文化遗产保护领域制造更大声量，提升陕西文物保护的理念和技术方法在国际上的认可度。同时对标国际教育教学大纲，充分利用新的文物传播理念、文物教育成果，在美育领域为中外博物馆教育合作提供了陕西智慧、贡献了陕西力量。

二　陕西省域博物馆发展的主要特点及面临的挑战

（一）博物馆结构体系完整，国有博物馆是主要的构成力量

从十年间陕西全省博物馆的发展数据可以看出，虽然非国有性质的博物馆增多了，但从全省整体格局来看，国有性质的博物馆依然独大，与山东、浙江两个东部博物馆大省相比，非国有博物馆的发展受到限制，增速仍十分缓慢，即便与邻近的河南省相比，非国有性质的博物馆所占比例也在后发之列。未来全省的博物馆行业发展规划中，支持推动非国有性质的博物馆建设与发展仍是十分重要的工作（见图 3）。

（二）博物馆大省名声在外，文物资源“家底”殷实，发展特色不够鲜明

放眼全国乃至世界范围，陕西省内文物的等级和量级都具有重要影响力。根据《2021 年度全国博物馆（展览）海外影响力评估报告》以及相关网络平台的统计反映，陕西历史博物馆、秦始皇帝陵博物院在海内外具有极高的知名度和美誉度（见表 3 至表 5、图 4）。

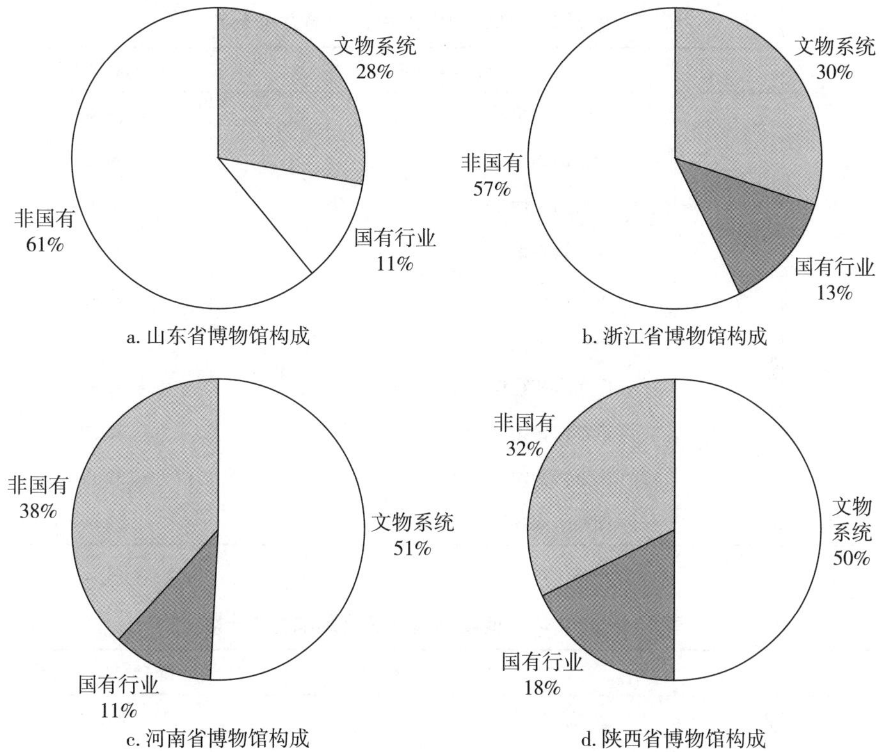

图 3　陕西、山东、浙江、河南博物馆构成比较

表 3　全国博物馆海外综合影响力前十名

排名	博物馆名称	综合影响力指数
1	故宫博物院	87.20
2	上海博物馆	78.49
3	中国国家博物馆	78.08
4	侵华日军南京大屠杀遇难同胞纪念馆	61.44
5	三星堆博物馆	59.79
6	河南博物院	59.28
7	中国丝绸博物馆	58.23
8	金沙遗址博物馆	56.79
9	陕西历史博物馆	56.78
10	成都博物馆	54.69

表 4　区域综合博物馆海外综合影响力前十名

排名	博物馆名称	综合影响力指数
1	上海博物馆	78.49
2	河南博物院	59.28
3	陕西历史博物馆	56.78
4	成都博物馆	54.69
5	山东博物馆	53.43
6	山西博物院	53.34
7	广东省博物馆	52.94
8	首都博物馆	52.59
9	南京博物院	52.11
10	湖南省博物馆	51.69

表 5　历史文化类博物馆海外综合影响力前十名

排名	博物馆名称	综合影响力指数
1	故宫博物院	87.20
2	中国国家博物馆	78.08
3	侵华日军南京大屠杀遇难同胞纪念馆	61.44
4	三星堆博物馆	59.79
5	金沙遗址博物馆	56.79
6	敦煌研究院	48.32
7	中共一大会址纪念馆	46.02
8	中国人民抗日战争纪念馆	44.76
9	秦始皇帝陵博物院	40.20
10	井冈山革命博物馆	36.72

据统计，20 年间陕西省内的博物馆数量虽然呈指数级增加，但除了几座国家一级博物馆之外，真正具有全国影响力和知名度的博物馆并不多，陕西省域博物馆整体影响力和传播力还有很大提升的空间。究其原

图 4　抖音最受欢迎的博物馆 TOP10

资料来源：《2021 年度全国博物馆（展览）海外影响力评估报告》。

因，一方面，由于省内博物馆藏品来源区域分布差异较大，展品、文物资源 80%以上来自关中腹地，其他地区博物馆藏品普遍存在数量有限、艺术价值不够高、特色不够鲜明等问题；另一方面，各地博物馆的发展普遍重视数量提升，而忽略相应文化内容质量的提升。与河南省相比，在新冠肺炎疫情前，陕西全省博物馆年均参观人数超河南博物馆参观人数约 400 万人次，但在“十三五”期间，河南全省博物馆纪念馆举办各种展览近8000个，实施教育活动3.45亿人次，分别约是陕西的2倍和2.4倍。

在博物馆建设上，特别是展陈内容方面，不同程度出现了“十馆一面”“百馆一面”现象，部分博物馆从展览形式，到解说词、文创产品等都有很大程度相似之处，藏品鲜有特色，博物馆仅仅成为收藏、保存和展示的基本载体，限制了跨学科研究和教育活动的实现，这些极不利于博物馆长远发展和其功能的深层次开发。

（三）博物馆资源尚未实现有效整合与共享，展陈方式存在同质化现象

陕西坐拥大量的历史文物资源和革命文化资源，一方面为陕西省域的博物馆提供了天然的、得天独厚的“根脉”，成为博物馆发展的“养分”；另一方面部分资源因数量大、分布广及管理归属不同、存续时间接近等原因，未能实现有效整合与共享，造成一些博物馆存在可看性差、缺乏特色等问题，同质化现象日趋严重。这些问题集中反映在展品类型、展馆陈设形式、营销方式等方面多有雷同，造成了省内346座博物馆也呈现参观人数淡旺季极差、服务冷热两极分化的态势。人气最热的博物馆日均参观人数超过1.5万人，远超3000人接待能力，游客参观感受下降，服务饱受诟病，而另一些博物馆则陈列寡淡、游客门可罗雀，大量人力、物力、财力资源并未得到充分而有价值的利用。

（四）博物馆数字化转型仍处于起步阶段，智慧博物馆建设任重道远

早在21世纪初期，“数字博物馆”概念就萌发流行。近些年，“智慧博物馆”概念提出后，热度和关注度迅速取代了数字博物馆的概念，成为一个出现频率更高的词组，国内各地迅速开展智慧博物馆建设项目，但究竟什么才是智慧博物馆？大多数博物馆从业者并未从技术角度和行业未来发展角度做过认真的思考。经过多年的理论和实践探索，业内普遍认为中国博物馆

数字化建设一般需要经过三个阶段，即博物馆信息化建设转向数字博物馆的建设，再从数字博物馆的建设转为打造智慧博物馆。

就陕西各地目前各个博物馆数字化转型的实际情况来看，实质仍处于信息化博物馆向数字化博物馆的转变过程中，要真正做到智慧化建设，还需要走很长的一段路。在建设过程中主要面临三方面挑战：一是本末倒置，藏品有别于文献资料，数字技术并不能取代人脑解读藏品信息，脱离了实物的数字化展示，无论如何都无法弥补观看藏品本体的临场感和仪式感，也很难通过投影投屏等技术手段进行弥补；二是华而不实，在藏品展示中滥用数字技术，获得适得其反效果，表现在一些博物馆曲解了数字技术带来的“沉浸感”和“交互体验”，简单化理解为就是将声、光、电技术应用在展览中，过度的技术加载使藏品本身的文化内涵被冲淡或取代；三是昙花一现，不少博物馆存在藏品数字化展示设备的维护成本过高，藏品数据库由于无法及时更新维护，导致利用率逐年下滑，最终落入被迫闲置弃用的尴尬境地。

（五）博物馆生存与发展面临的严峻挑战

2020 年受新冠肺炎疫情影响，各个博物馆配合防疫工作相继闭馆，以减少疫情的扩散。对于中小型博物馆而言，这无疑是巨大的冲击。受到影响的不仅是中小型博物馆，突发的疫情给整个博物馆行业都上了严肃而深刻的一课。毋庸置疑，各个博物馆在疫情发生之前的工作重点都以线下为主，虽然有少量线上内容和线上活动，但大多处于被动状态，从内容深度、新颖度和亲民度而言，无法满足广大人民群众的精神需求；从内容带来的影响力提升、经济效益创收来讲，也无法支撑博物馆的日常运营。新冠肺炎疫情的发生，各地的封控，让博物馆工作的短板凸显了出来，也给文化传播和文化建设敲响了警钟。如何探索、创新、发展，推出新的博物馆文化内容及传播形式，是当务之急。这不仅关系到博物馆行业的存亡和发展，更关系到国家文化软实力的建设和文化传播。

图5　2012~2021年全国博物馆陈列展览个数和参观人次

资料来源：文化和旅游部网站数据服务栏目。

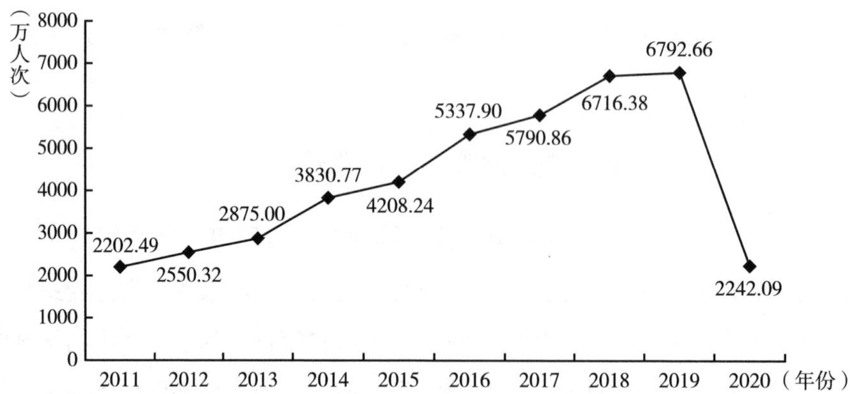

图6　2011~2020年陕西省内博物馆接待游客

资料来源：国家统计局网站。

三　陕西省域博物馆数字化转型发展的路径选择

党的十八大以来，习近平总书记四次来陕考察，强调“要把凝聚着中华民族传统文化的文物保护好、管理好，同时加强研究和利用，让历史说话，让文物说话”，强调“陕西是中华民族和华夏文明的重要发祥地之一，要加大文物保护力度，弘扬中华优秀传统文化、革命文化、社会主义先进文化，培育社会主义核心价值观，加强公共文化产品和服务供给，更好满足人民群众精神文化生活需要”，“一个博物院就是一所大学校”。

陕西省博物馆行业发展在国家文化战略中的重要地位，在这一系列重要论述中得到了充分体现。加强公共文化体系建设，就要切实把习近平总书记提出的重要要求落实到行动上。建议从以下几方面加快陕西博物馆的数字化转型和“智慧博物馆”建设，实现陕西博物馆建设质量有效提升，进一步提升人民精神生活品质，促进中外文化交流传播，助力外交，提升国家文化软实力。

（一）不断完善优化博物馆结构体系，统筹推进各类性质博物馆均衡发展

要实现陕西博物馆在公共文化服务领域的发展达到更高质量，必须坚持博物馆公益属性和社会属性不动摇，在此基础上统筹省内不同地域、层级、属性、类型的博物馆，共同规划、共同发展。就具体地域而言，陕北地区应突出自身特有的黄河文化、长城文化、红色文化等专题博物馆建设；关中地区应突出历史文化、民俗文化、现代工业文明等有鲜明特征的专题博物馆建设；陕南地区则应在历史文化、民宿文化等宣传地域属性的专题上加强博物馆建设，并以此进一步完善优化省、市、县、乡村（社区）四级博物馆体系，构建博物馆集群。

就不同层级而言，省域内国家一级博物馆应明确使命，把争创代表中国特色、中国风格、中国气派、引领行业发展的世界一流博物馆作为发展目标；省级其他特色博物馆、市级博物馆应坚持走特色化发展道路，在“精”“特”上下功夫，不断提升内涵，建设卓越博物馆；县、镇、村（社区）所属的小型博物馆，要不断加强机制优化创新，使基层博物馆资源得到充分且有效的利用，改善办馆条件，使硬软件水平得到明显提升。

（二）深入挖掘不断充实特色文化资源，推进博物馆差异化建设

陕西要想解决好部分市、县博物馆存在的特点不突出、特色不明显问题，实现可持续发展，必须建立藏品体系，并不断充实完善。博物馆要想忠实履行自己作为城市记忆保存者的角色，就应当有意识、有计划地收集和保存所在城市的生存状态和社会变迁的记忆，但这种收集和保存，不应是随意的、盲目的，而是有规划、有研究、有系统的。所以我们要根据自己发展的需要，突破行政区划的限制，突破“古”“旧”文物才是“好”文物的思维限制，及时更新和转变文物征集收藏的陈旧观念，在认真梳理本地历史、地域文化特点特色的基础上，逐步建立健全收藏体系资源库。一要紧紧围绕地方特色文化，以此凝练文物征集的方向和主题；二要尊重历史的原有脉络和完整性，不拘泥于现有的行政区划，不排斥当前属于别的地区的内容，勇于走出去，到历史人物活动地和历史事件发生地去，只要属于能够反映时代变迁、人物变化的重要见证物，都可进行征集；三要充分利用好民间资源，更加重视散落在民间的有价值藏品，加强与民间收藏家、文物市场、商店合作，充分利用好网络资源和拍卖渠道，使之成为特色收藏体系中的重要一环；四要注重配合重大历史阶段、历史节点、历史事件进行征集，如在建党、建国、建军的大年份庆祝活动，重大革命事件纪念活动，抗击新冠肺炎疫情等期间广泛进行专题文物资料收集征集，充实地方博物馆展品库。

同时，根据不同地域的自身文化特点，有针对性地在全省广泛开展特色教育活动，充分发挥公共社会教育服务功能，调动起博物馆资源利用的有效性和积极性，也是目前改善博物馆同质化等问题的重要途径。

（三）加强展陈资源整合，推动馆际合作、跨界合作，实现优势互补创新发展

加强省内国家一级博物馆与其他博物馆间、省内与省外博物馆间的交流合作，整合资源，弘扬特色地域文化，让传统文化的传承与发扬有更多元化的形式和更广阔的空间，实现不同特色的博物馆之间资源的创新性开发及创

造性延展；与国际相关文博机构签订友好合作协议，建立国际合作模式，通过数字化技术，将藏品以云展览的形式面向海外传播。让展品打破隔阂与限制，使博物馆资源在省内实现“流动共享”从而提升公共文化服务品质，同时使陕西省域博物馆的影响力在后疫情时代，在全国乃至国际得以不断扩大。

陕西的历史资源、红色资源、民俗资源、行业资源十分丰富，面对发展大势，跨界合作成为新形态、资源“共享开发”成为新趋势，应进一步推动和深化“省级博物馆—市级博物馆”“博物馆—纪念馆”之间的交流合作，一是能有效提升省内中小博物馆的社会影响力，使其拥有的，但受制于场馆和安保条件无法展示而“锁起来”的丰富馆藏资源“活起来”“展出来”。二是能更好地集中展示地方文化，彰显城市精神与城市文化。博物馆资源包含着丰富而独特的历史自信和精神底蕴，通过利用展览合作讲好城市故事可以唤醒公众的城市记忆，突出城市精神，增强城市魅力。三是能更好服务社会公众，促进社会主义精神文明建设，博物馆实现自身社会功能的主要途径是陈列展览。把展览办好，是博物馆为市民服务的核心。联合办展、跨区域办展使各种资源实现了最大化利用、各类文化形成碰撞融合，高品质的展览更能广泛吸引公众参观参与，给其带来全新的认识与体验，更好地服务人民。

（四）全速推进博物馆数字化转型，科学探索智慧博物馆建设之路

陕西省内的博物馆无论是从历史文化底蕴还是从馆藏品数量、质量、价值来讲都排在全国前列。然而，推进博物馆的数字化转型和建设，仅靠“吃老本”依赖于文化底蕴和线下藏品是远远不够的，博物馆数字文化资源储备和博物馆自身影响力基础是决定其数字化建设质量的重要因素。因此，丰富数字文化资源储备、完善博物馆数字文化资源库是首先要进行的工作。

3D 扫描技术作为一种成熟的技术手段已成为博物馆藏品数字形象转化的一把“利器”，对丰富和完善数字文化资源库能够起到巨大的加速作用。被数字化的藏品不仅是博物馆数字文化资源库的重要内容，同时也为数字展

示、艺术研究、文物复原等工作提供了更多可能，这些工作也能够反作用于数字文化资源建设，使其更加丰富。

在丰富数字文化资源数量的同时，更要同步加强对资源的管理，要以文物数字资源开发利用为核心，以博物馆数字基础设施为基础，充分利用5G新媒体数字技术和互联网数字服务平台，搭建并完善数字管理平台，全面实现文物的保护、利用、管理、宣传和公共服务工作数字化，满足文物保护、博物馆数字化发展和公共文化服务的需要。

博物馆在数字化建设中，也应突破传统博物馆展陈模式的局限，需要充分利用科技手段将数字化、智慧化生活空间通过元宇宙搭建线上博物馆分馆，这样既满足了馆内数字化资产保存和展示需求，也打破了现实空间壁垒，即使人们因条件制约无法亲临，也能够在足不出户的情况下一睹藏品风采，这使分布于世界各地，对中华历史文化感兴趣的用户能够通过线上进行游览。此外，现阶段博物馆、艺术机构在不同城市举办的藏品数字化外展都需要通过租借展览场地，配合当地不同设备才能够完成，若利用元宇宙空间，数字外展可完全通过线上活动进行搭建和展览，展览场地也不再受物理空间大小限制，更利于实现大众美育。除线上博物馆的搭建和展出外，陕西省博物馆还可与其他如本地知名品牌、机构进行线上结合与数字体交互，从而拉动省内经济，实现商业变现，增加博物馆收入，为更好保护线下藏品，维护博物馆数字化资源提供资金支持和有效补充，让博物馆文化内容数字化、虚拟化更好地服务于现实社会。

虚拟IP逐渐成为博物馆文化输出窗口，IP形象以优质观赏性、良好的交互性打动用户群体，以亲历者和讲述者的角度参与博物馆文化内容的输出，为博物馆打造独一无二的数字文化品牌。虚拟IP将博物馆所持有的历史文化资源及文物资源转变为可输出内容，以故事讲述的形式与公众建立高频次联系，维系用户情感参与度；将线上博物馆文化内容与线下文创产品消费进行有效结合，实现双端营销循环；利用“IP+”效应打造博物馆数字文化体系，提升博物馆虚拟IP附加值，实现博物馆文化的数字化IP赋能，从而有效提升自身影响力，进行持续性文化输出。

全速推进数字博物馆建设不单纯是一项技术工作，还需要用辩证唯物主义思想搞好“顶层设计”，要辩证地看待和处理好“主”与“次”的平衡关系。博物馆不能过度依赖数字手段而忽视了藏品本体，而应始终坚定“物”才是博物馆存在的根基，始终坚持藏品本身在博物馆展示中的主体地位。同时，博物馆数字化展示还必须坚持服务藏品原则，以此选择适合展示的技术手段。对大多数普通博物馆而言，寻找到自身文化定位、数字化设备运行维护、数字化平台有效运用之间的平衡点，方能确保数字展品长期的新鲜度、专业度与热度，推动其向智慧博物馆转型升级。

（五）加强专业人才培养、专业团队建设，为文化强国建设打下坚实基础

文博事业，人才是第一位的。在经济社会持续发展的同时，中国式现代化加速推进，除了通过加强智慧博物馆建设外，还要让文物传播更加生活化，做到面向广大用户的“零距离”传播。除了采取新的展示方式、展示内容、参观方式之外，更需要有覆盖文物数字化修护、新媒体展览策划、人工智能等多项智慧博物馆建设技术的人才队伍与之相匹配。

从全国范围来看，当前各地数字化建设人才都存在短缺情况，陕西虽然高校数量大，培养的人才多，但全省博物馆专业人才总量缺乏，数字化人才队伍尚未完全建立，实现自我造血，如何优化博物馆人才梯队是当前全省博物馆人才建设方面面临的主要问题和巨大挑战。要有效解决人才队伍面临的困境，一是要用好既有人才，在数字化发展、数字化传播大环境下，做好公共文化服务工作应倡导“以人为本”，文化不应被束之高阁，而应面向大众，缩小与公众的距离，文博工作者也应从普通公众的视角出发，了解公众，接触公众，与公众建立平等关系，适应并利用互联网方式和语言对公众进行传播。二是要弥补人才缺口，通过设立数字化建设服务管理机构及专门岗位，吸引、延揽、培育所需人才，以应对博物馆数字化建设所急需的方针策略制定、数字化资源建设与维护、新媒体文化宣传、博物馆影响力拓展等方面的工作内容。同时，还可尝试与高校、科研院

所、智库等建立长效合作机制，加强博物馆学、历史学、教育学、设计学等方面专业力量建设，为博物馆可持续发展提供专业指导。三是要畅通人才成长成才通道，通过合理设置专业技术人才职称职数和比例、设立数字化人才培养基金、完善考核评价和激励机制、明确人才职业发展路径等方式，激发人才工作积极性和服务主动性，以此提升博物馆的研究、展陈、管理、服务水平。

（六）突破传统理念，凝聚博物馆力量，全面提升博物馆治理能力

面对疫情为线下展陈带来的不利影响，面对人民群众与日俱增的线上文化服务需求，博物馆行业迫切需要转变观念，调整思路，积极应对，实现行业修复与重塑。

一是树立多元和包容理念，积极开展平等的分众化服务。疫情促使博物馆对自身定位、功能等方面的审视、反思与全新认识。在过去，博物馆等场所主要面对线下观众，而今天，随着博物馆文化传播的公众需求不断提升，博物馆的社会功能、社会价值、社会作用也在不断延展，全社会都已成为博物馆服务的对象。

二是立足于服务当下与未来，使博物馆在新时代实现价值、展现内涵。信息时代，科技赋能，博物馆文化传播如同插上了翅膀，千山万水一触即达，大馆好展尽收眼底。在疫情中“关门”“闭馆”的博物馆主动作为，在线为公众提供“云端文化盛宴”……尽管疫情期间云观展模式表现出了诸多优点，但在利用现代科技改造博物馆的过程中应冷静思考，准确判断博物馆数字化是否能全面体现出文物的文化内涵与时代价值？缺少“身临其境”纪念馆的教育功能如何通过“云”的方式得到提升？当前流行的“互联网+”实际上强调的是一种技术，而“+互联网”才真正展现出主次之别，只有秉持“线上永远取代不了线下，线上和线下必须有机结合”发展理念，才不会丢失和淹没博物馆所承载的历史价值和文化内涵。

参考文献

张磊：《后疫情时期中小博物馆数字化发展思考》，《收藏家》2022 年第 6 期。

《城市化背景下的博物馆发展》，https：//baijiahao. baidu. com/s？ id = 1742319776360547063&wfr = spider&for = pc。

《智慧博物馆发展路向何方？一线专家有话说》，https：//baijiahao. baidu. com/s？ id = 1741971084205504095&wfr = spider&for = pp。

《博物馆藏品数字化展示的现存问题及对策建议》，https：//mp. weixin. qq. com/s？ _ _ biz = MzI1MDA5ODk2NQ = = &mid = 2648742823&idx = 2&sn = 2ba63c9840032464b9a4b2acd9c0c2bc&chksm = f1935fddc6e4d6cb2a36950e1f16b2954d9eb276211b5dce398fa98d645c1a0471f1c271bb43&scene = 27。

吴春宁：《试论地方博物馆的特色藏品体系构建——以中山市博物馆为例》，《文物天地》2022 年第 4 期。

钱益汇：《博物馆蓝皮书：中国博物馆发展报告（2019～2020）》，社会科学文献出版社，2021。

《博物馆展览合作思路探索——以首都博物馆“望郡吉安”展览为例》，http：//www. 360doc. com/content/21/0117/17/73409704_ 957466919. shtml。

《陕西省文物基本数据》，陕西省文物局，http：//wwj. shaanxi. gov. cn/zfxxgk/fdzdgknr/tjxx/202106/t20210621_ 2180042. html。

《陕西省文物基本数据（2020 版）》，陕西省文物局，http：//wwj. shaanxi. gov. cn/zfxxgk/fdzdgknr/tjxx/202003/t20200310_ 2131161. html。

《陕西省文物基本数据（2021 版）》，陕西省文物局，http：//wwj. shaanxi. gov. cn/zfxxgk/fdzdgknr/tjxx/202106/t20210621_ 2180042. html。

B.15
陕西黄河沿线古籍存藏调研报告*

陕西省社会科学院课题组**

摘　要： 陕西是黄河干流的重要流经区域，省内黄河沿线各类文化遗存和各级公共图书馆保护的传世古籍资源十分丰富。全面考察陕西黄河沿线古籍资源总体情况，持续推动黄河沿线古籍资源的保护和合理开发利用是深入贯彻落实《黄河文化保护传承弘扬规划》《关于推进新时代古籍工作的意见》精神的重要举措，对于加快陕西文化强省建设、传承弘扬黄河文化、增强文化自信具有重要意义。

关键词： 陕西　古籍　黄河文化

黄河是中华民族的母亲河，广阔的黄河流域是中华文化和文明的重要发祥地，也是中华文化保护传承弘扬的重要承载区，推动黄河流域生态保护和高质量发展，对于保护弘扬黄河文化、彰显中华文明、增强文化自信具有重要意义。中共中央、国务院印发《黄河流域生态保护和高质量发展规划纲要》指出要“着力保护沿黄文化遗产资源，延续历史文脉和民族根脉，深入挖掘黄河文化的时代价值”。

西安是十三朝古都所在地，在中国古代很长一段时间中，都是国家政治、经济、文化的中心区域。同时，陕西也是黄河干流的重要流经区域，省

* 本文系陕西省社会科学院 2022 年重点课题（2022ZD17）的研究成果。

** 课题组组长：党斌；课题组成员：黄泽凡、张凯宁。执笔：党斌，陕西省社会科学院古籍整理研究所副所长、研究员，主要研究方向为古籍整理与陕西文化；黄泽凡，陕西省社会科学院古籍整理研究所助理研究员，主要研究方向为古籍整理与陕西文化；张凯宁，陕西省社会科学院古籍整理研究所研究实习员，主要研究方向为古籍整理与陕西文化。

内黄河沿线各类文化遗存和各级公共图书馆保护的传世古籍资源十分丰富。一张张泛黄的轻页薄纸，历经岁月沧桑，见证了源远流长的五千年华夏文明，承载着博大精深的中华优秀传统文化，是中华民族的宝贵文化遗产。全面、深入考察陕西黄河沿线古籍资源存藏总体情况，是贯彻落实《黄河流域生态保护和高质量发展规划纲要》的重要举措，对于深入挖掘黄河文化及其蕴含的时代价值至关重要。

一　黄河与黄河文化概述

黄河发源于青藏高原巴颜喀拉山北麓，自西而东流经青海、四川、甘肃、宁夏、内蒙古、山西、陕西、河南和山东等9省区，最后在山东省利津县注入渤海，总流程5464公里。黄河干流和支流组成了中国北方主要水系，其流域面积接近80万平方公里，其流经省区及相关县级行政区所占国土面积约130万平方公里。

按照黄河流域地理、地质和水文特征划分，黄河干流分为上游、中游、下游三个河段。自巴颜喀拉山北麓流出后，至内蒙古自治区托克托县河口镇为黄河上游河段，河道长3471.6公里，流域面积42.8万平方公里，占全河流域面积的53.8%。在行政区划上主要流经青海、四川、甘肃、宁夏、内蒙古等省区，在地形上以高原、冰川、草甸、草原为主，其中三江源地区是世界上高海拔生物多样性最集中的地区之一，也是世界上水资源最为丰富的地区之一，被誉为“中华水塔”。自内蒙古自治区托克托县河口镇至河南省郑州市桃花峪为黄河中游河段，河道长1206.4公里，流域面积34.4万平方公里，占全流域面积的43.3%。在行政区划上主要流经山西、陕西、河南三省，在地形上以高原和平原结合，其中黄土高原和关中平原是华夏文化的重要发祥地。自桃花峪至入海口为黄河下游河段，河道长785.6公里，流域面积2.3万平方公里，占全流域面积的3%。在行政区划上主要流经河南、山东两省，在地形上以华北平原为主，同样是华夏文化的重要发祥地。

黄河文化是华夏文明最具代表性和影响力的主体文化，其在时间范畴上与中华文明的起源和发展保持同步，在空间范畴上则伴随着与周边区域的不断交流、融合，发展演变出统一和谐和多元纷呈相结合的文化特征。打破空间和时间的界限，从文化多元融合角度来看，黄河文化的构成则更为丰富，可以划分为若干子文化区域，如农耕与游牧文化融合发展形成的民族文化特色鲜明的河湟—藏羌文化区；以传统儒家文化要义为核心和底蕴的关中文化区、三晋文化区、河洛文化区、齐鲁文化区；以赓续红色血脉、承载长征精神为核心的红色文化区等。

二　陕西黄河沿线历史地理概述

陕西省境内河流分内流水系和外流水系，外流水系分别属于黄河和长江流域。陕西境内黄河河段自北向南，总长度约 800 公里，主要支流包括渭河、泾河、延河、无定河、窟野河、洛河等，覆盖了陕北及关中大部分区域，流域面积约 13.33 万平方公里，约占陕西全省总面积的 64.8%。

陕西省榆林市府谷县东北的墙头乡是黄河入陕之地。墙头乡地处陕西、山西、内蒙古交界，北侧与内蒙古准格尔旗马栅镇相连，东侧与山西省河曲县隔黄河而望。黄河入陕后，在黄土高原上深切一道险峻的河谷——晋陕峡谷，此后一路南流，并在潼关东折，出陕入豫。

按照行政区划分，陕西省境内黄河干流流经榆林、延安、渭南 3 市，依次包括神木市、佳县、吴堡县、绥德县、清涧县、延川县、延长县、宜川县、韩城市、合阳县、大荔县、华阴县、潼关县等。

（一）榆林市

榆林市地处陕西最北部，处于黄土高原和毛乌素沙地交界处，也是黄土高原与内蒙古高原的过渡区，为陕、甘、宁、蒙、晋五省区交界，素有“九边重镇”之誉。夏商时，其神木、府谷、佳县等部分地区在雍翟族境内。周代，为雍州白翟所据。春秋，属晋。战国，属魏。秦，属上郡。东晋时，匈奴赫连勃勃在统万城（今靖边白城子）建立大夏国。公元 427 年，北魏灭大夏，设立统万镇；太和十二年（488），改设夏州。隋开皇三年（583），设夏、长、绥、银四州。唐贞观二年（628），复设银、绥、夏三州，属关内道。后唐时，以府谷县升州。五代时期，设夏州、银州、麟州、府州、绥州。北宋时，属永兴军路，其中绥、宥两州在宋夏间几经易手。元时，绥德州、佳州属延安路。明永乐六年（1408），在今红山（雄石峡）建榆林寨，榆林之名始见于史。明成化七年（1471），置榆林卫。弘治十八年（1505），设东路神木道，领佳州、府谷、神木三州县，中路榆林道领绥德、米脂、清涧、吴堡四州县，西路靖边道领保安（今志丹）、安定（今子长）、安塞三县，包括今榆林市横山区、定边县、靖边县。清雍正年间，设榆林府、绥德直隶州。此后建制不定，其辖区略有变化。

（二）延安市

延安市地处黄土高原中部，东侧与山西临汾、吕梁隔黄河相望，古称“肤施”“延州”，素有“三秦锁钥，五路襟喉”之誉。夏朝，属雍州。商，属鬼方。西周，是犬戎与猃狁领土。春秋时，是白狄部族领地。战国时，大部分属魏国。后属秦。秦汉时，延安属上郡（郡治肤施，今榆林市南）。隋大业三年（607），在肤施置延安郡。延安之名始见于书。唐武德元年（618），改延安郡为延州总管府。宋代，属永兴军路，元祐四年（1089），由延州升延安府。元置延安路，领鄜州、葭州、绥德州。明洪武二年（1369）五月，改设延安府。至清末，常置，辖地略有变化。

（三）渭南市

渭南市位于关中平原东部，为秦、晋、豫交界之地，古称“下邽”“莲勺”。夏朝时属雍州，是有扈氏族主要的活动区域。商朝为骊戎国之地。西周时为王畿近郊，春秋时属晋，此后在秦、魏两国数次易手。秦设内史，辖骊邑、下邽等。西汉高祖元年（前206），设渭南、河上二郡，管辖今渭南地区，此为渭南得名之最早记录。此后，该地先后由内史、京兆、冯翊管辖。东晋时，前秦苻坚甘露二年（360）正月，割新丰、郑县地，置渭南县（县域在今渭南市老城北)。北魏孝昌三年(527),改渭南县为南新丰县,并设渭南郡,治所迁至今县城东南四里明光塬上。此后至唐宋数百年间,渭南郡、渭南县屡经置废。明洪武十四年(1381),重置渭南县,县境始跨渭水南北两岸。嘉靖三十八年(1559),直隶西安府。此后至清末,今渭南辖区基本定型。

三 陕西沿黄古籍存藏单位及藏书情况

陕西黄河沿线各地市的历史文化遗存十分丰富,如榆林市境内的神木石峁遗址、佳县白云观、府谷寨山、靖边统万城遗址、明代长城遗址等;延安市境内的宝塔山、杨家岭革命旧址、黄帝陵、杜公祠、钟山石窟等;渭南市境内的司马迁祠、丰图义仓、潼关古城、西岳庙、仓颉庙等。与丰富的历史文化遗存相伴,陕西黄河沿线传世的古籍资源同样十分丰富,结合文献查检和实地调研资料,陕西黄河沿线的榆林、延安、渭南等地传世古籍资源总量有140000余册,主要收藏在高等院校和各级图书馆、档案馆、文博单位,另有少量古籍为私人收藏。

(一)榆林市

榆林市境内现存古籍有1200余种9800余册,主要收藏在榆林市星元图书楼、榆阳区档案馆、府谷县图书馆、府谷县档案馆、绥德县子洲图书馆、佳县国桢图书馆、米脂县斌丞图书馆、靖边县熊志远图书馆等单位,另外有少量古籍为私人收藏。其中在黄河干流沿线的包括绥德县子洲图书馆、佳县国桢图书馆和府谷县档案馆。

(1)榆林市星元图书楼。榆林市星元图书楼原名榆林县图书馆,始建于1956年。1983年由榆林籍爱国港商胡星元先生捐资70多万元在原址上重新修建,同年被陕西省政府命名为“星元图书楼”。馆藏古籍1198种9500余册。

(2)府谷县。府谷县档案馆收藏有黄淦纂《诗经精义》的清代刻本1种。府谷县图书馆收藏有经部的《书经体注》《尔雅直音》,史部的《历代名臣言行录》《府谷县志》,子部的《陔余丛考》,集部的《杜诗详注》《瓯北诗抄》《瓯北集》等。从所属年代和版本类型来看，尤以清代后期刻本、石印本、铅印本为主。

（3）绥德县。绥德县子洲图书馆前身为绥德县图书馆，由时任陕西省立第四师范学校校长李子洲同志于1925年创建，馆藏古籍325种2202册。主要包括经部的《周易辑闻》《御纂周易折中》，史部的《西学书目》，子部的《洗冤录歌诀》等。从所属年代和版本类型来看，均为清代刻本或石印本。其中，《洗冤录歌诀》是秦中官书局石印本，其他均为刻本。从出版机构来看，以书坊为主。

（4）佳县。佳县国桢图书馆是为了纪念乔国桢同志所建，馆藏古籍2200余册。主要包括经部的《周易正解》《尚书说要》，史部的《西汉书文选》《试策便览》，子部的《眼科大全》《酬世锦囊》以及集部的《杨升庵全集》《古文释义新编》。从所属年代和版本类型来看，有明、清刻本以及民国时期铅印本。其中《杨升庵全集》为明万历年间汲古阁刻本，《医宗必读》为明崇祯十年（1637）九经堂刻本，《眼科大全》《审视瑶函》则为明崇祯年间步云阁刻本。

（5）米脂县。米脂县斌丞图书馆藏古籍4000余册。

（二）延安市

延安市境内现存古籍有1400余种31000余册，集中收藏在延安大学和延安中山图书馆（延安市宝塔区图书馆）两家单位。

（1）延安中山图书馆。延安中山图书馆始建于1937年，是中国共产党成立后建立的第一所红色公共图书馆，馆藏古籍571种5300余册。包括经部的《礼记》《尔雅》等儒家经典，史部的《五代史》《印度志》及金石学著作，子部的《荀子》《论衡》及农学著述，集部的《文选》《文心雕龙》《徐孝穆全集》等。从所属年代和版本类型来看，以明、清刻本为主，如明毛晋汲古阁本《地理通释》和清琉璃厂半松居士排印本《逆臣传》。此外，还有域外印本，如日本明治十二年（1879）石印本《万国史记》。

（2）延安大学。延安大学古籍收藏于校图书馆，该馆目前已发展成为陕北地区最大的学术文献资料中心，现馆藏线装古籍30000余册。主要包括经部的《周易》《毛诗》《礼记》等传统儒家典籍，史部的《史记》《资治通鉴》纪传体、编年体史书，子部的《临阵管见》《书画鉴影》《墨子》等，集部的《楚辞》《宋诗纪事》《琵琶记》，丛部的《百子全书》《四部丛刊》《春在堂全书》等。从所属年代和版本类型来看，有明清刻本、朱墨套印本、活字本、石印本、铅印本等，官刻、坊刻和私家刻本均有。其中明万历年间陈大科刻本《太史升菴全集》、明崇祯四年（1631）陈仁锡刻本《苏文奇赏》、明末常熟汲古阁毛晋刻本《渭南文集》等均为年代较早的版本。此外，该馆还收藏有民国时期的线装图书 247 种，内容既有传统典籍，也有西学著述。

（三）渭南市

渭南市境内现存古籍有 5000 余种 100000 余册，主要收藏在渭南市图书馆、渭南市华州区图书馆、华阴市图书馆、韩城市司马迁图书馆、澄城县图书馆、富平县图书馆、潼关县博物馆、大荔县文物局、合阳县博物馆、富平县立诚中学、蒲城县尧山中学等单位。其中在黄河干流沿线的包括韩城市司马迁图书馆、韩城市博物馆、潼关县博物馆、大荔县文物局、合阳县博物馆等。

（1）渭南市。渭南市图书馆为 2015 年在渭南职业技术学院图书大楼基础上改建而成，馆藏古籍 4380 余册。此外，渭南市临渭区图书馆收藏古籍 2400 余册，华州区图书馆收藏古籍约 900 册。

（2）韩城市。韩城市司马迁图书馆成立于 1979 年，由时任国务院总理李鹏题写馆名，馆藏线装古籍 508 种约 8000 册。韩城市博物馆位于原韩城古城文庙内，1984 年成立。2002 年维修扩建时，又将文庙与古城内的东营庙和城隍庙等三个原本各自独立的古建筑群相互贯通，目前为全国重点文物保护单位。馆藏古籍 30 余种，以清刻本为主。

（3）华阴市。华阴市图书馆藏古籍 100 余种 1640 册。

（4）潼关县。潼关县图书馆藏古籍 175 种 1172 余册。此外，潼关县博物馆藏古籍 159 种 1000 余册。

（5）大荔县。大荔县文物局是渭南地区古籍存藏数量较多的单位之一，馆藏古籍近 1930 种 52044 余册。

表 1　陕西黄河沿线部分古籍存藏单位存藏情况

单位：种

类别		榆林				延安		渭南					合计
		绥德	佳县	府谷				大荔	合阳	韩城		潼关	
		绥德县子洲图书馆	佳县国桢图书馆	府谷县档案馆	府谷县图书馆	延安大学图书馆	延安中山图书馆	大荔县文物局	合阳县博物馆	韩城市司马迁图书馆	韩城市博物馆	潼关县图书馆	
经部	总					1	1	12	4				18
	易	3	1			11	4	17	17		1	3	57
	书		2		2	6	6	16	14		1	4	51
	诗		4	1	1	9	10	18	17		1	4	65
	礼					5	22	36	44	2	1	5	115
	乐							2	1				3
	春秋		1			11	12	33	34	2	1	5	99
	孝经					1	2	1	2			1	7
	四书		2			5	9	78	68	1	1	7	171
	群经总义					7	5	18	7			2	39
	小学		3		1	44	33	48	51	2		4	186
史部	纪传					3	1	13	14	37		3	71
	断代					30	3						33
	编年				1	7	30	24	38	28		9	137
	记事本末					15	9	11	8				43
	杂史					15	4	22	9	4	1		55
	诏令奏议					1	18	11	5			1	36
	传记				1	12	17	90	42	10	1	3	176
	史抄		1			3	4	11	6	3	1	2	31
	载记						3						3
	史表							6	1				7
	时令						0	4					4
	地理				1	14	50	78	167	17	10	16	353
	职官		3		1		2	15	10	2			33
	政书					23	55	134	49	8		6	275
	目录	1				3	7	3	8	1			23
	金石					11	5	7	5	4		1	33
	史评					11	7	19	12	3			52

续表

类别		榆林				延安		渭南					合计
		绥德	佳县	府谷				大荔	合阳	韩城		潼关	
		绥德县子洲图书馆	佳县国桢图书馆	府谷县档案馆	府谷县图书馆	延安大学图书馆	延安中山图书馆	大荔县文物局	合阳县博物馆	韩城市司马迁图书馆	韩城市博物馆	潼关县图书馆	
子部	总							4					4
	儒家					13	34	119	96	17		6	285
	兵家					2	19	7	15	7			50
	法家	1				1	5	3	1				11
	农家						2	17	2	3			24
	医家		7			4	8	17	48	5	1	9	99
	天文算法						18	15	8	3		1	45
	术数						2	28	18	1		7	56
	艺术		1			6	6	6	2	3		1	25
	谱录						2	3	2			1	8
	杂家		2		1	6	37	45	18	11	1	3	124
	小说家		2			17	13	75	10	5		3	125
	类书		5			4	10	94	36	8		8	165
	释家						4	6	5	11	1		27
	道家					7	10	25	6	9		3	60
	其他宗教							4		1			5
	新学						20	37	16	4			77
集部	楚辞					8	2	3	1				14
	别集		7		3	79	77	257	63	30	5	17	538
	总集		4			26	36	333	109	48	2	21	579
	诗文评					9	5	18	13	2		1	48
	词					8	5	3					16
	曲					16	1	50		1	1	1	70
丛部	汇编					29	4	19	24	2			78
	类编					8		8	5	5		1	27
	家集					6		1					7
	自著					10		6	4	1			21
合计		5	45	1	12	507	639	1930	1135	301	30	159	4764

注：本表数据主要依据《陕西古籍总目 · 榆林分册》（三秦出版社，2011 年）、《陕西古籍总目 · 延安大学分册》（三秦出版社，2011 年）、《陕西古籍总目 · 延安中山图书馆分册》（三秦出版社，2011 年）、《陕西古籍总目 · 渭南分册》（陕西人民出版社，2015 年）等书整理。近年来各单位古籍普查登记工作持续开展，故表中数据与各单位实际存藏古籍数量可能会存在较大差别。

（6）合阳县。合阳县博物馆藏古籍 1135 种 8763 册。

（7）澄城县。澄城县图书馆藏古籍 1139 册。

（8）白水县。白水县文物管理所藏古籍 3500 余册。

（9）蒲城县。蒲城县图书馆藏古籍约 260 种 2675 册。此外，蒲城县尧山中学亦有古籍收藏。

（10）富平县。富平县图书馆是渭南地区古籍存藏数量较多的单位之一，馆藏古籍 18000 余册。此外，富平县立诚中学收藏有少量古籍。

四　珍贵特色古籍资源及其价值

陕西现存历代古籍有 200 余万册，包括榆林、延安、渭南三地在内的黄河干流主要流经区域内的主要古籍存藏单位所藏古籍 14 万余册，占陕西全省古籍资源的 7%。这些古籍涉及传统经、史、子、集、丛等五大部类，从版本价值来看，有相当数量的古籍为清乾隆以前的珍贵版本。同时，有大量与陕西历史、文化密切相关的地方文献资料，具有重要的文献价值。其中有不少珍贵的版本先后入选陕西省第一批、第二批珍贵古籍名录。

在版本方面较为珍贵的古籍主要有以下几种。

延安大学图书馆藏《五经图》为清雍正二年（1724）卢云英刻本。白口，四周单边，单黑鱼尾。半页 10 行，满行 23 字。卷端题“河东杨恢基复斋订正，武林沈之涟碧泉、中山尹正鼐燮公校阅，皋城汪岱五宗、王嵩又嵩编录，潜川卢云英夏子、男辰告秖襄重梓”。

渭南市图书馆（渭南职业技术学院图书馆）藏《唐书》为元刻明成化嘉靖万历南京国子监递修本。白口，四周单边、双边兼有，双黑鱼尾。半页 10 行，满行 22 字。存卷四八至六七、六九至七四、七六至一一七、一二四至一九二。

渭南市图书馆（渭南职业技术学院图书馆）藏《宋史》为明成化七年至十六年（1471~1480）朱英刻嘉靖万历南京国子监递修本。黑口，四周双边，双黑鱼尾。半页 10 行，满行 20 字。存卷十一至四十三、四十八至九

十、九十九至二百六十三、二百六十八至三百九十二、四百七至四百二十四、四百三十一至四百九十六。

延安大学图书馆藏《南华真经本义》为明崇祯五年（1632）刻本。白口，四周单边，单黑鱼尾。半页10行，满行23字。卷端题“会稽陈治安尔道父注，男嗣宗小阮父校”。

蒲城县尧山中学藏《六家文选》为明嘉靖十三年至二十八年（1534~1549）袁褧嘉趣堂刻本。白口，左右双边，无鱼尾。半页11行，满行18字。卷端题“梁昭明太子选，唐五臣注，崇贤馆直学士李善注”。存卷十四至六十。

延安大学图书馆藏《苏文奇赏》为明崇祯四年（1631）陈仁锡刻本。白口，左右双边，单黑鱼尾。半页10行，满行20字。卷端题“明太史长洲陈仁锡明卿父选评”。

渭南市华州区图书馆藏《书经集传》为明万历吴勉学刻本。白口，左右双边，单黑鱼尾。分上下两栏，下栏半页9行，满行17字，另有双行小字注文。

延安大学图书馆藏《李太白文集》为清乾隆年间宝笏楼刻本。白口，左右双边，单黑鱼尾。半页10行，满行20字。

富平县图书馆收藏的《藏书》为明崇祯年间刻本。白口，四周单边，单黑鱼尾。半页9行，满行20字。

以上9种古籍之外，《第一批陕西省珍贵古籍名录图录》《第二批陕西省珍贵古籍名录图录》还收录陕西黄河沿线各单位收藏的古籍善本26种。

此外，陕西黄河沿线还有不少极具特色的古籍资源，最具代表性的是富平县图书馆藏清宣统元年（1909）铅印本《羽衣新谱》。该书是现存最早的一部关于陕西眉户曲子的专集，对于研究陕西眉户戏的发展和传承具有重要文献价值。[①] 而榆林市榆阳区图书馆收藏的佛教《大藏经》则是陕西黄河沿

① 关于《羽衣新谱》版本情况，参见崔金明《清孤本眉户集锦〈羽衣新谱〉的版本、内容及文献价值》，《古籍整理研究学刊》2014年第3期。此外，该书已有整理本，收于陕西省古籍整理办公室编《陕西省社科基金古籍整理与研究项目成果汇编（2015年度）》，西北大学出版社，2020。

线古籍资源普查的重要收获之一。该套经卷原在榆林定慧寺，后收藏于榆阳区图书馆，经专家鉴定认为该经书刊刻于清朝初年，为研究佛教《大藏经》的刊刻、流传提供了重要的实物资料。① 同时，黄河沿线古籍资源涉及中国古代政治、经济、文化、思想、天文、医学等不同领域，是相关研究深入开展的重要文献资料，对于深化陕西地方史的研究具有重要的价值。

表 2 陕西黄河沿线入选省级珍贵古籍名录古籍

序号	书名	版本年代	馆藏单位
1	《苏文奇赏》	明崇祯四年陈仁锡刻本	延安大学图书馆
2	《唐书》	元刻明成化嘉靖万历南京国子监递修本	渭南职业技术学院（渭南市图书馆）
3	《宋史》	明成化七至十六年朱英刻嘉靖万历南京国子监递修本	渭南职业技术学院（渭南市图书馆）
4	《六家文选》	明嘉靖十三年至二十八年袁褧嘉趣堂刻本	蒲城县尧山中学
5	《李太白文集》	清乾隆宝笏楼刻本	延安大学图书馆
6	《书经集传》	明万历吴勉学刻本	渭南市华州区图书馆
7	《藏书》	明崇祯刻本	富平县图书馆
8	《大宝积经》	明万历二十四年径山兴圣万寿禅寺刻嘉兴藏本	渭南市华州区图书馆
9	《经律异相》	明万历四十年径山化城寺刻嘉兴藏本	渭南市华州区图书馆
10	《广释菩提心论》	明万历四十年径山化城寺刻嘉兴藏本	渭南市华州区图书馆
11	《止观辅行传弘决》	明崇祯十二年嘉兴楞严寺嘉兴藏本	渭南市华州区图书馆
12	《根本说一切有部目得迦》	明崇祯十七年虞山华严阁刻嘉兴藏本	渭南市华州区图书馆
13	《根本说一切有部百一羯磨》	明崇祯十七年虞山华严阁刻嘉兴藏本	渭南市华州区图书馆
14	《萨婆多部毘尼摩得勒伽》	明万历凌蒞初刻本	渭南市华州区图书馆
15	《南华真经本义》	明崇祯五年刻本	延安大学图书馆
16	《楚辞集注》	明天启六年蒋之翘刻雨新堂印本	渭南市华州区图书馆

① 关于榆阳区图书馆藏佛教《大藏经》共 88 部 1098 卷 1107 册，部分学者认为该套经书系《永乐南藏》，另有学者将其命名为《榆阳藏》，关于其版本情况学界尚有不同观点，有待进一步详细考察。参见郎菁《陕西省榆林市星元图书楼藏〈永乐南藏〉述略》，《文献》2019 年第 6 期；《陕西发现未见著录清初刊刻佛教〈大藏经〉》，《新西部》2017 年第 17 期。

续表

序号	书名	版本年代	馆藏单位
17	《校正重刊官板宋朝文鉴》	明文林阁刻本	延安大学图书馆
18	《五经图》	清雍正二年卢云英刻本	延安大学图书馆
19	《金七十论》	清顺治十八年楞严寺般若堂刻嘉兴藏本	渭南市华州区图书馆
20	《大乘宝要义论》	清顺治十八年楞严寺般若堂刻嘉兴藏本	渭南市华州区图书馆
21	《楚辞新集注附楚怀襄二王在位事迹考》	清乾隆三年刻居易堂印本	延安大学图书馆
22	《杜诗详注》	清康熙刻本	延安大学图书馆
23	《杜诗偶评》	清乾隆十二年潘承松赋闲草堂刻本	延安大学图书馆
24	《韩昌黎诗集编年笺注》	清乾隆二十三年卢见曾雅雨堂刻春及堂印本	蒲城县尧山中学
25	《陈检讨集》	清康熙有美堂刻本	蒲城县尧山中学
26	《思绮堂文集》	清康熙六十一年刻凌云书屋印本	蒲城县尧山中学
27	《江左三大家诗钞》	清康熙桐叶山房刻本	延安大学图书馆
28	《唐诗贯珠》	清康熙五十四年素心堂刻本	蒲城县尧山中学
29	《中晚唐诗叩谈集》	清康熙四十三年采山亭刻本	延安大学图书馆
30	《明诗别裁》	清乾隆刻本	蒲城县尧山中学
31	《范文正公集　范忠宣公集》	清康熙岁寒堂刻本	延安大学图书馆
32	《全唐诗话》	清乾隆三十九年清芬堂刻本	延安大学图书馆
33	《说诗乐趣类编》	清康熙四十年华日堂刻本	蒲城县尧山中学
34	《玉茗堂还魂记》	清乾隆五十年冰丝馆刻本	延安大学图书馆
35	《纳书楹曲谱　纳书楹玉茗堂四梦全谱》	清乾隆五十七年至五十九年叶氏纳书楹刻本	蒲城县尧山中学

资料来源：陕西省文化厅、陕西省古籍保护中心编著《第一批陕西省珍贵古籍名录图录》，三秦出版社，2014；陕西省文化厅、陕西省古籍保护中心编著《第二批陕西省珍贵古籍名录图录》，三秦出版社，2014。

五　陕西黄河沿线古籍资源的保护和开发利用

陕西黄河沿线古籍存藏机构按照行政级划分，包括市级、区级和县级单位，如榆林市星元图书楼、渭南市图书馆为市级单位；延安中山图书馆、华州区图书馆为区级单位；潼关县图书馆、大荔县文物局等为县级单位。按照单位性质划分，虽然各级公共图书馆为主要古籍存藏单位，但还包括榆阳区档案馆、府谷县档案馆等档案系统单位，大荔县文物局、白水县文物管理所、合阳县博物馆等文博系统单位，延安大学、蒲城尧山中学等学校。

从实地调研考察情况来看，2007 年以来，伴随着陕西省“十一五”古籍整理出版规划重大项目《陕西古籍总目提要》以及 2011 年文化部“全国古籍普查登记工作”的陆续实施，陕西省相关古籍存藏单位在建立健全古籍管理制度、提升古籍管理人员专业素养、深入开展古籍普查著录登记等方面取得了较为显著的成效，部分古籍存藏单位的书库条件也得到了一定程度的改善。但从整体情况来看，除陕西省图书馆、陕西师范大学图书馆、西安博物院等全国古籍重点保护单位之外，多数基层古籍存藏单位受到重视程度、经费支持等主观、客观因素制约，古籍书库在建筑结构、防火防盗、恒温恒湿、防虫设备等方面均无法达到古籍书库环境标准。这也是陕西黄河沿线多数古籍存藏单位普遍面临的现实问题。

因此，充分利用陕西黄河沿线古籍资源，需要在统筹古籍文物属性与文献属性关系的基础上，充分利用不同保护手段实现对陕西黄河沿线古籍资源的原生性保护和再生性保护，并将古籍保护和开发利用有效结合。

第一，黄河沿线的渭南、延安、榆林三市宣传部门应加强古籍统筹指导工作，组织成立包括文化、文物、档案、教育、宗教、财政等单位在内的市级古籍工作领导小组，协调相关古籍工作，编制年度工作计划，持续推进本地区古籍工作顺利开展。

第二，各古籍存藏单位需全面梳理本单位古籍书库整体环境、所需要的古籍保护专业设备基本情况，并据此撰写古籍书库条件改善可行性报告，提交上级主管部门。各市、县财政结合实际情况，将古籍工作相关经费纳入年度预算，分期给予支持，逐步改善下辖古籍存藏单位存藏条件，最大限度延缓因书库环境、硬件设备等因素造成的古籍老化速度。

第三，各古籍存藏单位应当建立古籍工作制度，设立古籍书库人员的专职岗位，完善用人机制，保障古籍工作人员的工作待遇。各单位定期组织本单位古籍工作人员参加国家级、省级单位组织的与古籍工作相关的培训班，提高从业人员的专业素养，为古籍工作的顺利开展提供人才支持。

第四，在前期古籍普查登记成果基础上，充分利用古籍数字化技术，持续开展古籍普查登记工作，进一步完善古籍各项信息。各市、县古籍存藏单位重点关注与本地区有关的古籍资源，在条件允许的情况下，委托专业数字化机构对馆藏古籍资源进行数字化处理，实现对馆藏古籍的再生性保护。同时，通过各级图书馆网络平台，逐步推动古籍资源共享的实现。

第五，组织区域内高校和研究单位力量，结合区域特色古籍资源，设立古籍文化专项研究课题，推动区域特色古籍资源价值的深入挖掘。通过专题展览、公益讲座、地方文化进校园、普及图书出版、网络融媒体宣传等不同途径，推动优秀古籍资源的有效利用和普及推广，立体化做好古籍大众化传播。

陕西黄河沿线各市、区县党委、政府相关部门应当深入贯彻落实《黄河文化保护传承弘扬规划》《关于推进新时代古籍工作的意见》等文件精神，通过成立古籍工作领导小组，建立健全古籍工作机制，改善古籍存藏环境，系统整合黄河沿线古籍资源，结合古籍资源重点发掘、复原或重建符合历史事实的古迹旅游景点、线路，持续推动黄河沿线古籍资源的保护和合理开发利用工作，为加快陕西文化强省建设，深入挖掘黄河文化时代价值，保护、传承、弘扬黄河文化，彰显中华文明、增进民族团结、增强文化自信做出应有贡献。

B.16

文化强国视野下长征国家文化公园（陕西段）建设研究报告*

裴恒涛**

摘　要： 长征国家文化公园建设是建设中华文化标识、增强国家文化软实力、建成文化强国的重大战略部署。陕西是红军长征的落脚点，是长征国家文化公园建设的重要省份。红军长征留给了陕西丰厚的物质与精神文化资源。依托长征遗迹遗址，陕西各地围绕长征国家文化公园，进行了系列建设，特别是在长征文物的收集、长征系列纪念场馆的建设方面，成效显著。长征国家文化公园陕西段建设存在的问题主要是聚焦长征文化不够、理论成果支持不够、长征文物展陈利用方式落后等。对策建议是加强陕西长征文化资源的挖掘、保护与开发力度，加强长征国家文化公园（陕西段）相关法律法规及规划方案的制定工作，加强陕西与长征沿线省区在长征国家文化公园建设方面的协同创新，高水平推进陕西长征国家文化公园硬软件等基础设施建设，加强长征国家文化公园建设与乡村振兴战略的融合等。

关键词： 文化强国　陕西　长征国家文化公园

陕西是长征的重要省份，1934 年，红二十五军在程子华、徐海东的指挥下，按中央部署，从豫、川入陕，沿途开展土地革命，建立鄂豫陕苏维埃

---

* 本文是国家社科基金特别委托项目“红军长征史”（21@ ZH048）的研究成果。

** 裴恒涛，西安科技大学马克思主义学院教授，主要研究方向为红军长征史。

政府，发展了革命苏区，传播了革命种子、壮大了革命队伍，并于1935年9月抵达延川县永坪镇，与陕北红军会师，共同发展壮大陕甘革命根据地，为中央红军到达陕北积蓄力量。党中央领导中央红军突破重重“围剿”，于1935年10月抵达陕北吴起镇，先后经过吴起镇战役、直罗镇战役击溃了国民党军的围追堵截；同年12月在子长县召开的瓦窑堡会议，解决了党的政治路线问题，为实现由土地革命到抗日战争的伟大战略转变奠定了基础；1936年通过东征、西征战役，为长征的最终胜利创造了条件。红军长征在陕西的战斗历程，为陕西留下了丰富的长征物质文化与精神文化。陕西长征文物以延安为中心，沿中央红军和红二十五军长征行军路线分布。这些重要会议会址、主要战斗战场遗址、红军标语、红军烈士墓和重要设施、建筑物等是长征历史的重要见证，是长征精神的物质载体，是建设长征国家文化公园的重要历史依据。

一 文化强国背景下建设长征国家文化公园（陕西段）意义重大

（一）落实中央精神，强化使命担当

党的十九届五中全会关于“十四五”规划及2035年远景规划建议，强调建设文化强国，增强国家文化软实力。特别是在“十四五”规划建议中提出建设长城、大运河、长征、黄河国家文化公园。这是建设中华文化标识、增强国家文化软实力、建成文化强国的重大战略部署。这是继2019年7月24日，习近平总书记主持召开中央全面深化改革委员会会议，审议通过《长城、大运河、长征国家文化公园建设方案》，12月中办、国办印发《长城、大运河、长征国家文化公园建设方案》之后，明确写入国家规划，同时把中国的母亲河黄河增加为国家文化公园建设行列，体现了中央决策的一以贯之，表明中央打造中华文化标识、提高国家文化软实力、建成文化强国的高瞻远瞩。在党和国家的高度重视下，长征国家文化公园建设相关工作

扎实推进。国家层面，2021年8月，《长征国家文化公园建设保护规划》出台。根据规划，长征国家文化公园以保护好长征文物、讲好长征故事、传承好长征精神、利用好长征资源、带动好长征沿线发展为总体建设目标，将分3个阶段完成建设保护工作。中央对陕西红色文化的发展高度重视，特别是党的十八大以来，习近平总书记多次来陕考察强调，陕西是中华民族和华夏文明重要发祥地之一，“要加大文物保护力度，弘扬中华优秀传统文化、革命文化、社会主义先进文化”，强调延安精神培育了一代代中国共产党人，“要坚持不懈用延安精神教育广大党员、干部，用以滋养初心、淬炼灵魂”。[①] 2020年9月，延安被列为革命专题类国家文物保护利用示范区，成为全国唯一的革命文物国家文物保护利用示范区。这些重要指示精神及重大举措，体现了党中央对陕西红色文化保护利用的高度重视与关切。作为红军长征立足点的陕西建设好长征国家文化公园，是落实习近平新时代中国特色社会主义思想的重大战略举措，责无旁贷。

（二）做强陕西红色文化，增强区域竞争力

围绕长征国家文化公园建设，长征沿线各省区进行了多方面的工作，长征国家文化公园从理念规划到设计实施有序推进。湖南制定印发《长征国家文化公园（湖南段）建设保护规划》，确定“两线七园六带多点”的规划布局。[②] 广西桂林市充分利用湘江战役在桂北留下的宝贵红色文物资源，积极谋划，深入挖掘桂北六县的红色文化资源，统筹进行规划与项目申报。2021年11月，广西段规划获国家层面正式批复，共规划设计项目60个，包括血战湘江长征历史步道示范段建设等5个重点项目。[③] 贵州省作为长征国家文化公园建设的重点省份，长征国家文化公园建设多方位展开。2021

① 《习近平在陕西考察时强调　扎实做好“六稳”工作落实“六保”任务　奋力谱写陕西新时代追赶超越新篇章》，共产党员网，https：//www.12371.cn/2020/04/23/ARTI1587633722468724.shtml。

② 廖慧文：《弘扬伟大长征精神　推动长征国家文化公园（湖南段）建设》，《湖南日报》2022年2月25日。

③ 刘倩：《长征国家文化公园广西段这样建》，《桂林日报》2022年7月19日。

年5月通过了《贵州省长征国家文化公园条例》。[①] 该条例是我国长征国家文化公园的首部地方性法规。长征数字科技艺术馆作为长征国家文化公园（贵州段）的特色项目正加紧建设。遵义会议会址周边环境整治及展陈提升工程作为长征国家文化公园贵州重点建设区的核心项目之一正紧锣密鼓地进行。[②] 四川各地高标准打造长征国家文化公园，甘孜州根据红军长征的行军路线、重要历史事件、战役和文化遗存分布，探索红色文化与乡村振兴融合发展之路。泸定县打造了“飞夺泸定桥核心展示园”，完成了大渡河两侧滨河广场、勇士路的风貌改造。同时，红军飞夺泸定桥纪念馆的提档升级已基本完工。[③] 甘肃省委宣传部编制的《长征国家文化公园（甘肃段）建设保护规划》（简称《规划》）于2021年12月正式印发。按照《规划》，长征国家文化公园（甘肃段）分三个阶段进行：重点建设阶段（2020~2021年）、深化推进阶段（2022~2023年）和全面提升阶段（2024~2035年）。《规划》依照“一线两区多节点”空间布局对长征国家文化公园建设进行科学规划。[④] 陕西在以延安精神为核心的红色文化保护利用方面成效突出，与延安精神有密切关联的长征文化挖掘利用空间较大。在各地长征国家文化公园建设的大背景下，顺应时代潮流，深入挖掘陕西长征文化资源，建设好长征国家文化公园（陕西段）是实现陕西红色文化提质增效、做强陕西红色文化、增强区域竞争力的有效途径。

基于以上形势，建设长征国家文化公园（陕西段）是深入学习贯彻习近平总书记来陕考察重要讲话重要指示，落实党的十九届五中全会关于“十四五”规划精神，建设文化强国，增强国家文化软实力，提供陕西力量

---

① 《贵州省长征国家文化公园条例》（2021年5月27日贵州省第十三届人民代表大会常务委员会第二十六次会议通过），《贵州日报》2021年5月30日。

② 《讲好红色故事　传承长征精神》，《人民日报》2021年11月12日。

③ 《央视关注：甘孜长征国家文化公园高标准建设》，https：//mp. weixin. qq. com/s? _ _ biz = MzA3NjQ3NTcyMw = = &mid = 2650150489&idx = 2&sn = ce29a0f4dd391930a01869e56c5a3638&chksm = 87620a7db015836b5d916934d5d05057d862d128f70793df82fe6d10fcf6179452a7004176d4&scene = 27。

④ 李超：《明年底长征国家文化公园（甘肃段）基本建成》，《兰州日报》2022年3月3日。

的需要。同时，国家文化公园作为文旅融合的示范区，建设长征国家文化公园（陕西段）也是实现文旅融合、提升陕西红色旅游品牌影响力、增强区域竞争力的需要。

二　现状：陕西是红军长征重要省份，具有建设长征国家文化公园的丰厚资源

（一）陕西长征历史文化资源

土地革命时期，陕北苏区是长征前后中国共产党领导的硕果仅存的苏区之一，为中国共产党领导各路红军长征部队提供了最后的落脚点和继续开创革命新局面的大本营。陕西是中央红军、红四方面军、红二方面军、红二十五军等数支红军主力长征行军和转战的省份。特别是红二十五军长征中创建以葛牌镇、昏家坪为中心的鄂豫陕革命根据地，北出秦岭子午镇，威震西安。随后，红二十五军从长安县的丰峪口出发，沿秦岭北麓，继续长征。陕北是中央红军长征胜利的落脚点，是长征之后中国革命的大本营，长征文化资源丰富。毛主席率领中央红军陕甘支队长征胜利到达吴起镇，结束红一方面军两万五千里的长征。中央红军陕甘支队在甘泉县象鼻子湾村与陕北程子华、徐海东、刘志丹领导的红十五军团胜利会师，实现了中国革命力量新的汇聚。直罗镇战役，中央红军落脚陕北的奠基礼。瓦窑堡会议，抗日民族统一战线新策略的制定。东征、西征战役，巩固陕北革命根据地。与东北军、西北军开展统一战线工作，形成西北地区抗日救亡的“三位一体”局面。

红军长征留给了陕西这块古老土地丰厚的物质文化与精神文化资源。物质文化资源，包括长征在陕西的领导人旧居、重要会师地、重要战斗遗址、重要会议地等，保存较好，意义重大。党和红军领导人长征到达陕北旧居，如毛泽东、周恩来等所住当年吴起镇的窑洞。陕甘支队与红十五军团会师地甘泉县象鼻子湾村，毛泽东在此进行“雪地讲话”，阐释长征的伟大意义，鼓舞全军士气。如今的会师地一派田园景色，立有一块“雪地讲话”旧址

纪念碑，记录和见证当年激动人心的会师场景。战斗遗址，如吴起洛河以西的平台山（后改名“胜利山”）战斗，史称“切尾巴”战役。初到陕北的红军经过两个多小时的战斗，全歼尾随之敌一个骑兵团，击溃敌三个骑兵团，结束了长征中的最后一仗。毛泽东为具体指挥战斗的彭德怀致电赠诗一首：“山高路远坑深，大军纵横驰奔。谁敢横刀立马，唯我彭大将军”，[①] 传为佳话。当年指挥所所在的杜梨树，成了历史的永恒见证。精神文化方面，长征文化在此凝练，长征精神在这里定格传承，延安精神在这里接续发展。毛泽东在吴起镇全军干部会上对长征进行经典总结，指出“长征是历史记录上第一次，长征是宣言书，长征是宣传队，长征是播种机”。可以说丰富厚重的长征历史文化资源是陕西建设长征国家文化公园的宝贵资源，陕西建设好长征国家文化公园，对于传承革命文化、增强文化自信、实现文化强国等具有重要战略意义。正如研究者强调“陕西位于国家文化公园主题线路上极其重要的文化区域，是承担国家文化公园建设义不容辞责任的省份之一”。[②]

（二）陕西长征文化资源开发利用现状

依托红军长征留下的遗迹遗址，陕西各地围绕长征国家文化公园建设方案，进行了系列建设。

长征文物保护方面。主要包括可移动文物和不可移动文物。可移动文物主要是收集在各纪念场馆的红军文件、武器、生活用品等。如葛牌镇区苏维埃政府纪念馆主要陈列当时的枪炮、大刀、电话机等革命文物约 34 件；吴起革命纪念馆展厅陈列文物 180 多件，其中长征文物占有一定比重。不可移动文物主要是红军当年行军战斗过的各种遗址遗迹。陕西作为红军长征的落脚点，经初步调查，目前现存不可移动长征文物共 320 处（363 个点）。重要的如葛牌镇红二十五军军部旧址、文公岭战斗旧址。葛牌镇红二十五军军

---

① 彭德怀：《彭德怀自述》，国际文化出版公司，2009，第 211 页。

② 马燕云：《推动陕西段长城长征国家文化公园建设的思考》，《新西部》2020 年 10 月合刊。

部旧址在2019年被列为第八批国保名单。文公岭战斗旧址位于葛牌镇东沟村，蓝柞公路西段山顶东西方向两段战壕，长约100米，宽约2米，深1~1.5米。长安区滦镇街道沣峪口老爷庙紧急会议旧址，此次会议于1935年7月15日召开，由代理省委书记吴焕先主持，根据中央文件精神、报纸消息和敌情动态，决定红二十五军西征北上，与陕甘红军会合。会议还确定合并鄂陕、豫陕两特委，组成新的鄂豫陕特委，在省委和红二十五军主力离开后，统一领导留在根据地的武装力量，继续坚持鄂豫陕革命根据地的斗争。2020年10月，长安区将该旧址列为文物保护单位。鄠邑区红二十五军过境户县驻地旧址——上涧子村天主教堂，军政委吴焕先在天主教堂起草了《关于建立鄂豫陕苏区工作情况和问题给中央的报告》。商洛市丹凤县庾家河会议旧址，庾家河会议即中共鄂豫陕省委第十八次常委会议，会议旧址位于庾家河镇街心拐弯处“春茂永”药铺，庾家河会议是红二十五军长征中的一次重要会议，决定改中共鄂豫皖省委为鄂豫陕省委，并作出了建立鄂豫陕革命根据地的重大决定。该镇附近还有著名的庾家河战斗遗址。山阳县小河口镇袁家沟村“裕厚堂”红军医院旧址，该旧址内展出有当年红军医院用过的医药包、针管、药船等物品。

长征场馆建设方面。延安市吴起县作为中央红军结束长征的落脚点闻名于世，在县城西北部胜利山上建有系列红军纪念设施，主要是中央红军长征胜利纪念园、吴起革命纪念馆。吴起中央红军长征胜利纪念园总占地面积4.5平方公里，主要有五大广场（入口广场、转移转折广场、雪山草地广场、会师广场、胜利广场）、中央红军长征胜利纪念馆、中央红军长征胜利纪念碑、寨子梁战争演练区、“切尾巴”战役遗址、遵义会议会址等景点，是一个兼有教育、旅游、休闲功能，具有国家重点红色旅游目的地意义的纪念性主题公园，国家4A级旅游景区。吴起革命纪念馆即吴起革命旧址，占地约4300平方米，2006年被国务院公布为第六批全国重点文物保护单位。

延安市甘泉县陕甘边苏维埃政府旧址、下寺湾毛泽东旧居、中央下寺湾会议纪念馆、象鼻子湾会师地及毛泽东雪地讲话旧址等。1935年11月3日，中央政治局在甘泉县西北的下寺湾镇召开会议，张闻天主持，毛泽东、周恩来等参加。会议讨论了中央对外名义和组织分工等问题，决定对外名义使用中共中央西北局和中华苏维埃共和国临时中央政府西北办事处，建立西北革命军事委员会。6日，在甘泉县南的象鼻子湾，陕甘支队与红十五军团胜利会师。毛泽东在漫天大雪中发表著名“雪地讲话”，特别是指出长征是宣言书，长征是宣传队，长征是播种机。当地政府在旧址地修缮了讲话台及碑铭。目前围绕长征国家文化公园建设，甘泉县相关部门正在打造从下寺湾到象鼻子湾约65公里的红军长征步道，对步道沿线的村庄进行美化亮化。

延安市子长市中山街瓦窑堡革命旧址。该旧址是1935年11月至1936年6月中共中央、中央军委所在地。包括瓦窑堡会议旧址（张闻天旧居）、西北革命军事委员会旧址、中国人民抗日红军大学旧址、毛泽东旧居、周恩来旧居和刘少奇旧居。总占地面积5230平方米，陈列展示窑洞16孔，现藏文物463件，其中革命类文物113件。该旧址于1988年被列为全国第三批重点文物保护单位。

延安市志丹县保安革命旧址。该旧址位于志丹县城红都街中段。为了纪念东征中牺牲的刘志丹，1936年6月，中共中央决定将保安县改名为志丹县。1936年7月3日，党中央和中华苏维埃中央政府离开子长县瓦窑堡进驻志丹县。西安事变后的1937年1月10日，党中央和中华苏维埃中央政府离开志丹县，前往延安，与志丹县党中央指挥红军三大主力会师，结束长征。中央领导人毛泽东等接受斯诺的采访，谈两万五千里长征的经过等。保安革命旧址包括张闻天、毛泽东、周恩来、朱德、张国焘、王稼祥等人旧居，以及中央军委会议室、中共中央机要科、中央机关灶等旧址及保安革命旧址陈列馆。2000年5月被公布为全国重点文物保护单位。

延安市延川县永坪镇会师地纪念设施。永坪镇是1935年9月16日红二十五军结束长征与陕甘红军的会师地，也是红十五军团的成立之地。在永平镇繁华的十字路口，修建有永坪会师雕塑，反映了徐海东和刘志丹紧紧握手的场景。永坪镇政府大楼内建有永坪会师纪念馆。

延安市富县，当年发生在富县的直罗镇战役为党中央把全国革命大本营放在西北的任务，举行了一个“奠基礼”。现在建有直罗镇战役烈士陵园、直罗镇战役纪念碑、直罗镇战役纪念馆。

西安市蓝田县葛牌镇是红二十五军长征中行军转战的重要地方，目前建成开放的是葛牌镇区苏维埃政府纪念馆，位于葛牌镇葛牌街，占地 800 平方米，红二十五军军部旧址占地 720 平方米，鄂豫陕省委扩大会议旧址占地 69.3 平方米。其中，葛牌镇区苏维埃政府纪念馆于 2001 年 7 月 1 日对外开放。

旬阳县红军纪念馆，位于安康市旬阳县红军镇。主要依托红二十五军长征转战陕南，创建鄂豫陕革命根据地及苏维埃政权的历史。特别是旬阳佛爷庙战斗中，有“神医”之称的红军指导员高中宽和尚班长牺牲，当地百姓掩埋烈士遗体，设立牌位祭奉，尊称“红军老祖”，成为旬阳红军纪念馆的灵魂。该纪念馆占地 16 亩，收集“红军老祖”故事连环画，征集红军遗物 52 件。

此外，在数字博物馆建设方面，延安革命纪念馆打造系列数字延安革命纪念馆，开辟“伟大长征　辉煌史诗”云展览，将陕西省文物局、延安革命地纪念馆主办，延安革命纪念馆承办的“伟大长征　辉煌史诗”展览进行数字呈现。① 展览展示了 350 余幅照片、248 件文物，通过各类声、光、电等科技手段，反映了从 1934 年 10 月到 1936 年 10 月，中国工农红军将陕北作为长征落脚点，最终三军胜利会师于陕甘苏区的历史。

三　长征国家文化公园（陕西段）建设存在的问题

长征国家文化公园建设作为一项全新课题，基于长征线路的复杂性、多样性，存在系列问题与挑战，如单体小而散，保护难度大；产权复杂，面临管理难题；展示同质化，吸引力不足；沿线建设基础薄弱等。② 一些学者则指出国家文化公园建设存在三个不确定，即空间边界的不确定、文化标志物

---

① 《伟大长征　辉煌史诗》，https：//www.720yun.com/t/12vkcw7ld27？scene_ id=62818419。

② 杜凡丁等：《讲好长征故事　传承长征精神——长征国家文化公园建设保护体系的构建》，《中国文化遗产》2021 年第 5 期。

的不确定、建设资金责任主体的不确定。[①] 建设资金方面，学者强调国家文化公园投融资存在融资力度不大，市场吸引力较弱；融资渠道单一，融资结构简单；运营管理待改善，风险防范薄弱等问题。[②] 围绕陕西长征文化资源开发利用中存在的问题，学者也进行了初步探讨，如资源调查和研究挖掘深度不够，资源保护传承利用发展不平衡，保护、管理、利用体制不顺，长征沿线区域经济薄弱等。[③] 与这些共性问题相类似的是长征国家文化公园（陕西段）保护与建设中也存在相应的问题，有些问题更为突出。

（一）聚焦长征文化不够

陕西历史文化研究利用方面，突出了以党在延安的历史及延安精神的挖掘和利用，突出了以周秦汉唐为代表的古代中国文化的研究。陕西红色文化挖掘利用方面，突出了土地革命时期刘志丹、谢子长、习仲勋等创建西北革命根据地的历史，突出了抗日战争时期党中央领导全国人民在陕北的斗争岁月，即延安时期和延安精神。学者多把长征在陕西的历史融在以上两个时期当中，导致长征在陕西的历史研究不够，挖掘不够，投入不够，宣传不够。正如有学者指出，陕西“在文化资源的开发上存在的倚古偏旧、重古轻今思想；在红色文化资源的开发上，重延安红色文化资源的开发，对其他地区的红色文化资源的开发比较薄弱”。[④] 由于聚焦长征文化不够，相对于长征沿线其他省区制定长征国家文化公园建设方案、条例，陕西这方面工作起步相对较晚，目前尚未出台长征国家文化公园（陕西段）相关规划及实施方案。陕西各地在长征文化保护与利用方面也存在发展不平衡不充分的问题，陕北延安各县和西安葛牌镇在长征文化保护和利用方面，征集收集长征文

① 刘鲁等：《立足新时代，探索新路径——“国家文化公园建设与遗产活化”专题研讨会综述》，《旅游学刊》2022 年第 8 期。

② 贺炳旭：《国家文化公园投融资体系建设构想》，《北方经贸》2022 年第 7 期。

③ 马燕云：《推动陕西段长城长征国家文化公园建设的思考》，《新西部》2020 年 10 月合刊。

④ 万生更：《陕西红色文化品牌探析》，《党史文苑》2012 年第 5 期。

物，建立各种纪念场馆，打造系列旅游线路，取得一些新进展。而其他一些地方的长征文化保护利用工作起步较晚，保护和开发利用力度有待加强。

（二）理论成果支持不够，有待系统深入

长征国家文化公园建设的核心是彰显长征文化这一主题，长征文化的研究水平直接影响到长征国家文化公园的建设水平。当前，长征国家文化公园建设处于摸索起步阶段，相关建设经验不足。陕西在长征文化及长征国家文化公园建设方面的研究成果包括课题、高水平论著，无论是从数量还是质量方面看都存在明显不足。[①] 研究成果的不足，也导致了陕西各地长征故事的挖掘不够，直接影响了长征国家文化公园的吸引力。因为长征国家文化公园的核心是“传承红色基因，讲好长征故事”。项目组在陕西各地长征旅游纪念设施参观考察过程中深感生动感人的长征故事的不足，换言之，参观考察之后，能触动心灵、念念不忘的长征故事太少。如旬阳红军镇的“红军老祖”故事由于研究和宣传以及转化利用不够，在全国影响不大。毛泽东同志在陕北关于“长征是宣言书、宣传队、播种机”论述具体时间地点的相关研究缺乏，影响了长征文化的开发利用。

（三）长征文物展陈利用方式科技感不足

综览陕西各地的长征主题纪念场馆，多为实体展馆的陈列式展览，馆内展示内容重复、单调，沉浸式、体验式不足。如项目组参观调研的蓝田县葛牌镇，是红二十五军长征经过的重要地域，目前建设的陈列馆中，如葛牌镇红二十五军军部旧址陈列尚未完成，未对外开放。鄂豫陕根据地葛牌镇区苏维埃政府纪念馆，对外开放，展陈内容以图片及部分实物资料（当年斗争时所用的手榴弹、步枪、大刀及部分文件的复印件）为主，结合少量人物

① 项目组以“长征国家文化公园”为主题词在中国知网数据库进行搜索，截至2022年8月，长征沿线各省份关于长征国家文化公园建设的文章数为37篇，其中，江西1篇，湖南3篇，广西3篇，贵州13篇，云南3篇，四川7篇，重庆1篇，甘肃3篇，宁夏2篇，陕西1篇，陕西就长征文化的重要性及科研力量方面与其他省份相比，相关研究成果数量明显不足。

雕塑，多未标识文物情况。展陈中提供部分历史的二维码供参观者扫描，但缺乏影视资料、实景演艺、VR 虚拟现实等技术手段的运用，十几分钟就可以参观完毕，缺乏深入的沉浸式体验与互动内容，同时也缺乏红军长征体验活动，如让游客穿红军服、重走长征路、吃红军饭等，游客在葛牌镇主要是体验农家乐，住农家开设的宾馆、吃农家饭，在规模不大的镇子上沿着辋川河散步。

（四）国家性、国际化不足

国家标准、国际化水平是国家文化公园的重要属性，学者对此多有强调。有专家认为国家文化公园是依托“遗址遗迹”和“建筑与设施”等人文旅游资源，具有代表性、延展性、非日常性主题，由国家主导生产的主客共享的国际化公共产品。① 换言之，国家文化公园强调中华民族共同体文化价值认同的一致性、整体性，是中华文化的标识。陕西长征国家文化公园相关场馆设施建设中存在国家标准、国家化水平不足的问题，如葛牌镇长征文化相关场馆的指示牌、标识牌、解说词、展陈语等仅为中文，缺乏英语等语言，影响了海外游客的参观体验。

（五）线路分散，缺乏整体统筹

国家文化公园是线性文化遗产，强调“各个遗产节点共同构成的文化功能和价值以及对人类社会经济产生的影响”。② 红军长征在陕西的历史文化资源主要分布在陕北的吴起县、志丹县、甘泉县、子长县等及关中、陕南的蓝田葛牌镇、丹凤、柞水等地，以及宝鸡的凤县等，各地相距遥远，缺乏统筹规划。一些地方如葛牌镇突出了红军历史，而对长征文化重点不够突出，长征文化标识不明。项目组在随机访谈的过程中发现，当地不少人对葛牌镇在红军长征历史中的地位和作用认识不足，甚至不认为红军长征经过葛牌镇。

---

① 王克岭：《国家文化公园的理论探索与实践思考》，《企业经济》2021 年第 4 期。

② 刘鲁等：《立足新时代，探索新路径——“国家文化公园建设与遗产活化”专题研讨会综述》，《旅游学刊》2022 年第 8 期。

（六）政府主导，社会参与不足

近几年由于疫情等因素导致的经济增长乏力，不少地方财政出现困难，导致投入长征国家文化公园建设的资金不足，一些规划建设的项目进展缓慢。如葛牌镇红二十五军相关遗址遗迹的修缮保护工作尚未完成，进展缓慢。单一依靠政府投资管理，缺乏社会组织、企业和公众参与保护开发，使长征国家文化公园可持续发展动力不足。正如学者指出的，市场吸引力弱、融资渠道单一等成为制约国家文化公园建设的重要因素。[①] 如旬阳县红军纪念馆由旬阳县政府 2007 年投资兴建，总投资 1800 万元。吴起革命纪念馆，2014 年由吴起县委、县政府投资 1000 多万元，实施了吴起新窑院保护管理设施工程，恢复旧窑洞，修缮旧居，新建陈列展厅。目前，延安计划投资 130 亿元，策划吴起长征胜利纪念地、志丹保安革命旧址、甘泉“雪地讲话”旧址、延川长征会师纪念地、延安革命纪念馆等九大重点建设项目。这些已建成或规划中的项目以政府投资为主，民间资本参与程度有限，或者前景不明朗。

四　对策建议：新时代陕西建设长征国家文化公园的使命担当

结合长征国家文化公园（陕西段）建设存在的问题，以及国家文化公园建设保护的五个重点基础工程如保护传承、研究发掘、环境配套、文旅融合、数字再现等，项目组认为做好当前及今后一段时期长征国家文化公园（陕西段）的建设工作，可以从以下方面进行思考和着力。

（一）加大陕西长征文化资源的挖掘、保护与开发力度

相比贵州、四川等长征文化资源富集省份，陕西长征文化资源有待进一步挖掘、整合。在陕西以周秦汉唐为代表的厚重传统历史文化和以延安精神

① 贺炳旭、孙会谦：《国家文化公园投融资体系建设构建》，《北方经贸》2022 年第 7 期。

为核心的革命文化充分挖掘开发利用的情况下，长征文化资源被遮蔽的情况在某种程度上存在。党的十九届五中全会关于长征国家文化公园建设的部署，为陕西挖掘、保护和开发长征文化资源提供了历史契机。重点是加强长征在陕西重要革命遗址的挖掘、保护和利用。这方面相关工作已经有序开展，如2020年6月，陕西省发改委会同省委宣传部、省文化和旅游厅、省文物局，拟申报延安市志丹县保安革命旧址周边环境整治项目为长征国家文化公园建设项目。重点是加强陕西长征文物包括可移动文物与不可移动文物的普查，摸清家底。在此基础上形成陕西长征文物调查报告及图录，为建设长征国家文化公园提供文物基础。强化陕西在长征中地位与价值的研究，加强陕西作为长征“两点一存”重要地位的研究，加强作为长征重要组成部分东征和西征相关问题的研究等。加强红军长征到达陕北线路及相关活动的研究。加强陕北军民对红军长征胜利的支援等相关问题研究。加强关中地区及陕南红军长征历史相关问题的研究。加强红军长征与陕西的游击队建设、地方政权建设等问题的研究。加强照金精神与长征精神、长征精神与延安精神等中国共产党人精神谱系相互关系的研究等。加大陕西长征文化旅游产品的开发力度，包括实景舞台演出节目及特色地方旅游纪念品等。加大陕西长征文化资源的宣传力度。利用现代传媒加强陕西长征文化的转化利用与传播。

（二）加强长征国家文化公园（陕西段）法律法规及规划方案的制定

国家文化公园涉及相关体制机制问题，是一个跨地区跨行业的系统工程，需要相关法律法规的保障。长征国家文化公园总体国家层面的规划《长征国家文化公园建设保护规划》，已由国家文化公园建设领导小组于2021年8月印发，对长征国家文化公园的建设空间、主题功能区建设、重大工程建设等进行了总体规划。[①] 围绕长征国家文化公园（陕西段）建设，需要尽快制定完善《陕西长征国家文化公园条例》，《陕西省长征文物保护

① 《长城、大运河、长征国家文化公园建设保护规划出台》，《人民日报》2021年8月9日。

总体规划》，《陕西长征国家文化公园实施方案》等，为长征国家文化公园（陕西段）提供法律法规支撑。

（三）加强与长征沿线省区在长征国家文化公园建设方面的协同创新

作为线性的国家文化公园，长征沿线区域的协同创新、联动开发是长征国家文化公园建设的应有之义。目前，云贵川三省已签署《加快推进川滇黔长征国家文化公园建设战略合作协议》，成立“长征国家文化公园四渡赤水红色联盟”，共同推出“四渡赤水长征历史步道示范段”。[①] 陕西可以借鉴这些有益经验，特别是加强与长征转战西北省区甘肃、宁夏等的合作与共建。西北地区是红军长征的胜利地和系列会师地，甘肃会宁会师、宁夏将台堡会师标志着红军三大主力的汇聚，历时两年的长征的伟大胜利。通过经验交流与协同创新，科学规划实施长征国家文化公园（陕西段）的相关制度、项目建设，在规划和建设中，体现长征国家文化公园（陕西段）的特色，打造和凸显陕西长征文化中的“落脚点和出发点”特色内涵，避免内容与形式的同质化。

（四）高水平推进陕西长征国家文化公园硬软件等基础设施建设

在吴起县进一步建设完善中央红军长征胜利纪念馆。利用西安国家中心城市的地位，发挥西安高校和科研机构云集的科技人才优势，在西安建设红军长征在陕西文献资料数据库、红军长征数字博物馆、红军长征历史人物蜡像馆等。在吴起、蓝田等长征文化场馆和街区，加强长征文化的数字再现，如用 VR 技术呈现红军长征经过当地的历史瞬间，呈现当地红色文化与地方特色文化结合的独特魅力。加强蓝田县葛牌镇红二十五军长征相关遗址及其周边的基础设施建设。在吴起、葛牌等建设长征学院，协同省内外专家学者，开设寓教于乐、寓学于游的长征文化和长征精神培训系列课程。以此为

---

① 《川滇黔三省携手推进长征国家文化公园建设》，https：//baijiahao. baidu. com/s? id = 1702418900621137805&wfr = spider&for = pc。

基础，进一步打造长征精神教育平台，打造新时代面向全省、全国的党性教育基地。加强精品长征步道建设，在吴起县、葛牌镇等建设特色长征文化步道，为游客重走长征路、体验长征文化提供便利设施。

（五）加强陕西长征、长城、黄河国家文化公园建设的有机统一

长征、长城、黄河三大文化资源，在陕西汇聚，是历史给予陕西的丰厚馈赠。“十四五”规划建设长城、大运河、长征、黄河等四大国家文化公园，是新时代赋予陕西的重大机遇和崇高使命。目前，陕西省文物局已经制定印发了《陕西省长城保护总体规划（2021~2035年）》等。长征、长城、黄河在陕西大地地理空间上交错，建设内容形式具有相通互鉴之处。如中央红军到达陕北后，为巩固和扩大陕甘革命根据地开展的东征，是长征的重要组成部分。东征过程中的黄河系列渡口，如清涧县西辛关村毛主席东渡黄河渡口、清涧县王家河红军东渡黄河渡口、延川县清水关毛主席东征回归渡口等，是长征文化和黄河文化的交汇点，在建设长征国家文化公园和黄河国家文化公园中可以充分整合利用。中央红军通过六盘山进入陕西，红军西征经过的陕西西北部宁条梁、安边、靖边等地，都与古长城线路一致，在这一线路，可以把长征国家文化公园建设与长城国家文化公园建设有机融合，打造传统文化与革命文化融合利用的示范区。

（六）加强长征国家文化公园建设与乡村振兴战略的融合

文旅融合是国家文化公园建设的重要内容，也是实现国家文化公园社会效益和经济效益相结合、推动地方经济社会发展的有效手段。长征线路主要集中于乡村地区，“乡村文化是国家文化公园建设的文化底色”，[①] 在长征国家文化公园建设中，把红色文化与各地乡村的村落文化、建筑文化、民俗文化等相融合，实现文旅融合，推动乡村振兴，是长征国家文化公园建设的重要内容。打造陕西特色长征文化精品旅游线路，如以吴起县红军长征胜利纪

① 杨传张：《国家文化公园建设需厚植乡村文化底色》，《探索与争鸣》2022年第6期。

念地、葛牌镇红二十五军长征转折地、清涧县西辛关村毛主席东渡黄河渡口、王家河红军东渡黄河渡口等为特色的长征文化旅游线路，在这些线路上有机融合地方特色文化于长征文化之中，如陕北窑洞文化、黄河文化、秦岭生态文化、古镇文化等。结合长征国家文化公园所在地的特色资源和地域文化特点，引导乡村群众积极加入长征国家文化公园的建设当中，在文旅融合中，使当地群众获得利益，实现收入增长、共同富裕。如地处秦岭腹地的西安市蓝田县葛牌镇，要善于利用秦岭的绿色生态优势，利用葛牌镇的古镇商贸历史，在建设中加强生态环境建设，保持古镇风貌，建设生态宜居的葛牌古镇，引导当地居民生产特色的农副旅游产品，实现红绿结合。利用好葛牌街现有的农家乐，统一规划，打造具有长征文化特色的红色之家，形成红色旅游品牌。地处陕北的吴起县，可以充分发挥当地的窑洞文化、山地苹果种植等特色，把长征文化公园建设与新农村建设相结合。

B.17

黄河国家文化公园（陕西段）研究报告*

葛洲子**

摘　要： 陕西黄河文化内涵丰富、历史深远，是黄河国家文化公园建设的优质载体。通过发掘黄河国家文化公园（陕西段）的内在发展力与文化资源，提出总体布局的建议，配合编制《陕西黄河文化文物保护利用规划》《黄河国家文化公园建设方案（陕西段）》，梳理、认定一批优质黄河文化遗产资源，挖掘黄河文化时代价值，促进陕西黄河文化遗产资源的科学保护和合理利用：一是打造“黄河文明、溯源陕西”文化品牌和黄河流域重要文化标识体系；二是加强规划引领，推动黄河流域文化遗产系统性保护与高质量发展；三是联合沿黄省份打造具有国际影响力的黄河文化旅游带。

关键词： 国家文化公园　黄河文化资源　“T”字形旅游带

黄河是中华民族的母亲河。2019年9月18日，习近平总书记在黄河流域生态保护和高质量发展座谈会上强调：“黄河文化是中华文明的重要组成部分，是中华民族的根和魂。要推进黄河文化遗产的系统保护，守好老祖宗留给我们的宝贵遗产。要深入挖掘黄河文化蕴含的时代价值，讲好‘黄河

---

* 本文为国家社会科学基金重大项目“魏晋隋唐交通与文学图考”（18ZDA247）、教育部人文社会科学研究青年基金项目“五代北宋时期禅宗传法的空间扩展”（19XJC730001）阶段性研究成果。

** 葛洲子，历史学博士，陕西师范大学历史文化学院、国际长安学研究院副教授，主要研究方向为历史人文地理、中国古代史。

故事'，延续历史文脉，坚定文化自信，为实现中华民族伟大复兴的中国梦凝聚精神力量。"① 2020年10月29日中国共产党第十九届中央委员会第五次全体会议通过《中共中央关于制定国民经济和社会发展第十四个五年规划和二〇三五年远景目标的建议》，提出建设长城、大运河、长征、黄河等国家文化公园，首次提出将黄河文化公园列入国家文化公园建设名录。"根据国家发展改革委等7部门印发的《文化保护传承利用工程实施方案》，到2025年，大运河、长城、长征、黄河等国家文化公园建设基本完成，打造形成一批中华文化重要标志，相关重要文化遗产得到有效保护利用，一批重大标志性项目综合效益有效发挥，承载的中华优秀传统文化传承发展水平显著提高"②。

建设黄河国家文化公园是党的十九届五中全会作出的重大部署，是弘扬黄河文化、强化中华民族精神标识、凝聚全体中华儿女精神力量的重要举措，涉及黄河沿线9个省区。

陕西是黄河流经的重要区域。黄河从入陕（榆林市的府谷县，近内蒙古托克托）到出陕（渭南市的潼关县），流经陕西榆林、延安、渭南3市13个县（市、区），全长719公里，流域土地面积、人口、经济总量分别占陕西的65%、76%和87%，这一区域的生态保护、环境治理、文化建设对陕西乃至全国十分重要。黄河国家文化公园是国家推进实施的重大文化工程。作为黄河文化形成和发展的核心区域，建设黄河国家文化公园是陕西的机遇，大有可为。按照国家总体要求，准确研判陕西黄河流域文物文化资源的重大价值，切实把握历史机遇，突出陕西特色，扎实推进黄河国家文化公园（陕西段）建设保护任务，成为保护黄河工作的抓手。

传统的国家公园是指一个完整的、具有一定特定主体的土地区域系统。主要目的就是保护该土地上的特定主体，一般来说为相关的生物、地理或文

① 习近平：《在黄河流域生态保护和高质量发展座谈会上的讲话》，《求是》2019年第20期。

② 《2025年大运河、长城、长征、黄河等国家文化公园建设基本完成》，新华网，http://www.xinhuanet.com/2021—05/05/c_1127409789.htm；贺建委、谢克家：《黄河中下游过渡段国家文化公园的建设构想》，《中国国土资源经济》2022年第8期。

化资源，使其受到的影响最小[①]。而中国特色社会主义新时代所倡导的国家文化公园，是以习近平新时代中国特色社会主义思想为指导，突出展示遗址主题，以文物和文化资源为主干展示内容，挖掘优良传统文化，通过展示宣传的手段，进一步促进科学保护以及相关研究进展，做到可持续发展的大型综合性国家公园[②]。

"作为中华文化的重要标识和中华文明的具体见证，国家文化公园形成的是一种针对大片区覆盖、多区域联动的线型文化遗产保护与利用的总体规划模式。既是推动新时代我国文化繁荣发展的重大工程，也是中国文化遗产保护领域在国际化交往和本土化实践过程中对全球社会作出的创新性贡献"[③]。

一　发掘黄河国家文化公园（陕西段）的内在发展力

陕西省的秦岭以北区域全部属于黄河流域，因黄河而盛，因黄河而富。在历史上，黄河蕴含了早期人类在陕西的活动和农业萌芽，滋生了半坡文化、石峁文化等重要的史前文明，奠定了十三朝古都的地理基础，繁荣了古代陕西的水运交通商贸，留下了大量的优秀地域文化的遗产，呈现文化多样性和兼容性的特点，造就了关中、陕北的独特地域历史文化内涵。黄河国家文化公园（陕西段）作为新时期陕西重点传承彰显黄河文化的重要载体和抓手，须突出黄河陕西文化特征，推动黄河文化创造性转化、创新性发展，为建设黄河流域生态保护和高质量发展先行区提供强大动力和有效支撑。

---

① 陈耀华、黄丹、颜思琦：《论国家公园的公益性、国家主导性和科学性》，《地理科学》2014年第3期。

② 李婷：《长城国家文化公园怎么建》，《光明日报》2019年10月9日；罗伊：《长城国家文化公园（宁夏段）标识与阐释体系规划研究》，西北大学博士学位论文，2021，第5页。

③ 张冬宁：《建设黄河国家文化公园的时代呼唤与使命担当》，《人生与伴侣》2022年第4期。

（一）黄河文化是陕西生态保护和高质量发展先行区建设的源泉

2015年2月，习近平总书记来陕考察时强调，陕西生态环境保护，不仅关系自身发展质量和可持续发展，而且关系全国生态环境保护大格局，强调要紧紧抓住山、河、江、坡综合治理，山有秦岭山系，河有黄河、渭河水系，江有汉江、丹江水系，坡有黄土高坡。要围绕山清、水净、坡绿的目标推进生态环境保护，让三秦大地山更绿、水更清、天更蓝。习近平总书记强调，“黄河是我们的母亲河，保护黄河是千秋大计”“推动黄河流域从过度干预、过度利用向自然修复、休养生息转变，改善流域生态环境质量”。

黄河从入陕到出陕，流经陕西榆林、延安、渭南3市13个县（市、区）。省内黄河流域输沙量占到黄河流域总输沙量的60%以上。黄河陕西段的生态功能突出，资源禀赋优越，文化底蕴深厚，发展基础良好。习近平总书记强调，“陕西黄河流域的生态保护治理对陕西乃至全国十分重要”。这是对陕西黄河流域生态保护和高质量发展的新定位、新使命、新要求，陕西使命光荣，责任重大。陕西建设生态保护和高质量发展先行区，首先要挖掘陕西黄河文化。陕西黄河文化内涵丰富，它包含黄河流域陕西段全部文明成果的内容和元素，有各民族劳动人民在长期社会生产和创造实践中所形成的价值观念、精神诉求、思维模式、语言表达、文学艺术成果以及行为方式等精神层面的内容；有生产对象、生产技术和工具、饮食、服饰、建筑、制作等物质层面的内容；有各个历史时期形成的有时代特征的地域文化，如移民、边塞、军事、战争以及开渠治河等内容；还有依黄河而生存的人民所创造的民族文化的内容①。

（二）黄河文化是陕西人民治水智慧的结晶

陕西人民在历史上具有改造黄河、利用黄河水资源的丰富经验。对这些

① 宁夏社会科学界联合会、郭小涛、张磊：《推进黄河流域生态保护和高质量发展先行区建设》，《银川日报》2022年10月11日。

经验加以总结，便可发现陕西人民治水的智慧结晶是黄河治水文化的集中体现，谱写出一曲黄河中游人与自然和谐共生的美好篇章。

公元前 246 年（秦王政元年），韩国水工郑国主持兴建郑国渠。该渠是古代劳动人民修建的一项伟大工程，属关中最早的大型水利工程之一。它长达 300 余里，西引黄河支流泾水东注另一支流洛水。郑国渠首开引泾灌溉之先河，对后世产生深远影响。秦代以后，历代继续在此完善水利设施：先后出现汉白公渠、唐三白渠、宋丰利渠、元王御史渠、明广惠渠和通济渠、清龙洞渠等渠。1929 年关中发生大旱，近代著名水利专家李仪祉遂主持在郑国渠遗址上修泾惠渠。此渠于 1930 年 12 月动工，历时近两年修成，可灌溉 60 万亩土地。新中国成立后，按照边运用、边改善、边发展的原则，对新老渠系进行了 3 次较大规模的改善调整与挖潜扩灌：第一阶段为 1949~1966 年，第二阶段为 1966~1983 年，第三阶段为 80 年代后至 1995 年。1989 年泾惠渠又被列入关中三大灌区改造工程之一，开展以更新改造、完善配套和方田建设为主要内容的灌区建设，共安排 8 项工程和方田 38.7 万亩。①

在兴修水利设施之外，历朝历代还在关中建立了一套官方与民间相结合的水利管理体系。官方管理组织早在汉代出现。西汉建平四年（公元前 3 年），光禄大夫息夫躬“持节领护三辅都水”，其职责是巡视督察。唐代规定，由首都地方长官京兆少尹负责管理京兆府境内渠道。宋代始在关中地区设专门管渠机构，由三白渠使负责管渠。元代在关中地区设屯田府，渠官为渠司。明代设水利司，渠官为水利签事。清代沿袭明旧仍设水利司，改水利签事为水利通判。民国初年，陕西地方设龙洞渠管理局，脱离官方领导，由地方乡绅经营。民间渠系管理则由来已久，古代文献中多提及“斗长”（又称斗史、斗吏、斗门子）。唐代对民间管水组织尤其是斗长的要求较严格。《唐六典》记载：“每渠及斗门各置长一人，以庶人五十以上并勋官（只有官衔荣誉而无实职的官员）及停官（一种候补官或

① 泾阳县编纂委员会编《泾阳县志·水利志》，陕西人民出版社，2001。

停止职务的官员）资有干用者为之。及灌溉时，乃专其水之多少均其灌溉焉。”明代时出现“水手”，即固定的巡渠渠工，帮助斗长维护用水秩序，巡查管理渠道。清代则出现“值月利夫”，即轮流值月服务的利夫（古代以土地面积享有灌溉权的农户户主），协助斗长工作，是一种义务工。明清时期还有“水老”之设，水老较斗长地位高一级，仍然来自民间，主要协调上下几个斗门的关系，人选要求更有声望的人。唐至清，泾渠民间管理以中小地主和乡绅为主体。民国水老（段长）和斗夫（斗长），亦大体由农村中产以上的人担任①。

文献记载表明，陕西人民不仅充分利用黄河水资源，而且有序开发黄河淤长出的滩地。唐代开元七年（719），同州（今渭南市大荔县）刺史姜师度“于朝邑、河西（两县均在今大荔县县境内）二县界，就古通灵陂，择地引洛水及堰黄河灌之，以种稻田，凡二千余顷，内置屯十余所，收获万计”。

（三）黄河文化是中华文明史在陕西境内的凝结

陕西地处中国腹地，黄河中游。黄河流域面积占陕西土地覆盖面积的65%。这里山川壮美，“物产丰饶，人文荟萃，兼有黄土高原的苍莽豪迈、关中平原的广阔坦荡和秦巴山区的巍峨雄奇。这种独特的自然环境为陕西古代文明的演进和社会发展提供了得天独厚的条件，成就了陕西在中华文明史上的重要地位”②，劳动人民利用黄河水资源开启了中华文明的演进发展史：115万年前亚洲北部最早的直立人——蓝田猿人用打击石器和星星之火，拉开中国历史的帷幕；5000年前炎、黄二帝从陕西黄土高原出发，一路高歌猛进将中国带进了文明时代，以渭河流域为中心的陕西文化开始走向中华文明的舞台中心；肇基于关中的西周创立的礼乐文化构成了中国传统思想、文化的核心；渭河滋养的秦国统一全国后确立的多种制度奠定了中国2000年

---

① 泾阳县编纂委员会编《泾阳县志·水利志》，陕西人民出版社，2001。

② 董理、曹晓明、步雁、李博雅、魏薇：《推陈出新　谱写华章》，《中国文物报》2019年3月29日。

来政治文明的基础；定都长安的汉代开通的丝绸之路使中国因文明发达而闻名于世；魏晋南北朝时期的今陕西辖境见证了中国历史上规模空前的民族大融合、文化大交流；从关陇集团走出的隋朝创立的科举制至今仍影响着中国乃至世界众多国家的人才选拔；唐朝创造了一个让人自豪、让人追忆并永远激励人们昂首奋进的黄金盛世；唐以后的陕西虽不再是首都所在之地，但长期担负着维系西部稳定、守护中原安全的重任，并在文化传承发展方面取得了很多有巨大影响的成就。①

"加强黄河流域历史文化遗产研究，推进以黄河文化为代表的中华文明、中华文化和中国精神的研究阐释，深入挖掘历史文化遗产蕴含的丰厚内涵、系统阐释中华文化的时代新义，让文物说话、让历史说话，更好发挥历史文化遗产以史育人、以文化人、培育社会主义核心价值观的优势作用。推动资源禀赋有效转化为传播动能，多措并举做好阐释推广，用好考古和历史研究成果，系统展示历史遗存背后蕴含的哲学思想、人文精神、价值理念、道德规范等，准确揭示蕴含其中的中华民族的文化精神、文化胸怀和文化自信，提供多样化的文化内容供给，进一步丰富人民精神世界、增强民族精神力量。积极拓展文化文物对外交流平台，推进中华文化走出去，多渠道提升中华文化国际传播能力，向全世界讲好中国历史故事、阐发中华民族精神、构建文明大国形象，全面生动展现中华文明的灿烂成就和对人类文明的重大贡献，扩大中华文化国际影响力，增进文明交流互鉴，营造良好国际合作氛围，把跨越时空、超越国度、富有永恒魅力、具有当代价值的文化精神弘扬起来"。②

二　黄河文化在陕西孕育出丰富的文化遗产

黄河文化在陕西孕育出丰富的文化遗存。陕西作为文物大省而享誉全国，素有"地下文物看陕西"之名。按照遗产的类型来分，可分为：丝绸

① 李晓燕：《专访陕西历史博物馆党委书记、馆长侯宁彬：开放包容，彰显华夏文明；传承创新，弘扬中国精神》，《中国报道》2020 年 6 月 5 日。

② 《全面加强历史文化遗产保护》，《人民日报》2022 年 2 月 21 日。

之路文化遗产、物质文化遗产、非物质文化遗产、红色文化遗产等类型。而物质文化遗产可分为不可移动文物资源和可移动文物资源。

黄河文化的宣扬必须依赖一定的物质载体。实施黄河流域非遗普查、实施非遗记录工程，繁荣专题文艺创作，完善黄河公共服务体系，丰富黄河文旅产品供给等，这些文化事业的落地也必须依托于陕西境内的物质文化遗产。分析陕西现有的 270 处全国重点文物保护单位，除其中 25 处位于秦岭分水岭以南、属于长江流域外，其余 245 处均位于秦岭分水岭以北，属于黄河流域文化的产物，其数量之多、类型之丰富，在全国罕见。这些单位成为构建黄河国家文化公园建设工程的基石，形成国家级、省级、市区县三级文化遗产体系的布局，彰显陕西多样性和兼容性的地域文化。全面勘察陕西省物质文化遗产，大致分为如下内容。

（一）不可移动文物资源

经第三次全国文物普查，陕西省共有各类不可移动文物 49058 处。其中，古遗址 23453 处、古墓葬 14367 处、古建筑 6702 处、石窟寺及石刻 1068 处、近现代重要史迹及代表性建筑 3213 处、其他 255 处。①

按照文物保护单位国家级、省级、市县级三级划分，陕西目前拥有全国重点文物保护单位 270 处（见表 1），省级文物保护单位 1097 处，市县级文物保护单位 3730 处。② 如今，陕西的省级重点文物保护单位，已经成为不可以移动文物中的主体。各个历史时期的典型代表有半坡遗址、汉长安城遗址、隋唐大兴长安城遗址、统万城等古遗址；大雁塔、西安城墙等古建筑；西安碑林、药王山石刻等石窟寺及石刻；汉唐帝陵等古墓葬；以瓦窑堡革命旧址为代表的近现代重要史迹及代表性建筑。在 2016 年 11 月 8 日泰国清迈召开的第二届世界灌溉论坛暨 67 届国际执行理事会上，郑国渠申遗成功，成为陕西省第一处世界灌溉工程遗产。

---

① 《陕西省文物基本数据（2022 版）》，来源于陕西省文物局官网。

② 《陕西省文物基本数据（2022 版）》，来源于陕西省文物局官网。

（二）可移动文物资源

经第一次全国可移动文物普查，陕西省有 522 家国有文物收藏保管机构，收藏可移动文物 7748750 件。

（三）世界文化遗产

陕西目前拥有世界文化遗产 3 处 9 个点：长城（分布于铜川、渭南、延安、榆林、韩城 5 市 17 个县区）；秦始皇陵及兵马俑坑；丝绸之路（7 个点：汉长安城未央宫遗址、唐长安城大明宫遗址、大雁塔、小雁塔、兴教寺塔、彬县大佛寺石窟、城固张骞墓）。拥有中国世界文化遗产预备名录 6 处 33 个点：党家村古建筑群（山陕古民居）、西安城墙（中国明清城墙）、靖边统万城遗址、神木石峁遗址、西汉帝陵（11 座）、唐代帝陵（18 座）。

（四）博物馆（纪念馆）

陕西全省备案博物馆（纪念馆）共有 390 座，其中一级 9 座，二级 16 座，三级 22 座。329 座博物馆（纪念馆）中，属于文物系统的 175 座，属于国有行业的 62 座，属于非国有的 113 座。

（五）历史文化名城名镇名村

陕西现有国家历史文化名城 6 座，国家历史文化名镇 7 个，国家历史文化名村 3 个，国家传统古村落 30 个；另有省级历史文化名城 14 座，省级历史文化名镇 24 个，历史文化街区 57 个，历史文化名村 27 个，省级传统村落 484 个[①]。

① 数据来源：陕西省文物局官网。

表 1　陕西国家级重点文物保护单位名录

序号	名称	时代	地址	批次	类别
1	延安革命遗址	1937~1947 年	陕西省延安市	1	革命遗址及革命纪念建筑物
2	褒斜道石门及其摩崖石刻	汉至宋	陕西省汉中市	1	古建筑及历史纪念建筑物
3	大雁塔	唐	陕西省西安市	1	古建筑及历史纪念建筑物
4	小雁塔	唐	陕西省西安市	1	古建筑及历史纪念建筑物
5	兴教寺塔(包括兴教寺其他建筑)	唐	陕西省西安市	1	古建筑及历史纪念建筑物
6	西安城墙	明	陕西省西安市	1	古建筑及历史纪念建筑物
7	西安碑林	汉至近代	陕西省西安市	1	石刻及其他
8	药王山石刻	隋至明	陕西省铜川市	1	石刻及其他
9	半坡遗址	新石器时代	陕西省西安市	1	古遗址
10	丰镐遗址	周	陕西省西安市	1	古遗址
11	阿房宫遗址	秦	陕西省西安市	1	古遗址
12	汉长安城遗址	西汉	陕西省西安市	1	古遗址
13	大明宫遗址	唐	陕西省西安市	1	古遗址
14	黄帝陵	先秦	陕西省黄陵县	1	古墓葬
15	秦始皇陵	秦	陕西省西安市	1	古墓葬
16	茂陵	西汉	陕西省兴平市	1	古墓葬
17	霍去病墓	西汉	陕西省兴平市	1	古墓葬
18	昭陵	唐	陕西省礼泉县	1	古墓葬
19	乾陵	唐	陕西省乾县	1	古墓葬
20	顺陵	唐	陕西省咸阳市	1	古墓葬
21	西安事变旧址	1936 年	陕西省西安市	2	革命遗址及革命纪念建筑物

续表

序号	名称	时代	地址	批次	类别
22	蓝田猿人遗址	旧石器时代	陕西省蓝田县	2	古遗址
23	周原遗址	西周	陕西省扶风县、岐山县	2	古遗址
24	司马迁墓和祠	西汉至宋	陕西省韩城市	2	古墓葬
25	瓦窑堡革命旧址	1935 年	陕西省子长市	3	革命遗址及革命纪念建筑物
26	八路军西安办事处旧址	1937~1946 年	陕西省西安市	3	革命遗址及革命纪念建筑物
27	大佛寺石窟	唐	陕西省彬州市	3	石窟寺
28	钟山石窟	宋	陕西省子长市	3	石窟寺
29	昭仁寺大殿	唐	陕西省长武县	3	古建筑及历史纪念建筑物
30	西岳庙	明至清	陕西省华阴县	3	古建筑及历史纪念建筑物
31	西安清真寺	明至清	陕西省西安市	3	古建筑及历史纪念建筑物
32	秦雍城遗址	东周	陕西省宝鸡市	3	古遗址
33	秦咸阳遗址	战国至秦	陕西省咸阳市	3	古遗址
34	黄堡镇耀州窑遗址	唐至元	陕西省西安市	3	古遗址
35	长陵	西汉	陕西省咸阳市	3	古墓葬
36	杜陵	西汉	陕西省西安市	3	古墓葬
37	桥陵	唐	陕西省蒲城县	3	古墓葬
38	姜寨遗址	新石器时代	陕西省西安市	4	古遗址
39	郑国渠首遗址	战国	陕西省泾阳县	4	古遗址
40	魏长城遗址	战国	陕西省华阴市、大荔县、韩城市	4	古遗址
41	甘泉宫遗址	西汉	陕西省淳化县	4	古遗址
42	统万城遗址	十六国	陕西省靖边县	4	古遗址

续表

序号	名称	时代	地址	批次	类别
43	隋大兴唐长安城遗址（包括青龙寺遗址）	隋、唐	陕西省西安市	4	古遗址
44	隋仁寿宫唐九成宫遗址	隋、唐	陕西省麟游县	4	古遗址
45	灞桥遗址	隋-元	陕西省西安市	4	古遗址
46	华清宫遗址	唐	陕西省西安市	4	古遗址
47	武侯墓	三国	陕西省勉县	4	古墓葬
48	泰陵	隋	陕西省咸阳市	4	古墓葬
49	永陵	西魏	陕西省富平县	4	古墓葬
50	仙游寺法王塔	隋	陕西省周至县	4	古建筑
51	府州城	五代-清	陕西省府谷县	4	古建筑
52	韩城大禹庙	元	陕西省韩城市	4	古建筑
53	西安钟楼、鼓楼	明	陕西省西安市	4	古建筑
54	水陆庵	明	陕西省蓝田县	4	古建筑
55	延一井旧址	清	陕西省延长县	4	其他遗址
56	甜水沟遗址	旧石器时代	陕西省大荔县	5	古遗址
57	花石浪遗址	旧石器时代	陕西省洛南县	5	古遗址
58	元君庙-泉护村遗址	新石器时代	陕西省渭南市	5	古遗址
59	康家遗址	新石器时代	陕西省西安市	5	古遗址
60	老牛坡遗址	新石器时代至商	陕西省西安市	5	古遗址
61	栎阳城遗址	战国至汉	陕西省西安市	5	古遗址
62	京师仓遗址	西汉	陕西省华阴市	5	古遗址
63	良周遗址	秦、汉	陕西省澄城县	5	古遗址

续表

序号	名称	时代	地址	批次	类别
64	东渭桥遗址	唐	陕西省西安市	5	古遗址
65	玉华宫遗址	唐	陕西省铜川市	5	古遗址
66	西汉帝陵	西汉	陕西省咸阳市、西安市	5	古墓葬
67	唐代帝陵	唐	陕西省富平县、蒲城县、三原县、泾阳县、礼泉县、乾县	5	古墓葬
68	三原城隍庙	明	陕西省三原县	5	古建筑
69	鸠摩罗什舍利塔	唐	陕西省西安市	5	古建筑
70	公输堂	明	陕西省西安市	5	古建筑
71	仓颉墓与庙	明、清	陕西省白水县	5	古建筑
72	泰塔	北宋	陕西省旬邑县	5	古建筑
73	香积寺善导塔	唐	陕西省西安市	5	古建筑
74	西安城隍庙	明、清	陕西省西安市	5	古建筑
75	白云山庙	明、清	陕西省佳县	5	古建筑
76	八云塔	唐	陕西省周至县	5	古建筑
77	泾阳崇文塔	明	陕西省泾阳县	5	古建筑
78	彬县开元寺塔	北宋	陕西省彬州市	5	古建筑
79	韩城普照寺	元	陕西省韩城市	5	古建筑
80	韩城文庙	明	陕西省韩城市	5	古建筑
81	党家村古建筑群	明、清	陕西省韩城市	5	古建筑
82	耀县文庙	明	陕西省铜川市	5	古建筑
83	澄城城隍庙神楼	明	陕西省澄城县	5	古建筑

续表

序号	名称	时代	地址	批次	类别
84	镇北台	明	陕西省榆林市	5	古建筑
85	重阳宫祖庵碑林	元至清	陕西省西安市	5	石窟寺及石刻
86	慈善寺石窟	隋、唐	陕西省麟游县	5	石窟寺及石刻
87	洛川会议旧址	1937 年	陕西省洛川县	5	近现代重要史迹及代表性建筑
88	杨家沟革命旧址	1947~1948 年	陕西省米脂县	5	近现代重要史迹及代表性建筑
89	秦直道遗址	秦	内蒙古自治区鄂尔多斯市，陕西省旬邑县	6	古遗址
90	龙岗寺遗址	旧石器时代至汉	陕西省汉中市	6	古遗址
91	石峁遗址	新石器时代	陕西省神木市	6	古遗址
92	石摞摞山遗址	新石器时代	陕西省佳县	6	古遗址
93	李家村遗址	新石器时代	陕西省西乡县	6	古遗址
94	北首岭遗址	新石器时代	陕西省宝鸡市	6	古遗址
95	东龙山遗址	新石器时代至汉	陕西省商洛市	6	古遗址
96	横阵遗址	新石器时代	陕西省华阴市	6	古遗址
97	凤凰山遗址	商至周	陕西省岐山县	6	古遗址
98	李家崖城址	商至周	陕西省清涧县	6	古遗址
99	梁带村遗址	周	陕西省韩城市	6	古遗址
100	杨家村遗址	周	陕西省眉县	6	古遗址
101	法门寺遗址	南北朝至清	陕西省扶风县	6	古遗址
102	麟州故城	唐至明	陕西省神木市	6	古遗址
103	秦东陵	秦	陕西省西安市	6	古墓葬
104	张骞墓	汉	陕西省城固县	6	古墓葬

续表

序号	名称	时代	地址	批次	类别
105	明秦王墓	明	陕西省西安市	6	古墓葬
106	蔡伦墓和祠	清	陕西省洋县	6	古墓葬
107	精进寺塔	唐至宋	陕西省澄城县	6	古建筑
108	长安圣寿寺塔	唐	陕西省西安市	6	古建筑
109	长安华严寺塔	唐	陕西省西安市	6	古建筑
110	百良寿圣寺塔	唐	陕西省合阳县	6	古建筑
111	昭慧塔	唐	陕西省西安市	6	古建筑
112	开明寺塔	唐	陕西省洋县	6	古建筑
113	大秦寺塔	宋	陕西省周至县	6	古建筑
114	太平寺塔	宋	陕西省岐山县	6	古建筑
115	武陵寺塔	宋	陕西省永寿县	6	古建筑
116	神德寺塔	宋	陕西省铜川市	6	古建筑
117	法王庙	宋至清	陕西省韩城市	6	古建筑
118	北营庙	元	陕西省韩城市	6	古建筑
119	五门堰	元	陕西省城固县	6	古建筑
120	吴堡石城	明至清	陕西省吴堡县	6	古建筑
121	周公庙	明至清	陕西省岐山县	6	古建筑
122	榆林卫城	明至清	陕西省榆林市	6	古建筑
123	张良庙	明至清	陕西省留坝县	6	古建筑
124	扶风城隍庙	明至清	陕西省扶风县	6	古建筑
125	玉皇后土庙	明至清	陕西省韩城市	6	古建筑

续表

序号	名称	时代	地址	批次	类别
126	玄武庙青石殿	明	陕西省合阳县	6	古建筑
127	庆安寺塔	明	陕西省渭南市	6	古建筑
128	咸阳文庙	明	陕西省咸阳市	6	古建筑
129	盘龙山古建筑群	明	陕西省米脂县	6	古建筑
130	姜氏庄园	清	陕西省米脂县	6	古建筑
131	丰图义仓	清	陕西省大荔县	6	古建筑
132	灵岩寺摩崖	汉至民国	陕西省略阳县	6	石窟寺及石刻
133	石泓寺石窟	隋至明	陕西省富县	6	石窟寺及石刻
134	杨珣碑	唐	陕西省扶风县	6	石窟寺及石刻
135	万安禅院石窟	宋	陕西省黄陵县	6	石窟寺及石刻
136	易俗社剧场	民国	陕西省西安市	6	近现代重要史迹及代表性建筑
137	渭华起义旧址	1927 年	陕西省渭南市	6	近现代重要史迹及代表性建筑
138	吴旗革命旧址	1935 年	陕西省吴起县	6	近现代重要史迹及代表性建筑
139	保安革命旧址	1936~1937 年	陕西省志丹县	6	近现代重要史迹及代表性建筑
140	洛南盆地旧石器地点群	旧石器时代	陕西省洛南县	7	古遗址
141	龙王辿遗址	旧石器时代	陕西省宜川县	7	古遗址
142	杨家坟山遗址	旧石器时代	陕西省黄龙县	7	古遗址
143	何家湾遗址	新石器时代	陕西省西乡县	7	古遗址
144	杨官寨遗址	新石器时代	陕西省西安市	7	古遗址
145	鱼化寨遗址	新石器时代	陕西省西安市	7	古遗址
146	南沙遗址	新石器时代至商	陕西省渭南市	7	古遗址

续表

序号	名称	时代	地址	批次	类别
147	碾子坡遗址	新石器时代至西周	陕西省长武县	7	古遗址
148	紫荆遗址	新石器时代至西周	陕西省商洛市	7	古遗址
149	水沟遗址	新石器时代至战国	陕西省宝鸡市	7	古遗址
150	宝山遗址	新石器时代、商	陕西省城固县	7	古遗址
151	益家堡遗址	新石器时代、商	陕西省扶风县	7	古遗址
152	古邰国遗址	新石器时代、商、周	陕西省咸阳市杨陵区，宝鸡市	7	古遗址
153	桥镇遗址	新石器时代、西周	陕西省宝鸡市	7	古遗址
154	西峪遗址	新石器时代、秦汉	陕西省周至县	7	古遗址
155	下河西遗址	新石器时代、汉	陕西省白水县	7	古遗址
156	郑家坡遗址	商	陕西省武功县	7	古遗址
157	赵家台遗址	商、西周	陕西省岐山县	7	古遗址
158	茹家庄遗址	西周	陕西省宝鸡市	7	古遗址
159	十二连城烽火台遗址	东周至明	陕西省潼关县	7	古遗址
160	澂邑漕仓遗址	春秋至西汉	陕西省蒲城县	7	古遗址
161	刘家营遗址	战国至秦汉	陕西省安康市	7	古遗址
162	秦直道起点遗址	秦	陕西省淳化县	7	古遗址
163	秦直道遗址延安段	秦	陕西省黄陵县、富县、甘泉县、志丹县	7	古遗址
164	祋祤宫遗址	秦至西汉	陕西省铜川市	7	古遗址
165	成山宫遗址	秦、汉	陕西省眉县	7	古遗址
166	沙河古桥遗址	秦、汉	陕西省咸阳市	7	古遗址
167	银州故城	秦、汉、唐	陕西省横山县	7	古遗址

续表

序号	名称	时代	地址	批次	类别
168	建章宫遗址	西汉	陕西省西安市	7	古遗址
169	圜丘遗址	唐	陕西省西安市	7	古遗址
170	潼关故城	唐至明	陕西省潼关县	7	古遗址
171	尧头窑遗址	唐至清	陕西省澄城县	7	古遗址
172	铁边城遗址	北宋	陕西省吴起县	7	古遗址
173	安仁瓷窑遗址	宋至元	陕西省旬邑县	7	古遗址
174	代来城城址	宋、明、清	陕西省榆林市	7	古遗址
175	窦皇后陵	西汉	陕西省西安市	7	古墓葬
176	凤栖原西汉家族墓地	西汉	陕西省西安市	7	古墓葬
177	汉云陵	西汉	陕西省淳化县	7	古墓葬
178	走马梁汉墓群	汉	陕西省榆林市	7	古墓葬
179	薄太后陵	汉	陕西省西安市	7	古墓葬
180	杨桥畔汉代城址与墓地	汉	陕西省靖边县	7	古墓葬
181	商洛崖墓群	汉至清	陕西省商洛市商州区、洛南县、镇安县、柞水县、丹凤县、商南县、山阳县	7	古墓葬
182	永垣陵	晋	陕西省白水县	7	古墓葬
183	北周成陵	南北朝	陕西省富平县	7	古墓葬
184	李重俊墓	唐	陕西省富平县	7	古墓葬
185	唐惠陵	唐	陕西省澄城县	7	古墓葬
186	兴宁陵	唐	陕西省咸阳市	7	古墓葬
187	永康陵	唐	陕西省三原县	7	古墓葬

续表

序号	名称	时代	地址	批次	类别
188	李茂贞墓	五代	陕西省宝鸡市	7	古墓葬
189	蓝田吕氏家族墓地	北宋	陕西省蓝田县	7	古墓葬
190	宁强羌人墓地	宋至清	陕西省宁强县	7	古墓葬
191	李氏家族墓地	清	陕西省大荔县	7	古墓葬
192	法源寺塔	唐	陕西省富平县	7	古建筑
193	慧彻寺南塔	唐	陕西省蒲城县	7	古建筑
194	净光寺塔	唐	陕西省眉县	7	古建筑
195	开元寺塔	唐	陕西省富县	7	古建筑
196	罗山寺塔	唐	陕西省合阳县	7	古建筑
197	清梵寺塔	唐	陕西省兴平市	7	古建筑
198	报本寺塔	宋	陕西省武功县	7	古建筑
199	柏山寺塔	宋	陕西省富县	7	古建筑
200	崇寿寺塔	宋	陕西省蒲城县	7	古建筑
201	重兴寺塔	宋	陕西省铜川市	7	古建筑
202	大象寺塔	宋	陕西省合阳县	7	古建筑
203	福严院塔	宋	陕西省富县	7	古建筑
204	敬德塔	宋	陕西省西安市	7	古建筑
205	万凤塔	宋	陕西省洛川县	7	古建筑
206	延昌寺塔	宋	陕西省铜川市	7	古建筑
207	汉中东塔	南宋	陕西省汉中市	7	古建筑
208	韩城九郎庙	元	陕西省韩城市	7	古建筑

续表

序号	名称	时代	地址	批次	类别
209	鸿门寺塔	元	陕西省横山县	7	古建筑
210	良马寺觉皇殿	元	陕西省洋县	7	古建筑
211	庆善寺大佛殿	元	陕西省韩城市	7	古建筑
212	紫云观三清殿	元	陕西省韩城市	7	古建筑
213	智果寺	元、明至清	陕西省洋县	7	古建筑
214	合阳文庙	明	陕西省合阳县	7	古建筑
215	慧照寺塔	明	陕西省渭南市	7	古建筑
216	七星庙	明	陕西省府谷县	7	古建筑
217	武功城隍庙	明	陕西省武功县	7	古建筑
218	北杜铁塔	明	陕西省咸阳市	7	古建筑
219	大学习巷清真寺	明至清	陕西省西安市	7	古建筑
220	金台观	明至清	陕西省宝鸡市	7	古建筑
221	勉县武侯祠（包括武侯墓）	明至民国	陕西省勉县	7	古建筑
222	骡帮会馆	清	陕西省山阳县	7	古建筑
223	桥上桥	清	陕西省渭南市	7	古建筑
224	瓦房店会馆群	清	陕西省紫阳县	7	古建筑
225	毓秀桥	清	陕西省韩城市	7	古建筑
226	绥德党氏庄园	清至民国	陕西省绥德县	7	古建筑
227	宜君石窟群	南北朝至唐	陕西省宜君县	7	石窟寺及石刻
228	清凉山万佛洞石窟及琉璃塔	宋、元、明	陕西省延安市	7	石窟寺及石刻
229	青木川老街建筑群	清	陕西省宁强县	7	近现代重要史迹及代表性建筑

续表

序号	名称	时代	地址	批次	类别
230	青木川魏氏庄园	1927～1934 年	陕西省宁强县	7	近现代重要史迹及代表性建筑
231	陕甘边照金革命根据地旧址	1932 年	陕西省铜川市	7	近现代重要史迹及代表性建筑
232	杨虎城旧居	1934 年	陕西省蒲城县		近现代重要史迹及代表性建筑
233	安吴堡战时青年训练班革命旧址	1936～1940 年	陕西省泾阳县	7	近现代重要史迹及代表性建筑
234	宏道书院	1938 年	陕西省三原县	7	近现代重要史迹及代表性建筑
235	芦山峁遗址	新石器时代	陕西省延安市	8	古遗址
236	刘家洼遗址	东周	陕西省澄城县	8	古遗址
237	东马坊遗址	战国至西汉	陕西省西安市	8	古遗址
238	中渭桥遗址	秦至唐	陕西省西安市	8	古遗址
239	血池遗址	秦汉	陕西省宝鸡市	8	古遗址
240	孙家南头仓储遗址	西汉	陕西省宝鸡市	8	古遗址
241	柳巷城遗址	汉魏	陕西省眉县	8	古遗址
242	石鼓山墓地	西周	陕西省宝鸡市	8	古墓葬
243	太公庙秦公墓	春秋	陕西省宝鸡市	8	古墓葬
244	咸阳秦王陵	战国	陕西省咸阳市	8	古墓葬
245	弘农杨氏家族墓地	汉至北魏	陕西省华阴市	8	古墓葬
246	杨震家族墓地	东汉	陕西省潼关县	8	古墓葬
247	西安二龙塔	唐	陕西省西安市	8	古建筑
248	富平万斛寺塔	唐	陕西省富平县	8	古建筑
249	蒲城海源寺塔	金	陕西省蒲城县	8	古建筑
250	户县化羊庙东岳献殿	元至清	陕西省西安市	8	古建筑

续表

序号	名称	时代	地址	批次	类别
251	合阳千金塔	明	陕西省合阳县	8	古建筑
252	柳枝关帝庙	明清	陕西省韩城市	8	古建筑
253	马庄华严寺	明至民国	陕西省韩城市	8	古建筑
254	蒲城考院	清	陕西省蒲城县	8	古建筑
255	米脂常氏庄园	清至民国	陕西省米脂县	8	古建筑
256	金川湾石窟	唐	陕西省淳化县	8	石窟寺及石刻
257	城台石窟	宋金	陕西省志丹县	8	石窟寺及石刻
258	革命公园	1927 年	陕西省西安市	8	近现代重要史迹及代表性建筑
259	葛牌镇红 25 军军部旧址	1935 年	陕西省蓝田县	8	近现代重要史迹及代表性建筑
260	国立西北联合大学旧址	1938～1946 年	陕西省城固县	8	近现代重要史迹及代表性建筑
261	马栏革命旧址	1939～1949 年	陕西省旬邑县	8	近现代重要史迹及代表性建筑
262	宝鸡申新纱厂旧址	1941～1943 年	陕西省宝鸡市	8	近现代重要史迹及代表性建筑
263	金盆湾八路军三五九旅旅部旧址	1941～1944 年	陕西省延安市	8	近现代重要史迹及代表性建筑
264	陕甘宁边区高等法院旧址	1941～1949 年	陕西省延安市	8	近现代重要史迹及代表性建筑
265	延安陕甘宁晋绥联防军司令部旧址	1942～1947 年	陕西省延安市	8	近现代重要史迹及代表性建筑
266	美军驻延安观察组驻地旧址	1944～1947 年	陕西省延安市	8	近现代重要史迹及代表性建筑
267	张思德牺牲纪念地	1944 年	陕西省延安市	8	近现代重要史迹及代表性建筑
268	小河会议旧址	1947 年	陕西省靖边县	8	近现代重要史迹及代表性建筑
269	凤堰梯田	清至今	陕西省汉阴县	8	其他
270	韩城城隍庙	明	陕西省韩城市	5	古建筑

资料来源：根据陕西省文物局官网数据整理。

其中的重头，当属陕西省境内分布的270处国家级文物保护单位。围绕这些单位打造黄河文化公园，赋予其更多文化内涵，使其成为黄河国家文化公园陕西段的基石与公园体系的顶层，既可避免资源浪费、重复建设，也可以起到快速见效、厚重文化底色的作用。

以270处国保单位作为数据资料，将其分布表达在陕西省地形图上之后，可以发现明显呈现秦岭以南、关中平原、陕北三大片分布，其中关中平原与陕北黄土高原均属于黄河流域。根据核密度分析，陕西省的国家级文保单位有渭河岸边的西咸和黄河岸边的韩城两个大核心，正好对应黄河及其最大支流渭河。

因此，渭河与山陕之间黄河形成的“T”字形带状区域，就是构建陕西省建设黄河国家文化公园的重点区域。

三 建设黄河国家文化公园（陕西段）的总体布局

（一）打造“黄河文明、溯源陕西”文化品牌和黄河流域重要文化标识

文化标识就是一种文化类型的代表性文化，具有区别于其他文化的独特性且能表明此类文化最主要特征的文化。习近平总书记在主持十九届中共中央政治局第三十九次集体学习时强调，“中华文明源远流长、博大精深，是中华民族独特的精神标识，是当代中国文化的根基，是维系全世界华人的精神纽带，也是中国文化创新的宝藏”。黄河文化是中华文明的“根”，是中华民族的“魂”。①

黄河文化标识是黄河文化的旗帜和记号，是“建设黄河文化传承彰显区”不可缺少的要素。黄河国家文化公园是我国文化公园的一种创新模式，将黄河、国家、文化、公园进行有机结合，以国家为战略定位，注入黄河文

① 潘娜娜、李宗思绮：《传承创新黄河文化　助力山东形象建设》，《山东干部函授大学学报（理论学习）》2022年第6期。

化，采用公园大众型休闲娱乐的方式呈现，旨在保护、传承与弘扬黄河文化。

黄河陕西段文化标识是完整展现黄河陕西段文化的国家特质和地域特点的载体，能够凸显黄河陕西段的重要价值和地位。挖掘黄河文化资源，把代表性资源按照黄河文化保护、传承、弘扬要求规整出来，构筑起黄河文化标识体系。

（1）根据梳理陕西省境内文化资源发现的黄河、渭河“T”字形带状分化资源分布，确立起黄河文化标识体系的骨架。例如陕西省的沿黄公路628国道是一条黄金廊道。沿黄公路途经榆林、延安、韩城、渭南4市13县，连接了华山、壶口瀑布等48处A级及以上旅游景区，清水川工业园、潼关工业园等7个省市级产业园区，以及关中平原城市群、呼包鄂榆城市群、晋陕豫黄河金三角等国家战略区域。既是服务黄河文化国家公园建设的重要基础设施，也是推动黄河流域生态保护与高质量发展的示范项目。

（2）在此基础上，进行黄河文化资源的整合。利用西安“三河一山”绿道建设的经验，合理选位沿黄、沿渭路线的公园站点，将各种丰富的精神内涵和二十四节气、饮食、文学等非物质文化遗产融入文化性质最为接近的物质文化遗产中，增加文化内涵的厚度与文化景观的富集性，串联相关文物和文化资源，凸显其整体价值。针对许多沿黄、沿渭的国家级文保单位缺乏有效维护的现状，利用建设黄河国家文化公园的契机，保护与开发并举，抢救一批文化资源。

（3）进行有效的引导标识。由于一部分有突出地域特色的黄河文化景观位于距离沿黄、沿渭“T”字形骨架一定路程处，交通通达性较差。因此，需要在这些景观就近的黄河国家文化公园处设立引导标识，并将这些景观介绍通过一定媒介（特别是数字化）展示在就近的黄河国家文化公园站点，便于人们认识陕西、了解陕西。

在推动黄河流域生态保护和高质量发展以及建设黄河国家文化公园的时代背景下，尤其应该重视发挥媒体深度融合的作用，为助力黄河文化创新发展提供媒体智慧和方案。[①] 使用数字化媒介是可以将黄河文化资源“活化”的重要手段，更适应互联网时代游客的需求。在推进建立标识体系时，可以考虑“黄河国家文化公园（陕西段）数字化平台”的建设，存储、分析和可视化数据信息，形成以人为本的参与性的智慧服务，增强游客交互感。

（二）加强规划引领，推动黄河流域文化遗产系统性保护与高质量发展

2021 年 1 月，“国家发展改革委社会司组织召开了黄河国家文化公园建设启动暨大运河、长城、长征国家文化公园建设推进视频会”[②]，再一次强调“各地要认真学习、深刻领会习近平总书记关于国家文化公园建设的重要指示批示精神，把国家文化公园建设作为一项重要的政治任务”[③]。

黄河陕西段干流全长 719 千米，流经陕西省 82 县（区），土地面积约 14.3 万平方公里。陕西省作为中华民族及华夏文明重要发祥地、黄河文化形成和发展的核心区域，拥有丰富的文化资源。扎实做好黄河国家文化公园（陕西段）建设是陕西促进文化旅游深度融合、推动高质量发展的内在要求。目前，黄河流域陕西段“实现由黄变绿，绿色版图向北延伸 400 公里，植被覆盖度达到 60.68%，年均入黄泥沙量从 2000 年之前的 8 亿多吨降至 2.7 亿吨，流域内 32 个国考断面水质优于国考目标 30 多个百分点”[④]，渭河生态区成为全国最大的河流生态公园。

在生态逐步向好的同时，陕西建设黄河国家文化公园（陕西段）过程中需要考虑与国家重大发展战略相衔接。①要与黄河流域生态保护和高质量发展战略衔接。陕西传承彰显黄河文化要与黄河流域其他 8 省区进行文化、

---

① 张宇强：《以媒体+助力黄河文化创新发展的思考——以基层媒体助推黄河流域先行区和黄河国家文化公园建设为例》，《城市党报研究》2022 年第 6 期。

② 张治棠：《建好国家文化公园　传承中华文明凝聚中国力量》，《中国经济导报》2021 年 1 月 6 日。

③ 张治棠：《建好国家文化公园　传承中华文明凝聚中国力量》，《中国经济导报》2021 年 1 月 6 日。

④ 倪弋：《用法治方式加强黄河保护》，《人民日报》2021 年 8 月 19 日。

艺术、科技等方面的深度交流，在交流互鉴中促进自身的发展与壮大。②要与供给侧结构性改革衔接。要减少无效供给、重复供给以及低质量供给，以黄河文化中的伟大创造精神、奋斗精神、团结精神为主旋律，挖掘黄河文化精髓，提高供给质量，从而推进黄河文化的高质量发展。③要与脱贫攻坚战略后续工作衔接。陕西是我国打赢脱贫攻坚战的重要战场，黄河文化蕴含的伟大时代精神，正是脱贫后人们所需要的精神力量。④要与乡村振兴战略衔接。没有文化的乡村是没有灵魂的，没有文化元素参与的乡村振兴是不完整的。黄河陕西段及其支流渭河、泾河、洛河沿岸分布着大量的村落，具有民俗文化特色、居住环境特色、饮食特色、地理环境特色等，应充分整合规范，彰显黄河文化底色，积极助推乡村振兴战略的实现。在打造文化工程的同时，兼顾生态、经济，实现生态效益、经济效益、文化效益统一和谐有序发展。

（三）联合沿黄省份打造具有国际影响力的黄河文化旅游带

黄河是中华民族的母亲河，黄河文化是中华文明的重要组成部分，是中华民族的根和魂。黄河国家文化公园的建设，是黄河文化保护与传承的重要举措，“对于讲好‘黄河故事’，延续历史文脉，坚定文化自信，实现中华民族伟大复兴的中国梦凝聚精神力量”[①] 具有重要意义。习近平总书记强调，“要实施黄河文化遗产系统保护工程，打造具有国际影响力的黄河文化旅游带。开展黄河文化宣传，大力弘扬黄河文化”。[②] 为了完成这一使命，建议如下。

（1）开展黄河全部河段的文化资源调查，统筹黄河全流域国家文化公园建设规划。由于黄河文化资源分布的不均一性与跨省性，必须加强省际合作。在探索各地文化资源、协调各地国家文化公园建设的基础上，统一文化

① 潘娜娜、李宗思绮：《传承创新黄河文化　助力山东形象建设》，《山东干部函授大学学报（理论学习）》2022 年第 6 期。

② 刘英基、张满朝：《共生、共治与共创：黄河国家文化公园建设促进文旅深度融合的实现路径》，《中外文化交流》2022 年第 4 期。

资源体系、标识等标准，突出各自地域特色，避免项目重复建设。

（2）建设黄河国家文化公园着眼整体推进，探索建立黄河文化旅游带共商共建工作机制。陕西省文旅厅已“先后与沿黄甘肃、山西签订文旅合作发展战略协议，并牵头成立黄河流域九省（区）传统戏曲保护联盟、公共图书馆联合发展体，举办陕甘川宁毗邻地区文化旅游博览会，全面提升黄河文化保护传承弘扬水平”①。

（3）构建黄河国家文化公园统一的管理平台，特别是在网站建设、数据库共享、资源调配等领域建立对接机制，最终形成统一的全国黄河国家文化公园数字平台。

① 李荣：《奏响保护传承弘扬黄河文化新时代强音》，《各界导报》2022年9月30日；《建设黄河国家文化公园，陕西怎么做?》，https：//mp. weixin. qq. com/s/oDG73lonzMufhjZBD1Ccuw。

B.18
陕西振兴秦腔艺术的研究报告

杨梦丹*

摘　要：秦腔被誉为中华艺术的瑰宝，是陕西的文化符号和文化名片。近几年，陕西通过完善顶层设计，夯实秦腔艺术保护与发展的基石；开展人才培养，完善人才梯队；扩大展示平台，创新传播形式；加大资金支持，加强惠民演出等措施使振兴秦腔艺术工作取得了显著成绩。当前围绕振兴秦腔艺术的相关工作不断推进，但仍存在市场萎缩、观众流失；从业人员急剧减少，人才断档，创新不足；平台利用不充分，传播效果不理想；“秦腔+”跨界融合的广度与深度不够等问题。本报告针对其不足提出加强戏曲传承人才队伍建设、构建多元化社交平台、探索融合发展新局面、开拓新的文旅市场、打造产学研一体的秦腔创意产业园区的对策建议。

关键词：陕西地区　秦腔艺术　人才培养

秦腔被誉为中华艺术的瑰宝，是陕西的文化符号和文化名片。20 世纪 80 年代，陕西省就提出了“振兴秦腔”的口号，1984 年成立了振兴秦腔指导委员会及其办公室，积极地策划组织秦腔振兴事宜。之后陕西相继出台一系列扶持政策，推出了一批优秀剧目，创新了不少表演形式和手段，掀起了振兴秦腔的热潮。然而，随着新兴文化传播形式的出现，秦腔艺术日渐式

* 杨梦丹，陕西省社会科学院文化与历史研究所助理研究员，主要研究方向为陕西革命文化。

微，落入低迷状态。近几年，陕西为了振兴秦腔艺术，采取了一系列措施，使秦腔艺术的传承与发展取得了显著成绩。

一　陕西振兴秦腔艺术的现状

（一）完善顶层设计，夯实秦腔艺术保护与发展的基石

21 世纪以来，国家对戏曲传承高度重视并从政策层面提出了很多重要意见。为振兴秦腔，陕西省相关部门出台系列扶持政策和举办振兴秦腔活动，夯实秦腔保护与发展筑基石。2000 年由陕西发起，中国剧协牵头，在西安举办了中国首届秦腔艺术节，开了西北五省区联袂振兴秦腔之先河，此后每两年举办一次，取得了良好的社会效益。2006 年，陕西文化厅组织进行非物质文化遗产申请，秦腔被列入首批国家非物质文化遗产名录。进入新时代以来，为贯彻落实习近平总书记关于传承中华优秀传统文化和保护非物质文化遗产的工作要求，2012 年陕西省委省政府印发了《关于发展繁荣秦腔艺术的若干意见》，明确提出了大力振兴秦腔艺术，打造“秦腔戏曲”特色品牌的要求。2015 年，陕西省文化厅专门制定了《陕西省振兴秦腔艺术规划》，该规划提出了扶持剧本创作、强化人才建设、优化整合资源等十大振兴秦腔工程，明确了振兴秦腔的方向，为秦腔的长远发展提供了坚实的政策保障。2016 年陕政办印发了《关于支持秦腔等地方戏曲传承发展的实施意见》，2021 年陕西省制定《关于深化国有文艺院团改革的实施方案》《全省基层戏曲院团优秀创作人才培养工作（2021～2023）计划》，尤其是 2022 年 1 月 1 日，全国首个省级层面制定的戏曲类地方性法规《陕西省秦腔艺术保护传承发展条例》正式实施，将秦腔保护纳入法制轨道，从立法层面解决其保护传承发展的困境，对促进秦腔艺术的保护、传承和发展起到积极的推动作用。该条例明确了保护传承对象、人才培养、创新发展等制约秦腔艺术发展的关键问题，对县级以上人民政府、乡（镇）人民政府、街道办事处在传承和保护秦腔的重难点问题方面提出了具体要求，可谓从人、

财、物、事等方面对秦腔进行全面保护传承，为新时代振兴秦腔提供了有力保障。

（二）开展人才培养，完善人才梯队

振兴秦腔事业关键在人。近几年，各级党委、政府多次出台政策鼓励戏曲院团和艺术院校培养戏曲人才。秦腔的传承需要人的活态的传承，为了抢救和保护老一辈的戏曲传承人，陕西高度重视秦腔传承人的保护。《陕西省地方戏曲剧种普查工作报告》显示，陕西共有秦腔国家级非物质文化遗产传承人 9 人，省级非物质文化遗产传承人 15 人。这些代表性的传承人每年可获得政府财政补助，补助资金纳入陕西省非物质文化遗产保护专项资金中；为了发挥离退休艺术专家智库的作用，2017 年，陕西省成立了第一家秦腔社会智库——陕西省秦腔艺术研究会智库，50 位专家首批入库，将他们的智慧和经验储备起来，将发挥社会智库视角多元、聚道宽阔的优势为振兴秦腔出谋划策。为了拯救秦腔人才断档，为秦腔注入新鲜血液，陕西的戏剧院校、戏剧院团、高校等积极实施“人才培养计划”工程。陕西艺术职业学院每年面向全国招收大中专学生，对戏曲表演专业实行免费政策，建校以来，为陕西乃至全国培养了 20000 多名优秀艺术人才。同时，陕西艺术职业学院以校团合作模式，与西北五省艺术院团合作，与中国戏曲学院联合培养秦腔本科毕业生，与西安建筑科技大学开办以编剧为主的本科班，为省内外培养多个秦腔定向班、委托班。此外，为提升基层剧团传承人的专业技能和艺术修养，该校连续举办 4 期戏曲艺术国家非遗传承人研培班，构建了“基础课+拓展课+参观交流+实践课”的培训模式，培养基层戏曲表演骨干人才。2012 年西安交通大学与陕西省戏曲研究院共同开办戏剧学院，旨在打造秦腔艺术与中国戏曲的超级学府。同时共同参与秦腔传承人培养和保护计划，防止人才流失；2017 年西安秦腔剧院与西安市艺术学校联合办学，面向社会招生百余人；陕西省戏曲研究院自建院以来，以十年为一期面向西北五省招收学员，组建演员培训班进行“坐科”教育，至今已培养数千名后备人才，有的已经成为陕西戏曲的中坚力量。目前该院已形成了以“梅

花奖”获得者和国家一级演员组成的第一梯队，以中青年演员为第二梯队，以及以培训班为代表的后备梯队，使演员人才队伍结构逐渐完善，人才优势凸显。2021年陕西省戏曲研究院实施的“薪火相传·名家传艺”项目，选取著名戏曲艺术家，在全国范围内择优收徒，通过两年左右时间，开展系统戏曲教育，为戏曲的发展奠定人才基础。

（三）扩大展示平台，创新传播形式

秦腔传统传播方式主要包括专业剧团的传播、静态化展示传播以及传统主流媒体——电视广播等媒介的传播。剧团作为活态展示、传播秦腔艺术的主要载体，陕西省正规的剧团超过百家，陕西省戏曲研究院年均演出600场，周至剧团2021年演出280余场；秦腔艺术博物馆作为静态化展示、传播的主要载体，由西安交通大学与陕西秦腔艺术研究会共建而成，对推动秦腔在校园的普及起到了重要作用。作为传统主流媒体，陕西卫视《秦之声》以及《国风秦韵》、西安电视台的《大秦腔》对中老年群众的传播仍具有一定的影响。随着互联网的兴起，新媒体时代的到来，秦腔艺术形成了以微博、微信公众号、网站、手机直播平台、抖音、快手等新的传播模式。陕西省戏曲研究院创作的情景剧《生命的光芒》通过网络直播，约60万名观众线上观看。科技助力云端传播，疫情期间，西安梨园春秦剧团有限公司通过快手、抖音等直播平台，为观众奉献了80余场秦腔表演。在跨界融合的时代背景下，秦腔积极主动与数字科技、流行音乐、动漫、旅游等结合，实现秦腔的现代化传播，并取得了一些成功经验。陕西省从2017年开始大力推动“戏曲进校园活动”，陕西省戏曲研究院、西安易俗社等剧团在高校、中小学，甚至幼儿园，开展秦腔经典剧目表演、技巧绝活展示、秦腔科普知识等活动，形成戏曲传承发展新局面。2020年由陕西动画公司凯创韵风影视文化传播公司原创的动画片《漫赏秦腔》，在中央戏曲频道播出，圈粉无数。陕西省骨干通信网络及技术支撑建立了秦声秦韵——陕西地方数据库，为地方戏曲保护注入了数字基因。太白文艺出版社结合科技与互联网技术先后策划了秦腔文化融合出版项目《中国秦腔艺术百科全书》《中国秦腔文化

丛书》，为秦腔文化产业化发展奠定了一定的基础。同时打造“中国秦腔文化知识服务平台”，是中国首个以秦腔为主题，专业、权威、系统地介绍和多元化呈现秦腔的知识服务平台，是对秦腔更广范围传播的有益探索。2021年第九届秦腔艺术节上经典佳作“走进影院”，举行了首部秦腔3D电影《三滴血》观影活动；推出虚拟数字人“秦筱雅”，实现传统与时尚的结合，是戏曲艺术挺进二次元领域的尝试，在年轻群体中找到了传播的突破口。同时还以“动漫+摇滚+秦腔”的传播新视听吸引了年青观众。易俗社文化街区作为全国首个以秦腔艺术为核心的文化街区，建成了中国秦腔艺术博物馆和易俗社百年博物馆，于2021年9月对外开放，国庆期间，每天有9万多人游玩参观，成为名副其实的网红打卡地，是陕西对外展示的秦腔文化遗产宝库，成为陕西独树一帜秦腔文化品牌。

（四）加大资金支持，加强惠民演出

2021年《关于深化国有文艺院团改革的意见》印发之后，陕西省加大了基层院团惠民演出的购买力度，每年进行上百场的“送戏下乡”“惠民演出”等活动。陕西省戏曲研究院于2007年推出了“西安天天有秦腔”活动，至今已演出1000多场。陕西省政府“文化惠民工程”的低票价政策，吸引了大批的低收入观众，剧场平均上座率达93%，取得了良好的社会效益和经济效益。西安的秦腔剧院通过秦腔进社区、秦腔进高校、周末有好戏，每逢节庆开展惠民演出季、走进乡村、低票价回馈观众等一系列主题公益活动，使群众有戏看，看得起戏。渭南市秦腔剧团自2007年推行“周末一元剧场”活动以来，累计演出200余场，观众达18万人次。此外，渭南市秦腔剧团还陆续推出了手机版、声讯台版和互联网版的“一元剧场”以及彩铃等，成为陕西省首家拥有公益文化自主品牌和知识产权的文艺院团。2021年6月13~24日第九届中国秦腔艺术节在西安举办，本届的秦腔艺术节围绕“秦腔的盛典·人民的节日”的主题，来自西北五省区的33个剧团携73台优秀的秦腔剧目荟聚西安及周边城市，30余位中国戏曲梅花奖得主“走进群众”。此外，艺术节还采用“线上+线下”的演出模式给观众送出视

听新感觉，10 万观众现场观看，1400 万网友收看直播，增强了群众活动的参与感和文化的获得感。2022 年以来陕西省内各市、各院团贯彻落实《陕西省秦腔艺术保护传承发展条例》，宝鸡市、县两级每年拿出 1000 多万元的专项经费开展百场优秀剧目巡演、送戏下乡；商洛非遗文化小剧场 10 元一张票价每周给予群众。这些举措不仅激活了秦腔在城市潜在演出需求，也成功让基层演出再现盛况。

二　陕西振兴秦腔艺术存在的不足

近几年，陕西通过政策扶持、保护复兴传统曲目、加大人才培养等措施，使振兴秦腔取得了明显的效果。但还存在人才短缺、传播形式单一、创新动力不足、观众流失等问题，振兴秦腔的任务仍很艰巨。

（一）市场萎缩、观众流失

据调查，陕西现存 173 个秦腔艺术团体中，有公办团体 25 个，企办、民营团体及班社 148 个，财政支持占比不足 15%。在市场化运营的情况下，剧团为了求生存，既要不断创作艺术作品，还要生存盈利，加之多数群众还没有戏剧文化消费的经济能力和习惯，所以地方戏剧团陷入经费拮据、人才流失的困境中。随着城镇化的发展，农村这一秦腔最大的市场也在缩小。现如今，老戏台大多年久失修，或被遗忘，或在城区改建时被拆除，乡土戏曲的演出场地越来越少，加之随着农村丧事从简的提倡，唱戏这一风俗也在慢慢消失，民营剧团只能依托城乡红白喜事、民间节庆和物资交流会生存，处境堪忧。目前，陕西虽然每个县都有剧团，但 1/3 其实已经名存实亡，一半以上的县剧团都处于半瘫痪状态。由于大众娱乐的多样化、网络时代的快速发展，“网生代”青少年群体往往缺乏对秦腔文化的理解，加之以方言为载体的秦腔与以普通话为主要联结方式的城市居民之间存在语言传播隔阂，削弱了青少年对秦腔文化的价值认同与观看兴趣，造成青少年群体大量流失。

作为戏曲主要观众的中老年人也慢慢被新媒体文娱节目所吸引，线下看戏的人越来越少。

（二）从业人员急剧减少，人才断档，创新不足

近几年，不少地方院团转制改企，推动秦腔市场化，但政府只为其提供差额补贴，其余部分由秦腔从业者所在单位自筹，优秀秦腔演员和创作人员缺少足够的生活保障。加之这几年受疫情影响，演出骤减，很大一部分演员维持生计都相当困难，从业积极性降低，造成人才大量流失。据调查，2020年，秦腔从业人员减少到2797人，其中在档秦腔艺术人才仅426人，90%没有经常性的新创剧目经费支持。人才的断层是目前秦腔振兴过程中面临的主要问题。当前，为了培养人才，很多艺校的戏曲招生从收费到免费，但因收入低、待遇差，训练周期长，就业前途暗淡，仍然很难招到学生。陕西省艺术职业学院是陕西省唯一省属开设戏曲表演专业的院校，其下设的戏曲系没有本科设置，造成“高、精、尖”传承人才培养的断层。目前院校合作的模式处于起步阶段，还存在不少问题，如传承秦腔艺术的师资队伍不仅数量严重匮乏，而且质量有待提升，院校与艺术团体的运作机制存在较大差异，两者合作机制不健全，规章制度不完善，导致双方合作成果不理想。例如，陕西艺术职业学院寻求中国戏曲学院联合培养秦腔本科毕业生，在西安建筑科技大学开办以秦腔编剧为主的本科班，这些尝试效果并不明显。人才的大量流失，市场意识的缺乏，以及用于剧目创新的专项资金不足，导致基础曲目缺乏新加工，新剧目创作缺乏动力，内容表现形式以传统剧目居多，而反映现代题材剧目相对较少，并缺乏现代科技和新媒体所能提供的新的表现手段，无法充分满足现代人群尤其是青少年的多样文化需求。

（三）平台利用不充分，传播效果不理想

在新媒体技术的影响下，各类秦腔传播者利用互联网平台进行秦腔的传播，但传播渠道主要布局于“两微一端一抖”，传播主体分为陕西广播电视台等官方账号和民间秦腔爱好者账号两大阵营。其中，民间秦腔爱好者的账

号数400余个，但推送的内容滞后且信息较少，设计的页面可读性与观赏性不强，发布内容同质化严重，多是原版照抄剧院曲目和名家唱段的视频分享。有名的剧院或名演员关注量较为可观，但仅仅是单向传播，粉丝的数量较少，其他演员关注量普遍较低且缺少互动，秦腔微信公众号的点击量整体偏低，有关秦腔内容的点击量基本在10~4000区间，这与动辄10万+的网络热帖相比，相去甚远，以上问题导致各类秦腔传播平台对年轻人吸引力不足。从传播主体来看，秦腔的传播主体仍以传统剧团、博物馆、电视广播等为主。在现代媒体多元化发展的冲击下，这些传播方式存在很大的困境：剧团由于观众流失戏迷购票意识差，经营发展被动；博物馆除了难以吸引观众，数字化设备落后，降低了游客的体验感，脱离了当代社会生活，可以说，馆内的秦腔艺术是一种与世隔绝、毫无生机的秦腔。电视戏曲栏目大多面临节目质量有待提高、观众老龄化、节目所占比重严重下滑等问题，处于“边缘化”趋势。这些传统传播形式无论是从广度还是深度上来看，自身具有的多元化价值难以被充分展现。

（四）“秦腔+”跨界融合的广度与深度不够

近几年，陕西通过“秦腔+”跨界尝试，推动文旅融合、文创融合，积极主动将秦腔与舞蹈、数字科技、动漫、流行音乐等不同领域结合，以期找到秦腔文化与当代观众沟通的新渠道。但目前“秦腔+”跨界融合还处于探索阶段，在实际的运行中存在许多问题。在秦腔与文旅融合方面，据携程网产品库可知，西安旅游市场上关于秦腔主题的产品大多是将其作为一种元素丰富游客体验，尚未推出以秦腔为核心元素的微游线路产品，使秦腔的传播范围受限；秦腔与动漫融合方面，目前西安市文化创意设计公司将近1000家，但致力于秦腔戏曲文化的开发与传播的公司规模较大的只有2家，效益还不是很好，大多私营文创企业和小微文创企业因高额的成本以及技术和人才的匮乏，都无法持久生存。制作秦腔动画片的创作团队缺少与专业的秦腔戏曲演员及剧团展开交流学习，导致其产品制造多处于初级水平，传播范围狭小难以形成明显的品牌效应。此外，秦腔文化创意设计及产品市场缺位，产品同质化严重，文化挖掘程度低，缺少特色，设计感、美观性差，未能借助现代化信息技术手段进行产品生产与传播。秦腔与学校的融合方面，没有将秦腔艺术融入校园文化体系当中，没有找准秦腔艺术进小学校园的切入点，学生进剧场活动和外省相比还较少，宣传力度较低，从而导致教育管理者及其他教师以及学生都缺乏对秦腔艺术的认知。

三　陕西振兴秦腔艺术的对策建议

（一）加强戏曲传承人才队伍建设

政府建立专项秦腔文化传承保护基金，大力引进社会力量支持，提高戏曲创作者和艺人的工资，落实“五险一金”待遇，优化秦腔文化事业机构的资源配置，保障机构编制，从资金上、政策上大力扶持院校、班社、团体培养秦腔艺术人才；优化戏曲类院校专业建设，设置戏曲本科教育，强化戏曲师资力量，促进秦腔专业院校数量和招生规模的稳定发展；加强戏曲院团合作，针对戏曲传承教学做出突出贡献的组织者和个人给予奖励，以及在职称的晋升方面应以优先考虑；多渠道吸纳优秀的秦腔传承人才，既可以从社区的秦腔业余爱好者、民间自乐班中选拔传承人才，也可以从高校戏剧社团挖掘、培植优秀的传承人才，建立秦腔艺术人才库；培养制作与传播团队人才、经营管理人才，满足现代演出市场需求，大力营造有利于编剧人才成长的环境，提高稿酬，鼓励剧本创作，搭建剧本习作发表平台，拓展习作剧本排演渠道，扶持编剧新人尽快成长；构建省、市级的院、团的创作队伍，对于本院、团所创作的剧本加大奖励的力度；加强对戏曲传承人、文化工作者的业务培训，建立由技艺精湛的传承人与专业高效的文化工作者共同组成的文化传播队伍，建立定期化、专业化、制度化的传授与传承机制。

（二）增加“互联网+秦腔”传播深度，构建多元化社交平台

加强以秦腔为主体的互联网建设，建立秦腔表演数据库，把传统秦腔实

体唱片、录像带等资源借助数字化实现建档保存；扩大微博、抖音等社交媒体相关超级话题的影响力，推行“秦腔网红”传播机制，增加秦腔的传播量，孵化秦腔文化媒体账号，营造秦腔文化圈层，增强受众黏性；尝试探索商业行为、互动行为、娱乐行为等，打造爆款IP，开发以秦腔为主题的休闲益智类网络游戏，积极探索秦腔文化在“元宇宙”领域内的产业发展及应用等；利用互联网时代的“粉丝文化”，建立起快速收集受众意见的交互式媒体通道，打造互动媒体平台，科学精准对用户进行分类，区分出核心观众、重要观众、一般观众，从而针对不同的观众群体提供个性化、定制化服务，提升观众、粉丝的参与感和满足感；秦腔院团积极组织各种活动，包括会演、调演、评奖、座谈、纪念等；发挥各级戏曲协会等文艺团体的文化教育作用，通过举办戏曲文化节、戏曲文化讲坛、戏曲学习体验营等方式，推动戏曲表演走进城乡社区，带动更多民众学习、欣赏戏曲；在秦腔博物馆、艺术馆举办秦腔知识讲座，以及道具的展览、秦腔服饰的走秀及DIY活动，扩大秦腔的受众基础。

（三）为秦腔多元赋能，探索融合发展新局面

秦腔应积极主动突破戏曲圈层的界限，与数字科技、流行音乐、电影、动画以及时尚行业等领域跨界合作，通过这种融合实现秦腔的创造性转化和创新性发展。政府对于原创的秦腔艺术文创产品，应加大资金支持，给予更多发展的机会和展示平台。建立以政府为主导、企业参与的秦腔剧院后院加工厂，剧团负责秦腔内容的创作和编排，加工厂负责演出的宣传、推广等后续工作。此外，秦腔的文创品牌产品与陕西当地特色文化结合，与艺术家联合，与高校和外界有能力的设计师合作，挖掘秦腔文化品牌更多的可能性；整合秦腔资源与宣传推介服务形态，探索数字文化服务的模式，打造移动端的秦腔博物馆，开办微型小讲堂，利用虚拟现实技术建立秦腔虚拟穿越体验机，策划“秦腔化石汇”“秦腔古迹活化”，展示秦腔脸谱、秦腔戏帽、道具，挖掘秦腔绝技，吸引年轻的受众；继续推进“秦腔进校园”活动，尝试因地制宜开设秦腔相关地方课程或校本课程，将秦腔真正融入学校的教学

体系中；加大“秦腔进校园”宣传力度，开展戏剧戏曲支教志愿服务等项目，与多所院校合作建立长期的学术交流基地，开设专门的秦腔社团，举办校园戏剧节，鼓励学生进行秦腔广告宣传大赛和秦腔剧目的创作等，进一步培养新一代的青年秦腔传播者。

（四）深挖特色资源，开拓新的文旅市场

各地政府给予政策、制度、资金的保障，在税收、演出场所、演出补贴等方面加大倾斜和扶持的力度。依托陕西地方特色的文化资源、旅游资源，将成熟剧目与热门景点结合，打造精品文化演艺项目，开发可供游客观赏游览、娱乐休闲的戏曲文化小镇，探索“秦腔艺术进景区”活动，打造VR戏曲体验馆，使其成为集娱乐、休闲和文化观赏功能于一体的多功能新型传统文化场所。统筹规划戏曲文化旅游线路，填补西安“秦腔”主题微游市场的空白，设计针对秦腔文化爱好者的西安一日微游线路，将西安市各类秦腔文化场馆包括易俗大剧院、易俗社文化街区、高家大院和秦风苑秦腔茶楼作为核心产品要素，与城市文化美食街区如回民街、书院门、东木头市和长安大排档相结合，并辅以与游客沉浸式实践性项目，让游客感受西安的城市文化魅力。还可以设计“秦腔+仿唐乐舞”“秦腔+古代乐器”等戏曲音乐文化类微游线路，打造陕西知名文化旅游品牌。

（五）打造产学研一体的秦腔创意产业园区

一是考察受众创意需求、聚集创意人才和研发文创衍生品，建立文创贸易平台。二是通过聚集有效资源实现秦腔文化创意产业园区的资源共享。将秦腔的传承基地聚集在秦腔文化创意产业园区。此外，将零散的文化创意公司进行整合，形成双向联动互赢的局面。专业的秦腔传承人为创意从业人员提供知识智力支持，企业、媒体为传承人提供传播和展示的宣传服务工作。三是秦腔艺人和创意企业联合做好“人才传承工程”。发挥秦腔艺人的“传帮带”作用，建立培训基地，由创意企业或文化传媒公司对秦腔优秀的青年演员进行包装和宣传，培养秦腔艺术界的“名角”、偶像。四是在秦腔产

业园区构建专业的合作交易平台，开发秦腔艺术文创衍生品，联合多方媒体对秦腔创意化产品进行互动营销，真正实现秦腔艺术产业园区内产销一体、文化经济良性互动的新空间。在此基础上，在秦腔文化创意产业园区打造戏曲数码产品制作基地、戏曲影视基地等秦腔艺术旅游体验基地，延伸秦腔艺术产业链条。

区 域 篇

Regional Reports

B.19 延安红色文化发展研究报告*

许定国**

摘　要： 延安红色文化以延安精神著称。本研究报告以党的二十大精神为指导，全面界定延安红色文化的内涵与范围，深入分析延安红色文化弘扬发展的特色与不足，提出发展延安红色文化的对策与建议。

关键词： 延安　红色文化　资源　精神

一　红色文化内涵及范围界定

红色文化一般指革命文化。红色文化是以马克思主义为指导，以革命遗址为主要形态，以为民造福、民族复兴为精神内核和价值取向，包括领袖著作、革命文献、革命遗址、革命文物、红色版本等在内的一系列文化资源。

---

* 本文是陕西省社会科学院 2022 年重点课题（22ZD19）的研究成果。

** 许定国，陕西省社会科学院延安精神（陕甘宁革命史）研究所助理研究员，主要研究方向为陕西文化。

陕西延安是著名的革命圣地。1935 年 10 月，历经两万五千里长征的中央红军，在毛主席率领下到达陕北吴起镇。1937 年 1 月，中共中央机关迁驻延安。延安成为中共中央的落脚点，也是建立抗日民族统一战线，进行全面抗战、取得抗日战争胜利，进而夺取解放战争胜利的出发点。延安红色文化是以 1935~1948 年中国共产党在延安奋斗的十三年光辉历程为主线，以光耀千秋的延安精神为代表，在延安革命圣地上产生的先进文化。

二　延安红色文化的特色分析

（一）延安精神是延安红色文化之魂

延安十三年是中国共产党领导中国革命事业从低潮走向高潮、实现重大历史转折的关键时期。1935 年底，党中央初到陕北，即召开了瓦窑堡会议，确定了建立抗日民族统一战线的策略方针，克服了“左”倾关门主义错误，使中国共产党牢牢掌握了政治上的主动权。1937 年 8 月召开的洛川会议，确定了全面抗战的方针，为中国共产党的发展和人民军队的壮大指明了方向。1938 年，在延安召开的党的六届六中全会上，毛泽东同志首次提出了“马克思主义中国化”的科学命题，全会号召全党要努力学习马列主义理论，把马克思列宁主义的一般原理和国际经验应用于中国的具体环境，实现马克思主义的中国化，坚决反对教条主义，废止洋八股。六届六中全会奠定了中国共产党解放思想实事求是的思想路线。1941 年初，在陕甘宁边区展开的大生产运动，将中国共产党自力更生、艰苦奋斗的光荣传统发扬光大，把昔日一片荒沟的南泥湾变成了陕北的好江南。1942 年春，延安整风运动在全党普遍展开。整风运动主要内容是反对主观主义、宗派主义、党八股，树立了马克思主义的作风。1945 年，中国共产党第七次全国代表大会在延安召开。党的七大确立了毛泽东思想为全党的指导思想，并将理论联系实际、密切联系群众、批评与自我批评确定为党的三大优良作风。这些都是延安精神的雏形。延安时期是我们党领导的中国革命事业从低潮走向高潮、实现历史性转折的时期。老一辈革命家和老一代共产党人在延安时期留下的优良传统和作风，培育形成的以坚定正确的政治方向、解放思想实事求是的思想路线、全心全意为人民服务的根本宗旨、自力更生艰苦奋斗的创业精神为主要内容的延安精神，是我们党的宝贵精神财富。延安精神集中体现了党的性质和宗旨，是党的优良作风的集中体现，是中国共产党人崇高品德和伟大情怀的集中体现。可以说，延安精神是中国共产党人显著的精神标识，是中国共产党为中华民族创造的宝贵精神财富，是延安红色文化的灵魂与根脉。

（二）延安红色旅游资源丰富多样

延安红色旅游资源富集。据有关部门最新统计，截至 2022 年，延安市共有革命旧址 445 处，革命类纪念馆 30 座，馆藏革命文物 43673 件，全国爱国主义教育示范基地 13 处，国家级抗战纪念设施、遗址 6 处。[①] 延安红色旅游资源分布广泛，共计有 130 多处。其中代表性的红色旅游资源有 22 处，以宝塔区为中心，遍布各区县（见表 1）。

表 1　延安代表性红色旅游资源分布

序号	名称	所在区县
1	延安革命纪念馆(4A)	宝塔区
2	枣园革命旧址(4A)	
3	延安宝塔山(4A)	
4	延安凤凰山麓革命旧址(3A)	
5	王家坪革命旧址(3A)	
6	延安清凉山(3A)	
7	杨家岭(3A)	
8	南泥湾革命旧址	
9	延安鲁艺旧址	
10	延安保卫战景区	

① 张凌云：《弘扬光荣传统　赓续红色血脉——陕西革命纪念馆概览》，《新西部》2022 年第 9 期。

续表

序号	名称	所在区县
11	中央红军长征胜利纪念园	吴起县
12	刘志丹故居	志丹县
13	瓦窑堡会议旧址	子长市
14	梁家河知青旧址	延川县
15	中央红军和陕北红军会师地旧址	甘泉县
16	延长县东征会议旧址	延长县
17	直罗镇战役遗址	富县
18	洛川会议纪念馆	洛川县
19	八路军驻第二战区办事处旧址	宜川县
20	张思德牺牲纪念地	安塞区
21	上畛子革命旧址	黄陵县
22	瓦子街战役烈士陵园	黄龙县

（三）红色教育培训需求旺盛，供不应求

延安富集的红色文化资源是干部学习教育的活教材。延安是全国各省区市党政机关公务员岗前培训的首选之地。各级党组织开展党员学习教育的网红打卡地。各类企业红色拓展训练也多在延安开展，大中小学生来延安的研学活动、红色夏令营更是数不胜数。党的十八大以来，以习近平同志为核心的党中央高度重视党组织和党员学习培训，提出要着力打造学习型、服务型、创新型党组织。各级党组织坚持用延安精神涵养初心、淬炼灵魂，到革命圣地参观学习，多年来，延安红色教育培训供不应求。

（四）运用版本陈列不断丰富红色文化内涵

红色版本是红色文化的重要表现形式之一。红色版本是指中国共产党成立一百年来，在不同历史时期流传下来的进步书刊、图书、报纸、期刊、书信、传单、宣传画、音频、视频等。延安红色版本通过展陈延安时期丰富多彩的图书、报纸、刊物、音频、视频、书信、革命传单等资料，让广大人民

群众更直观地了解延安红色文化。通过不同载体的版本，更直观、更形象、更生动地展示延安红色文化是红色版本具有的独特优势。红色版本陈列的一项重要功能是激浊扬清。通过版本展陈，消除群众中的一些错误认识、模糊认识，更有利于宣传长期以来延安红色文化中除了革命文物之外的不为人知的红色资源。如近年来，新发现的领袖题词、烈士家书、延安革命根据地时期发行的边区货币、邮票、书札、明信片等。这些红色文化资源看似微小，却能小中见大，彰显延安红色文化的独特魅力。加强对延安时期红色版本的搜集、整理与陈列工作，有利于丰富延安红色文化的内涵，拓宽延安红色文化的外延，使公众对延安红色文化的认知不单单停留在革命遗址和革命文物这一层面；同时也有利于借助版本这一新的传播手段发扬光大延安红色文化，深入发掘延安红色文化中蕴含的红色基因。2022 年 7 月底正式开馆的西安国家版本馆在展陈单元就专列了延安精神专题，通过国家版本馆这一重要文化传播平台更广泛宣传延安红色文化，收集延安时期的红色版本藏品是将延安红色文化传之后世的重大文化工程。

（五）用延安红色文化资源讲好革命故事

延安十三年是毛泽东思想日趋成熟的阶段。毛泽东主席夜以继日地创作了《实践论》《矛盾论》《论持久战》《新民主主义论》等光辉著作，翻开《毛泽东选集》一至四卷共收录文章 159 篇，延安时期创作的就有 112 篇；《毛泽东文集》一至八卷共收录文章 803 篇，延安时期创作的就有 385 篇；《毛泽东军事文集》一至六卷共收录文章 1628 篇，延安时期创作的就有 938 篇。这些重要的革命文献是了解党的光辉历史、讲好延安故事的宝贵财富，对于科学回答中国共产党从哪里来给出了有力答案。党在延安时期的大生产运动有关的文件、图片、干部日记、散文都能原生态地讲好革命故事。张思德的故事、白求恩的故事、陈嘉庚的故事这些老百姓耳熟能详的革命故事通过当时的版本去展示，激励后人的效果必会更加明显。

解放战争时期，毛泽东、周恩来、任弼时率领中共中央机关和中国人民解放军总部主动撤离延安，踏上了转战陕北的征途，历时一年零五天，辗转

2000多公里，先后在延安、榆林两市12个县32个村庄居住过。其中在榆林的清涧、绥德、子洲、靖边、横山、米脂、佳县、吴堡8个县留下了光辉足迹。这些重要的红色文化资源和重大历史事件为新时代讲好红色故事提供了源源不断的素材。

三 延安红色文化弘扬发展的不足

（一）延安红色旅游开发尚未形成联动效应

长期以来，延安红色旅游业一直是延安的主导产业。2021年，受疫情影响，延安市红色旅游不如预期，但仍累计接待游客达3450万人次，同比增长112%；实现综合旅游收入260亿元，同比增长172%。红色旅游存在的问题是：宝塔区知名的红色旅游景点较多，游客来延安参观旅游，主要是去枣园、杨家岭、延安革命纪念馆等知名景点，郊县的旅游景点如吴起县的红军长征会师地、瓦窑堡会议旧址、洛川会议旧址等景点鲜有人问津。延安红色文化产业开发力度浅。红色旅游业已初具规模，但是在其衍生的红色文化创意产业领域还处于起步阶段，红色文创产品单一，成规模的红色文化企业偏少且竞争力薄弱，红色演艺只占有较低的市场份额，未能形成一条完善的红色文化产业链。

本报告认为，延安红色文化旅游景点对文化产业的贡献度偏低。作为意识形态浓郁的红色文化，一方面要将社会效益放在首位，反对过度开发，突出红色文化资源立德树人的功效；另一方面还要突出经济效益，充分发挥红色旅游助推乡村振兴、带动地方经济的功效。

（二）红色文化在群众文化中的普及度有限

现阶段，基层群众文化活动中红色文化明显不足。城乡群众对红色文化的理解仅限于唱红歌、收看红色影视剧，阅读红色题材图书等。这些传统的传播红色文化的方式对青少年是缺乏吸引力的。面对移动互联网日新月异的发展，数字技术的广泛应用，在互联网时代，如何与时并进，借助人工智能和网络数字技术，将红色文化资源以青少年喜闻乐见的方式展示出来，如何扩大红色文化资源的受众面，让红色文化资源变成群众喜闻乐见的东西、让红色文化资源成为日常工作和生活中的一部分，还要下大力气推进红色文化资源网络化、数字化。

（三）对党在延安时期的其他红色文化资源发掘不够

党在延安十三年召开的重要会议、涌现出的杰出人物、重大战役、重要革命著作、音乐作品、美术作品发掘力度有限，深度不够，导致社会受众面有限。比如1935年党在子长县召开的瓦窑堡会议，1937年召开的洛川会议，延安时期的著名人物如刘志丹、谢子长、习仲勋、李鼎铭、黄炎培、陈嘉庚、国际友人路易·艾黎、斯特朗等就所知不多。还有延安时期的重要战役——直罗镇战役、红军东征、西征，党中央在转战陕北期间与国民党军先后打了十大战役，即青化砭战役、蟠龙战役、羊马河战役、榆林战役、沙家店战役、岔口战役、黄龙战役、延清战役、宜瓦战役、黄龙山麓战役。其中，最著名的当数青化砭战役、羊马河战役、蟠龙战役，史称“三战三捷”，与这些战役有关的遗址、史料都亟待开发。还有关于延安时期的重要史料著作，美国记者埃德加·斯诺的《红星照耀中国》、黄炎培的《延安归来》、赵超构的《延安一月》、范长江的《中国的西北角》、美国记者托马斯·亚瑟·毕森的《1937延安对话》等。及时出版一些通俗读物，方便社会各界阅读。延安时期创作的脍炙人口的革命歌曲如《黄河大合唱》《山丹丹开花红艳艳》《南泥湾》等，其中《南泥湾》这首歌最具有代表性，歌唱的是“黄米饭、小米粥”，这首歌表现了革命根据地军民坚定信念、自力更生、艰苦奋斗、共渡难关的精神。一些在延安时期创作的经典美术作品（见表2）社会普及度十分有限，处于“养在深闺人未识”的窘境。

表 2　与延安时期有关的经典美术作品

序号	作者	作品名称	类型	创作时间
1	蔡亮	《延安火炬》	油画	1959 年
2	罗工柳	《毛泽东在延安干部会议上作整风报告》	油画	1951 年
3	钱松喦	《延安颂》	国画	20 世纪 60 年代
4	力群	《丰衣足食》	版画	1944 年
5	石鲁	《南泥湾途中》	国画	1961 年
6	靳之林	《南泥湾》	油画	1959～1961 年
7	高虹	《转战陕北》	油画	1957 年
8	石鲁	《转战陕北》	国画	1959 年
9	靳尚谊	《党的十二月会议》	油画	1977 年
10	沈嘉蔚	《红星照耀中国》	油画	1987 年
11	古元	《刘志丹和赤卫队员》	版画	1957 年
12	吴山明	《延安五老》	国画	2001 年
13	姜银	《南梁曙光》	国画	2013 年
14	陈逸飞	《黄河颂》	油画	1977 年

四　以党的二十大精神为指引，发展延安红色文化的对策建议

（一）立足新时代新征程，从延安精神中汲取前进的动力

党的二十大报告指出："从现在起，中国共产党的中心任务就是团结带领全国各族人民全面建成社会主义现代化强国、实现第二个百年奋斗目标，以中国式现代化全面推进中华民族伟大复兴。"① 对标全面建成社会主义现代化强国的宏伟目标，需要继续弘扬延安精神中的艰苦奋斗、艰苦创业品格。"自力更生、艰苦奋斗是我们共产党人的品质，是我们立党立国的根

① 《中国共产党第二十次全国代表大会文件汇编》，人民出版社，2022，第 18 页。

基，也是党员、干部立身立业的根基”。[①] 新时代是实现社会主义现代化强国目标的时代，更需要从延安精神中汲取力量。在实现第二个百年奋斗目标的新征程中，免不了会有困难险阻、少不了风险挑战，要继续发扬延安时期实事求是的思想品质，做到头脑上始终保持清醒。

坚定正确的政治方向，是延安精神的灵魂。要从延安精神中淬炼灵魂，首先要将坚定正确的政治方向放在首位。要从延安精神中汲取信仰的力量。抗大精神、白求恩精神、南泥湾精神、整风精神、张思德精神、延安县同志们的精神、劳模精神等是延安精神的原生形态。不管是革命战争年代，还是和平建设时期，抑或是新时代，延安精神不断体现出一种穿越时空的恒久价值。要求干部群众在新时代大力弘扬延安精神，从抗大精神中学习严肃活泼的工作作风；从白求恩精神中汲取毫不利己、专门利人的风范；从南泥湾精神中饱尝艰苦奋斗的养分；从整风精神中学到拥护领袖；从张思德精神中懂得舍己为人；从劳模精神中发掘淡泊名利的品质。要从延安精神中继续将理论与实际相结合、密切联系群众、批评与自我批评这三大优良作风继续发扬光大。

要明确延安精神在中国共产党人精神谱系中的地位，延安精神与其他革命精神之间的关联；明确南泥湾精神、张思德精神、白求恩精神与延安精神之间的关系。要从中国共产党百年奋斗史、新中国史、改革开放史、社会主义发展史、中华民族发展史角度，广泛挖掘延安时期的历史资料，发掘延安精神的现实价值和时代意义。还应加强党的历届领导人对于延安精神的指示，尤其是习近平总书记多次对延安精神的指示，把握其中的要义和精髓，不断发扬光大，汲取前进的动力。

（二）加强延安革命文物保护，在延安革命遗址和革命文物中深入挖掘红色基因

延安是全国革命根据地城市中革命遗址保存规模最大、数量最多、布局

① 习近平：《论中国共产党历史〈继续从延安精神中汲取力量〉》，中央文献出版社，2021，第 100 页。

最为完整的城市。延安革命遗址和革命文物遍及全市 13 个县区。延安革命文物是党中央引领中国新民主主义革命取得胜利的历史见证。革命文物，包括不可移动革命文物和可移动革命文物。不可移动革命文物，是指各级人民政府核定公布为文物保护单位的革命文物和经县级人民政府文物行政部门登记公布、尚未核定公布为文物保护单位的不可移动革命文物。可移动革命文物包括国有可移动革命文物和非国有可移动革命文物。①

习近平总书记强调："革命文物承载党和人民英勇奋斗的光荣历史，记载中国革命的伟大历程和感人事迹，是党和国家的宝贵财富，是弘扬革命传统和革命文化、加强社会主义精神文明建设、激发爱国热情、振奋民族精神的生动教材。加强革命文物保护利用，弘扬革命文化，传承红色基因，是全党全社会的共同责任。"在新时代，如何深入发掘上述革命遗址的红色文化，及其富含的丰富的红色基因，既是全国党史工作者义不容辞的责任，也是宣传思想战线工作者的使命担当；通过深入开发和传承好延安的红色革命资源，将革命文物代代传承，用心用情保护好，做到保护红色遗址与革命文物传承制度化、规范化，让越来越多的人民群众通过走近红色遗址，汲取革命文物中的红色基因，从而将其转化为工作、学习的强大动力。通过发掘红色基因，大力弘扬光荣革命传统。坚持用伟大建党精神和延安精神滋养党员干部初心、淬炼灵魂、校准政治方向，坚定全体党员的信仰信念信心，永葆艰苦奋斗作风，敢于善于斗争，走好新的赶考之路。

（三）做优做强延安红色旅游业

本研究报告将红色旅游定义为"以中国共产党领导人民在革命和战争时期建树丰功伟绩所形成的纪念地、标志物为载体，以其所承载的革命历史、革命事迹和革命精神为内涵，组织接待旅游者开展缅怀学习、参观游览的主题性旅游活动"。②

---

① 国家文物局：《关于报送革命文物名录的通知》，2018 年。

② 中央办公厅、国务院办公厅：《2004~2010 年全国红色旅游发展规划纲要》，2004 年 12 月。

要推动红色文化与旅游、教育、信息、建筑等融合发展，不断延伸红色文化产业链。延安要将红色文化资源优势转化为发展胜势，要以社会主义核心价值观为引领，在尊重历史的前提下，开展红色旅游体验活动、红色影视剧创作活动，培育和鼓励一批又一批叫好又叫座的红色影视剧走向观众。以延安红色文化中的重大革命历史事件、重要党史人物为创作题材，通过多种艺术形式讲好红色故事，不仅能为当地创造经济效益，也能将红色文化发扬光大，彰显其时代价值。要加强红色文化与旅游的深度融合，不断延伸红色旅游产业链，精心设计延安联动式红色旅游发展战略，提升延安红色旅游业的附加值。还要以宝塔区的红色旅游带动延安周边区县革命遗址的人气。

释放红色文化跨界融合新优势。21 世纪是移动互联网的时代。要探索红色文化的符号化，将延安精神以更加生动形象的符号和元素进行表达，促进红色文化和创意、科技、非物质文化遗产的深度融合。要利用陕西作为科教文化大省得天独厚的优势，推动延安红色文化通俗化，推动红色文化和陕北民歌、陕西剪纸、老腔、快板、秦腔、腰鼓、花鼓等非物质文化遗产的深度融合，在延安乡村振兴和城市社区文化活动中，融入红色文化元素，让红色文化深入基层群众的日常工作和生活中。

（四）着力打造延安红色教育培训高地

要多措并举促进红色教育培训高质量发展。通过发展红色教育培训、红色拓展训练带动延安餐饮业、酒店住宿消费大发展。要通过设计个性化的红色培训课程体系、组建高水平的红色培训师资队伍和高质量的红培配套服务，着力打造延安红色培训高地。干部教育培训一直是党员学习教育的重头戏。延安丰富多样的革命遗址是干部学习培训的“活教材”。但每年经常出现宾馆接待、后勤服务吃紧，很难满足全国范围内的培训需求。打造红色文化研学基地品牌。充分借助省、市资源，着力打造红色文旅融合发展标杆地。可与延安干部管理学院、省委党校、市委党校等干部教育培训基地错位发展，培育一批红色文化研学基地，全面提升革命教育基地功能，把延安打造成为干部学习教育的首选地之一。依托延安革命纪念馆、七大会议旧址等红色旅游精品项目，通过打造延安红街、南泥湾大生产纪念馆等红色教育基地，以吴起县为起点，将现场学习考察点延伸至榆林等，满足不同类型学员的需求，推进以红色展览、影视、动漫、音乐、演出和出版物等为核心，红色教育、工艺品制作等于一体的红色文化产业链，推动红色文旅深度融合发展。

规范延安红色培训市场。近年来，一些民营教培机构进入市场，但也存在参差不齐的问题，乱收费、乱涨价，红色培训本应以学习为主，却变成了观光旅游，导致一些红色教育培训变了味，这种现象尤其要警惕。建议主管部门应从培训资质、培训场地、课程设置、师资配备、配套设施、安全措施、管理制度七个方面加强对红色教育培训机构的管理。

（1）在培训资质方面：取得教育主管部门、文化主管部门颁发的培训证照，具备承接红色教育培训的能力。连续运营在两年以上，最近一年内无学员投诉、不存在不良诚信记录和重大安全责任事故。

（2）在课程设置方面：科学设定课程内容和教学目标，至少开发出 3 个与延安红色文化有关的主题课程及面授、在线相结合的红色培训课程。

（3）在师资配备方面：要有能合作 5 年以上的专职讲师，且持证上岗。讲师专业以中共党史、中国近现代史为主，从事教学实践不少于 3 年。同时配备不少于 2 名的党史专业教授级的专家作为顾问，在培训内容上决不能触碰意识形态红线。

（4）培训场地方面：设有能够容纳不少于 50 人以上的教室、会议室和开放式实践活动场所，具有可满足不同讲解员对团队（或多人）同时进行讲解的电子讲解服务设备。

（5）安全措施方面：室内培训场地应符合公共场所安全的基本要求，有严格的安全管理措施；配备安全人员，定期对教学、场地、交通、餐饮及卫生等设施进行检测，各类安全、监控设施设备运作良好，整体通过消防验收。

（6）配套设施方面：环境整洁，空气清新，具备相应食宿承载条件，各类场所全部达到GB 9664（文化娱乐场所卫生标准）规定的要求。相关基础设施配套齐全、布局科学合理，教学仪器、设施设备性能完好、检验合格，无安全隐患。

（7）管理制度方面：建立健全红色培训内部管理制度，对参与培训的教学人员与后勤接待人员定期开展业务技能提升，加强纪律规范约束。

建议每年对延安全市红色教育培训机构开展全面摸底排查工作。针对当前延安市红色教育培训机构数量多、分布广的问题，对延安全市红色教育培训机构进行拉网式排查，逐一核查登记，“一家一册”建立台账。将红色教育培训机构的证照情况、机构名称、业务范围、教学内容等情况，按红色教育培训机构存在问题的类别、所在区域、管辖的部门等分类统计。以“双随机、一公开”年检抽查等形式，对不规范的红色培训机构坚决取缔。对涉及虚假违法广告宣传的红色培训机构，由市场监管部门责令停止营业，并依法处罚；对未经登记擅自开展活动的机构，要坚决依法查处取缔。建立长效监管机制。对此类机构坚持每半年检查一次，防止情况出现反弹。对问题机构从快从重处理，营造红色教育培训机构规范运营的良好环境，推进红色教育培训正规化运营。

（五）要加大力度创作红色题材精品力作

党的二十大报告明确要求以社会主义核心价值观为引领，弘扬革命文化。革命文化是最易激发群众爱国热情的。党在延安时期，广大文艺工作者在恶劣条件下，认真贯彻执行毛泽东同志在延安文艺座谈会上的讲话精神，创作出了优秀的文艺作品，以文艺为武器去打击敌人。这些优秀文艺作品在公共文化服务体系中应通过形式多样的公益短片、专题讲座、群众性文化活动等进行广泛传播延安红色文化。利用社区微信公众平台，采取线上直播和线下讲座推出“阅读延安十三年”和《延安红色文化朗读者》、《红色小广播》、《延安那些事儿》、小小讲解员等活动，在公共文化服务领域，借助博物馆、展览馆、图书馆、科技馆等场所全方位、多维度、立体化打造延安红色文化新阵地，吸引机关干部、学校师生、企事业单位员工参观学习。

红色文化是一种群众广泛参与、资源共享型的文化。制定红色文化发展规划，对于传承红色文化很有必要。要结合国家文化发展规划，制定延安红色文化发展中长期规划，设立红色文化发展专项资金。建议提升延安红色文艺精品创作力度。建立延安红色文艺精品创作基地，邀请国内知名作家、画家、曲作家定期来延安采风或写生，加强与文艺家的联系交流。通过智力引进、社会参与、资本支持、服务外包等多种形式和途径，逐步提升影视创作、编剧和制作能力，推出一批具有影响力的红色文化影视作品，增强延安红色文化传播力。

（六）加强延安红色文化资源数字化建设

现阶段，数字文化消费已经成为我国经济发展的新增长点。延安红色文化建设要紧密结合国家文化大数据体系，坚持统一标准、长期规划、分阶段实施，统筹红色文化资源存量和增量的数字化，以物理分布、逻辑关联、快速链接、高效搜索、全面共享、重点集成为目标聚集红色文化数字资源。在发展形态上，结合延安市和陕西省的实际，应在红色题材红色影视作品、革命文物保护改造方面提升红色文化传统形态。

加强对革命文物的数字化保护。革命文物是红色文化的实物形态，最能体现红色文化的雏形，是红色文化的物质实体。陕西省革命文物具有时间跨度长、地域分布广、文物类型丰富、革命文物价值高四个方面特点。《关于实施革命文物保护利用工程（2018~2022年）的意见》指出：要强化战略思维，加强对红色文化资源数字化的组织领导，加大财政投入，扎实推进；要切实做好“革命文物资源目录和大数据库”“适度运用现代科技手段，增强革命文物陈列展览的互动性体验性”等工作。[①] 不同于古代文物，革命文物以文件、照片、图片居多，革命文物在还原影像、促进纸张保真方面难度较大。建议延安市尽快启动革命文物数字化保护工程，运用3D影像技术、5G网络传输加大对革命文物的保护，在红色文化资源的采集、存储、处理、

① 《中华人民共和国国务院公报》，2018年第22期。

展示、传播等方面用好数字技术，通过红色文化资源的数字化进而实现数字展品的永久收藏。

（七）以延安红色文化资源为中心，盘活陕西全省红色文化资源

陕西是红色文化资源最富集的省份之一，是一块孕育红色文化、富有革命传统的沃土。20 世纪 20 年代初，以魏野畴、李子洲等人为代表的陕西共产党人，最先在陕西传播马克思主义，点燃了革命火种。这是陕西红色文化的源头。1928 年爆发于关中腹地的渭华起义，是在中国共产党领导下爆发的西北地区发生最早、规模最大的武装起义。20 世纪 30 年代初，刘志丹、谢子长、习仲勋等老一辈无产阶级革命家创建的以照金为中心的陕甘边革命根据地是我国北方第一个山区革命根据地。1935 年 2 月，陕甘边革命根据地与陕北革命根据地统称为西北革命根据地，中国共产党西北工作委员会及西北革命军事委员会成立，统一了对陕甘边革命根据地的领导。同年 7 月，陕甘边革命根据地和陕北根据地连成一片，形成了西北革命根据地，设陕北、陕甘、陕甘宁 3 个省级苏维埃，管辖神木、府谷等 40 个县级苏维埃。上述历史资源使陕西拥有 1224 处不可移动革命文物、40703 件（套）可移动革命文物、76 家革命纪念馆，这是陕西红色文化的殷实家底。

要以延安红色文化为中心，盘活陕北的红色文化资源，如毛主席转战陕北路线，如 1947 年底的十二月会议，榆林米脂县杨家沟是中共中央转战陕北取得光辉胜利的标志点，是党中央离开陕北走向全国胜利的出发点，是中国革命的转折地。

要以延安红色文化为中心，带动关中地区的八路军西安办事处纪念馆、扶眉战役纪念馆、马栏革命旧址、陕甘边革命根据地照金纪念馆、渭华起义纪念馆、八路军 120 师抗日誓师纪念馆、习仲勋纪念馆等；关注陕南地区的川陕革命根据地、红四方面军钟家沟会议旧址、袁家沟鄂豫陕边区苏维埃旧址等，将陕北、关中、陕南三个区域的红色文化资源整合到一起，盘活全省红色文化资源。

B.20
汉中生态文化发展研究报告

张泓洋*

摘　要： 实现人与自然和谐共生是中国式现代化的显著特征之一，发展生态文化为其厚植持久的动力源泉。汉中市深入贯彻习近平生态文明思想，弘扬绿色循环汉风古韵的生态文化，绘就美丽陕西秦巴汉水的生态画卷，在用生态文化之笔绘就高质量发展之画方面取得了初步成效。与此同时，依然存在诸如生态文化理论研究不够、理念意识不强、产业规模不大、制度体系建设不足、人才队伍薄弱、生态产品价值实现机制不完善等问题。报告通过对汉中市所辖2区9县生态文化发展概况进行研究梳理，总结其成功经验，分析存在问题及原因，提出一些意见建议，旨在对进一步深化生态文化理论认识，促进生态文化发展有一定的参考作用。

关键词： 汉中市　生态文化　融合发展

习近平总书记指出："中华民族向来尊重自然、热爱自然。绵延5000多年的中华文明孕育着丰富的生态文化。"① 传承和弘扬中华优秀传统生态文化，结合实际对其进行创造性转化、创新性发展，不仅会为中华民族的永续发展提供坚实文化支撑，而且对新时代建设生态文明、推进人与自然和谐共生的中国特色社会主义现代化具有重要现实借鉴意义。生态文化是以人与自

* 张泓洋，陕西社会科学院延安精神（陕甘宁革命史）研究所研究实习员，主要研究方向为陕西文化。

① 习近平：《推动我国生态文明建设迈上新台阶》，《求是》2019年第3期。

然、人与人、人与社会的生态关系为基本对象，以生态理念为价值导向的文化形态，其核心内容包括价值理念和行为准则两个主要方面，具有文化的多层次特征，内涵非常丰富。综观目前的研究成果，生态文化包括生态物质文化、生态制度文化、生态行为文化、生态精神文化。生态物质文化一般指向的是实体物质，其具有生态文化内涵，例如有机生态产品、绿色食药、无污染节能材料与产品等；生态制度文化是指各级政府制定的为保护生态环境、弘扬生态文化的法律法规、政策制度等；生态行为文化是指重视生态、保护生态的各类“生态+文化”活动，例如文旅融合休闲旅游、节庆等；生态精神文化是指生态文化的价值理念。发展生态文化，必须以中国为观照、以时代为观照、以我们当下正在做的事情为中心，从新时代生态文明建设的实践中挖掘新材料、发现新问题、提出新观点。本文立足汉中发展生态文化的生动实践，去感知体验、研究阐释文化是灵魂、绿色是底色、保护是关键、发展是根本的生态文化的丰富内涵及其理论意义和实践价值。

一　汉中生态文化发展概况

汉中，地处陕西省西南部，因汉水而得名，北倚秦岭、南屏巴山，母亲河汉江穿流而过，生态资源和人文资源具有强大的先天优势，得天独厚，自古便是我国西部政治、经济、文化重镇，是“南水北调”主要水源涵养地、汉文化发祥地，是世界著名的古栈道之乡、古丝绸之路的源点和古茶马贸易的起点，享有“西北小江南，汉家发祥地，中华聚宝盆”的美誉，堪称秦巴山区的一颗珍珠。相继获得过国家历史文化名城、中国优秀旅游城市、国家卫生城市、美丽中国十大最美城镇、省级生态园林城市等多项殊荣。

市域生态资源得天独厚。一是气候优势显著。区域内气候具有明显的季风气候特点，春末至秋初 4~9 月，从太平洋上向大陆吹来的暖湿气流，伴随着高温多雨，“雨热同季”给汉中动植物区系提供了优越的滋育因素。二是水资源丰富。汉中盆地年平均降水量 908 毫米，水资源总量 146 亿立方米，人均水资源近4000立方米，约为全国、全省人均数量的2倍和3倍。[①] 汉江、嘉陵江均发源于此，汉江在汉中市境内干流长约270公里，流域面积1.96万平方公里，占全市总面积的72.3%，全市境内大小河流曾经达到576条。三是森林覆盖率高。市林地面积2897万亩，自然保护区面积达337万亩，森林覆盖率58.18%，林木蓄积量10168万立方米[②]，森林覆盖率和森林资源总量居全省首位。四是动植物资源丰富。秦岭南麓汉中盆地的朱鹮、大熊猫、金丝猴和羚牛被誉为“汉中四宝”。

近几年，汉中市全面贯彻落实习近平生态文明思想和习近平总书记四次来陕考察重要讲话重要指示，紧紧立足市情，坚定走绿色循环高质量发展道路，以“绿色循环、汉风古韵”为总定位，力抓学研在汉中、医养在汉中、旅居在汉中、兴业在汉中，在践行新发展理念实现高质量发展上不断加力。一是做靓叫响汉文化品牌。立足丰厚的两汉三国历史文化，举办国际性的汉文化论坛、汉字大会、三国旅游大会暨诸葛亮高峰论坛等活动，打造“汉中有礼”系列文创产品，推出《汉颂》《天汉传奇》《刘邦拜将》《空城计》等沉浸式剧目。在央视推出《味道》《跟着书本去旅行》《中国符号》等节目，新华社“秦岭护绿”、《人民日报》“一带一路”等主题报道讲好了汉中故事，引起社会广泛好评。二是着力打造绿色农业全产业链。实施“百园百企千社千村”行动，茶、中药材、菌菇、蔬果、畜牧、渔业等六大类主导农业产业强劲发展、做实成势，打造绿色食品仓储保鲜、烘干分选、冷链物流等20个产后商业化处理全产业链条，“味见汉中”区域农产品公用品牌盛名远播、广受青睐。三是做优做活文旅产业。重点抓好兴汉新区、滨江新区、龙头山、秦岭国宝度假区等21个市级重点文旅项目，加快留坝张良庙紫柏山、洋县华阳两个5A级景区创建，推进“万人游汉中”、樱花节、油菜花节、梨花节、漂流节、柑橘文化月、冰雪嘉年华等主题文化节成功举办，游客数量和旅游收入连年攀升。四是坚决打好青山蓝天碧水净土四个生

① 《汉中：水资源全国独领风骚“南水北调”水源地》，http：//gooотech. com/topics/72010336/detail-10247401. html。

② 官号描述，汉中市林业局官网：http：//hzlyj. isenlin. cn/。

态保卫战。严格落实林（山）长制、河（湖）长制，常态化整治秦巴区域“五乱”问题，统筹抓好矿山生态修复、硫铁矿污染整治和尾矿库综合治理，推进国家储备林建设，筑牢秦巴可持续发展生态屏障。五是推动国家生态文明建设示范市创建。全力打造“国家生态文明建设示范市、国家绿色制造业示范基地、西部幸福产业发展示范区、世界汉文化旅游目的地、西部重要交通物流枢纽”。[①] 统筹生产、生活、生态空间，建设“汉江生态经济带、环秦巴生态产业带，打造新兴产业聚集板块、乡村振兴产业融合板块、文化旅游协同发展板块”。[②] 加快构建装备制造、现代材料、绿色食药三大制造业，文化旅游、健康养生、教育服务、体育休闲四大幸福产业，数字经济、清洁能源、节能环保、现代物流、科技金融五大新兴产业，形成以绿色贯通全产业、全周期的现代化产业生态体系。[③]

二　汉中市各区县生态文化发展概况

（一）汉台区

汉台处于汉中盆地的中心位置，是汉中经济、政治、文化、交通、贸易的发展中心。具有众多天然的风景名胜和汉文化遗产，如天台山、哑姑山，拥有汉中龙岗生态文化公园、天台山森林公园、兴元湖、莲花池等 4 座公园，还有自 2012 年立项、2015 年启建的汉中兴汉生态旅游汉文化示范区，其获得首批陕西省文化产业示范园称号，有国家重点保护文物古迹褒斜栈道及石门摩崖石刻，石门十三品更被誉为“国之瑰宝”“书法宝库”，还有古汉台、拜将坛、饮马池等两汉历史遗存。

生态文化旅游大力发展。连年定期举办“惠游汉中·汉风秋月”“汉风

---

① 《我市“十四五”经济社会发展基本思路发布》，《汉中日报》2020 年 9 月 11 日。

② 《我市“十四五”经济社会发展基本思路发布》，《汉中日报》2020 年 9 月 11 日。

③ 《谋篇“十四五”，汉中的基本思路已经审定印发!》，汉中新闻网，https：//www.52hz.com/hanzhongtoutiao-show-1676.html。

年·老家过”等系列文旅活动，统筹域内原生态自然景观和人文历史景点，推出 11 条①精品旅游线路，2 条②线路入选全国乡村旅游精品线路、6 条③线路入选全省茶旅融合精品线路。中心城区以北的兴汉新区，按照“城市即旅游、街道即景区、社区即景点、市民即风景”全域旅游理念打造了一座国家 5A 级汉文化示范园——兴汉胜境，推出大型汉文化史诗长歌《汉梦今朝》以及汉人老家街开市表演等情景演出，吸引无数研学团队及游客观光旅游。区文旅局承办的省文旅惠民演出“汉江放歌”巡演 10 场④，使文旅真正惠及寻常百姓家。致力打造桃花节、荷花节品牌节日活动，借助农旅融合发展新形式，打通乡村生态旅游富民之路。

生态环境显著改善。2021 年汉台持续推进“青山”联合执法，重点围绕秦岭“五乱”问题以及设在花果山等风景区的农家乐厨余垃圾处理等问题展开专项督察整治，青山面貌焕然一新。扎实开展“绿盾”专项行动，针对汉江湿地保护区人类活动变化遥感监测发现的新问题，建立整改台账，对各类破坏生态环境的行为予以严厉查处。有序推进“最美河湖”三年行动、河湖“清四乱”专项行动、“十年禁捕”活动，湖净河清岸景美，汉江、褒河水质均稳定在地表水Ⅱ类标准。“禁煤区”燃煤锅炉全面清零，空气优良天数屡创新高。生态循环经济产业园引领低碳循环经济发展，万元 GDP 平均能耗下降 12%⑤，成功创建省级节水型城市、省级环保模范城市。

生态文化相关制度逐渐完善。2021 年出台《汉台区生态产品价值实现机制重点工作任务清单》，旨在拓宽生态产品价值转化路径，推进生态产品

① 《汉中市旅游精品线路推荐》，陕甘川宁经联网，http://www.sgcnjlw.cn/show-106-5-1.html。

② 《汉中市文化和旅游局组织参加第 29 届杨凌农高会陕西乡村旅游展》，汉中市文化和旅游局，http://wl.hanzhong.gov.cn/hzwlwz/zhxw/202209/13613a72ff8d418984ffbbd5994115a7.shtml。

③ 《汉中市文化和旅游局组织参加第 29 届杨凌农高会陕西乡村旅游展》，汉中市文化和旅游局，http://wl.hanzhong.gov.cn/hzwlwz/zhxw/202209/13613a72ff8d418984ffbbd5994115a7.shtml。

④ 《陕西省文化和旅游厅文旅惠民演出汉中“汉江放歌”走进汉台区宗营镇》，汉中市汉台区人民政府网，http://www.htq.gov.cn/hzshtqzf/xwzx/shxw/202008/3bb2e0ecd52e41dcbf4b35090dcd79f6.shtml。

⑤ 《汉台区生态环境持续改善》，汉中市人民政府网，http://www.hanzhong.gov.cn/hzszf/xwzx/qxdt/202203/77725ed6d8284ec08e7cfc9a99631a6a.shtml。

市场交易。为加强重点生态功能区保护，严守耕地保护红线，出台了《汉台区生态保护红线划定工作方案》。还成立了区秦岭生态环境保护管理机构，出台了《汉台区秦岭生态环境保护网格化管理实施意见》，[①] 用制度全力保护绿水青山。

生态文明宣教活动广泛开展。深入开展生态文明宣教和环保“六进”宣传活动，以“科技之春”“6.5 世界环境日”“全国宪法日”等主题日为载体，加大对公众的普法教育和生态环境保护知识宣讲。重视在青年人才队伍中普及生态理念，积极与当地高校联系交流，邀请陕西理工大学的学生参加环保设施公众开放日活动。

（二）南郑区

南郑是陕西省旅游资源大县和首批旅游强县，境内有汉山、龙头山、南湖公园、红寺湖、川陕革命根据地纪念馆、黎坪国家森林公园等景区。南郑区与汉台区隔汉江相望，依托较好的一江两岸生态优势和地理位置优势，积极谋划、锐意进取。

做精做深绿色食药产业。扎实推进调味品生产线、果蔬精深加工等项目，促进产业向价值链中高端发展。全年新建茶园 5000 亩，发展食用菌 1100 万袋，种植烤烟 2.3 万亩。[②] 法镇、湘水、红庙等镇围绕茶叶、食用菌等优势产业，进一步延伸产业链和消费链，让群众更多分享产业增值收益。南郑积极培育生态产业企业发展壮大的平台土壤，将做大做实生态产业与推动经济增长、实现共同富裕深度融合，在“金秋季”京津冀地区专题招商推介活动上，南郑区围绕生态农业、文旅和城市建设等策划包装了五大类 86 个潜力大、效益好的招商项目，总投资达到 997.8 亿元。[③]

---

① 《汉台厚植生态文明理念提升城市生态宜居宜业水平》，美丽汉中网，http：//www.mlhzw.com/vip_ doc/17430230.html。

② 《2021 年南郑区政府工作报告》，汉中市人民政府网，http：//www.hanzhong.gov.cn/hzszf/zwgk/ghjh/zfgzbg/qxzfgzbg/202106/4b0ed362b3f246c19671b9b83ee85e1d.shtml。

③ 《2021 年南郑区政府工作报告》，汉中市人民政府网，http：//www.hanzhong.gov.cn/hzszf/zwgk/ghjh/zfgzbg/qxzfgzbg/202106/4b0ed362b3f246c19671b9b83ee85e1d.shtml。

统筹山水林田湖草综合治理。累计投入生态建设、保护治理资金 5.09 亿元，实施汉江综合整治、中小河流域综合治理 34.2 公里,[①] 地表水、地下水水质稳定达标，空气质量常年优良，蓝天、碧水、青山、净土保卫战成效明显。层层夯实责任，落实三级河（湖）长 426 名、林（山）长 325 名，建成省级生态文明建设示范镇 14 个,[②] 省级生态文明建设示范区创建通过验收。

积极探索推广稻渔综合种植养殖。南郑区政府将盘活土地资源与促进乡村产业振兴和农民增收相结合，在水稻生长季，将水蓄满田地，鱼虾蟹养在稻田之中，既可以除草除虫松土，又可以实现一田双丰收。全年新发展稻渔综合种养 5000 亩,[③] 建成汉山水果、濂水稻渔综合种养等产业扶贫基地 30 个。[④] 极大地盘活了区域生态系统，实现了有效增收增产。

加快生态景区建设步伐。近几年省、市、区投资近亿元，将南湖建成山水自然景观公园。高标准打造 5 条旅游环线和 5 个观花海基地，创新策划线上活动，全网宣传营销推介，高质量打造“云上油菜花节”。谋划实施了汉山旅游综合开发等重点项目。

严格落实生态保护法规。扎实推进小流域综合治理，全年治理水土流失面积 40 平方公里，完成 6 座历史遗留矿山生态修复治理，修复退化林 1.1 万亩、森林抚育 3 万亩。[⑤] 严格落实夏季秸秆禁烧和市冬防期大气污染防治要求，在农作物成熟收割的季节，坚持早谋划、早部署、早倡议，细化责任到人，强化日常巡逻，出台《汉中市南郑区秸秆禁烧和综合利用工作考核

① 《2021 年南郑区政府工作报告》，汉中市人民政府网，http://www.hanzhong.gov.cn/hzszf/zwgk/ghjh/zfgzbg/qxzfgzbg/202106/4b0ed362b3f246c19671b9b83ee85e1d.shtml。

② 《2021 年南郑区政府工作报告》，汉中市人民政府网，http://www.hanzhong.gov.cn/hzszf/zwgk/ghjh/zfgzbg/qxzfgzbg/202106/4b0ed362b3f246c19671b9b83ee85e1d.shtml。

③ 《2021 年南郑区政府工作报告》，汉中市人民政府网，http://www.hanzhong.gov.cn/hzszf/zwgk/ghjh/zfgzbg/qxzfgzbg/202106/4b0ed362b3f246c19671b9b83ee85e1d.shtml。

④ 《2021 年南郑区政府工作报告》，汉中市人民政府网，http://www.hanzhong.gov.cn/hzszf/zwgk/ghjh/zfgzbg/qxzfgzbg/202106/4b0ed362b3f246c19671b9b83ee85e1d.shtml。

⑤ 《2022 年南郑区政府工作报告》，汉中市人民政府网，http://www.hanzhong.gov.cn/hzszf/zwgk/ghjh/zfgzbg/qxzfgzbg/202204/80a3a380a59d40b9b8fdf1d7749aeb09.shtml。

奖惩办法》，全过程落实禁烧任务。同时，严抓煤炭、渣土运输车在城内行驶，对水泥厂、制药厂等污染较大的企业进行了错峰限产停产，坚持每日在施工区域和主要污染道路洒水除尘，有组织实施人工降雨作业，在冬季起到了有效的抑尘降霾作用。除此之外，南郑积极开展“选择低碳生活 共建美丽中国”科普宣传活动，向群众广泛宣传低碳生活理念以及节约资源、降低能耗、减少污染等环保知识，引导群众积极献力美丽南郑建设。

持续深化农村人居环境整治。南郑区政府高度重视生态宜居美丽乡村建设，区委、区政府多次组织督导检查小组，对20个镇（办）、110个村（社区）开展城乡环境和农村人居环境专项督查，投入3078万元①用于农村人居环境整治，清理村庄生活垃圾8534吨、水塘468口，② 有效推进南郑顺利通过市级农村人居环境整治三年行动。深入实施“厕所革命”，改造城乡接合部旱厕6005个，③ 极大地改善了人民日常生活。

（三）城固县

城固资源富集，水利资源充足，汉江横贯东西，盛产粮油、柑橘、生猪、中药材、茶叶、大鲵等，是全国最大的元胡种植基地县，享有“柑橘之乡”“大鲵之乡”“天然药库”等美誉。④ 近5年，城固建成省级生态文明建设示范县，实施营造林26.82万亩，⑤ 森林覆盖率达65.3%。⑥

培育高标准生态产业。城固柑橘入选全国绿色农业十佳果品地标品牌，城固元胡、城固猕猴桃通过国家地理标志保护认证，创建为省级农产品质量

---

① 《2022年政府工作报告》，汉中市南郑区人民政府网，http：//www.nanzheng.gov.cn/nzqrmzf/zfgzbg/202203/048b2544789342188a970475723d803f.shtml。

② 《2022年政府工作报告》，汉中市南郑区人民政府网，http：//www.nanzheng.gov.cn/nzqrmzf/zfgzbg/202203/048b2544789342188a970475723d803f.shtml。

③ 《2022年政府工作报告》，汉中市南郑区人民政府网，http：//www.nanzheng.gov.cn/nzqrmzf/zfgzbg/202203/048b2544789342188a970475723d803f.shtml。

④ 张文娥：《城固县休闲农业现状与发展浅谈》，《陕西林业科技》2019年第4期。

⑤ 《2022年城固县政府工作报告》，汉中市人民政府网，http：//www.hanzhong.gov.cn/hzszf/zwgk/ghjh/zfgzbg/qxzfgzbg/202204/d5625c00bf25412ea217228d5f9cd329.shtml。

⑥ 《2022年城固县政府工作报告》，汉中市人民政府网，http：//www.hanzhong.gov.cn/hzszf/zwgk/ghjh/zfgzbg/qxzfgzbg/202204/d5625c00bf25412ea217228d5f9cd329.shtml。

安全县。新建高标准农田 3 万亩，新发展稻渔综合种养 8000 亩，新改良柑橘 1 万亩，培育丰产茶园 5000 亩，发展中药材 12 万亩，新发展山地猕猴桃 5000 亩、羊肚菌 1.2 万亩，真正促进了现代农业提质增效。①

打靓生态旅游招牌。五门堰、杨填堰列入世界灌溉工程遗产，张骞墓创建为国家 4A 级景区，县博物馆、上元观古镇等建成开放，荣获全国首批国民休闲旅游胜地称号；桔园镇列入省上跟踪指导考核的市级文化旅游名镇；莲花池、青龙寺、郭家山村创建为国家森林乡村。重点推进桔园省级旅游度假区和南沙湖 4A 级、上元观古镇 3A 级景区创建；加快张骞文化园修建日程，抓好相关配套基础设施建设；提档升级金沙滩休闲旅游区，建成二里省级旅游特色名镇；创新办好荷韵城固、柑橘旅游文化月活动，县惠民演出团体现场表演舞狮、摔跤、锣鼓等传统民俗节目和旗袍秀、汉服展演等文艺节目，吸引了本城居民和周边城市众多游客。

做大做强生态低碳绿色产业。依托城固酒业、天然谷、天谷药业等企业，着力建设绿色食品、植物提取、药食同源等产业，重点实施白云制药生产线质量标准提升、大鲵科技创新产业园等项目。依靠首铝、嘉利保等企业，以绿色循环为方向，推动光电新材料产业、铜产业链扩能提升等低污染项目快速发展，在精深加工、延长产业链条、提高综合效益上下功夫。

（四）洋县

洋县境内动植物品种繁多，有铁杉、冷杉、银杏、香樟等乔木树种 321 种，有天麻、厚朴、枣皮、绞股蓝等中药材 469 种，粮食作物以水稻、小麦、油菜为主，其次有玉米、花生等。境内野生动物种类繁多，尤以世界珍禽朱鹮闻名全球。②

---

① 《2022 年城固县政府工作报告》，汉中市人民政府网，http：//www.hanzhong.gov.cn/hzszf/zwgk/ghjh/zfgzbg/qxzfgzbg/202204/d5625c00bf25412ea217228d5f9cd329.shtml。

② 高霞、李光录、王新功：《陕南秦巴山区 PP 织物袋梯田筑坎土压力分布研究》，《水土保持通报》2013 年第 6 期。

融合发展生态文旅产业。持续唱响“山水华阳·国宝家园”核心品牌，加速推进5A创建，建成投用四宝园、游客服务中心等一批提升项目，高标准通过省级旅游资源评审，作为全省唯一5A申创单位上报文旅部。7条观花线路、12个重点观花点、3处创意种植成为网红打卡地。万亩梨花、万亩牡丹交相辉映，油菜花海节、朱鹮文化节等节会活动好戏连台。打造朱鹮IP，激活文化赋能，积极开展蔡伦墓祠世界文化遗产、朱鹮世界自然遗产申报工作，全力创建5A级华阳景区、4A级蔡伦墓祠景区。全年接待游客976.5万人次，实现旅游综合收入51.6亿元。[①]

大力发展有机绿色食品。着力发展现代农业，新建高标准农田3.8万亩、稻渔综合种养示范基地3016亩，发展黑谷5万亩、优质水果11.9万亩、中药材15.4万亩、羊肚菌1.2万亩，饲养生猪60.8万头。[②] 成功建设生态有机食品工业集中区，荣获省级特色产业园区称号，重点打造有机黑米高端饮品深加工生产线、有机良种繁育示范基地建设和有机黑米食品产业链延伸黑色有机食品生产基地，有机园区全年完成投资2.4亿元，[③] 实现产值12.6亿元，[④] 招引陕果集团等6户企业入园发展。

生态环境持续优化。生物多样性保护有力有效，森林防火预警工作经验被国家林草局推广。严格落实治污降霾六项措施，空气优良天数达348天，创历史新高。全面启动“5+1”幸福河湖建设三年行动，8个沿江镇污水处理厂建成投运，集中饮用水水源地水质达标率100%，汉江出境水质稳定在Ⅱ类标准。扎实开展农业面源污染治理，土壤环境质量安全可控。恢复治理

① 《2022年洋县政府工作报告》，汉中市人民政府网，http：//www.hanzhong.gov.cn/hzszf/zwgk/ghjh/zfgzbg/qxzfgzbg/202204/073add081c344a2fa537717e012fb814.shtml。

② 《2022年洋县政府工作报告》，汉中市人民政府网，http：//www.hanzhong.gov.cn/hzszf/zwgk/ghjh/zfgzbg/qxzfgzbg/202204/073add081c344a2fa537717e012fb814.shtml。

③ 《2022年洋县政府工作报告》，汉中市人民政府网，http：//www.hanzhong.gov.cn/hzszf/zwgk/ghjh/zfgzbg/qxzfgzbg/202204/073add081c344a2fa537717e012fb814.shtml。

④ 《2022年洋县政府工作报告》，汉中市人民政府网，http：//www.hanzhong.gov.cn/hzszf/zwgk/ghjh/zfgzbg/qxzfgzbg/202204/073add081c344a2fa537717e012fb814.shtml。

矿山 22.4 公顷，治理水土流失 45 平方公里，完成营造林 2.4 万亩，生态安全屏障更加牢固。[①]

（五）西乡县

西乡是全国茶叶基地县、全省商品粮基地县、高优高农业示范县和牧草综合开发示范县。[②] 西乡境内的樱桃沟是中国第二大樱桃基地，自古有“秦岭南麓小江南”美誉，被联合国教科文组织官员誉为“最适合人类居住的地方之一”。午子山风景区 3000 亩的白皮松是亚洲之最。

发展以绿色食药、茶叶、食用菌、生猪为龙头的特色农业。西乡已建成陕南农产品集散基地，目前，西乡县通过省级审核，完成绿色食品认证的企业有 13 个，[③] 主要产品类别有茶叶、猕猴桃、葡萄、李子、樱桃及樱桃酒等。“午子仙毫”茶产发展迅速，茶叶综合产值突破 22 亿元，[④] 西乡茶叶搭乘中欧班列首次出口中亚。西乡县创新发展集“养殖育肥、粪污循环利用、屠宰加工、餐饮消费”等一体化、全产业链的生猪“云养殖”产业链，实现智能化养殖、科学化管理的养殖加工体系，目前生猪“云养殖”一期已建成投用。发展稻渔综合种养 2730 亩、猕猴桃 1.3 万亩、中药材 3.6 万亩、黑木耳 1500 万袋，认证“两品一标”农产品 9 个。[⑤]

文旅融合步伐加快。西乡发展全域旅游，受疫情影响，2021 年全年仍实现旅游综合收入 28.2 亿元。[⑥] 2022 年，午子山创成 4A 景区，大幅带动旅

---

① 《2022 年洋县政府工作报告》，汉中市人民政府网，http：//www.hanzhong.gov.cn/hzszf/zwgk/ghjh/zfgzbg/qxzfgzbg/202204/073add081c344a2fa537717e012fb814.shtml。

② 《快来赏花！汉中市西乡县万亩樱桃花竞相绽放》，搜狐新闻，https：//www.sohu.com/a/452331053_100152644。

③ 《汉中：市“两品一标”专项检查组到西乡开展绿色食品等农产品认证证后监管专项检查》，陕西省农业农村厅网站，http：//nynct.shaanxi.gov.cn/wap/sxdt1142/20220815/9802415.html。

④ 《2021 年西乡县政府工作报告》，汉中市人民政府网，http：//www.hanzhong.gov.cn/hzszf/zwgk/ghjh/zfgzbg/qxzfgzbg/202106/cebdb6bb1ab34ecf959b5f44848a585e.shtml。

⑤ 《2022 年西乡县政府工作报告》，汉中市人民政府网，http：//www.hanzhong.gov.cn/hzszf/zwgk/ghjh/zfgzbg/qxzfgzbg/202204/e6097b4c0661453c8f4afa3ec5614ac4.shtml。

⑥ 《2021 年西乡县政府工作报告》，汉中市人民政府网，http：//www.hanzhong.gov.cn/hzszf/zwgk/ghjh/zfgzbg/qxzfgzbg/202106/cebdb6bb1ab34ecf959b5f44848a585e.shtml。

游收入，实现旅游综合收入40.18亿元。[①] 认真筹办最美油菜花海节、茶叶樱桃采摘体验活动等品牌节会，持续放大“秦巴画卷·灵秀茶乡”品牌影响力。

生态环境不断优化。西乡深入开展秦巴“五乱”、违建别墅问题整治，狠抓五里坝硫铁矿生态修复治理；城乡环卫一体化建设，成功捍卫“国家卫生县城”荣誉；实施“三改一建”7565户，建成卫生厕所9516座，干净整洁村达到96.3%，全县造林绿化6.5万亩。[②]“蓝天、青山、碧水、净土”四大保卫战取得阶段性成果，主要污染物总量减排任务全面完成，空气质量优良天数比例稳定在85%以上。

（六）勉县

勉县为国家商品粮基地县之一，粮油产量在汉中市名列前茅。列为国家保护的有杜仲、银杏、金钱草植物约500种。勉县除了农业、中草药可以凸显其良好的生态土壤外，其为国民所熟知的三国历史文化，在生态文化产业发展中更是一大亮点。

生态农业发展规模持续扩大。茶叶、中药材、猕猴桃面积分别达19.6万亩、12.4万亩和1.7万亩，[③] 食用菌、生猪、水产养殖产量稳居全市前列。蚕桑示范基地、万头猪场等22个农业产业项目建成投产。

生态文化节氛围浓厚。打造生态休闲特色小镇，武侯镇被评为全国第二批特色小镇，天荡山社区荣获全国最美休闲乡村称号。成功举办最美油菜花节、诸葛亮文化节、旱莲文化节摄影大赛等线上线下活动，全年接待游客1109万人次，实现旅游综合收入57.2亿元，分别增长20%和23.8%。[④] 勉

① 《2022年西乡县政府工作报告》，汉中市人民政府网，http://www.hanzhong.gov.cn/hzszf/zwgk/ghjh/zfgzbg/qxzfgzbg/202204/e6097b4c0661453c8f4afa3ec5614ac4.shtml。

② 《2022年西乡县政府工作报告》，汉中市人民政府网，http://www.hanzhong.gov.cn/hzszf/zwgk/ghjh/zfgzbg/qxzfgzbg/202204/e6097b4c0661453c8f4afa3ec5614ac4.shtml。

③ 《2022年勉县政府工作报告》，汉中市人民政府网，http://www.hanzhong.gov.cn/hzszf/zwgk/ghjh/zfgzbg/qxzfgzbg/202204/f308f2c308864da29ffbbbcddb6bd2ed.shtml。

④ 《2022年勉县政府工作报告》，汉中市人民政府网，http://www.hanzhong.gov.cn/hzszf/zwgk/ghjh/zfgzbg/qxzfgzbg/202204/f308f2c308864da29ffbbbcddb6bd2ed.shtml。

县深入挖掘三国饮食文化，在诸葛古镇举办了极具趣味性吸引力的“味见勉县”三国美食烹饪技能大赛，推出了一众诸如“水煮三国”“张飞牛肉”“草船借箭”等特色的菜品，引起了民众广泛兴趣，繁荣了文旅事业。依托勉县温泉镇先天特有的古温泉，成立了温泉文化研究会，在温泉康养、助力乡村振兴、县域旅游上做文章。

生态环境不断优化。长江禁捕、长林水源地环境整治稳步推进，县政府针对涉气企业严格按照重污染天气黄色预警响应，推广能源企业使用洁净煤，严格管控渣土沙石运输车，对集中饮水水源地进行摸底排查，推进完成固定污染源的清理整顿工作，新建城镇污水处理厂 5 个、铺设管网 148 公里，7 个沿江重点镇污水处理厂达标运行，汉江出境断面水质稳定达标，空气质量优良天数达 348 天，县域环境空气质量进一步改善。

生态扶贫惠及群众。勉县致力发展林业生态扶贫，号召贫困地区种植油料作物、中药材、苗木花卉等经济作物，扶持开发林下经济，增加贫困群众预期收入。同时，积极争取扩大生态补偿，提高补偿标准，促进贫困群众直补增收。

（七）宁强县

宁强县被纳入“国家级羌族文化生态保护实验区”范围，把保护传承羌文化和汉江源头的生态保护统筹融合、规划发展，持续打造“汉江之源，羌族故里”核心品牌。

不负“绿水青山”。宁强深入实施生态立县战略，大力实施环保基础设施、流域治理、水生态保护，扎实开展秦巴“五乱”整治、矿山生态修复、镇村垃圾污水处理以及大气、水环境、土壤污染等治理，蓝天、碧水、净土保卫战成效显著，截至 2021 年，全县森林覆盖率达 80%,[①] 空气优良率

① 《宁强不负“绿水青山”焕活“金山银山”》，汉中市人民政府网，http：//www. hanzhong. gov. cn/hzszf/xwzx/qxdt/202210/d3cd199dfae24d038e971ccbeeb5240e. shtml. shtml。

97%以上，被评为“中国天然氧吧”“省级森林城市”“陕西省生态建设强县”，汉江、嘉陵江出境断面水质稳定达到Ⅱ类标准以上。[①]

打造“金山银山”。以加强生态价值提升转化、多层次构建生态价值体系为立足点，成立“两山生态资源开发公司”，促进生态资源优势向经济发展优势转化，成功培育“宁强天麻”“宁强银杏”等中药材品牌；打造升级玉皇观茶文化旅游景区“茶旅融合”模式，集中连片发展高质高产茶园，年产茶220吨以上，产值9500万元，带动农户1200户，被认定为“国家有机茶标准化种植基地”，[②] 每年能吸引国内外众多游客慕名前去，有效带动了县域生态循环现代农业产业化发展。

推进文旅产融合发展。宁强依托羌族民俗文化、茶文化、汉江文化，高标准打造一批具有宁强特色的生态文化品牌——汉江源、羌文化博览园、夜市一条街、九龙湾商住社区等一大批城市新地标、市政新设施、网红打卡地，强势推出“汉江之源，羌族故里”文旅品牌，将传统文化与生态融合继承发展，加快羌绣非遗文化产业园建设，进一步激发了宁强生态拉动县域经济的潜能。

（八）略阳县

略阳县位于嘉陵江上游、汉江北源，秦岭南麓西段，地处陕甘川毗邻地带，素有秦蜀要冲、陕甘纽带之称。略阳有居全国四大乌鸡之冠的略阳乌鸡，为全省唯一获得保护的家禽品类。全县森林覆盖率达68.7%，是陕西省核桃、黑木耳、香菇的重要产区之一。地存杜仲1亿多株，数量居全国之首，杜仲、天麻以及猪苓均通过了国家地理标志产品认证。

生态产业势能不断积聚。略阳乌鸡产业园区被列为省级农村产业融合发展示范园区，略阳杜仲、天麻、黄精科技示范基地被确定为全省第

---

① 《宁强不负“绿水青山”焕活“金山银山”》，汉中市人民政府网，http：//www. hanzhong. gov. cn/hzszf/xwzx/qxdt/202210/d3cd199dfae24d038e971ccbeeb5240e. shtml. shtml。

② 《宁强不负“绿水青山”焕活“金山银山”》，汉中市人民政府网，http：//www. hanzhong. gov. cn/hzszf/xwzx/qxdt/202210/d3cd199dfae24d038e971ccbeeb5240e. shtml. shtml。

一批药用植物科技示范基地；略阳乌鸡养殖示范区被评为国家标准化示范区，黑河镇被认定为全国“一村一品”示范镇。建成超细碳酸钙、黄精药食同源、绿色循环现代农业园、煤气回收发电等一批产业转型升级项目。

生态改善卓有成效。严格落实“十年禁捕”要求，持续开展“五乱”问题整治，被列为野猪危害防控全国试点县，松材线虫病防治稳步推进。2021 年，空气优良天数达到 360 天。成功创建中国气候宜居县，获评中国天然氧吧、全省绿化模范县。金家河社区获评全国生态文化村，五龙洞村、中川坝村和寒峰村获评全国森林乡村，铁佛寺村、仙台坝村被评为全省村庄清洁行动先进村。

（九）镇巴县

镇巴县是西北地区最大的苗民聚居地。县境有亚洲最大的巴山木竹林。大力发展全域旅游，草坝景区、渔渡溶洞、观音茶文化旅游综合开发等项目持续推进，黎坝油菜花海精品旅游线路获得全市二等奖。

打造生态产业链。培育了“源味镇巴”农产品区域公共品牌，建成镇巴腊肉全产业链安全追溯体系，促进了产业升级、产品提质和市场销售。镇弘蜀乐等 5 户企业成功入园，1000 吨腊肉熟食、500 吨油茶生产线投产达效。镇巴大黄入选“秦药”大品种名单，九阵中药材产业园启动建设。[①] 引进药品生产加工企业——陕西本草医药控股集团旗下陕西秦巴本草生物科技有限责任公司，进行动物保健药品加工生产，目前一期工程已建成投产，预计可实现年消化中药材 3 万吨，解决就业 200 个。[②]

多举措推进生态保护。通过发放宣传资料、宣传纸杯，推送短信，设置宣传牌等方式向广大群众广泛宣传生态保护知识，提高群众的环保意识。加大对集贸市场、农家乐、特产店等地方的抽检。对破坏野生动物资源、森林

① 潘益华、郭彦进：《镇巴县作物种质资源收集与保护的思考》，《种子科技》2021 年第 14 期。

② 《总投资 3 亿元的药品生产加工企业在镇巴正式开工投产》，汉中市人民政府网，http://www.hanzhong.gov.cn/hzszf/xwzx/qxdt/202208/3b33db075e2544ca8cc3c78bb7a4f479.shtml。

纵火、乱砍滥伐等行为，一旦发现严厉惩处，有效打击了恶意破坏生态的行为。

（十）留坝县

留坝成功创建为陕西省首批全域旅游示范区、森林旅游示范县，栈道水世界跻身国家4A级旅游景区，马道、火烧店、玉皇庙创建为省级旅游特色名镇，营盘被评为省级足球运动休闲特色小镇。楼房沟、老街书房、走读秦岭等特色民宿深受追捧，集群引流精品民宿，民宿产业成为留坝旅游崭新名片。张营路改建工程、高速引线绿道建设进展顺利，“最美乡村公路”提档升级，描绘了旅游交通山水画卷。“双节”“红叶节”等宣传营销活动声势浩大，“全域留坝·四季旅游”品牌影响力稳步攀升。

着力保护提升人居环境。2021年，留坝县全年环境空气质量优良天数达362天，优良率由2018年的95.9%提升至2021年的99.2%，刚性关键指标实现质的突破，环境空气质量实现4年来持续改善，优良天数达到历史新高。[①] 全县农村生活垃圾得到有效治理的行政村比例达95%，无害化卫生厕所普及率达90.1%。[②] 积极整改秦岭生态环境保护突出问题，对违法占用土地进行立案查处，完成楼房沟片区矿山生态修复治理工程。大力整治散煤污染，加大扬尘治理力度，严格落实禁烧规定，极大改善了生态环境。

加强生态产业人才队伍建设。县领导亲自带队前往江苏宜兴、浙江湖州等旅游发达地区考察学习，为留坝县国家级全域旅游示范区建设及乡村振兴积累经验。深入推进农民工技能大培训，积极培育以家庭农场主、种养大户、农民合作社骨干为重点的新型职业农民。吸纳各方面优秀人才“回流”，着力打造既掌握本土实际，又具有战略眼光的乡村振兴生力军。

生态农业成效显著。“四养一林一旅游”特色产业不断壮大，7个农产

---

① 《362天！留坝2021年环境空气质量优良天数再创新高》，汉中市人民政府网，http://www.liuba.gov.cn/lbxzf/zwyw/202201/180403120fff425eb0f72aa8b0a300bc.shtml。

② 《村美民富产业兴——留坝县深入实施乡村振兴战略纪实》，汉中市人民政府网，http://www.liuba.gov.cn/lbxzf/zwyw/202110/9b59241b3eb748ef8853dfe252400109.shtml。

品获得了国家农产品地理标志认证，近3年农业产业增加值连续位居全市前列。[①] 全年发展代料食用菌3173万筒，养殖生猪2.93万头、土鸡30万只、中蜂4万群，种植中药材8400亩，建设特色经济林1.5万亩。[②] 留坝被授予蜂业扶贫先进县称号，火烧店被认定为第二批全国乡村治理示范镇，真正实现了村民们缸有米、菌有棚、果满树、圈有鸡猪、手上有活、兜里有钱。

（十一）佛坪县

佛坪国家级自然保护区是“大熊猫的故乡”和“中国山茱萸之乡”，在中国近2000个自然保护区中，属由中央部门直管的三个保护区之一。佛坪是“中国森林氧吧”和“陕西省中药材规范化种植基地县”，成功创建为中国绿色发展优秀城市、中国生态魅力县、省级生态文明建设示范县。[③]

严格落实河湖长制度，持续抓好河湖长巡河App监管平台管理，开展河道“四乱”问题整治，对辖区范围内流域面积10平方公里以上河道妨碍行洪突出问题进行了全面排查。全县水质持续保持在Ⅱ类水平，[④] 水清、堤固、岸绿、景美的河湖生态进一步显现，椒溪河被评为汉中市十大最美河湖，入围全省20条示范河湖。2021年空气质量优良率稳居全省前列，负氧离子年均浓度2543个每立方厘米，年均气温11.6摄氏度，[⑤] 境断面水质稳达Ⅱ类以上标准，集中式饮用水水源地水质达标率100%，椒溪河荣登全省“最美河湖”榜单，荣获“绿水青山就是金山银山”实践创新基地称号。

持续保护生物多样性，制定佛坪县野生动物致害补偿保险实施办法，带

① 《村美民富产业兴——留坝县深入实施乡村振兴战略纪实》，汉中市人民政府网，http：//www.liuba.gov.cn/lbxzf/zwyw/202110/9b59241b3eb748ef8853dfe252400109.shtml。

② 《2022年留坝县政府工作报告》，汉中市人民政府网，http：//www.hanzhong.gov.cn/hzszf/zwgk/ghjh/zfgzbg/qxzfgzbg/202204/31d7400707224cd5a4b7e1b571f1c1c7.shtml。

③ 《佛坪县》，https：//baike.baidu.com/item/%E4%BDBF/4637042？fr=aladdin。

④ 《佛坪县》，https：//baike.baidu.com/item/%E4%BDBF/4637042？fr=aladdin。

⑤ 《佛坪：绿色大底擘画卷　优良生态绽异彩》，汉中市人民政府网，http：//www.foping.gov.cn/fpxzf/zwyw/202208/da170c119c6844a1a4df48d1980516dd.shtml。

动全民开展义务植树10万余株，封山育林2万亩、退化林修复1万亩。[①] 经过多年的生态保护修复，佛坪森林覆盖率高达91.19%，2021年林业综合产值达3.4亿元。[②] 大熊猫自然分布密度居全国之首，大熊猫种群数量由20世纪80年代的40余只，增加到现在的130余只。[③]

坚持“旅游一业突破，引领多业融合”的工作思路，以建设中国秦岭自然生态休闲度假目的地为目标，加快文旅重点项目建设，成功创建省级森林旅游示范县、陕西省全域旅游示范区，2021年实现旅游综合收入8.14亿元，同比增长30.45%。[④] 唤醒“沉睡”的生态资源，催生“民宿经济”，让群众精心守护的“绿水青山”，成为都市人群“记得住乡愁”的美丽田园，西岔河镇银厂沟村贝壳山居民宿成为佛坪民宿的代表，带动了全县精品民宿的快速发展。食药同源工作推进力度加快，佛坪山茱萸“食药同源”试点企业产品投产上市，全县种植山茱萸10万多亩，是全国山茱萸三大基地之一，年产干果1000吨，年产值预计达3000多万元。[⑤]

多渠道展示佛坪生态文化。加快秦岭国宝旅游度假区、携程度假农庄、“金银谷”等重点文旅项目建设，针对端午、中秋、国庆等节假日和暑期旅游旺季，开展系列旅游节庆活动。高质量举办“秦岭大熊猫保护与研究”研讨会、“秦岭大熊猫生态文化”研学交流会、大熊猫文化旅游节“陕西音乐奖”秦风绿氧佛坪流行音乐汇、“醉美秦岭乡村游”和“汉风古韵·传奇夜”等30多个分项活动，充分激发、释放旅游消费潜力，助推佛坪全域旅游发展。继续落实和支持民宿发展各项政策措施，推动农旅融合发展。

---

① 《佛坪——书写生态振兴文章铺就“绿色”发展之路》，汉中市人民政府网，http：//www.foping.gov.cn/fpxzf/zwyw/202211/642597a2ff044060b8675d6b3ac99508.shtml。

② 《佛坪——书写生态振兴文章铺就“绿色”发展之路》，汉中市人民政府网，http：//www.foping.gov.cn/fpxzf/zwyw/202211/642597a2ff044060b8675d6b3ac99508.shtml。

③ 《佛坪：绿色发展赋能县域经济高质量发展》，汉中市人民政府网，http：//www.foping.gov.cn/fpxzf/zwyw/202211/ab755151d53b4bb59545d81057b65e91.shtml。

④ 《佛坪：绿色发展赋能县域经济高质量发展》，汉中市人民政府网，http：//www.foping.gov.cn/fpxzf/zwyw/202211/ab755151d53b4bb59545d81057b65e91.shtml。

⑤ 《佛坪山茱萸“食药同源”试点企业产品投产上市》，汉中市人民政府网，http：//www.foping.gov.cn/fpxzf/zwyw/202211/15f7048ea381434f8944f0aa49aa4648.shtml。

三　汉中生态文化发展的优势与经验

汉中市秉持生态优先、绿色发展理念，以生态文化的生动实践诠释了文化是灵魂、绿色是底色、保护是关键、发展是根本的生态文化的丰富内涵，走出了一条生产发展、生态良好、生活富裕的“三生融合”发展路子，绘就了一幅山清水秀、天蓝地绿的美丽画卷。生态文化的弘扬在唤醒得天独厚的生态资源禀赋的同时，也为汉中高质量发展增添换道超车的强劲动力。通过对汉中生态文化发展的梳理分析，可以得出一些可资借鉴的成功经验。

（一）加强顶层设计，发挥规划引领作用

汉中市根据主体功能区定位和市级规划要求，统筹城乡发展、区域发展、人与自然和谐发展，以“三区三线”为核心，划定生产空间、生活空间、生态空间，严守生态保护红线、永久基本农田红线、城镇开发边界线。完善空间规划，推进市县“多规合一”，形成“一张蓝图”。聚焦“两山两江”，全面落实秦岭、汉江保护条例和总体规划，狠抓秦岭区域矿产资源开发、污染防治、天然林保护、旅游、水资源保护利用、生物多样性6个专项规划实施，切实发挥了规范引领作用，确保秦岭、巴山、汉江、嘉陵江生态环境修复保护，以及耕地、林地、河流、湖泊、湿地等边界保护。[①] 构建起全市统一、相互衔接、市县镇村四级分级管理责任体系，使管控要求精准落地。

（二）依托生态资源优势，发展生态特色产业

深入推进“生态+农业”模式，实现农业绿色化、优质化、特色化、品牌化，推动生态农业提质增效。聚焦绿色食药品牌化，形成以汉米、汉茶、

① 《陕西省人民政府办公厅关于印发秦岭生态环境保护总体规划的通知》，陕西省人民政府网，http：//www. shaanxi. gov. cn/zfxxgk/zfgb/2020/d17q/202009/t20200921_ 1728563. html。

汉稻渔、汉酒为重点的“味见汉中”区域公用品牌。打造了以道地药材为重点，以“汉八味”为标准的中药材基地，使“汉方药都”靓起来了。洋县朱鹮有机系列食品链、西乡茶产业融合示范园、镇巴腊肉全产业链、略阳现代中药产业示范园、宁强天麻产业园、留坝土蜂蜜产业等不断实现扩规模、提质效、创品牌。深入推进“生态+工业”模式，实现工业绿色化、融合化、高端化发展。围绕碳达峰、碳中和目标，聚焦高端制造业，开展“上云用数赋智”行动，陕飞、中航电测、秦川机床等智能化水平不断提高。聚焦现代材料绿色化，陕钢、汉中锌业、东旭集团、贵资丹等企业新技术研发走上快车道。

（三）坚持发展与保护并重，积极拓宽生态价值转化提升

严格落实全省秦岭生态环境保护《条例》和汉中《总体规划》，深入实施《汉江生态经济带发展规划》，全面落实林（山）长制、河（湖）长制，全面整改省环保督察反馈问题和秦岭生态审计问题，扎实开展河湖清“四乱”、秦巴治“五乱”等专项整治活动，强力完成118座小水电整治任务，全力打好青山、蓝天、碧水、净土保卫战，汉中自然生态环境不断亮化美化。[①] 深入实践“两山论”，紧盯争创国家生态产品价值实现机制试点城市这一目标，制定《汉中市生态产品总值核算规范》，开展生态系统生产总值（GEP）核算，努力解决生态产品“难度量、难抵押、难交易、难变现”等问题。目前，全市11区县都成立“两山资源公司”“两山资源银行”，整合400多亿元用于市场运营。

（四）优化生态产品供给，推进文旅融合发展

深入实施“生态+旅游”模式，聚焦文旅融合发展，挖掘利用以“川陕革命”为核心的红色文化，修复建成红四方面军、红二方面军、红二十九

---

① 《陕西省委“十四五”规划建议：持之以恒有效保护秦岭生态环境》，搜狐新闻，https：//www. sohu. com/a/438091256_ 260616。

军、红二十五军在汉中革命遗存遗址，形成了党员干部党性教育11条红色文化旅游线路。挖掘利用以“两汉三国”为重点的历史文化，形成古汉台、拜将台、张骞博物馆、蔡伦造纸博物馆等10条穿越时空、感知大汉民族历史的汉文化旅游线路。挖掘利用以“汉中非遗”为代表的民俗文化，形成城固三堰、镇巴民歌、南郑藤编、汉调桄桄等8条感知体验民俗文化旅游线路。挖掘利用以“朱鹮IP”为特征的生态文化，形成洋县朱鹮观光生态旅游线路。挖掘利用以“汉中花海”为主题的田园文化，形成油菜花、梨花、樱花、桃花等6条田园综合体旅游线路，为创建国家全域旅游示范市打下坚实基础。

四　汉中生态文化发展中存在的问题

虽然汉中在生态文化建构方面发展势头良好，也取得了一定的成绩，但与未来实现高质量发展要求相比，与浙江等先进地区成功实践相比，与对周边辐射带动作用相比，还有较大提升空间。

（一）县区发展不均衡，系统化建设周期较短

汉中在生态文化建设方面的城乡差距、区域差距、行业差距明显。近几年，各县区都在山水上做文章，发展生态文化旅游，推出绿色食品，致力于发展绿色循环经济，但生态文化是个需要多方位长时间投入的事业，各县区实际情况不同，造成县区之间、城乡之间都有较大差别。比如，汉台区位于市区中心，地势平坦，资源充足，开发就相对较好；南郑区毗邻汉江河，有较好的区位优势，交通便捷，有丰富的红色历史资源；城固县历史文化招牌和桔园文化节名声在外；洋县朱鹮全国知名；相对来说，宁强青木川景区建设十分好，但囿于交通不便，受到了一定的限制。

（二）生态文化建设人才稀缺，长远发展潜力不足

人才是社会发展的重要力量，由于缺乏专业人才，很多时候会存在盲目

照搬照抄的情况。市、区（县）、镇各级政府都需要专事生态文化的人才，尤其是人才力量薄弱的镇村一级。在美丽乡村建设中，致力于将农村景观城市化便利化，而忽略了对古村落原有特色的保护和应用。另外，绝大多数生态文化企业在开发经营中，因为缺少专业人才的引导指点，多缺乏细致长远规划。

（三）基础设施薄弱，生态系统脆弱

由于资金问题，城市古老旧街区改造缓慢，破败杂乱。除此之外，根据汉台区、经济开发区征地拆迁部门的数据，在兴汉新区项目启动之前，区域内大量分布的这些库、渠、塘、沟和工业用水坑，总面积达到了 3247 亩。长期的生活、工业污水排放和雨污混流，造成了区域水体污染；原本纵横交织的水网被截流、阻断、填埋，褪变为过境式流淌，水系之间缺乏联通；各个独立的水体也多出现了死水、断流等问题；加之农业生产污染、生活污染、企业废水池等污染的叠加影响，很多水体污染越发严重以致城市内涝，对人民生产生活造成了不良影响。

五　汉中生态文化发展的对策建议

汉中发展生态文化的总体思路：坚持以习近平生态文明思想为指导，认真贯彻习近平总书记来陕考察重要讲话重要指示，按照“生产、生活、生态”三生融合理念，学好用好“两山理念”，即“绿水青山就是金山银山”；走深走实“两化路”，即“生态产业化、产业生态化”。以生态文化理论的不断丰富和实践的不断探索，实现以文化产、以文兴业、以文立标、以文惠民，整合生态大资源、做强生态大文化、发展生态大旅游、推动生态大康养、形成生态大产业，不断绘就生态文化美丽画卷，为实现人与自然和谐共生现代化谱写新篇章。

（一）加强生态文化研究阐释，厚植理论基础

研究吸取中华优秀传统文化中关于生态文化思想的自然观、发展观以及

马克思主义关于自然物质世界的本原性、自然生态系统的客观性、生态环境与人类社会的互动性等思想，厚植研究生态文化的哲学文化基础。严格贯彻习近平生态文明思想，为研究阐释生态文化注入丰富时代内涵和行动指南。[①] 汉中加快推进生产发展、生活富裕、生态良好的三生融合实践为研究生态文明提供了生动鲜活的现实依据。因此汉中要运用现有的理论和实践基础，继续深入挖掘生态文化的历史渊源、文化脉络、时代精神，打造生态文化研究高地。积极借鉴发达地区经验，探索建立秦巴毗邻地区历史文化联盟，推动学术交流、平台共建、品牌共造。

（二）加强宣传营销，塑造生态文化品牌

一是品牌化打造。把创意作为品牌灵魂，加大与国内知名设计团队合作，加强基于时代潮流的创意设计，用好“味见汉中”区域性公共农业品牌，叫响“汉中有机生态品牌”，让产业插上文化的翅膀，形成汉中生态文化品牌体系。二是大范围推介。加强与生态文化研究机构、科研院所的联系合作，学习先进的管理理念、推介方式，利用好国家级、省级传播交流平台，广泛推介具有汉中生态风格特色的外宣产品，借鉴融媒体力量，不断提高汉中生态文化的知名度。三是常态化培育。加强社会宣传教育，统筹各方力量，推动生态文化进机关、进校园、进社区、进农村，提高全民文化自信和自豪感。在全市选择部分生态文化资源丰富、产业发展基础条件好的自然风景区、地理位置优越的景观带，广泛设置宣教生态文明思想的广告牌、展板，营造重视生态、保护生态的社会氛围。

（三）加强生态文化村建设，助力乡村振兴

一是完善乡村生态发展规划，依托不同村落的发展优势、生态特征，特色化差异化建设乡村基础设施，打造集生态文化、特色产业、美丽宜居于一

① 黄新焕、鲍艳珍：《我国环境保护政策演进历程及“十四五”发展趋势》，《经济研究参考》2020 年第 12 期。

体的特色生态文化村，推动乡村经济与生态环境协调融合发展。二是科学妥善抢救和发展乡村文化，保护原始、独特、神秘的古建筑、古村落，化解农村百姓的失根危机。三是大力改善乡村人居环境。引导乡村有号召力有名望的党员群众，向广大村民进行卫生习惯和环境保护意识的耐心劝导，通过发放小额奖金、物质奖励等一些激励性措施有效发挥群众力量，共建美丽宜人的乡村生活环境。

（四）加强人才队伍建设，大力引进专业人才

习近平总书记强调："'功以才成，业由才广。'党和人民事业要不断发展，就要把各方面人才更好使用起来，聚天下英才而用之。"① 要努力建设一支适应汉中生态文化发展需求、素质过硬、全方位发展的生态文化人才队伍，发挥其引领支撑作用。一是让专业人做专业事，让技术创新在生态保护、开发利用、规划设计上起重要支撑作用，为广大人民群众提供更好更多的优质生态产品和生态服务。二是充分发挥现有人才力量。对于愿意回到家乡投身新农村建设的有志青年，政府要给予创业上的资金支持和政策倾斜，解决人才归乡后顾之忧，使青年有远大理想也能落地生根。

（五）加强规划引领，拓展文化弘扬传承

一是强化规划引导。摸清汉中生态文化家底，按照贯通产加销、融合农文旅的理念，统筹"点线面"，"面"上建设国家级生态产品供给基地，"线"上打造生态文化研学和乡村观光旅游精品线路，"点"上做强县区生态田园综合体和文化景点园区。二是强化项目推动。聚焦乡村旅游、休闲农业、文化园区、文旅产品开发等领域，重点做好生态文化产业链的"延链、补链、强链、育链"文章，形成竞争优势，推动形成"链龙头"项目，发挥支撑牵引作用。三是强化机制推进，成立生态文化传承发展领导机构，实

① 习近平：《习近平总书记在庆祝中国共产党成立95周年大会上的讲话》，《人民日报》2016年7月2日。

现决策管理的系统化、科学化和生态化，突出一县一策、一村一品，比如洋县用好朱鹮生态有机牌、滨江新区用好“三生融合”发展牌、留坝用好文旅融合牌等。四是强化制度规范。健全生态文化建设的法规政策，强化政策和标准在生态环境保护、监管等方面的保障作用。

总之，发展生态文化是一个系统性、长期性、全方位的工程，要立足汉中生态文化资源禀赋，加强生态文化的顶层设计，做好生态文化赋能，提质增效。要坚持政府引导、市场运作，发挥好“两手”各自作用。要坚持文化引领、产业带动，做到以文化产、以文兴业。要坚持全民参与，专业人才带动，积聚各方力量。要坚持科学规划、特色发展，防止盲目投入，同质化建设。发展好生态文化是一项事关生态文明建设、事关可持续发展、事关美丽中国建设、事关民族复兴的宏大事业，需要不断进行理论研究和实践创新。

皮 书

智库成果出版与传播平台

✤ 皮书定义 ✤

皮书是对中国与世界发展状况和热点问题进行年度监测，以专业的角度、专家的视野和实证研究方法，针对某一领域或区域现状与发展态势展开分析和预测，具备前沿性、原创性、实证性、连续性、时效性等特点的公开出版物，由一系列权威研究报告组成。

✤ 皮书作者 ✤

皮书系列报告作者以国内外一流研究机构、知名高校等重点智库的研究人员为主，多为相关领域一流专家学者，他们的观点代表了当下学界对中国与世界的现实和未来最高水平的解读与分析。截至 2022 年底，皮书研创机构逾千家，报告作者累计超过 10 万人。

✤ 皮书荣誉 ✤

皮书作为中国社会科学院基础理论研究与应用对策研究融合发展的代表性成果，不仅是哲学社会科学工作者服务中国特色社会主义现代化建设的重要成果，更是助力中国特色新型智库建设、构建中国特色哲学社会科学“三大体系”的重要平台。皮书系列先后被列入“十二五”“十三五”“ 十四五”时期国家重点出版物出版专项规划项目；2013~2023 年，重点皮书列入中国社会科学院国家哲学社会科学创新工程项目。

法律声明